LOGIQUE DE L'ARGUMENTATION

2ᵉ édition

Pierre Blackburn

ÉDITIONS
DU RENOUVEAU
PÉDAGOGIQUE INC.

5757, RUE CYPIHOT, SAINT-LAURENT (QUÉBEC) H4S 1X4
TÉLÉPHONE : (514) 334-2690 TÉLÉCOPIEUR : (514) 334-4720

Supervision éditoriale et révision :
Sylvain Bournival

Correction des épreuves :
Claire-Marie Clozel

Maquette intérieure et édition électronique :
Denise Landry **ERPI**

Couverture :
Philippe Morin **ERPI**

Dépôt légal : 3e trimestre 1994
Bibliothèque nationale du Québec
Bibliothèque nationale du Canada
Imprimé au Canada

ISBN 2-7613-0677-5

234567890 II 987654
2246 ABCD   OF2-10

Préface de la 2e édition

Nous avons apporté plusieurs modifications à cette deuxième édition de *Logique de l'argumentation*. Voici les plus importantes.

La principale nouveauté consiste dans l'ajout d'une nouvelle partie, les *Illustrations philosophiques*, placée à la suite des sept chapitres de l'ouvrage. Elle regroupe des textes de philosophes appartenant à diverses époques et cultures. Ces textes, plus substantiels que les citations présentes dans les chapitres, peuvent se prêter à trois utilisations. En premier lieu, ils peuvent servir d'illustrations ponctuelles, pour exemplifier une notion ou pour appliquer une méthode. Par exemple, après s'être initié aux schémas en arbre (chapitre 4), l'étudiant pourra s'exercer sur des argumentations tirées de ces textes. En second lieu, ils peuvent servir à approfondir certains points théoriques reliés au développement de l'attitude critique chez les étudiants. Nous pensons ici particulièrement aux textes qui traitent directement de la valeur de la pensée critique. Finalement, ils peuvent être utilisés comme exercices de synthèse. Tous les textes composant les *Illustrations philosophiques* ont été choisis en raison de leur polyvalence sur le plan pédagogique.

Par ailleurs, l'ouvrage a été revu de manière à souligner l'aspect communicationnel de l'argumentation. Ainsi, le chapitre 2 comporte un développement sur la distinction entre *texte argumentatif* et *passage argumentatif*. Également, le chapitre 3 traite des notions de *jugements explicites* et *implicites*, d'*implicite par présupposé* et *par sous-entendu* ainsi que de *termes à connotations évaluatives*. Tous ces éléments sont présentés de manière à pouvoir être omis, sans que cela ne brise la progression didactique de l'ouvrage, par les professeurs qui ne voudraient pas en traiter.

À la fin de chaque chapitre, nous avons ajouté une rubrique intitulée *Matière à réflexion*. Celle-ci regroupe des textes, en général courts et frappants, qui illustrent certains des points exposés dans le chapitre ou qui permettent de poursuivre la réflexion.

L'annexe I porte sur la production de textes argumentatifs. Elle est conçue de façon à permettre à l'étudiant de faire la révision et la synthèse de nombreux éléments présentés dans l'ouvrage. Loin d'être de simples recettes, les recommandations que nous y faisons sont justifiées par des argumentations.

La présentation des schémas en arbre, au chapitre 4, se fait de façon plus progressive que dans la première édition. Les exercices de ce chapitre ont été modifiés et s'accordent mieux maintenant au rythme de progression de l'étudiant. Finalement, l'ouvrage comporte une centaine de nouveaux exercices et plusieurs ajustements en vue d'en harmoniser le contenu avec le nouveau programme d'enseignement de la philosophie au Québec.

• • •

Les professeurs qui désirent connaître les fondements théoriques de l'ouvrage, les raisons qui justifient son organisation (tant sur le plan conceptuel que pédagogique), des conseils pédagogiques et les solutions des exercices peuvent obtenir le guide d'enseignement de la deuxième édition en en faisant la demande auprès de l'éditeur.

L'auteur invite les utilisateurs à lui faire part de leurs suggestions ou de leurs commentaires critiques :

Pierre Blackburn
Département de philosophie
Cégep de Sherbrooke
475, rue Parc
Sherbrooke (Qué.)
J1H 5M7

Avant-propos

Jetons un coup d'œil sur la gravure de William Hogarth (1697-1764) reproduite sur la page de couverture. À première vue, cette scène du XVIIIe siècle n'a rien de bien particulier. Mais aussitôt que nous nous y attardons un peu, nous y découvrons des choses singulières et étranges. C'est d'abord l'enseigne de l'auberge qui frappe l'observateur : de taille à peu près normale par rapport au bâtiment, elle apparaît ridiculement grosse plantée au milieu de la colline peinte à l'arrière-plan. Comme par le même enchantement, le promeneur sur la colline est en mesure d'allumer sa pipe à la chandelle que lui tend un personnage en bonnet de nuit penché à une fenêtre de l'auberge. Et que dire de l'oiseau qui surplombe grotesquement la cime d'un arbre ? Ne serait-il pas davantage à sa place posé sur l'un des tonneaux représentés au premier plan ? Pour peu qu'on l'examine un certain temps, la gravure de Hogarth se montre remplie d'erreurs de perspective de ce genre, si bien que, de banale au premier regard, elle se révèle absurde à la fin.

Nous pouvons transposer cette expérience d'observation dans la vie de tous les jours en disant qu'il existe deux manières d'examiner le « tableau » que constituent le monde et la société où nous vivons : la manière superficielle ou automatique et la manière attentive ou réfléchie. Nous sommes tous plongés dans un milieu culturel où circulent des idées, des opinions, des croyances, des théories, bref des explications des choses et des événements. Deux attitudes sont possibles : ou bien nous adhérons plus ou moins automatiquement, au gré des influences, à certaines de ces explications, ou bien nous examinons attentivement les idées qui nous sont soumises afin de savoir si elles ne contiendraient pas, comme la gravure de Hogarth, des erreurs inadmissibles.

C'est l'objet de cet ouvrage de présenter les outils conceptuels qui permettent d'évaluer les idées et les croyances qui ont cours, de reconnaître les erreurs d'argumentation et d'éviter de les commettre soi-même. William Hogarth avait inscrit au bas de sa gravure le commentaire suivant : « Quiconque peint sans connaître les règles de la perspective s'expose à commettre des absurdités semblables à celles qui apparaissent dans cette gravure. » Il en va de même dans le domaine de l'argumentation : en ignorer les règles, c'est s'exposer à vivre en fonction d'idées fausses ou inadéquates, avec toutes les conséquences que cela peut entraîner.

Nous passons en effet une bonne partie de notre vie à argumenter et à considérer des argumentations. C'est ce que nous faisons lorsque nous réfléchissons, seuls, aux problèmes que nous rencontrons ou aux questions qui nous intriguent ou bien lorsque nous lisons un livre ou écoutons une émission de télévision qui nous amène à réfléchir. C'est encore ce que nous faisons lorsque nous discutons avec d'autres personnes, que ce soit pendant nos loisirs ou au travail. L'acquisition d'outils permettant de mieux maîtriser cette activité qui est si fondamentale, si présente dans nos vies et si déterminante pour le genre de vie que nous menons est par conséquent d'une importance manifeste.

Il n'existe pas de manuel destiné aux étudiants des cégeps portant sur la logique de l'argumentation, c'est-à-dire sur ce que les anglophones nomment *informal logic*. Cet ouvrage répond donc à un besoin important, un besoin d'autant plus grand si l'on pense aux difficultés qu'éprouvent les étudiants à acquérir et maîtriser les habiletés intellectuelles de base, ainsi qu'on l'a souvent relevé dans le milieu de l'enseignement.

Le but premier de l'approche que nous proposons est donc de fournir des outils qui permettent à l'étudiant d'organiser les idées qui lui sont soumises, de les comprendre et de les évaluer. Cette approche, qui a fait ses preuves ailleurs, a le mérite de contribuer à développer des habiletés qui sont transférables à d'autres disciplines et qui, de plus, sont utiles à l'étudiant en dehors de ses études.

Remerciements

Je tiens à remercier tous les professeurs qui ont collaboré par leurs nombreux commentaires à l'édition de cet ouvrage. Mes remerciements s'adressent spécialement à Gaétane Dostie (UQAM), Michel Blais (Université de Sherbrooke), Monique Caverni (cégep de Saint-Laurent), François-Michel Denis, Jean-Yves Lemieux et André Morazain (cégep de Rimouski), Richard Desjardins, Raymond Fredette, Daniel Hébert et René Pelletier (cégep de Sherbrooke), Pierre Girouard (cégep de Sorel-Tracy), Claude Gratton (collège Glendon, Toronto), Richard Hayes (Université McGill), Mark Olsen (University of Chicago), ainsi qu'à Claire-Marie Clozel ; leurs remarques et suggestions m'ont été particulièrement précieuses. Cet ouvrage reprenant certains éléments sur lesquels ont travaillé d'autres chercheurs, je tiens à remercier particulièrement R. H. Johnson, J. A. Blair, Trudy Govier, David Hitchcock et Gilbert Dispaux. La révision du manuscrit a été faite par Sylvain Bournival, dont les remarques judicieuses m'ont été très utiles. Finalement, je tiens à remercier pour leurs commentaires les étudiants auxquels j'ai enseigné, depuis 1984, la logique de l'argumentation.

Table des matières

Préface de la 2e édition.. V

Avant-propos VII

CHAPITRE 1
Logique de l'argumentation et philosophie................................. 1

1.1 Trois des objectifs de la philosophie.. 2
     Premier objectif : examiner d'une façon critique les croyances
     et déterminer comment nous devrions les fixer 2
     Deuxième objectif : mettre en lumière les présupposés................. 3
     Troisième objectif : déterminer ce que devraient être nos buts 4
     Diverses branches de la philosophie.. 5

1.2 Qu'est-ce que la logique de l'argumentation ?............................. 8

1.3 Trois mises au point.. 11
     Première conception erronée : « Une bonne argumentation,
     c'est simplement une argumentation qui va dans le sens
     de mes propres idées. » 11
     Deuxième conception erronée : « On ne peut progresser
     en abandonnant des croyances. ».. 14
     Troisième conception erronée : « Il va de soi que la raison
     et les émotions sont en conflit. » 14

Résumé 16

Matière à réflexion.. 17

Exercices 19

CHAPITRE 2
L'argumentation.. 23

2.1 La nature et les fonctions des argumentations............................. 24

2.2 Les croyances rationnellement justifiées.................................... 26
     Exercices 33

2.3 La différence entre l'explication de l'origine d'une croyance
     et la justification de cette croyance.. 42

2.4 En quel sens peut-on dire que « chacun a droit à son opinion » ? 43

2.5 Argumentons-nous constamment ? 47

2.6 La distinction entre textes argumentatifs et passages argumentatifs 48
     Exercices 55

Résumé 61

Matière à réflexion 62

Exercices 63

CHAPITRE 3
Les composantes des argumentations : Les jugements 65

3.1 Qu'est-ce qu'un jugement ? 66
     Exercices 67

3.2 Les jugements explicites et les jugements implicites 69
     En quoi les jugements implicites sont-ils importants
     pour la logique de l'argumentation ? 76

3.3 Les trois types de jugements 77
     Exemples 80
     Exercices 84

3.4 Les jugements d'observateur 92

3.5 Les jugements d'évaluateur 97

3.6 Les jugements de prescripteur 102

3.7 La classification des jugements : jugements implicites
     et termes à connotations évaluatives 106

Résumé 110

Matière à réflexion 111

Exercices 112

CHAPITRE 4
L'organisation de l'argumentation : Les schémas en arbre 117

4.1 Remarques préliminaires 118
     Exercices 120

4.2 Qu'est-ce qu'un schéma en arbre ? 122

4.3 Les prémisses indépendantes 125

4.4 Les prémisses liées 126
     Exercices 130

4.5 Les argumentations à enchaînement 131

4.6 Méthode à suivre pour faire un schéma en arbre 134

4.7 Les avantages du schéma en arbre 140
     Construction du plan logique 140
     Compréhension du sens d'une argumentation 141
     Aide à l'évaluation d'une argumentation 141
     Aide à la rédaction 142

Résumé 143

Matière à réflexion 144

Exercices 146

CHAPITRE 5
L'évaluation des argumentations 167

5.1 Le premier critère : la suffisance 168

5.2 Le deuxième critère : l'acceptabilité 174

5.3 L'acceptabilité et la prémisse implicite 176
     Exercices 179

5.4 L'évaluation des argumentations à enchaînement 181

5.5 Jusqu'où doit-on critiquer les prémisses d'une argumentation ? 184

Résumé 189

Matière à réflexion 191

Exercices 199

CHAPITRE 6
L'appel à l'autorité 213

6.1 Dans quelle mesure peut-il être rationnellement justifié de faire
     reposer certaines de nos croyances sur des appels à l'autorité ? 214

6.2 Qu'est-ce qu'un bon appel à l'autorité ? 217

Résumé 222

Matière à réflexion.. 223

Questions de réflexion 228

Exercices 229

CHAPITRE 7
Les sophismes 231

7.1 Le sophisme de la généralisation hâtive............................ 232
    Exercices 235

7.2 Le sophisme de la caricature.. 235
    Exercices 238

7.3 Le sophisme du faux dilemme 238
    Exercices 240

7.4 Le sophisme de la pente fatale 241
    Exercices 244

7.5 Le sophisme de l'attaque contre la personne 244
    Exercices 248

7.6 Le sophisme du lien causal douteux................................. 249
    Exercices 253

7.7 Le sophisme de la double faute.. 254
    Exercices 256

7.8 Le sophisme de l'incohérence entre les gestes et les paroles 257
    Exercices 258

7.9 Le sophisme de l'appel à la popularité 259
    Exercices 261

7.10 Le sophisme de la fausse analogie 262
    Exercices 267

7.11 Le sophisme du complot 267
    Exercices 272

Conclusion 273

Avoir réponse à tout, est-ce bon signe ?............................... 274

Est-ce que toutes les opinions se valent ? 275

Une argumentation bien faite nous conduit-elle à
des conclusions qui sont vraies ? 275

Si une bonne argumentation ne mène pas nécessairement
à une conclusion vraie, pourquoi tant insister sur l'importance
des bonnes argumentations ? 276

Avec de bonnes argumentations, on arrive à des croyances
rationnellement justifiées, mais est-ce utile ? 277

Trois attitudes face aux croyances 279

Illustrations philosophiques 281

Introduction 282

1. **Platon** 283
    Le monde de Platon 283
    Le *Criton* 290
    Exercices 303

2. **Siddhārta Gautama (Bouddha)** 305
    Le *Kālāma-sutta* 306
    Exercices 309

3. **Mo-tseu** 311
    Contre la guerre d'agression 313
    De la modération dans les funérailles 314
    Exercices 322

4. **Épicure** 325
    Lettre à Ménécée 326
    Exercices 330

5. **Épictète** 331
    Entretiens (extraits) 332
    Exercices 339

6. **Sextus Empirus** 341
    Les raisons de douter d'un sceptique 343
    Exercices 357

7. **René Descartes** 359
    Discours de la méthode 360
    Exercices 370

8. Beccaria 371
   De la question ou torture 372
   Exercices 376

9. Condorcet 377
   Sur l'admission des femmes au droit de cité 379
   Réflexions sur l'esclavage 383
   Exercices 387

10. William K. Clifford 389
    L'éthique de la croyance (extraits) 390
    Exercices 393

11. John Dewey 395
    La pensée critique 396
    La nature humaine peut-elle changer ? 397
    Exercices 405

12. Walter Lippmann 407
    De la nécessité de l'opposition 408
    Exercices 413

Questions de révision 415
   Les schémas en arbre 416
   L'évaluation de l'argumentation 420
   Les analyses complètes 424
   Questions diverses 429

Annexes 439
   Annexe I
   La production d'un texte argumentatif 440

   Annexe II
   Définitions, mots, sens et interprétation 450

   Annexe III
   Discours philosophique, discours scientifique et discours religieux 467

   Annexe IV
   L'argumentation en science 473

Glossaire 484

Source des photographies 490

Index 491

CHAPITRE 1

LOGIQUE DE L'ARGUMENTATION ET PHILOSOPHIE

Comme un de ceux qui assistait à sa leçon lui demandait : « Convainc-moi de l'utilité de la Logique », il répondit :

– Tu veux que je te la démontre ?

– Oui.

– Il faut donc que je recoure à une démonstration ?

Son interlocuteur en ayant convenu : « Comment donc, poursuivit Épictète, sauras-tu si je ne t'abuse pas par un sophisme ? »

Notre homme se tut.

– Vois-tu, répartit Épictète, comment tu reconnais toi-même que cette connaissance est nécessaire, puisque, sans elle, tu ne peux même pas te rendre compte si elle est nécessaire ou non ?

– Épictète, Entretiens.

1.1   Trois des objectifs de la philosophie

1.2   Qu'est-ce que la logique de l'argumentation ?

1.3   Trois mises au point

Résumé

Matière à réflexion

Exercices

CHAPITRE 1 Logique de l'argumentation et philosophie

▼ La philosophie est probablement une discipline qui est nouvelle pour vous. Il est par conséquent normal qu'au début vous ayez quelques difficultés à la situer parmi les autres disciplines et à en cerner l'objet. C'est habituellement ce qui se passe avec toute discipline nouvelle : pensez à vos premiers cours de physique... La philosophie s'intéresse à de nombreuses questions qui vont de la moralité de la peine de mort à la valeur de la théorie de l'évolution, en passant par des questions du genre « Qu'est-ce qu'une idée ? » ou « À quoi servent les émotions ? ». La philosophie recoupe aussi les autres disciplines. On peut, par exemple, étudier la philosophie politique, la philosophie de la biologie, la philosophie du droit, la philosophie de la physique, la philosophie de l'art, etc. Ce chapitre a pour but de vous donner une idée plus précise de la philosophie en général, ainsi que de la logique de l'argumentation, qui est l'approche philosophique dans laquelle nous nous situerons.

1.1 Trois des objectifs de la philosophie[1]

Premier objectif:
examiner d'une façon critique les croyances
et déterminer comment nous devrions les fixer

Les affirmations qui suivent expriment des croyances largement répandues.

— « Les puissances nucléaires ne sont pas assez stupides pour déclencher une guerre nucléaire. »

— « Les émotions et la raison sont opposées. »

— « Dans nos sociétés, les gens sont trop individualistes. »

— « Donner de l'aide alimentaire aux pays du Tiers-Monde c'est, à long terme, faire empirer la situation des gens qui vivent dans ces pays. »

— « Ceux qui réussissent en politique sont des gens malhonnêtes. »

— « La science et la technologie sont les sources majeures des problèmes actuels des sociétés industrialisées. »

---

1. La section 1.1 reprend certains éléments des pages 1 à 3 de E. D. Klemke, A. David Kline et Robert Hollinger, *Philosophy – The Basic Issues*, New York, St. Martin's Press, 1986.

— « Le capitalisme est le meilleur système économique, celui qui s'accorde le mieux avec la nature humaine. »

— « La science pure est moralement neutre. La technologie également, puisqu'elle peut être employée aussi bien pour faire le bien que pour faire le mal. »

— « Lors de la pleine lune, il y a davantage de femmes qui accouchent. »

— « Lors de la pleine lune, la criminalité augmente. »

— « La terre tourne autour du soleil. »

— « Il n'y a pas deux êtres humains qui ont les mêmes empreintes digitales. »

Vous êtes dans doute d'accord avec plusieurs de ces affirmations alors que d'autres vous semblent douteuses même si vous les entendez couramment. Peut-être aussi n'avez-vous jamais entendu certaines d'entre elles. Qu'est-ce que ces croyances ont à voir avec la philosophie ? En un sens, beaucoup de choses !

En réfléchissant aux croyances, à ce qu'elles signifient, à leur vérité ou à leur fausseté, à leurs implications et à leurs conséquences, aux façons dont elles se sont développées ou aux manières dont on pourrait les vérifier, nous commençons à philosopher.

L'examen critique de nos croyances ou des croyances qui sont répandues dans notre milieu ou dans d'autres milieux est une des premières tâches de la philosophie. Cet examen peut quelquefois faire naître en nous un sentiment d'insécurité, parce qu'il nous fait mettre en doute des croyances que nous pensions solidement établies. Pour jouer avec plaisir au jeu de la philosophie, il faut cependant être prêt à faire un voyage dans l'univers de nos croyances tout en sachant que certaines d'entre elles n'apparaîtront plus sous le même jour une fois le voyage terminé. Tout voyage comporte une part d'insécurité…

L'examen critique des croyances a permis d'établir, au fil des temps, des principes concernant les manières de développer des croyances valables. Le présent ouvrage constitue une introduction à l'étude et à l'application de ces principes.

Deuxième objectif : mettre en lumière les présupposés

Une autre tâche de la philosophie est de mettre en lumière les présupposés touchant à des questions fondamentales. Un présupposé est une croyance qu'une personne tient pour acquise sans en avoir vraiment conscience. Les présupposés peuvent être inoffensifs, mais ils ne le sont pas toujours. Il est donc important de les mettre en lumière afin de pouvoir les évaluer de façon critique. Voici quatre exemples de présupposés.

— Comme toute personne, vous tenez sans doute pour acquis que, demain matin, le monde qui vous environne sera essentiellement le même que celui d'aujourd'hui (vous n'avez pas peur de vous retrouver seul sur une planète inhabitable…). Ainsi, on peut dire que la plupart des gens présupposent que l'univers qui les entoure est fondamentalement stable.

— Plusieurs Américains tiennent pour acquis qu'ils vivent dans le pays le plus démocratique au monde. Même s'ils n'en sont pas conscients, ils ont un présupposé dont la valeur est plus que douteuse. Ce présupposé n'est pas inoffensif. Il peut, par exemple, contribuer à faire négliger l'étude des avantages de mesures démocratiques qui existent dans d'autres pays.

— Vous organisez probablement votre vie en fonction de l'idée que vous allez mourir vers soixante-dix ans. En êtes-vous conscient ? Y avez-vous pensé sérieusement ? Est-il vrai que vous allez mourir à peu près à l'âge moyen où les gens meurent ?

— La plupart des gens, dans nos sociétés, présupposent qu'il est correct, dans certaines circonstances, de sacrifier des vies humaines pour des avantages avant tout économiques, comme en témoigne le fait que l'on tolère le transport automobile privé qui, dans sa forme actuelle, est responsable au Québec d'environ 1000 morts par an, et que cela ne scandalise presque personne[2].

Pourquoi tant tenir à mettre en lumière nos présupposés ? C'est parce qu'aussi longtemps qu'ils ne seront pas pleinement révélés, nous ne serons pas pleinement conscients de l'origine de nos croyances. Nous resterons, en quelque sorte, esclaves de ces présupposés qui nous influencent à notre insu. Une fois que nous les aurons dévoilés, nous pourrons jeter sur eux un regard critique. Cela étant fait, nous mettrons de côté certains de ces présupposés parce qu'ils ne nous semblent pas suffisamment établis ; par contre, nous en conserverons d'autres qui seront alors acceptés en toute connaissance de cause.

En résumé, le premier objectif de la philosophie indique qu'il nous faut examiner de façon critique les croyances. Le deuxième objectif nous invite à aller en profondeur, à faire remonter à la surface les présupposés, c'est-à-dire les croyances qui guident nos actions et dont nous n'avons pas vraiment conscience.

Troisième objectif :
déterminer ce que devraient être nos buts

Nos actions visent des buts. Un des objectifs de la philosophie est l'examen critique de nos buts. Ces buts peuvent être individuels ou collectifs.

---

2. Qu'en pensez-vous ? Vous réagissez probablement *différemment* au quatrième exemple qu'aux trois premiers. Pourquoi ? Trouvez-vous que ce que l'on y affirme est *faux* ou plutôt *troublant* ?

Sur le plan *individuel*, notre but fondamental est d'être heureux. Cependant, il y a bien des conceptions du bonheur [3]. La philosophie fait une étude comparative de ces diverses conceptions et en évalue les mérites respectifs.

Sur le plan *collectif*, nous sommes guidés par une conception d'une société idéale. Encore ici, il existe plusieurs conceptions de ce que pourrait être une société idéale [4]. La philosophie fait également une étude comparative de ces différentes conceptions et en évalue les mérites respectifs.

Diverses branches de la philosophie

La réflexion philosophique se caractérise par la poursuite de ces trois objectifs. Elle peut s'exercer dans des domaines très divers. Ainsi, lorsque l'on traite de questions morales, on se situe dans la branche de la philosophie appelée *éthique*. Lorsqu'on traite de la connaissance, qu'il s'agisse de la connaissance « spontanée », de la connaissance réfléchie ou de la connaissance scientifique, on fait de l'*épistémologie*. Lorsqu'on traite de la beauté et des arts, on fait de l'*esthétique*. Lorsqu'on traite des systèmes et des conceptions politiques, on fait de la *philosophie politique*. Dans toutes ces disciplines, comme également dans les autres divisions de la philosophie (philosophie de l'éducation, du travail, du droit, du langage, etc.), la réflexion philosophique consiste à faire l'examen critique des croyances ou des conceptions, notamment de celles qui nous viennent spontanément à l'esprit ou circulent dans notre culture ; elle cherche à déterminer si le domaine à l'étude a des particularités dont il faudrait tenir compte pour fixer nos croyances s'y rapportant, à mettre en lumière les présupposés et à déterminer quels devraient être nos buts ou la place qu'occupe ou devrait occuper telle ou telle activité dans nos vies. Les différentes branches de la philosophie cherchent, par l'examen de conceptions fondamentales touchant à divers domaines, à proposer d'autres conceptions, qui résistent mieux à l'examen critique.

Concrètement, de quel genre de questions traite-t-on en philosophie ? Nous allons en donner un aperçu en survolant quelques questions qui relèvent de l'éthique, de l'épistémologie, de l'esthétique, de la philosophie politique et de la philosophie en tant que sagesse.

---

3. Pensez par exemple aux attitudes de gens que vous connaissez à l'égard du travail ou de l'argent et à ce que cela peut révéler sur leur façon de concevoir le bonheur.

4. Par exemple, pour certains, l'État ne devrait jamais, dans une société idéale, imposer de mesures pour favoriser le bien de la population lorsque celle-ci ne les désire pas. Dans cette optique, par exemple, il n'aurait pas fallu imposer le port de la ceinture de sécurité à la fin des années 70, alors que la majorité des Canadiens était contre cette mesure. Selon une autre conception, en revanche, ce genre de mesure peut fort bien être acceptable dans certaines circonstances au sein d'une société idéale.

L'*éthique* s'intéresse à des questions qui concernent la morale, comme les suivantes, qui ont déjà fait ou font encore l'objet de débats : « L'esclavage est-il une pratique moralement acceptable ? » ; « Le duel est-il une pratique immorale ? » ; « Est-il moralement acceptable de s'assurer de l'innocuité d'un cosmétique ou d'un médicament en le testant sur des animaux ? » ; « Est-il juste que tous aient le droit de vote, quel que soit leur sexe, leur race ou leurs ressources financières ? » ; « Est-il légitime d'interdire la consommation de drogues douces par des adultes ? » ; « Dans une société, doit-on tolérer les intolérants, comme ceux qui préconisent l'adoption de mesures sociales racistes ? » ; « L'euthanasie est-elle moralement acceptable ? » ; « Quels sont les présupposés des différentes conceptions portant sur ce qui est acceptable sur le plan moral ? »

L'*épistémologie* se penche sur des questions se rapportant à la connaissance : « Dans quelle mesure pouvons-nous nous fier à nos sens, à notre mémoire ? » ; « D'où vient que nous changions de croyances ? » ; « Pouvons-nous vraiment devenir prisonniers d'une vision des choses, comme semblent l'être les membres de certaines sectes ou de certaines religions ? » ; « Pourquoi les gens qui ont vécu à des époques reculées ont-ils souvent cru en des choses qui nous paraissent complètement absurdes de nos jours ? » ; « Comment la science fonctionne-t-elle ? » ; « Y a-t-il vraiment une méthode scientifique ? Si oui, quelle est-elle ? Si non, cela signifie-t-il que toutes les idées se valent ? » ; « Quelles sont les sources de nos erreurs ? » ; « Quels sont les présupposés des différentes conceptions portant sur la connaissance ? »

L'*esthétique*, pour sa part, s'intéresse à des questions qui portent sur les notions d'art et de beauté : « Lorsque l'on affirme que tel tableau ou que tel film est beau, ou encore que telle pièce de tel groupe ou de tel compositeur est meilleure qu'une autre pièce du même groupe ou du même compositeur, sur quoi reposent de telles évaluations ? Sur une mystérieuse intuition, sur un sentiment dont on ne peut rien dire ou plutôt sur quelque chose que l'on peut analyser ? » ; « Qu'est-ce que l'art ? » ; « Une toile sur laquelle est peinte une boîte de soupe en conserve peut-elle être une œuvre d'art ? » ; « Quels sont les présupposés des différentes conceptions portant sur la beauté et sur l'art ? »

Quant à la *philosophie politique*, elle traite de questions touchant la politique : « Quelle place l'État peut-il légitimement occuper dans la vie des individus ? » ; « Que signifie réellement l'égalité politique ? » ; « Quelles sont les conditions nécessaires au développement de la démocratie ? » La philosophie politique s'intéresse également aux lois qui ont des répercussions éthiques, par exemple la loi canadienne qui interdit la diffusion de propos haineux contre des groupes d'individus, ou la loi, commune à plusieurs pays, qui oblige de porter secours à une personne en détresse. La philosophie politique entretient donc des liens étroits avec l'éthique.

Finalement, la *philosophie en tant que sagesse* s'intéresse à ce qu'on pourrait appeler l'« art de vivre » : « Quels buts devrions-nous viser pour favoriser notre épanouissement ? » ; « Qu'est-ce que le bonheur ? » ; « Est-ce que les idées sur le bonheur communément admises dans nos sociétés sont justes ? » ; « Quelle place devrait occuper telle ou telle sphère d'activité dans une vie équilibrée ? » ; « Y a-t-il une conception du bonheur supérieure aux autres ou sont-elles toutes valables selon les types de personnes ? » ; « Quelle attitude devrions-nous adopter devant les épreuves de la vie ? »

Afin de trouver des réponses sensées à toutes ces questions, les philosophes font évidemment plus qu'adopter les premières idées qui leur passent par la tête. Quels sont donc les moyens qu'utilisent les philosophes ? Il y en a au moins cinq. Premièrement, l'observation et l'interprétation minutieuse de leurs propres idées et de leur comportement. Deuxièmement, l'observation et l'interprétation minutieuse des idées d'autrui et de leur comportement. Troisièmement, les mises en situation ou « expériences imaginaires ». Quatrièmement, l'intuition, qui peut fournir, *dans certains contextes et à certaines conditions*, des éléments de réflexion. Cinquièmement, les résultats des sciences, par exemple les résultats des chercheurs en histoire, en sociologie ou en physique concernant l'histoire des sociétés, des idées, l'évolution de l'organisation sociale ou l'origine de l'univers.

Les philosophes ne font pas d'expériences comme on en fait en psychologie, en chimie ou en biologie. Toutefois, ils testent leurs idées de deux façons :

a) en examinant si elles sont compatibles avec les autres idées qu'ils admettent, que celles-ci proviennent, comme nous venons de l'indiquer, des résultats de l'observation de leur propre comportement ou de celui d'autrui, de mises en situation, de certaines de leurs intuitions ou des résultats les plus fiables d'autres disciplines ;

b) en les soumettant à l'examen critique d'autrui.

Par ailleurs, les philosophes peuvent suggérer à des chercheurs d'autres disciplines des hypothèses devant être testées expérimentalement. Ils peuvent aussi contribuer, lorsqu'ils se penchent sur les fondements d'une discipline ou d'un secteur d'activité, au développement de ce domaine (philosophie du droit, du langage, de la physique, des mathématiques, etc.). Le but de l'activité philosophique, comme le disait le philosophe William James (1842-1910), c'est d'aboutir, sur certaines questions fondamentales, à une conception des choses qui soit meilleure que celle qui germe spontanément dans l'esprit de chacun.

▶ **Illustration philosophique 5** (p. 331) :

Lire les extraits des *Entretiens* du philosophe Épictète (50 - v. 130), qui traitent de la source de la philosophie et de la tâche du philosophe.

La philosophie est une discipline dont l'origine se perd dans la nuit des temps. La difficulté d'en préciser les débuts s'explique par deux raisons principales. Premièrement, il ne nous reste rien des réflexions et des débats de nature philosophique qui n'ont pas été fixés par écrit[5]. Deuxièmement, bien des écrits de nature philosophique ne nous sont pas parvenus, ou encore ne nous sont parvenus que de manière fragmentaire. Chose certaine, cinq cents ans avant l'ère chrétienne, il y avait des philosophes en Grèce, en Inde et en Chine. Très tôt, d'ailleurs, on s'intéressa, dans ces trois régions, à la logique, que ce soit en se penchant sur des argumentations paradoxales ou en tentant d'établir les règles à suivre pour bien raisonner ou la liste des principaux pièges dont il faut se méfier[6].

▶ **Illustrations philosophiques 1, 2 et 3** (p. 283, 305 et 311) :

Dans les trois premières *Illustrations philosophiques,* on trouvera trois textes anciens provenant de la Grèce (Platon), de l'Inde (Siddhārta Gautama) et de la Chine (Mo-tseu) qui illustrent la variété des préoccupations des philosophes ainsi que les divers contextes historiques et culturels dans lesquels s'exercèrent leur activité.

1.2   Qu'est-ce que la logique de l'argumentation?

Où se situe la logique de l'argumentation par rapport à l'ensemble de la philosophie ? En plus d'être un champ particulier de la philosophie, la logique de l'argumentation est reliée à tous les autres champs de cette discipline ; en effet, dans tous les domaines de la philosophie, on formule, on communique et on critique des argumentations, et on cherche à le faire de la meilleure façon possible.

Mais la logique de l'argumentation n'est pas qu'une affaire de spécialistes de la philosophie : elle s'adresse à tous et s'applique dans la vie de tous les jours. En effet, chacun d'entre nous traite, de façon presque automatique, les argumentations qui se présentent quotidiennement, qu'elles proviennent de lectures, de professeurs,

---

5. Voir, par exemple, Paul Radin, *Primitive Man as Philosopher,* New York, Dover, 1957.

6. Voir, par exemple, Aristote, *Les réfutations sophistiques,* Paris, Vrin, 1977 ; T. Stcherbatsky, *Buddhist Logic,* 2 tomes, Dover, New York, 1962 ; Hu Shih, *The Development of Logical Method in Ancient China,* New York, Paragon Book Reprint, 1968.

d'amis, d'émissions d'information ou de messages publicitaires. Nous avons chacun une façon personnelle de les examiner et de les évaluer. Celle-ci dépend en grande partie de notre éducation. Nous appellerons ce mode de fonctionnement, le « mode automatique ». Dans ce mode, tout va très vite : nous faisons face à un raisonnement, et il nous persuade ou non. Donnons-en une illustration.

À première vue, trouvez-vous que les deux argumentations qui suivent sont correctes ?

— « Il y a plus de délinquants aujourd'hui. Il y a aussi plus de gens qui font des études avancées. Par conséquent, les études avancées encouragent la délinquance. »

❐ L'argumentation est correcte.

❐ Elle n'est pas correcte.

— « Il y a toujours eu de la prostitution et il y en aura toujours. On peut en conclure que la prostitution est quelque chose de nécessaire à la société. »

❐ L'argumentation est correcte.

❐ Elle n'est pas correcte.

Si nous vous avons demandé de procéder rapidement à votre évaluation de ces deux argumentations, c'était pour que vous demeuriez en « mode automatique ». Le « mode manuel » s'oppose au mode automatique. C'est celui que nous allons utiliser dans cet ouvrage. Mais, puisque nous allons manipuler des idées plutôt que des objets, il vaut mieux parler de *mode réflexif* plutôt que de mode manuel. Le mode réflexif a les caractéristiques suivantes.

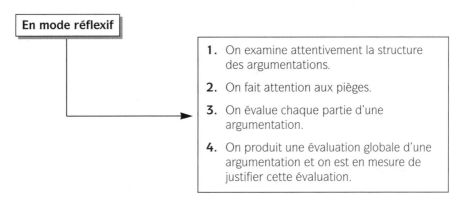

En mode réflexif

1. On examine attentivement la structure des argumentations.

2. On fait attention aux pièges.

3. On évalue chaque partie d'une argumentation.

4. On produit une évaluation globale d'une argumentation et on est en mesure de justifier cette évaluation.

Quels sont les avantages du mode réflexif ? Premièrement, il nous permet de prendre conscience de la manière dont nous analysons les argumentations. Deuxièmement, il nous permet de déterminer ce que nous tenons pour acquis. Finalement, il nous permet de percevoir certains pièges dans lesquels nous pouvons facilement tomber lorsque nous nous en tenons au mode automatique. Par contre, le mode réflexif a des désavantages : il prend plus de temps et exige davantage d'attention.

Lorsqu'on étudie la logique de l'argumentation, on est constamment appelé à se placer en mode réflexif. On examine de façon critique les argumentations dans le but d'améliorer notre aptitude à réfléchir aussi bien selon le mode réflexif que selon le mode automatique.

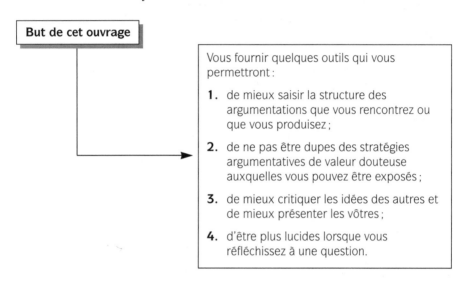

But de cet ouvrage

Vous fournir quelques outils qui vous permettront :

1. de mieux saisir la structure des argumentations que vous rencontrez ou que vous produisez ;

2. de ne pas être dupes des stratégies argumentatives de valeur douteuse auxquelles vous pouvez être exposés ;

3. de mieux critiquer les idées des autres et de mieux présenter les vôtres ;

4. d'être plus lucides lorsque vous réfléchissez à une question.

La logique de l'argumentation comporte un aspect très pratique car elle porte sur la manière dont nous pensons en soulignant bien le fait que parfois nous pensons trop vite ou mal. Mal argumenter est un handicap sérieux. Cela nous rend perméables aux croyances de peu de valeur et contribue à nous donner une vision du monde inexacte qui peut nous empêcher d'atteindre nos buts.

Il est à noter que l'étude de l'argumentation intéresse aussi d'autres disciplines. Ainsi, entre autres recherches, les psychologues tentent de mieux comprendre comment il se fait que nous commettons des erreurs de raisonnement. Les linguistes, quant à eux, se penchent notamment sur les stratégies que nous utilisons pour communiquer les argumentations et sur la manière dont nous les interprétons. L'approche philosophique de l'argumentation, si elle fait parfois appel aux résultats des recherches de ces deux disciplines, se démarque de celles-ci par son effort de distinguer les bonnes des mauvaises argumentations ainsi que par son souci pour le développement de la capacité d'argumentation des individus.

1.3 Trois mises au point

Nous allons clore ce chapitre en examinant trois conceptions répandues qui, si vous les partagiez, risqueraient de nuire grandement à votre compréhension de l'approche que nous avons adoptée.

Première conception erronée :
« Une bonne argumentation, c'est simplement une argumentation qui va dans le sens de mes propres idées. »

On rencontre parfois des gens qui ont la réaction spontanée suivante lorsqu'on leur expose la nature de la logique de l'argumentation : « Ce n'est pas très compliqué, la distinction entre une bonne et une mauvaise argumentation. Une bonne argumentation, c'est simplement une argumentation qui va dans le sens de mes propres idées. »

Pour montrer la fausseté de cette position, nous allons vous demander de faire l'évaluation de quatre argumentations qui portent sur la légalisation de l'avortement.

ARGUMENTATION A

« La loi doit permettre l'avortement. Après tout, on permet bien à une femme de se faire arracher une dent ou de se faire enlever une tumeur. »

Je suis d'accord avec la conclusion de cette argumentation :
- ❐ oui
- ❐ non

Je considère que cette argumentation est :
- ❐ très mauvaise
- ❐ plutôt mauvaise
- ❐ plutôt bonne
- ❐ bonne
- ❐ excellente

ARGUMENTATION B

« La loi doit permettre l'avortement, car un enfant qui n'est pas désiré ne vient pas au monde dans de bonnes conditions. »

Je suis d'accord avec la conclusion de cette argumentation :
- ❐ oui
- ❐ non

Je considère que cette argumentation est :

❒ très mauvaise

❒ plutôt mauvaise

❒ plutôt bonne

❒ bonne

❒ excellente

ARGUMENTATION C

« La loi doit interdire l'avortement, parce que cette pratique contribue à faire baisser le taux de natalité et que la baisse du taux de natalité crée des problèmes dans la société. »

Je suis d'accord avec la conclusion de cette argumentation :

❒ oui

❒ non

Je considère que cette argumentation est :

❒ très mauvaise

❒ plutôt mauvaise

❒ plutôt bonne

❒ bonne

❒ excellente

ARGUMENTATION D

« La loi doit interdire l'avortement, parce que l'embryon et le fœtus sont des êtres humains. »

Je suis d'accord avec la conclusion de cette argumentation :

❒ oui

❒ non

Je considère que cette argumentation est :

❒ très mauvaise

❒ plutôt mauvaise

❒ plutôt bonne

❒ bonne

❒ excellente

L'analyse de ces quatre argumentations nous permettra de réfuter l'idée répandue voulant qu'une bonne argumentation soit simplement une argumentation qui va dans le sens de nos propres idées. Examinons d'abord les argumentations A et B. Elles ont toutes les deux la même conclusion. Pourtant, les partisans comme les adversaires de la légalisation de l'avortement reconnaîtront sans doute que l'argumentation B est meilleure que l'argumentation A. Les premiers auront probablement tendance à réagir de la manière suivante : « L'argumentation A va dans le sens des idées que je défends mais, franchement, il est clair qu'elle ne vaut pas grand-chose parce qu'on ne peut pas comparer aussi gratuitement une dent ou une tumeur à un embryon ou un fœtus. L'argumentation B, quant à elle, est plus solide. » Quant aux adversaires, ils auront probablement tendance à réagir ainsi : « L'argumentation A est carrément mauvaise. L'argumentation B, quant à elle, a un certain poids et mérite d'être prise en considération. Les argumentations A et B vont toutes deux à l'encontre de mes idées, mais il est clair que l'argumentation B, sans être valable, est meilleure que l'argumentation A. »

Examinons maintenant les argumentations C et D. Elles ont toutes deux la même conclusion. Pourtant, les partisans comme les adversaires de la légalisation de l'avortement reconnaîtront sans doute que l'argumentation D est meilleure que l'argumentation C. Les premiers auront probablement tendance à réagir de la manière suivante : « L'argumentation D ne va pas dans le sens des idées que je défends, mais elle a un certain poids et, chose certaine, elle mérite qu'on s'y arrête. L'argumentation C, quant à elle, ne vaut pratiquement rien. L'argumentation D est meilleure que l'argumentation C, même si elle ne va pas dans le sens des idées que je défends. » Les adversaires auront probablement tendance, pour leur part, à réagir de la manière suivante : « L'argumentation D va dans le sens des idées que je défends et elle a du poids. L'argumentation C, quant à elle, ne vaut pas grand-chose. Les argumentations C et D vont toutes deux dans le sens de mes idées, mais il est clair que l'argumentation C est moins bonne que l'argumentation D. »

Ces exemples montrent clairement qu'il est possible d'affirmer qu'une argumentation est meilleure qu'une autre même si elle ne va pas dans le sens de nos idées, et qu'il est également possible d'affirmer qu'une argumentation allant dans le sens de nos idées n'est pas très bonne, voire qu'elle est carrément mauvaise. Il en découle qu'il est faux d'affirmer que, de manière générale, une bonne argumentation est simplement une argumentation qui va dans le sens de nos idées (et qu'une mauvaise argumentation est une argumentation qui ne va pas dans le sens de nos idées).

On aurait pu critiquer cette idée en réfléchissant au fait suivant : si chacun ne considérait valables que les argumentations qui vont dans le sens de ses propres idées, personne ne changerait jamais d'idée sur quoi que ce soit ! Or, bien entendu, nos réflexions personnelles ainsi que l'examen des réflexions d'autrui nous amènent souvent à changer d'idée. Cela constitue un autre argument contre l'idée voulant qu'une bonne argumentation soit simplement une argumentation qui va dans le sens de nos idées.

Deuxième conception erronée :
« On ne peut progresser en abandonnant des croyances. »

Dans la citation qui suit, la philosophe Susan Stebbing indique dans quel esprit elle conçoit l'examen critique de nos croyances. On y trouve l'idée intéressante selon laquelle on peut progresser en adoptant de nouvelles croyances, mais aussi en abandonnant certaines de nos croyances.

> ### L'examen de nos croyances *(Susan Stebbing)*
>
> […] Je recommande que l'on acquière l'habitude de s'interroger (voire de méditer) à propos de nos croyances préférées. En les qualifiant ainsi, nous voulons indiquer qu'il s'agit de croyances que nous voulons conserver, de croyances auxquelles nous restons volontiers attachés. Nous devons nous méfier de l'idée voulant qu'une croyance préférée ne peut être fausse, simplement parce qu'il serait « épouvantable » qu'elle le soit.
>
> […] Nous devrions nous poser la question : *Comment en suis-je arrivé à croire cela ?* La réponse à cette question peut être surprenante. Ensuite, il se peut que nous devions nous poser une autre question : Soit, peu importe comment j'y suis arrivé, *ma croyance est-elle défendable ?* C'est la réponse à cette dernière question qui peut être éclairante. Si je conclus que ma croyance est défendable, parce que je peux trouver des arguments en sa faveur, alors elle est non seulement « préférée » mais, en plus, elle est « raisonnable ». Si, par contre, je trouve qu'elle n'est pas défendable et que je l'abandonne, alors je me serai épargné la peine de croire à une fausseté. Dans l'un ou l'autre cas, mon analyse m'aura permis de mettre de l'ordre dans mes idées. Vous noterez que je tiens pour acquis que la lucidité est valable en soi. Sans ce présupposé, je n'aurais pas eu le désir d'écrire ce livre. Il suffit toutefois d'admettre que les idées confuses sont source d'erreur. Avoir les idées claires est utile parce que cela nous permet d'atteindre nos buts, de réaliser nos projets les plus concrets [7].

Troisième conception erronée :
« Il va de soi que la raison et les émotions sont en conflit. »

Dans la citation qui suit, Susan Stebbing s'en prend à l'opposition entre la raison et les émotions. L'idée que le développement de la capacité de raisonnement se fait au détriment de la sensibilité est en effet répandue. Nombreuses sont les personnes qui croient que nous ne pouvons à la fois être près de nos sentiments et être habiles à raisonner.

> ### Logique et sentiments *(Susan Stebbing)*
>
> Ce ne sont pas les émotions qui annihilent la capacité de penser claire-ment, mais le désir d'arriver à tout prix à une conclusion qui soit en har-monie avec les émotions, peu importe la valeur des arguments. Ce désir

---

7. Susan Stebbing, *Thinking to Some Purpose*, Harmondsworth, Penguin Books, 1939, p. 40.

est incompatible avec l'évaluation impartiale des données, qui est une condition essentielle pour réussir à tenir compte de tous les faits pertinents et à déduire la conclusion uniquement à partir de ces faits[8].

Les trois mises au point que nous voulions faire sont les suivantes :

1. En résumé, une bonne argumentation n'est pas simplement une argumentation qui va dans le sens de nos propres idées.

2. On peut progresser en adoptant une croyance « raisonnable » ainsi qu'en abandonnant une croyance qui ne l'est pas.

3. Le domaine des émotions et le domaine de la raison ne sont pas nécessairement opposés.

---

8. Susan Stebbing, *ibid.*, p. 45.

RÉSUMÉ

1. Un des objectifs de la philosophie est *l'examen critique des croyances*.

2. Un des objectifs de la philosophie est de *mettre en lumière les présupposés* touchant les questions fondamentales et de les évaluer de façon critique.

3. Un des objectifs de la philosophie est *l'examen critique de nos buts*. Ces buts peuvent être individuels ou collectifs. Sur le plan individuel, notre but fondamental est d'être heureux. Cependant, il y a bien des conceptions du bonheur. Sur le plan collectif, nous sommes guidés par une conception d'une société idéale. Encore ici, il y a bien des conceptions de ce que pourrait être une société idéale. La philosophie fait une étude comparative de ces différentes conceptions et en évalue les mérites respectifs.

4. En plus de la logique de l'argumentation, d'autres disciplines s'intéressent à l'argumentation. Parmi celles-ci, on peut noter la psychologie et la linguistique. L'approche philosophique de l'argumentation, si elle fait parfois appel aux résultats des recherches de ces deux disciplines, se démarque de celles-ci par son effort de distinguer les bonnes des mauvaises argumentations ainsi que par son souci pour le développement de la capacité d'argumentation des individus.

5. Nous avons distingué le « *mode réflexif* » du « *mode automatique* » en ce qui concerne l'évaluation des argumentations. Tout au long de cet ouvrage, nous allons adopter le mode réflexif.

6. *a*) Une bonne argumentation n'est pas simplement une argumentation qui va dans le sens de nos propres idées.

   b) On peut progresser en adoptant une croyance « raisonnable » ainsi qu'en abandonnant une croyance qui ne l'est pas.

   c) Le domaine des *émotions* et celui de la *raison* ne sont pas nécessairement opposés.

MATIÈRE À RÉFLEXION

La liberté d'information est-elle suffisante ?

« Au XIXe siècle, on reconnaissait qu'il n'y avait pas de liberté dans un pays où la population n'avait pas accès à l'information permettant de détecter les faussetés. Au XXe siècle, on constate qu'il n'y a pas de liberté dans un pays où la population n'a pas les habiletés critiques qui permettent de distinguer les faussetés des vérités [9]. »

• • •

Raison et préjugés

« Il semble que les hommes, en général, préfèrent utiliser leur raison à justifier les préjugés qu'ils ont assimilés sans trop savoir comment, plutôt qu'à les déraciner [10]. »

• • •

La pensée critique et l'être humain

« Par une curieuse ironie du sort, l'être humain n'est pas seulement le seul animal " logique ", il est aussi le seul animal " illogique ". Il est le seul animal qui utilise des significations — idées, concepts, analogies, métaphores, modèles, théories et explications — pour donner un sens aux choses, les comprendre, les prévoir et les maîtriser. Il est aussi le seul à se servir de significations pour se renier, se contredire et s'abuser lui-même, pour interpréter les faits de manière erronée, les dénaturer et les transformer en stéréotypes, ainsi que pour nourrir son dogmatisme, ses préjugés et son étroitesse d'esprit. L'être humain est le seul animal dont la pensée peut être dite claire, précise, exacte, adéquate, cohérente, profonde et impartiale ; mais il est également le seul animal dont la pensée est souvent imprécise, vague, inexacte, inadéquate, superficielle, triviale ou tendancieuse.

À la lumière de cette dichotomie paradoxale, on comprend mieux la raison d'être de la pensée critique. L'être humain ne devrait pas se fier uniquement à son instinct, ni croire sans se poser de questions tout ce qui lui passe par l'esprit, ni admettre comme vérité incontestable tout ce qui lui est enseigné. Il ne devrait pas non plus présumer que son expérience est toujours fiable. Il lui faut construire, en matière de croyance, de vérité et

---

9. D'après Neil Postman, « Critical Thinking in the Electronic Era », cité dans Trudy Govier (éd.), *Selected Issues in Logic and Communication*, Belmont, Wadsworth, 1988, p. 11.

10. Mary Wollstonecraft, *Défense des droits de la femme*, Paris, Payot, 1976 (1792), p. 46.

de validité, des critères solides sur le plan intellectuel, car ceux-ci ne sont pas innés. Et il doit cultiver des habitudes et des traits de caractère qui lui permettent d'intégrer ces critères à sa vie[11]. »

• • •

La raison et les émotions

On entend dire parfois que l'avis de la population sur la peine de mort ou sur la gravité des peines d'emprisonnement est *moins valable* lorsque les gens sont bouleversés à la suite d'un meurtre crapuleux ayant fait les manchettes. On suggère alors souvent d'attendre que la poussière retombe, que l'opinion publique se calme, afin que les gens soient moins émotifs et soient en mesure de juger de manière plus réfléchie.

À première vue, cette argumentation n'est pas sans valeur apparente. Toutefois, on peut y déceler les idées implicites ou présupposés suivants : a) les émotions viennent *perturber* l'analyse d'un problème ; b) elles la perturbent de manière *inacceptable*. On retrouve donc ici l'idée voulant que les émotions et la raison entrent en conflit. Or, on pourrait probablement défendre l'idée selon laquelle, en ce qui concerne ce genre de questions du moins, c'est plutôt dans les circonstances qui suscitent l'émotion que les gens ont une meilleure perception des choses. En effet, c'est dans de telles circonstances que les gens ont une conscience claire de l'horreur de la violence, parce qu'alors celle-ci cesse d'être abstraite. Évidemment, cela ne veut pas dire que, dans ces circonstances, les gens réfléchiront toujours avec toute l'attention requise.

Un peu de la même manière, les gens réfléchissent au problème de la sécurité routière avec une conscience plus claire des enjeux après avoir perdu un proche dans un accident d'automobile que lorsqu'on leur parle, abstraitement, des milliers de personnes qui perdent la vie sur les routes du pays chaque année. Les émotions apportent donc des éléments tout à fait pertinents pour une analyse réfléchie de ce problème social : elles nous permettent de bien saisir la réalité et, en leur absence, on peut dire que notre vision est tellement abstraite que nous ne tenons pas pleinement compte de tous les aspects pertinents.

Peut-être en est-il de même des émotions suscitées à la suite de meurtres crapuleux : elles nous montrent bien en face la réalité qui est souvent banalisée par une horreur quotidienne à laquelle nous devenons trop souvent insensibles. S'il est certain que nos émotions peuvent parfois fausser notre vision des choses, il semble aussi qu'il arrive qu'elles soient *essentielles* à une juste vision des choses. Il ne faut donc pas tenir pour acquis qu'une mise en jeu des émotions se fait nécessairement au détriment de notre raison. ◀

---

11. Richard Paul, *Critical Thinking*, Rohnert Park (Ca.), Center for Critical Thinking and Moral Critique, 1990, p. 44-45.

Il est toujours intéressant, lorsqu'on aborde une nouvelle discipline, d'anticiper le genre de travail qui sera exigé de nous. Pour ce faire, nous vous proposons les exercices qui suivent. Ils ont pour but de vous « mettre dans le bain », en vous donnant un avant-goût de la matière à l'étude.

1. Cet exercice porte sur *l'évaluation d'une argumentation*. Cette question nous préoccupera plus spécifiquement au chapitre 5, où nous verrons comment appliquer, en mode réflexif, les principes qui régissent les argumentations correctes. Mais, dès à présent, vous pouvez exercer votre « intuition » à repérer des argumentations déficientes.

   À la fin de cet ouvrage, vous devriez être en mesure de dire exactement pourquoi certaines des argumentations suivantes ne sont pas solides, de l'expliquer clairement à quelqu'un d'autre et de suggérer, si possible, des façons d'améliorer les argumentations déficientes.

   Question : Les argumentations qui suivent vous semblent-elles intuitivement correctes ? Pourquoi ?

   a) « Ceux qui sont en faveur de la protection de l'environnement prétendent que si nous adoptons leurs principes nous serons mieux que si nous ne le faisons pas. C'est complètement stupide, il est facile de montrer que le respect de l'environnement ne fera pas de la terre un paradis. Par conséquent, les écologistes défendent un point de vue erroné. »

      ❑ L'argumentation est correcte.

      ❑ Elle n'est pas correcte.

   b) « Lorsque j'éprouve beaucoup de stress avant un examen, j'obtiens toujours de mauvaises notes. C'est donc ce stress qui est responsable de ces mauvaises notes. »

      — Un étudiant

      ❑ L'argumentation est correcte.

      ❑ Elle n'est pas correcte.

   c) « Il arrive qu'il faille sacrifier des cellules d'un organisme pour assurer la santé d'un être vivant. C'est la même chose avec les humains. Les humains sont les cellules du corps vivant qu'est la société. Il ne faut donc pas hésiter à sacrifier des individus pour assurer la santé de la société. »

      ❑ L'argumentation est correcte.

      ❑ Elle n'est pas correcte.

d) « Ce parti politique est au pouvoir depuis trois ans, et depuis trois ans l'économie du pays va mieux. La politique économique préconisée par ce parti était donc bonne. »

❑ L'argumentation est correcte.

❑ Elle n'est pas correcte.

2. À la section 1.3, nous avons critiqué l'idée selon laquelle une bonne argumentation serait simplement une argumentation qui va dans le sens de nos propres idées au moyen d'une comparaison entre quatre argumentations portant sur la légalisation de l'avortement. Dans un court texte, présentez quatre argumentations de votre cru qui portent sur une autre question et qui pourraient remplacer ces argumentations sur l'avortement tout en permettant d'en arriver exactement à la même conclusion. Expliquez ensuite clairement pourquoi vos argumentations permettraient de soutenir cette conclusion tout aussi bien que celles que nous avons utilisées.

3. Formulez trois argumentations incorrectes et expliquez clairement pourquoi elles sont incorrectes. Il peut s'agir d'argumentations que vous avez déjà entendues ou que vous pourriez entendre, en ce sens qu'elles pourraient sembler valables à certaines personnes.

4. Connaissez-vous des personnes qui font particulièrement preuve d'esprit critique ou, au contraire, chez qui cette qualité fait particulièrement défaut ? Tentez de déterminer les raisons qui, à votre avis, expliquent pourquoi ces personnes sont douées ou dépourvues d'esprit critique.

5. Cet exercice porte sur *la compréhension du sens d'une argumentation*. Dans l'extrait qui suit, le philosophe David Hitchcock tente d'amener le lecteur à partager une de ses croyances. Pour ce faire, il utilise une série d'autres croyances ainsi que quelques exemples. Tous ces éléments ont toutefois un but bien précis : nous faire partager une des croyances de l'auteur. Pour être en mesure de saisir l'argumentation de l'auteur, il faut être capable de lire le texte adéquatement et d'organiser entre elles les idées exprimées dans les phrases. Évidemment, vous possédez déjà, dans une certaine mesure, cette habileté. Nous tenterons de la développer davantage au chapitre 4, qui porte sur l'organisation de l'argumentation.

Question : Quelle est la croyance que l'auteur désire nous faire partager dans le texte suivant ; autrement dit, vers quoi convergent les éléments de ce texte ?

L'importance de l'esprit critique (David Hitchcock)

Est-il important de développer notre esprit critique ? Faut-il toujours agir en suivant les critères de la raison ? L'intuition, les observations, les émotions, l'autorité et la croyance religieuse devraient-elles avoir une place ?

Un esprit critique bien aiguisé est un atout incontestable, d'abord pour une raison très pratique : il nous permet de résister à certains discours ampoulés, à la propagande et à la publicité, nous évitant ainsi de prendre de mauvaises décisions. Si un disquaire annonce un rabais de 10 %, vous devriez vous demander « 10 % par rapport à quoi ? » avant de sauter à la conclusion que cet achat serait une bonne affaire. Sachant que les manufacturiers suggèrent des prix de vente au détail qui excèdent de beaucoup le prix de vente habituel du détaillant, vous pouvez soupçonner le disquaire de pratiquer un rabais de 10 % sur le prix suggéré par le manufacturier et non pas sur son propre prix courant. Auquel cas, il se pourrait bien qu'une autre boutique vous offre le même prix, voire un meilleur. En faisant appel à votre esprit critique, qui vous permet d'examiner le sens d'une expression vague, vous pourriez épargner de l'argent.

Grâce à un bon esprit critique, vous êtes en mesure de prendre des décisions plus sages. Il est tout aussi insensé de rejeter sans l'examiner de la propagande ou une publicité que d'en accepter le contenu les yeux fermés. Une personne qui a un intérêt dans le choix que vous allez faire peut quand même vous fournir de bonnes raisons pour justifier ce choix. Avec un bon sens critique, vous serez à même de déceler si les raisons proposées sont bonnes ou non.

Dans une démocratie, l'exercice du jugement critique est indispensable. La force du processus démocratique de prise de décisions est de susciter la mise en commun des suggestions et des points de vue d'un groupe de façon qu'il en résulte une décision jugée bonne dans la mesure où elle satisfait tout le monde, autant que possible. Cependant, ce résultat satisfaisant ne peut être obtenu que si les membres du groupe font preuve de sens critique et évaluent les arguments et affirmations avancés par les uns et les autres pour se convaincre mutuellement, et s'ils communiquent efficacement leurs opinions. Dans une démocratie, les citoyens doivent démontrer un solide esprit critique conjugué à la capacité de communiquer les résultats de leur analyse critique.

Les raisons mentionnées ci-dessus sont de nature pratique dans la mesure où elles soulignent l'influence de l'esprit critique dans nos décisions. Cependant, un bon esprit critique sert également à déceler la vérité dans des domaines où il n'y a pas de décisions pratiques à prendre. À quand remonte l'origine de l'univers ? Comment la vie a-t-elle débuté sur la terre ? À quel processus géologique les continents doivent-ils leur forme et leur position actuelle ? Comment les caractéristiques héréditaires sont-elles transmises ? Pourquoi la Première Guerre mondiale a-t-elle eu lieu ? Ce sont là des questions qui nous intéressent, même si les réponses qu'on leur apporte ne peuvent nous aider à prendre de bonnes décisions dans la vie de tous les jours. Nous voulons connaître la vérité à propos de l'univers qui nous entoure et plus précisément à propos de ses caractéristiques fondamentales et des événements qui ont façonné l'histoire de l'humanité. Grâce à un esprit critique vif, il est possible de mieux évaluer les hypothèses avancées par des scientifiques ou par des illuminés[12].

6. Il vous est probablement déjà arrivé d'accepter, parce que vous n'aviez pas suffisamment exercé votre esprit critique, une argumentation qui vous est plus tard apparue tout à fait incorrecte. Dans un court texte, décrivez cette argumentation et le contexte dans lequel vous l'avez acceptée, et relatez les événements ou les réflexions qui vous ont amené à la remettre en question.

7. Vous trouverez, dans les *Illustrations philosophiques* du présent ouvrage, des textes anciens du Grec Platon, de l'Indien Siddhārta Gautama, plus connu sous le surnom de Bouddha, et du Chinois Mo-tseu (p. 283, 305 et 311). Lisez ces textes et expliquez brièvement, par écrit, en quoi chacun de ces philosophes témoigne, à votre avis, d'esprit critique.

---

12. David Hitchcock, *Critical Thinking,* Toronto, Methuen, 1983, p. 3-4. (© Nelson Canada, 1983, une filiale de International Thomson Limited.)

L'ARGUMENTATION

> Les arguments qui nous servent à convaincre les autres sont les mêmes que nous utilisons lorsque nous réfléchissons.
>
> — Isocrate, À Nicoclès.

> Penser, c'est argumenter tout bas.
>
> — Platon, d'après le Théétète et le Sophiste.

2.1 La nature et les fonctions des argumentations

2.2 Les croyances rationnellement justifiées

2.3 La différence entre l'explication de l'origine d'une croyance et la justification de cette croyance

2.4 En quel sens peut-on dire que « chacun a droit à son opinion » ?

2.5 Argumentons-nous constamment ?

2.6 La distinction entre textes argumentatifs et passages argumentatifs

Résumé

Matière à réflexion

Exercices

CHAPITRE 2 **L'argumentation**

Dans ce chapitre, nous allons nous pencher sur l'argumentation. Une bonne argumentation nous permet d'établir des croyances rationnellement justifiées. Nous examinerons donc cette notion, qui est centrale. Puis nous verrons pourquoi il n'est pas toujours vrai d'affirmer que «chacun a droit à son opinion». Enfin, nous nous demanderons quels sont les contextes ou les circonstances qui se prêtent ou ne se prêtent pas à l'argumentation. Mais auparavant, voyons en quoi consistent les argumentations et quel rôle elles jouent.

2.1 La nature et les fonctions des argumentations

Une argumentation consiste en une conclusion qui est appuyée, soutenue, défendue ou justifiée à l'aide d'«éléments de preuve», que l'on appelle des *prémisses*, et qui constituent des raisons d'accepter cette conclusion. Nous élaborons des argumentations pour diverses raisons, notamment les suivantes:

— Pour nous permettre, individuellement, de déterminer ce que l'on doit penser de quelque chose ou ce que l'on doit faire. Par exemple, si vous tentiez de répondre aux questions suivantes, vous seriez amenés à formuler des argumentations:

  • «Quel programme d'études devrais-je choisir à l'université?»

  • «Dois-je m'acheter le disque de Debussy ou celui de Ravel?»

  • «Pour quel parti politique dois-je voter?»

  • «Y a-t-il une diminution de la couche d'ozone autour de la terre?»

  • «Platon est-il vraiment l'auteur du dialogue intitulé *Criton*?»

  • «Le philosophe Voltaire a-t-il eu une influence sur la Révolution française?»

  • «Les humains sont-ils fondamentalement violents?»

— Pour nous permettre, une fois que ces argumentations ont été communiquées à d'autres, de soumettre certaines croyances à leur examen critique. Ainsi, on sollicite la collaboration d'autrui dans le but de déterminer en commun ce que l'on doit penser de quelque chose ou ce que l'on doit faire. En voici des exemples:

  • «Je crois que je devrais faire une maîtrise plutôt qu'un autre baccalauréat, parce que cela améliorerait mes chances de trouver un emploi. Qu'en penses-tu?»

- « Je crois que je ne terminerai pas mes études. Cela ne donnerait rien. Après tout, un diplôme ne garantit pas que l'on se trouvera un emploi. Es-tu d'accord ? »

- « Il me semble qu'il y a beaucoup moins de racisme aujourd'hui qu'il y a trente ans. Après tout, nos lois ne tolèrent plus les comportements racistes, n'est-il pas vrai ? »

- « Il me semble que les gens religieux sont intolérants. Ma grand-mère est très religieuse et elle est intolérante. Qu'en penses-tu ? »

- « J'ai l'impression que le malheur des hommes vient de deux causes bien différentes. Parfois, il vient de leur ignorance, mais parfois il vient de leur méchanceté. Or l'ignorance et la méchanceté sont des choses différentes. Es-tu de cet avis ? »

— Pour tenter, une fois que ces argumentations ont été communiquées à d'autres, de modifier leurs croyances et de les convaincre de notre propre point de vue, comme dans les exemples suivants :

- « Je sais que tu n'es pas d'accord avec cela, mais l'équipe de hockey *Les Nordiques* est une bonne équipe. Tu dis qu'elle éprouve des difficultés, et c'est vrai, mais c'est seulement parce que les joueurs les plus importants sont blessés. »

- « Je trouve dommage que tu croies à l'astrologie, parce qu'il s'agit d'une fumisterie. En effet, l'astrologie ne se justifie ni sur le plan théorique, ni par ses résultats pratiques. »

- « Chers collègues géologues, jusqu'ici nous avons admis dans notre discipline que les continents ne bougeaient pas. Cependant, je crois que cela est erroné, parce que mon équipe de chercheurs vient de démontrer qu'il y a des chaînes volcaniques qui sont actives au milieu des océans. »

- « Selon toi, il n'y a plus de morale de nos jours, mais il me semble que c'est faux. Aujourd'hui, les gens ne ferment plus les yeux comme auparavant devant les injustices que subissent les femmes ou celles que subissent les gens de race différente. »

- « Tu crois qu'une bonne argumentation est une argumentation qui va dans le sens de nos propres idées, mais c'est faux car il y a beaucoup d'argumentations qui vont dans le sens de tes idées que tu considérerais néanmoins comme incorrectes. »

- « Vous ne devriez pas reconnaître l'accusé coupable de meurtre prémédité, puisqu'il n'était pas responsable de ses actes. »

Les fonctions des argumentations sont donc bien diverses. Parfois, chacun pour soi, nous élaborons et formulons des argumentations afin de déterminer ce que nous devons croire ou ce que nous devons faire ; parfois nous formulons des argumentations et les communiquons à autrui pour l'amener à modifier une de ses croyances ou une de ses décisions ; parfois enfin, nous les formulons pour les soumettre à l'examen critique de quelqu'un d'autre qui pourra nous aider en corroborant la justesse de nos argumentations ou en nous en montrant les faiblesses[1]. Bref, *les argumentations servent notamment à nous faire une idée, à mettre à l'épreuve notre façon de voir les choses et à convaincre autrui.*

Il est à noter que, comme les exemples ci-dessus le montrent, nous n'argumentons pas seulement dans les situations qui sortent de l'ordinaire, par exemple lors de la préparation d'un travail, d'un exposé oral ou d'un examen. Nous argumentons dans toutes sortes de situations, dont certaines sont bien communes. En fait, il ne se passe pas une journée, ou même une heure, à moins que nous ne dormions, sans que nous ne formulions des argumentations.

2.2 Les croyances rationnellement justifiées

L'importance dans nos vies de la formulation et de la communication d'argumentations vient de notre intérêt pour les croyances rationnellement justifiées. Le schéma qui suit (p. 27) situe les croyances rationnellement justifiées en regard des croyances qui ne le sont pas. Il est important de bien comprendre ce schéma, car nous y ferons référence à plusieurs reprises tout au long de cet ouvrage.

Examinons les composantes du schéma sur les croyances. Une croyance est une idée que l'on défend ou que l'on est prêt à défendre, ou encore que l'on désire évaluer. Vous seriez probablement d'accord pour défendre les idées suivantes :

— la terre est sphérique ;

— la démocratie est une bonne chose ;

— le sang circule dans nos veines et nos artères ;

— les morales varient d'une culture à l'autre.

Un peu plus bas dans le schéma, une première question est posée : « Est-ce que j'ai de bonnes raisons d'y croire ? Puis-je les fournir ? » Si nous pouvons fournir de bonnes raisons pour soutenir une de nos croyances, cette croyance est une *croyance rationnellement justifiée* (case du bas, à droite). Cela ne veut pas automatiquement dire que cette croyance est vraie. Cela signifie que nous avons de bonnes raisons d'y croire, ce qui n'est pas la même chose[2].

---

1. Ces deux dernières fonctions peuvent bien entendu se combiner : on peut communiquer à autrui une argumentation pour avoir son avis sur sa valeur en espérant qu'il adopte notre point de vue si nous le défendons bien.

2. Il y a deux mille ans, les gens avaient de bonnes raisons de croire que la terre était plate. Malgré cela, ils se trompaient.

Si nous ne pouvons pas fournir de bonnes raisons pour soutenir une de nos croyances, nous devons alors nous poser une deuxième question : « Est-ce que je connais des gens qui connaissent de bonnes raisons d'y croire ? » Si nous répondons « oui » à cette deuxième question, nous faisons ce qu'on nomme un *appel à l'autorité*. Pour que cet appel à l'autorité soit justifié, il doit remplir certaines conditions. Nous les examinerons au chapitre 6. Si notre appel à l'autorité est incorrect ou que nous répondons par la négative à cette deuxième question, alors notre *croyance n'est pas rationnellement justifiée*. Cela ne veut pas automatiquement dire qu'elle est fausse. Cela signifie que nous n'avons pas de bonnes raisons d'y croire, ce qui n'est pas la même chose[3].

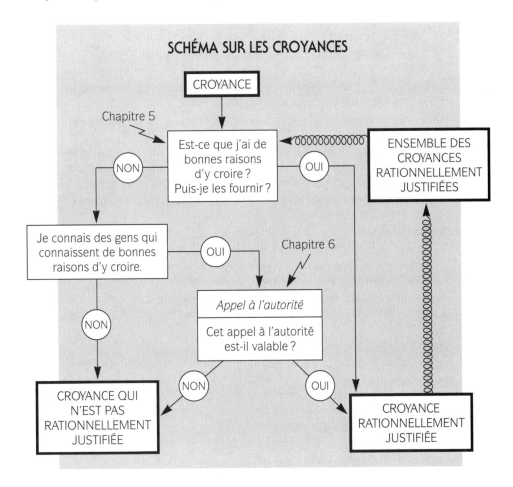

SCHÉMA SUR LES CROYANCES

---

3. La croyance selon laquelle il y a un nombre pair de personnes dans la ville de Montréal, au moment où vous lisez ces lignes, n'est pas rationnellement justifiée. Toutefois, cela ne veut pas dire qu'elle est fausse.

▶ **Illustration philosophique 10** (p. 389) :

Lire le texte du philosophe William Clifford qui porte sur la distinction entre les croyances vraies, les croyances fausses, les croyances rationnellement justifiées et celles qui ne le sont pas.

Il peut sembler étrange de défendre l'idée qu'un appel à l'autorité puisse mener à une croyance rationnellement justifiée. Nous allons examiner cette question à l'aide du dialogue qui suit.

Dialogue sur l'appel à l'autorité

— *Nathalie* : Marie, penses-tu que le soleil est plus gros que la terre ?

— *Marie* : Évidemment !

— *Nathalie* : Serais-tu prête à défendre cette idée ?

— *Marie* : Oui, évidemment, mais je n'en vois pas l'utilité, c'est une évidence.

— *Nathalie* : Tu y vas un peu fort. Ce n'est si évident que ça, puisque cela va à l'encontre de notre perception immédiate.

— *Marie* : Tu as raison. Ce que je voulais dire c'est que c'est évident, pour nous aujourd'hui.

— *Nathalie* : Bon, tu es prête à défendre l'idée que le soleil est plus gros que la terre, c'est donc une de tes croyances. Puisque tu dis qu'elle est évidente, pourrais-tu m'indiquer les raisons qui te la font adopter ?

— *Marie* : C'est facile, mais je ne vois pas exactement où tu veux en venir. Bon premièrement, hum...

— *Nathalie* : Oui...

— *Marie* : Eh bien ... franchement, je ne le sais pas. Mais il n'y a pas seulement moi qui pense ça ! Demande à n'importe qui dans la rue, tous les gens te diront que le soleil est plus gros que la terre.

— *Nathalie* : Tu dis donc que le fait que tous les gens que je pourrais interroger dans la rue seraient d'accord avec toi montre que tu as raison ?

— *Marie* : Oui, c'est ça.

— *Nathalie* : Bon. En l'an 1000 avant notre ère, si tu avais demandé aux gens sur la rue si la terre était sphérique, que t'auraient-ils répondu ?

— *Marie* : Ils m'auraient répondu qu'elle est plate. Je vois où tu veux en venir : on ne peut pas dire qu'une croyance est vraie seulement parce qu'elle est partagée par tous. Ouais...

— *Nathalie* : J'ai quelques autres petites questions à te poser.

— *Marie* : D'accord.

— *Nathalie* : Penses-tu que le sida est causé par un virus ?

— *Marie* : Oui.

— *Nathalie* : Penses-tu qu'il y a déjà eu de graves épidémies de peste, en Europe, il y a plusieurs siècles ?

— *Marie* : Oui.

— *Nathalie* : Penses-tu qu'il y a déjà eu des dinosaures sur la terre ?

— *Marie* : Oui.

— *Nathalie* : Penses-tu que la terre tourne autour du soleil ?

— *Marie* : Oui, évidemment.

— *Nathalie* : Saurais-tu défendre ces croyances si quelqu'un t'en demandait les raisons ?

— *Marie* : Hum... je pense que j'en serais incapable même si ces croyances me semblent, à première vue, tout à fait raisonnables.

— *Nathalie* : Tu vois, il y a beaucoup de nos croyances que nous ne pouvons défendre directement. Ceci peut être dû au fait qu'on n'a jamais pris connaissance des raisons qui supportent une idée, ou encore au fait qu'on ne s'en rappelle plus. Cependant, si on fait un appel à l'autorité, notre croyance sera supportée, mais elle le sera indirectement. Dans ce cas, on ne connaît pas les raisons, mais on connaît des gens qui les connaissent. Dans certaines circonstances, ces raisons indirectes sont acceptables, alors que dans d'autres elles ne le sont pas.

— *Marie* : Cela voudrait dire que, dans un grand nombre de cas, mes croyances reposent sur celles des autres ?

— *Nathalie* : Exactement. Il y a des liens entre les croyances des individus. Quelquefois, nous connaissons directement de bonnes raisons qui nous font adhérer à une croyance, d'autres fois, nous ne les connaissons qu'indirectement, parce que nous savons que d'autres personnes les connaissent. Enfin, dans d'autres cas, nous ne connaissons ni directement ni indirectement de bonnes raisons pour soutenir une croyance.

— *Marie* : Que fait-on alors ?

— *Nathalie* : On a affaire à des croyances qui ne sont pas rationnellement justifiées.

— *Marie* : Elles sont donc fausses !

— *Nathalie* : Pas nécessairement. Le philosophe Démocrite, qui vécut vers 500 avant notre ère, avait soutenu que la matière était composée d'éléments.

— *Marie* : Des atomes ?

— *Nathalie* : Oui, d'une certaine façon, on peut dire ça.

— *Marie* : Et sur quoi se basait-il pour dire ça ?

— *Nathalie* : Sur son intuition avant tout. On ne peut pas dire qu'il avait de très bonnes raisons de défendre ce point de vue. Tu vois, sa croyance n'était pas rationnellement justifiée, mais aujourd'hui nous savons qu'elle était vraie.

— *Marie* : Mais la théorie physique actuelle est tout de même bien différente de la sienne !

— *Nathalie* : Oui. Son intuition de base était quand même, en gros, la bonne.

— *Marie* : Mais ce n'est pas parce qu'il était génial, c'est plutôt parce qu'il est tombé dessus.

— *Nathalie* : Exactement.

Ce dialogue illustre le fait que l'appel à l'autorité (voir le *Schéma sur les croyances* à la page 27) est un type *indirect* de justification d'une croyance. Sans ce type de justification, la grande majorité de nos croyances ne serait pas rationnellement justifiée, parce que nous ne sommes pas en mesure de justifier directement un bon nombre d'entre elles. C'est pourquoi l'appel à l'autorité, dont il sera plus amplement question au chapitre 6, est si important. Pour l'instant, il ne faut pas oublier qu'il y a des conditions à remplir pour qu'un appel à l'autorité soit valable.

Le dialogue entre Marie et Nathalie a aussi mis en lumière le fait qu'il existe des liens entre les croyances des individus. Cela est très important et nous reviendrons souvent sur ce thème. Ces liens se créent pour plusieurs raisons. L'une d'entre elles est justement que les connaissances des gens *s'appuient* sur les connaissances des autres. Considérons par exemple le cas d'une navette spatiale. Personne ne peut construire tout seul une navette spatiale ! Il faut des ingénieurs spécialisés dans plusieurs domaines, des techniciens et des ouvriers spécialisés. Le travail de l'ouvrier est dirigé par l'ingénieur ou le technicien. On ne doit pas s'attendre à ce qu'il comprenne l'ensemble du fonctionnement du vaisseau. De la même manière, l'ingénieur en chef doit laisser le technicien et l'ouvrier qualifié faire les soudures, car il n'a pas développé ce genre d'habileté. En somme, on ne peut s'attendre à ce que l'ouvrier spécialisé connaisse tout le vaisseau, tout comme on ne peut s'attendre à ce que l'ingénieur en chef sache comment ont été faites toutes les soudures ! L'« ensemble » des participants au projet sait exactement comment le vaisseau a été construit, mais *aucun individu en particulier ne le sait*. C'est un peu la même chose avec les croyances rationnellement justifiées. Individuellement, je ne suis pas capable de justifier grand-chose, mais, avec les autres, je suis capable de justifier un bon nombre de croyances. Pour vous en convaincre, faites cette expérience imaginaire : vous êtes transporté au XIVe siècle, avec tout votre bagage actuel de connaissances. Vous serait-il utile ? Probablement pas beaucoup ! Seriez-vous capable de « découvrir » la télévision ? Certainement pas. Si vous étiez ingénieur en électronique, en seriez-vous capable ? Pas davantage, car vous ne sauriez pas comment fabriquer les pièces, comment trouver certains métaux indispensables, etc. Seriez-vous capable de produire de l'électricité ? Seriez-vous capable de convaincre les gens du XIVe siècle des bienfaits de la vaccination ? Seriez-vous capable de les convaincre que c'est la terre qui tourne autour du soleil et non l'inverse ? Pourriez-vous vous rappeler les trois lois de Newton et les expliquer de façon à les convaincre (pour ce faire, il vous faudrait d'abord leur faire comprendre le calcul différentiel...) ? Tous ces exemples soulignent l'interdépendance des individus quant à leurs croyances et à leurs connaissances.

Revenons au XXᵉ siècle. Peut-on connaître les mathématiques à fond ? Vous pensez peut-être à un récipiendaire de la médaille Fields, qui est l'équivalent du prix Nobel en mathématiques. Les gens qui obtiennent une telle médaille ou des prix Nobel sont des personnes qui font des percées importantes dans un domaine, habituellement très restreint, de leur discipline. Il ne peut en être autrement : en mathématiques, par exemple, le nombre de nouveaux théorèmes démontrés chaque année est d'environ deux cent mille. Deux cent mille nouveaux théorèmes par an[4]!

Tout cela est peut-être bien abstrait, direz-vous. Est-ce si important, dans la vie de tous les jours, d'avoir des croyances rationnellement justifiées ? Oui ça l'est. Un exemple en est qu'environ la moitié des personnes qui lisent ce livre ne seraient pas en train de le faire si notre culture n'avait pas combattu certaines croyances qui n'étaient pas rationnellement justifiées. Il s'agit des étudiantes. Pourquoi les femmes ont-elles aujourd'hui accès à l'éducation ? Parce que les idées des gens ont changé. Et s'il en est ainsi, c'est que des personnes ont montré à d'autres que leurs croyances se rapportant à la place des femmes dans la famille, le travail et l'éducation n'étaient pas rationnellement justifiées. La même chose s'est produite en ce qui concerne le droit de vote : il y a cent ans, les femmes n'avaient pas ce droit. En un mot, les préjugés, les stéréotypes (sexuels, raciaux, religieux) sont des croyances qui ne sont pas rationnellement justifiées.

Un *préjugé* est une idée « faite à l'avance », une croyance qui se trouve dans notre esprit avant qu'on ait pu en évaluer la valeur. Il s'agit donc d'une idée qui ne repose en aucune façon sur de bonnes raisons. Les préjugés font ainsi partie des croyances qui ne sont pas rationnellement justifiées. Quant aux *stéréotypes*, ce sont des croyances répandues qui portent sur des groupes de personnes et qui reposent sur un examen sommaire et partiel d'une situation ou d'une catégorie de personnes. Les stéréotypes simplifient ou généralisent la réalité, ce qui a pour conséquence, bien souvent, de discréditer un groupe ou un individu. Les stéréotypes font aussi partie des croyances qui ne sont pas rationnellement justifiées.

Vous admettrez sans doute le fait que les préjugés et les stéréotypes peuvent s'avérer dangereux dans certaines circonstances. Il s'ensuit que l'examen et la critique de ce genre de croyance sont d'une grande importance pratique !

---

4. Phillip J. Davis et Reuben Hersh, *The Mathematical Experience,* Boston, Houghton Mifflin, 1981, p. 23.

▶ **Illustration philosophique 9** (p. 377) :

Lire les deux textes du philosophe Condorcet, dans lesquels celui-ci dénonce et critique des préjugés et des stéréotypes qui ont joué un grand rôle dans l'histoire des sociétés humaines. Le premier porte sur le droit de vote des femmes, le second, sur l'esclavage.

D'autres textes des *Illustrations philosophiques* constituent des critiques ou des dénonciations de croyances qui ne sont pas rationnellement justifiées. Le texte de Beccaria (p.371) porte sur l'institution de la torture telle qu'elle se pratiquait en toute légalité à son époque ; celui d'Épicure (p. 325) aborde la question de la peur de la mort chez les humains ; enfin, celui de John Dewey (p. 395) traite de la croyance au caractère immuable de nos institutions sociales.

Revenons maintenant à notre schéma sur les croyances (p. 27) pour en expliquer le dernier élément, c'est-à-dire l'« ensemble des croyances rationnellement justifiées », qui apparaît en haut, à droite. L'ensemble des croyances rationnellement justifiées à une époque influe sur les critères qui déterminent ce qu'est une bonne raison de croire à quelque chose. Donnons-en un exemple.

À une certaine époque, la croyance voulant que madame Z soit possédée par le diable pouvait se trouver justifiée s'il s'avérait que cette femme avait effectivement un comportement étrange que nous imputerions aujourd'hui à une maladie mentale. À une époque bien précise, cela aurait été une *bonne raison* de croire à la possession de madame Z, puisqu'alors certaines maladies mentales étaient considérées comme causées, d'une façon ou d'une autre, par le diable. Évidemment, aujourd'hui ce n'est plus le cas. Cette croyance ne pourrait plus être rationnellement justifiée de cette façon, parce que nos connaissances se sont modifiées.

De la même manière, on n'explique plus les sécheresses par l'intervention de Zeus ou de quelque autre dieu, pas plus qu'on n'explique les maladies par des déséquilibres des quatre « humeurs[5] ». Les argumentations qui font appel à de telles considérations ne sont plus acceptables pour nous, même si elles l'ont déjà été pour d'autres. Il ne faut pas oublier qu'en ces temps, ces explications des sécheresses ou des maladies, qui nous semblent ridicules aujourd'hui, étaient les meilleures que les gens avaient.

On ne peut reprocher à quelqu'un de s'être appuyé sur les croyances rationnellement justifiées les plus solides qui existaient à son époque. Par contre, on peut reprocher à une personne de ne pas avoir tenu compte de ces croyances rationnellement justifiées.

---

5. Chez les Grecs de l'Antiquité, une théorie populaire expliquait les maladies par un déséquilibre des quatre « humeurs », c'est-à-dire des quatre liquides que sont le flegme, le sang, la bile noire et la bile jaune.

EXERCICES

Exercices 1 à 21 : lisez les énoncés et cochez les cases appropriées.

1. « L'homme et le singe ont un ancêtre commun. »

Est-ce une de mes croyances ?

OUI

C'est une croyance rationnellement et directement justifiée. ❑

C'est une croyance rationnellement et indirectement justifiée. ❑

Ce n'est pas une croyance rationnellement justifiée, mais j'y ❑
crois quand même !

NON

Je n'y crois pas et je considère que cette croyance n'est pas ❑
rationnellement justifiée.

Je n'y crois pas et je ne sais pas si elle est rationnellement ❑
justifiée ou non.

2. « Darwin a publié son livre sur l'origine des espèces en 1859. »

Est-ce une de mes croyances ?

OUI

C'est une croyance rationnellement et directement justifiée. ❑

C'est une croyance rationnellement et indirectement justifiée. ❑

Ce n'est pas une croyance rationnellement justifiée, mais j'y ❑
crois quand même !

NON

Je n'y crois pas et je considère que cette croyance n'est pas ❑
rationnellement justifiée.

Je n'y crois pas et je ne sais pas si elle est rationnellement ❑
justifiée ou non.

3. « Je suis étudiant dans un cégep. »

Est-ce une de mes croyances ?

OUI

C'est une croyance rationnellement et directement justifiée. ❑

C'est une croyance rationnellement et indirectement justifiée. ❑

Ce n'est pas une croyance rationnellement justifiée, mais j'y ❑
crois quand même !

NON

Je n'y crois pas et je considère que cette croyance n'est pas rationnellement justifiée. ❐

Je n'y crois pas et je ne sais pas si elle est rationnellement justifiée ou non. ❐

4. « Les nazis ont éliminé environ six millions de Juifs durant la Deuxième Guerre mondiale. »

Est-ce une de mes croyances ?

OUI

C'est une croyance rationnellement et directement justifiée. ❐

C'est une croyance rationnellement et indirectement justifiée. ❐

Ce n'est pas une croyance rationnellement justifiée, mais j'y crois quand même ! ❐

NON

Je n'y crois pas et je considère que cette croyance n'est pas rationnellement justifiée. ❐

Je n'y crois pas et je ne sais pas si elle est rationnellement justifiée ou non. ❐

5. « Dieu a créé le monde environ 4000 ans av. J.-C. »

Est-ce une de mes croyances ?

OUI

C'est une croyance rationnellement et directement justifiée. ❐

C'est une croyance rationnellement et indirectement justifiée. ❐

Ce n'est pas une croyance rationnellement justifiée, mais j'y crois quand même ! ❐

NON

Je n'y crois pas et je considère que cette croyance n'est pas rationnellement justifiée. ❐

Je n'y crois pas et je ne sais pas si elle est rationnellement justifiée ou non. ❐

6. « Il y a plus de gens qui vivent à Paris qu'à Montréal. »

Est-ce une de mes croyances ?

OUI ⟹
- C'est une croyance rationnellement et directement justifiée. ❑
- C'est une croyance rationnellement et indirectement justifiée. ❑
- Ce n'est pas une croyance rationnellement justifiée, mais j'y crois quand même ! ❑

NON ⟹
- Je n'y crois pas et je considère que cette croyance n'est pas rationnellement justifiée. ❑
- Je n'y crois pas et je ne sais pas si elle est rationnellement justifiée ou non. ❑

7. « Lors de la pleine lune, il y a davantage d'accouchements. »

Est-ce une de mes croyances ?

OUI ⟹
- C'est une croyance rationnellement et directement justifiée. ❑
- C'est une croyance rationnellement et indirectement justifiée. ❑
- Ce n'est pas une croyance rationnellement justifiée, mais j'y crois quand même ! ❑

NON ⟹
- Je n'y crois pas et je considère que cette croyance n'est pas rationnellement justifiée. ❑
- Je n'y crois pas et je ne sais pas si elle est rationnellement justifiée ou non. ❑

8. « Lors de la pleine lune, la criminalité augmente. »

Est-ce une de mes croyances ?

OUI ⟹
- C'est une croyance rationnellement et directement justifiée. ❑
- C'est une croyance rationnellement et indirectement justifiée. ❑
- Ce n'est pas une croyance rationnellement justifiée, mais j'y crois quand même ! ❑

NON >
Je n'y crois pas et je considère que cette croyance n'est pas rationnellement justifiée. ❐

Je n'y crois pas et je ne sais pas si elle est rationnellement justifiée ou non. ❐

9. « Le soleil est une étoile. »

Est-ce une de mes croyances ?

OUI >
C'est une croyance rationnellement et directement justifiée. ❐

C'est une croyance rationnellement et indirectement justifiée. ❐

Ce n'est pas une croyance rationnellement justifiée, mais j'y crois quand même ! ❐

NON >
Je n'y crois pas et je considère que cette croyance n'est pas rationnellement justifiée. ❐

Je n'y crois pas et je ne sais pas si elle est rationnellement justifiée ou non. ❐

10. « Robert Bourassa était le premier ministre de la province de Québec en 1971. »

Est-ce une de mes croyances ?

OUI >
C'est une croyance rationnellement et directement justifiée. ❐

C'est une croyance rationnellement et indirectement justifiée. ❐

Ce n'est pas une croyance rationnellement justifiée, mais j'y crois quand même ! ❐

NON >
Je n'y crois pas et je considère que cette croyance n'est pas rationnellement justifiée. ❐

Je n'y crois pas et je ne sais pas si elle est rationnellement justifiée ou non. ❐

11. « Plus de gens vivent au Québec qu'à Montréal. »

Est-ce une de mes croyances ?

OUI ▷

C'est une croyance rationnellement et directement justifiée. ❐

C'est une croyance rationnellement et indirectement justifiée. ❐

Ce n'est pas une croyance rationnellement justifiée, mais j'y ❐
crois quand même !

NON ▷

Je n'y crois pas et je considère que cette croyance n'est pas ❐
rationnellement justifiée.

Je n'y crois pas et je ne sais pas si elle est rationnellement ❐
justifiée ou non.

12. « La terre tourne autour du soleil. »

Est-ce une de mes croyances ?

OUI ▷

C'est une croyance rationnellement et directement justifiée. ❐

C'est une croyance rationnellement et indirectement justifiée. ❐

Ce n'est pas une croyance rationnellement justifiée, mais j'y ❐
crois quand même !

NON ▷

Je n'y crois pas et je considère que cette croyance n'est pas ❐
rationnellement justifiée.

Je n'y crois pas et je ne sais pas si elle est rationnellement ❐
justifiée ou non.

13. « Il y a de l'oxygène dans l'air. »

Est-ce une de mes croyances ?

OUI ▷

C'est une croyance rationnellement et directement justifiée. ❐

C'est une croyance rationnellement et indirectement justifiée. ❐

Ce n'est pas une croyance rationnellement justifiée, mais j'y ❐
crois quand même !

> **NON** >
> Je n'y crois pas et je considère que cette croyance n'est pas rationnellement justifiée. ☐
>
> Je n'y crois pas et je ne sais pas si elle est rationnellement justifiée ou non. ☐

14. « L'air est surtout composé d'azote. »

Est-ce une de mes croyances ?

> **OUI** >
> C'est une croyance rationnellement et directement justifiée. ☐
>
> C'est une croyance rationnellement et indirectement justifiée. ☐
>
> Ce n'est pas une croyance rationnellement justifiée, mais j'y crois quand même ! ☐

> **NON** >
> Je n'y crois pas et je considère que cette croyance n'est pas rationnellement justifiée. ☐
>
> Je n'y crois pas et je ne sais pas si elle est rationnellement justifiée ou non. ☐

15. « Une Volvo est meilleure qu'une Lada. »

Est-ce une de mes croyances ?

> **OUI** >
> C'est une croyance rationnellement et directement justifiée. ☐
>
> C'est une croyance rationnellement et indirectement justifiée. ☐
>
> Ce n'est pas une croyance rationnellement justifiée, mais j'y crois quand même ! ☐

> **NON** >
> Je n'y crois pas et je considère que cette croyance n'est pas rationnellement justifiée. ☐
>
> Je n'y crois pas et je ne sais pas si elle est rationnellement justifiée ou non. ☐

16. « Les tulipes fleurissent avant les tournesols. »

Est-ce une de mes croyances ?

OUI

C'est une croyance rationnellement et directement justifiée. ❐

C'est une croyance rationnellement et indirectement justifiée. ❐

Ce n'est pas une croyance rationnellement justifiée, mais j'y ❐
crois quand même !

NON

Je n'y crois pas et je considère que cette croyance n'est pas ❐
rationnellement justifiée.

Je n'y crois pas et je ne sais pas si elle est rationnellement ❐
justifiée ou non.

17. « Les pluies acides sont responsables du dépérissement des érables au Québec. »

Est-ce une de mes croyances ?

OUI

C'est une croyance rationnellement et directement justifiée. ❐

C'est une croyance rationnellement et indirectement justifiée. ❐

Ce n'est pas une croyance rationnellement justifiée, mais j'y ❐
crois quand même !

NON

Je n'y crois pas et je considère que cette croyance n'est pas ❐
rationnellement justifiée.

Je n'y crois pas et je ne sais pas si elle est rationnellement ❐
justifiée ou non.

18. « Une personne démunie financièrement devrait avoir droit à un service gratuit d'aide juridique. »

Est-ce une de mes croyances ?

OUI

C'est une croyance rationnellement et directement justifiée. ❐

C'est une croyance rationnellement et indirectement justifiée. ❐

Ce n'est pas une croyance rationnellement justifiée, mais j'y ❐
crois quand même !

Je n'y crois pas et je considère que cette croyance n'est pas ❐
rationnellement justifiée.

NON

Je n'y crois pas et je ne sais pas si elle est rationnellement ❐
justifiée ou non.

19. « L'esclavage est une chose complètement aberrante. »

Est-ce une de mes croyances ?

C'est une croyance rationnellement et directement justifiée. ❐

OUI

C'est une croyance rationnellement et indirectement justifiée. ❐

Ce n'est pas une croyance rationnellement justifiée, mais j'y ❐
crois quand même !

Je n'y crois pas et je considère que cette croyance n'est pas ❐
rationnellement justifiée.

NON

Je n'y crois pas et je ne sais pas si elle est rationnellement ❐
justifiée ou non.

20. « Le droit de succession contribue à maintenir les inégalités sociales. »

Est-ce une de mes croyances ?

C'est une croyance rationnellement et directement justifiée. ❐

OUI

C'est une croyance rationnellement et indirectement justifiée. ❐

Ce n'est pas une croyance rationnellement justifiée, mais j'y ❐
crois quand même !

Je n'y crois pas et je considère que cette croyance n'est pas ❐
rationnellement justifiée.

NON

Je n'y crois pas et je ne sais pas si elle est rationnellement ❐
justifiée ou non.

21. « La musique de Mozart a une plus grande importance, dans l'histoire de la musique, que celle des groupes de rock. »

Est-ce une de mes croyances ?

OUI ⟹

| C'est une croyance rationnellement et directement justifiée. ❑ |
| C'est une croyance rationnellement et indirectement justifiée. ❑ |
| Ce n'est pas une croyance rationnellement justifiée, mais j'y ❑ crois quand même ! |

NON ⟹

| Je n'y crois pas et je considère que cette croyance n'est pas ❑ rationnellement justifiée. |
| Je n'y crois pas et je ne sais pas si elle est rationnellement ❑ justifiée ou non. |

22. Donnez des exemples de préjugés ou de stéréotypes qui ont entraîné, par le passé, des catastrophes.

23. Donnez des exemples de préjugés ou de stéréotypes répandus aujourd'hui.

24. Demandez à un professeur de physique comment il s'y prendrait pour convaincre les gens du XIVe siècle que la terre est sphérique.

25. Demandez à un professeur d'histoire, de politique ou de sociologie à quels arguments se sont heurtées les femmes qui désiraient obtenir le droit de vote.

26. Faites un mini-sondage auprès d'une dizaine de personnes de votre entourage (tentez de constituer un échantillon varié). Demandez-leur s'ils croient qu'il existe un lien entre la pleine lune et les accouchements. Demandez à ceux qui y croient comment ils expliquent ce lien. Demandez à ceux qui n'y croient pas pourquoi, selon eux, tant de gens y croient. Leurs réponses vous surprennent-elles ? Une fois le mini-sondage terminé, lisez les articles suivants :

— Jacques Desrosiers, « La pleine lune, panacée cosmique ou prostaglandine préhistorique », *L'union médicale du Canada*, vol. 114, n° 7, juillet 1985, p. 555-562.

— Christian Hausser, Richard Bornais et Sylvie Bornais, « L'influence du cycle lunaire sur les accouchements », *L'union médicale du Canada*, vol. 114, n° 7, juillet 1985, p. 548-550.

2.3 La différence entre l'explication de l'origine d'une croyance et la justification de cette croyance

Un jour, dans le cadre du cours collégial « Éthique et politique », un professeur a fait remplir un questionnaire aux étudiants au sujet de leurs tendances morales et politiques. L'une des questions était la suivante : « Nommez une chose que vous trouvez immorale, mais que la majorité des gens, dans nos sociétés, acceptent. » En général, les réponses tournaient autour de la légalisation ou de l'interdiction de l'avortement, des drogues douces, de l'alcool au volant, etc. Une réponse fit sursauter le professeur : elle concernait les femmes sur le marché du travail. Un étudiant trouvait qu'il était immoral, même si c'était accepté, que les femmes travaillent à l'extérieur de la maison. Sa première réaction fut de penser qu'il avait affaire à un farceur. La semaine suivante, il fit un survol, avec les étudiants, des réponses les plus fréquentes. Il mentionna également la réponse étonnante de l'étudiant, après avoir demandé à celui-ci s'il acceptait d'en parler en classe. Les autres étudiants furent estomaqués par sa réponse. Quant à lui, il expliqua calmement qu'il était musulman et qu'il avait été élevé dans un pays arabe. C'est pourquoi il trouvait immoral que les femmes travaillent à l'extérieur de la maison. Les étudiants lui demandèrent des raisons : pourquoi trouvait-il cela immoral ? Il répondit qu'il n'avait pas de raisons, qu'il ne voulait convaincre personne, mais que c'était ce qu'il pensait, ce qu'on lui avait appris et ce qu'il ressentait. Manifestement, cela ne satisfaisait pas les autres étudiants.

Pourquoi n'étaient-ils pas satisfaits ? L'étudiant musulman leur avait donné *une explication de l'origine de sa croyance* : « Je crois cela parce que je suis musulman et que cela était admis dans le milieu dans lequel j'ai été élevé. » Cependant, *cette explication de l'origine de sa croyance ne constituait pas une justification, car elle ne fournissait pas de bonnes raisons de croire à son idée.*

Prenons un autre exemple. Quelqu'un affirme : « Il n'y aura pas de guerre nucléaire. » Lorsque vous lui demandez pourquoi il pense cela, il vous répond : « Je ne *peux* pas croire qu'une telle catastrophe puisse se produire. » Une telle réponse indique seulement l'origine de la croyance de la personne, elle signifie que cette personne ne peut se résoudre à envisager la possibilité d'un conflit nucléaire.

Il arrive également que l'on rencontre des gens qui affirment croire à quelque chose parce que cela les réconforte. Encore une fois, il s'agit là habituellement de l'explication de l'origine d'une croyance plutôt que d'une justification de celle-ci. En effet, même si l'on peut comprendre que l'on soit parfois amené à adopter une croyance parce qu'elle nous réconforte, il serait inacceptable d'accepter le principe général selon lequel il est rationnellement justifié de le faire.

Lorsqu'on explique l'origine d'une croyance simplement par des considérations sociales ou psychologiques du genre de celles que l'on trouve dans les trois exemples donnés ci-dessus, on n'a pas vraiment justifié cette croyance.

2.4 En quel sens peut-on dire que « chacun a droit à son opinion » ?

En réponse à la croyance de l'étudiant musulman mentionnée à la section 2.3, certains pourraient dire : « C'est vrai *pour lui* que les femmes ne devraient pas aller sur le marché du travail ; après tout, chacun a droit à son opinion. » L'utilisation de l'idée que « chacun a droit à son opinion », dans ce contexte, est *très fréquente et très dangereuse*. Mais, au fait, que voulons-nous dire lorsque nous disons que « chacun a droit à son opinion » ?

Nous allons examiner cette question à l'aide de quelques petits dialogues.

Dialogue 1

Tous les gens (ou presque) sont d'accord avec l'idée que « chacun a droit à son opinion ». Mais que signifie-t-elle au juste ? Dans le dialogue 1, celui qui utilise cette idée le fait dans un sens qui est acceptable. Cependant, pour être plus précis, nous dirons que l'idée qu'il exprime alors est l'idée que « les goûts ne se discutent pas ».

Dialogue 2

Le contexte du dialogue 2 est différent. Ici également, l'expression « chacun a droit à son opinion » est utilisée dans un sens qui est acceptable. Mais c'est un sens qui est bien différent du précédent (« les goûts ne se discutent pas »). En effet, l'expression signifie ici : « On doit respecter les gens qui ont des croyances différentes des nôtres. On ne doit pas enlever à quelqu'un ses libertés fondamentales sous prétexte que ses croyances diffèrent des nôtres. »

Le contexte du dialogue 3 (p. 45) est encore différent. Cette fois, la personne utilise de façon inacceptable l'idée que « chacun a droit à son opinion ». Dans ce cas-ci, l'expression sous-entend à peu près ceci : « Je n'ai pas à expliquer pourquoi je ne change pas d'idée face à une argumentation opposée à mon point de vue. La "raison" que j'ai apportée (chacun a droit à son opinion) suffit à justifier le fait que je ne modifie pas mon point de vue et que je ne le défende même pas. Chacun a son point de vue et ils s'équivalent tous, qu'ils soient ou non sous-tendus par des raisons. » Quant au dialogue 4 (p. 46), il illustre d'une manière encore plus frappante une utilisation inacceptable de l'idée selon laquelle chacun a droit à son opinion. Utiliser cette idée dans le contexte du dialogue 3 ou du dialogue 4 signifie qu'on ne changera pas d'idée, quels que soient les arguments de notre interlocuteur. C'est aller à l'encontre des principes selon lesquels a) il est bon d'avoir l'esprit ouvert, b) il est utile de mettre en commun les intelligences de plusieurs personnes et c) il vaut la peine de discuter. D'ailleurs, lorsqu'on se fait servir cette idée dans un tel contexte, il en résulte habituellement un changement du sujet de la discussion ou la fin de celle-ci.

Dialogue 3

Dialogue 4

En résumé, l'expression « chacun a droit à son opinion » peut vouloir dire plusieurs choses. Certains des sens de cette expression témoignent d'une forme de *relativisme* que l'on peut facilement relier, comme nous l'avons fait, à des attitudes qui s'opposent à l'exercice de la pensée critique.

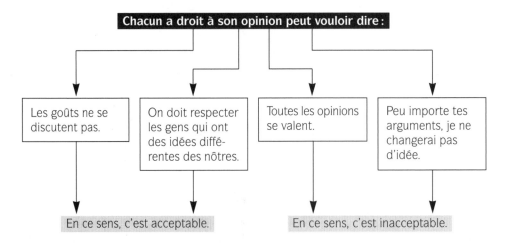

Il est instructif de noter la méthode que nous avons suivie dans cette section : nous avons fait un survol des sens donnés à une expression et nous avons relevé ceux qui pouvaient prêter à confusion. Un tel travail de clarification des divers sens d'un terme ou d'une expression donne souvent des résultats tangibles et éclairants. Il s'agit d'ailleurs d'une des méthodes privilégiées par les philosophes.

2.5   Argumentons-nous constamment?

Dans la section 2.1, nous avons insisté sur le fait que les argumentations avaient plusieurs fonctions ainsi que sur le fait qu'elles étaient très présentes dans nos vies. Cela ne signifie pas, bien entendu, que nous argumentons constamment. S'il existe des contextes où on s'attend à trouver éventuellement ou même nécessairement des argumentations, il y en a d'autres où on s'attend plutôt à ne pas en trouver.

Voici un exemple de situation où l'on s'attendrait à ce qu'il y ait une argumentation:

EXEMPLE 1

Un étudiant dit à un professeur: « Professeur Black, ce que vous venez de dire est différent de ce que vous avez dit ce matin. N'êtes-vous pas en train de vous contredire? » Le professeur répondit « Non », puis il ralluma sa pipe et continua son cours[6].

Lors des procès on s'attend aussi à ce qu'il y ait des argumentations. Les avocats veulent convaincre le juge (ou les jurés) de la justesse de leur point de vue respectif. On s'attend aussi à ce qu'il y ait plus d'argumentations dans les éditoriaux d'un quotidien que dans les autres articles et qu'il y en ait plus dans les émissions d'affaires publiques qu'au téléjournal. Certaines émissions sont, par ailleurs, strictement consacrées à l'argumentation, comme les émissions de débats à propos de questions sociales, politiques, etc.

Il y a aussi, nous l'avons dit, des contextes où on s'attend plutôt à ne pas trouver d'argumentations ou encore des contextes où celles-ci n'occupent pas une place centrale. Ainsi, on ne s'attend pas particulièrement à entendre des argumentations dans les conversations d'une émission télévisée de variétés, et on ne s'attend pas du tout à en entendre lors d'une lecture de poèmes. Quant aux documentaires télévisés, ils contiennent parfois des argumentations, mais ce n'est pas toujours le cas: un documentaire décrivant en détail le langage des abeilles peut ne comporter que des descriptions; ce serait probablement le cas si on ne mentionnait pas les argumentations ayant mené les chercheurs à la découverte de ce langage

---

6. Stephen Toulmin, Richard Rieke et Allan Janik, *An Introduction to Reasoning*, New York, Macmillan, 1984, p. 4.

et si l'on ne discutait pas des conséquences théoriques de cette découverte ou des débats qu'elle a provoqués[7].

Il est également bon de noter que certains contextes se prêtent tout naturellement à la confrontation et que certaines personnes sont plus susceptibles que d'autres. Les discussions doivent alors être menées dans un esprit de respect mutuel, *pour éviter que la critique des idées d'une personne ne soit perçue comme une critique de la personne elle-même.* En effet, nous avons tous tendance à nous identifier dans une certaine mesure à nos croyances. Ce n'est pas surprenant, puisque l'image que nous avons de nous-mêmes, c'est-à-dire ce que nous sommes en quelque sorte, est liée à nos croyances[8]. Cela a pour conséquence que nous percevons parfois les critiques de nos croyances comme des attaques personnelles. Il faut se prémunir contre une telle tendance, car elle nuit à l'évaluation honnête et consciencieuse des réflexions critiques qui sont portées à notre attention. Il ne faut pas oublier, comme le souligne Susan Stebbing dans un texte que nous avons cité au chapitre 1 (p. 14), que l'on peut progresser non seulement en adoptant une croyance « raisonnable », *mais aussi en abandonnant une croyance qui ne l'est pas. Même si cela n'est pas toujours facile à faire, nous devrions donc être reconnaissants envers ceux dont les réflexions nous font changer d'idée.*

2.6 La distinction entre textes argumentatifs et passages argumentatifs

Puisque nous n'argumentons pas constamment, il n'est pas surprenant que les communications orales ou écrites que nous produisons ou que nous rencontrons ne soient pas toujours de nature argumentative. Ainsi, lorsque nous racontons une blague, que nous résumons un film ou que nous commandons un repas, nous communiquons quelque chose, mais nous n'argumentons pas, parce que nous ne donnons pas des éléments de preuve qui visent à justifier une conclusion précise.

---

7. De la même manière, dans un cours de science, on présente parfois la matière en mettant l'accent sur l'argumentation, sur les raisons pour lesquelles, par exemple, les paléontologues soutiennent que les dinosaures ont déjà existé ou les historiens que les pyramides ont été construites à telle époque ; mais parfois, en revanche, la matière n'est pas présentée ainsi, notamment lorsque le professeur ne fait que présenter les résultats qui sont généralement admis dans sa discipline.

8. Je ne serais pas la même personne si j'adoptais les croyances d'une secte religieuse fanatique préconisant la violence contre ceux qui ne partagent pas mes croyances religieuses. Je ne serais pas non plus la même personne si j'adoptais la croyance selon laquelle le meilleur système politique est la dictature. Les croyances que nous avons nous définissent d'une certaine manière, parce qu'elles contribuent à faire de nous tel type de personne plutôt que tel autre.

De la même manière, lorsque nous rapportons les propos de quelqu'un, à moins que nous ne cherchions à justifier implicitement une conclusion précise, nous ne faisons qu'informer. Par exemple, si nous affirmons : « Selon Aristote, l'esclavage est quelque chose de naturel » ou « Selon Benjamin Whorf, notre langue maternelle influence notre façon de découper la réalité », nous n'avons pas produit une argumentation, et on ne devrait pas en conclure que nous entérinons ces idées parce que nous considérons que ces auteurs sont fiables. Pour s'en convaincre, on n'a qu'à penser que nous aurions pu fort bien ajouter aux affirmations précédentes les éléments suivants, par exemple :

a) « Selon Aristote, l'esclavage est quelque chose de naturel. Évidemment, Aristote montre ici ses limites personnelles ou tout au moins les limites de son époque. »

b) « Selon Benjamin Whorf, notre langue maternelle influence notre façon de découper la réalité. Cette idée ne doit toutefois pas être acceptée, puisque la majorité des linguistes contemporains la considèrent comme erronée[9]. »

Les communications orales ou écrites que nous produisons ou que nous rencontrons peuvent donc être ou ne pas être de nature argumentative. On doit également noter que l'on peut parfois trouver des argumentations ou des passages argumentatifs dans des textes qui ne sont pas à proprement parler de nature argumentative. Nous pensons notamment à bon nombre de textes qui relatent une action ou une histoire, fictive ou non. On le constatera dans l'extrait suivant du célèbre conte *Alice au pays des merveilles*, du logicien Lewis Carroll. Bien que ce texte contienne des argumentations, il n'est pas, globalement parlant, de nature argumentative, car l'auteur ne donne pas ces argumentations dans le but de soutenir une conclusion :

— Voudriez-vous me dire, s'il vous plaît, quelle direction je dois prendre pour quitter cet endroit ? demanda Alice.

— Cela dépend surtout de l'endroit où vous voulez aller, dit le Chat.

— Ça m'est égal, dit Alice.

— Alors peu importe la direction que vous prendrez, dit le Chat.

— Pourvu que j'arrive quelque part, dit Alice en manière d'explication.

— Oh ! vous êtes sûre d'arriver quelque part si seulement vous marchez assez longtemps, dit le Chat.

---

9. Sur le fait que les idées de Whorf circulent encore même si elles sont rejetées par les linguistes, voir Geoffrey K. Pullum, *The Great Eskimo Vocabulary Hoax* (Chicago, University of Chicago Press, 1991). L'auteur traite aussi dans cet ouvrage du mythe selon lequel la langue esquimaude possède beaucoup plus de termes pour décrire la neige que n'en possèdent des langues comme le français ou l'anglais.

Alice sentit que ces réponses étaient indiscutables. Elle risqua une autre question :

— Quelles sortes de gens vivent dans le voisinage ?

— Dans cette direction, dit le Chat, faisant un geste de la patte droite, vit un Chapelier. Dans cette direction, et il fit un geste de la patte gauche, vit un lièvre de Mars. Allez voir celui que vous voudrez, ils sont fous tous les deux.

— Mais je ne tiens pas à aller chez les fous, fit observer Alice.

— Oh ! vous ne pouvez faire autrement, dit le Chat, nous sommes tous fous ici. Je suis fou. Vous êtes folle.

— Comment savez-vous que je suis folle ? demanda Alice.

— Vous devez l'être, dit le Chat, sinon vous ne seriez pas ici.

Alice ne considéra pas cette explication comme suffisante.

— Et comment savez-vous que vous êtes fou ? dit-elle alors.

— Pour commencer, dit le Chat, vous reconnaissez qu'un chien n'est pas fou ?

— Je le suppose, dit Alice.

— Eh bien, poursuivit le Chat, un chien gronde quand il est en colère et remue la queue quand il est content. Moi je gronde quand je suis content et je remue la queue quand je suis en colère. Donc, je suis fou[10]. [...]

Il arrive aussi que de larges passages narratifs jouent un rôle argumentatif, par exemple lorsqu'il s'agit de comptes rendus, réels ou même imaginaires, qui sont développés en vue d'une conclusion précise. On en trouve un bel exemple dans cette lettre d'une étudiante à ses parents :

EXEMPLE 2

L'astucieuse Sharon

Mes chers parents,

Depuis que je suis étudiante, je ne suis pas très forte pour la correspondance ; pardon de ne pas avoir écrit plus tôt. Je vais vous mettre au courant, mais avant de lire, asseyez-vous. Vous n'allez pas continuer la lettre avant de vous être installés, d'accord ?

Eh bien, je vais assez bien maintenant. La fracture du crâne et le traumatisme dont j'ai souffert après avoir sauté de la fenêtre de ma chambre, quand elle a été envahie par les flammes, peu après mon arrivée ici, sont guéris. Je n'ai passé que quinze jours à l'hôpital et je peux maintenant voir presque normalement ; je n'ai plus mes

10. Lewis Carroll, *Alice au pays des merveilles*, Verviers, Marabout, trad. de André Bay, 1975, p. 80-81.

migraines qu'une fois par jour. Heureusement, l'incendie du dortoir et mon saut ont été vus par le pompiste de la station voisine, et c'est lui qui a alerté les pompiers et l'ambulance. Il est aussi venu me voir à l'hôpital, et comme je n'avais pas d'endroit où dormir, puisque le dortoir avait brûlé, il a eu la gentillesse de m'inviter à partager son appartement. En fait, c'est plutôt une cave, mais c'est assez génial. C'est un garçon très bien ; nous nous aimons et nous voulons nous marier. Nous n'avons pas encore fixé la date, mais ce sera avant que ma grossesse ne soit apparente.

Oui, mes parents chéris, je suis enceinte ! Je sais combien vous désiriez être grands-parents, et je sais que vous accueillerez ce bébé avec cet amour, ce dévouement, cette tendresse que vous m'avez donnés quand j'étais petite. Si nous ne sommes pas déjà mariés, c'est parce que mon fiancé a une petite infection qui nous empêche de passer la visite médicale, et que j'ai bêtement attrapée à mon tour. Je sais que vous accueillerez avec joie ce garçon dans notre famille. Il est très gentil et même s'il n'a pas fait d'études, il a de l'ambition. Bien sûr, il n'est pas de la même race ni de la même religion que nous, mais je connais trop la tolérance que vous avez toujours professée pour supposer que cela puisse vous gêner.

Maintenant que je vous ai mis à jour, il faut que je vous dise qu'il n'y a pas eu d'incendie. Je n'ai eu ni traumatisme ni fracture, je n'ai pas été à l'hôpital, je ne suis pas enceinte, je ne vais pas me marier, je n'ai aucune infection et le fiancé n'a jamais existé. Par contre, j'ai eu un « D » en histoire et un « F » en chimie, et je voulais vous aider à relativiser les choses.

Votre fille qui vous embrasse, *Sharon*[11].

Dans cet exemple, l'histoire racontée aurait pu être remplacée, d'un point de vue logique, par la simple phrase : « Il aurait pu m'arriver des choses très graves : j'aurais pu être blessée ; j'aurais pu tomber enceinte, etc. » L'ensemble de la lettre équivaudrait, toujours d'un point de vue logique, à l'argumentation suivante : « Vous ne devriez pas trop vous en faire pour mes insuccès scolaires. Il aurait pu m'arriver des choses bien pires. J'aurais pu être blessée. J'aurais pu tomber enceinte, etc. » En ce sens, le récit de la lettre joue un rôle argumentatif et Sharon s'en sert brillamment pour soutenir une conclusion bien précise. On a donc affaire là, *d'une certaine manière*, à un texte argumentatif, et Sharon ne s'opposerait probablement pas à la traduction logique de sa lettre que nous venons de faire[12].

11. Robert M. Cialdini, *Influence*, Paris, Albin Michel, 1987, p. 23.

12. Dans ce cas-ci, l'histoire rapportée par Sharon a été certainement plus convaincante que ne l'auraient été les simples affirmations suivantes : « Il aurait pu m'arriver des choses bien pires. J'aurais pu être blessée. J'aurais pu tomber enceinte, etc. » C'est pourquoi nous ne parlons ici que d'équivalence sur le plan *logique* (il n'y a pas une telle équivalence sur le plan psychologique).

La fable est un exemple bien connu de texte narratif qui joue un rôle argumentatif, car elle est un récit fictif *qui possède une morale*. La morale de la fable c'est, en quelque sorte, sa conclusion.

Bref, certaines communications orales ou écrites sont de nature argumentative tandis que d'autres ne le sont pas. De plus, on peut trouver des passages argumentatifs dans un texte qui n'est pas en lui-même de nature argumentative (*Alice au pays des merveilles*) et on peut trouver des passages narratifs dans des textes qui sont de nature argumentative (la lettre de Sharon).

Essayez de déterminer, parmi les textes qui suivent (exemples 3, 4 et 5), lequel (ou lesquels) est (sont) de nature argumentative. Pour ce faire, vous devez déterminer si l'auteur, dans son texte, fournit des « éléments de preuve » afin de soutenir une conclusion.

EXEMPLE 3

Un fabuleux 28 000 $ par année !

J'en ai marre ! Marre d'entendre critiquer constamment les travailleurs du secteur public, ces gras-durs du système !

Je suis infirmière et gagne le fabuleux salaire de 28 000 $ brut par année, et ceci avec 20 ans d'expérience. La préposée aux bénéficiaires gagne 17 000 $ et la dactylo, 16 000 $. Pour ces salaires faramineux nous travaillons de jour, de soir, de nuit, les fins de semaine, à Noël, le Jour de l'An, etc., et devons en plus nous battre constamment pour obtenir le minimum de personnel.

Lorsque les patients ne reçoivent pas la quantité et la qualité de soins auxquelles ils sont en droit de s'attendre, à qui s'en prennent-ils ? Au personnel soignant, cela va de soi. Pas à l'administration, pas au gouvernement mais à ceux et celles qui sont à leurs côtés à tous les instants. C'est normal. N'a-t-on pas dit, redit, écrit partout que nous étions non productifs, surpayés, presque des parasites !

Qui d'entre vous accepterait de voir son salaire coupé de 20 % et de gagner moins en 1986 qu'il n'en gagnait en 1982 ? Qui d'entre vous accepterait de se battre quotidiennement pour avoir le minimum de personnel pour donner le maximum de soins ?

Le gouvernement nous offre 3,5 % d'augmentation, coupe nos bénéfices marginaux et nous devrions sauter de joie. On continue à couper du personnel, on augmente notre tâche et dans les journaux on trouve encore le moyen de taper sur la tête des travailleurs du secteur public ! Un peu plus de rigueur de la part des journalistes serait appréciée. Sont-ils là pour servir de porte-parole au gouvernement ou pour informer, à partir des faits réels, leurs lecteurs ?

— Rita De Senneville
Infirmière
Hôpital Notre-Dame
(*La Presse*, 14 avril 1986)

EXEMPLE 4

Michel Chartrand, criard et sans jugement[13]

J'aimerais vous faire part de mon opinion sur les commentaires de Michel Chartrand lors de sa visite à la radio CKLD de Thetford Mines, le 24 avril 1986.

Je trouve les propos de M. Chartrand sur la question de l'amiante irréfléchis et sans valeur.

Pour qui se prend-il ce criard peu évolué pour se permettre de contester l'opinion de dizaines de chercheurs et d'hommes de science, lesquels, depuis plusieurs années, font des recherches sur ce produit ?

Quelle expertise a-t-il fait sur l'amiante, à part être venu, par le passé, gueuler et blasphémer sur les propriétés minières ?

Ce que je pense de toi est bien simple, Monsieur Chartrand ! Tu es un être qui a reçu à sa naissance des cordes vocales puissantes et une intelligence sur laquelle il est permis de se poser de sérieuses questions.

Je déplore aussi que, par le passé, des gens, tant du milieu syndical que gouvernemental, assis à des postes importants, aient perdu de leur temps à t'écouter et ainsi permis, par tes propos insignifiants et sans valeur, que des populations civilisées qui nous entourent puissent croire qu'au Québec on se laisse encore influencer par certains personnages inutiles et sans jugement.

En 1986, on peut reconnaître la valeur d'une personne par sa volonté de construire tandis que d'autres prennent plaisir à détruire.

---

13. Michel Chartrand est un ancien chef syndical québécois. Au début des années 80, la consommation mondiale d'amiante diminua considérablement à la suite de la publication d'études qui en montraient les dangers et des interdictions et réglementations qui furent adoptées en conséquence dans plusieurs pays. L'auteur de cette lettre publiée dans un journal s'insurge de l'appui accordé par Michel Chartrand à ceux qui ont causé une catastrophe économique dans sa région.

Au Québec, bien des gens utilisent le qualificatif « cervelle d'oiseau » pour signifier que certaines personnes possèdent une intelligence réduite. Mais, soyons juste envers les oiseaux, car ils sont utiles à la société, eux !

Je considère donc que si un jour nous voulons, au Québec, améliorer nos conditions de vie, il nous faudra éviter tout contact avec certaines plaies de notre société.

En conclusion, Monsieur Chartrand, je tiens à vous dire ceci : si c'est trop vous demander que de laisser les hommes compétents du Québec trouver des solutions aux problèmes existants dans notre province, ayez à tout le moins la délicatesse de laisser aux Thetfordois la chance de reconstruire leur avenir et de supporter dans la paix leurs problèmes et leur misère.

Je travaille dans l'industrie de l'amiante et j'en suis fier !

— Michel Leclerc
(*La Tribune*, 2 mai 1986)

EXEMPLE 5

Le controversé Ernst Zundel condamné à neuf mois de prison

Ernst Zundel a été condamné hier à neuf mois de prison pour avoir disséminé de la propagande anti-juive.

Zundel a déjà fait état de son intention d'interjeter appel de sa condamnation.

Le juge de la Cour de district, Ronald Thomas, n'a assorti la sentence d'aucune condition.

L'éditeur torontois controversé a été reconnu coupable par un jury mercredi d'avoir volontairement propagé des fausses nouvelles sur l'Holocauste de la Deuxième Guerre mondiale.

Les accusations avaient été portées après que Zundel eut publié un pamphlet, qu'il n'a pas écrit, dans lequel on prétendait que les rapports au sujet de l'extermination des Juifs par les nazis étaient largement exagérés par les sionistes dans l'espoir de soutirer de l'argent à l'Allemagne d'après-guerre.

Le jury en est arrivé à un verdict de culpabilité après avoir délibéré pendant 17 heures environ, mettant ainsi fin à un procès qui a duré trois mois.

Il s'agissait du second procès et de la deuxième condamnation de Zundel, qui est âgé de 49 ans. Il y a trois ans, il avait fait appel de sa condamnation à 15 mois de prison découlant de la même accusation et obtenu la tenue d'un nouveau procès.

Né en Allemagne de l'Ouest et détenant le statut d'immigrant reçu au Canada, sa déportation vers son pays natal avait été ordonnée après sa dernière condamnation, mais l'ordre de déportation a été suspendu en attendant son appel.

— Presse canadienne
(*La Presse*, 14 mai 1988 [14])

L'exemple 3 est un texte argumentatif, ce qui ne veut pas dire qu'il ne contient que des arguments et une conclusion. On sent bien les sentiments de l'auteur à travers le texte. Néanmoins, le contenu essentiel du texte est une argumentation.

L'exemple 4 est un texte qui défend, lui aussi, une position personnelle, une croyance. Cependant, à la différence du premier, l'argumentation semble inexistante ou encore très faible.

L'exemple 5 est un *texte informatif*. Dans cet article, l'auteur livre simplement des faits et ne défend pas une conclusion à partir de ces faits.

EXERCICES

Examinez les textes suivants. En vous en tenant à ce qui est écrit, dites s'ils sont ou non argumentatifs. Justifiez votre réponse. Si, après mûre réflexion, vous hésitez toujours, expliquez pourquoi.

1. « Le premier mot de Washoe [15] ne fut ni " maman " ni " papa " mais " plus " [...], signe qui consiste à tapoter l'extrémité des doigts, les paumes tournées vers l'intérieur. Brave petite Washoe ! Elle ne voulait pas seulement " plus " de câlins, " plus " de gâteries mais aussi, semble-t-il, " plus " de vocabulaire car, quittant le Nevada, cinq ans plus tard, elle connaissait 160 mots qu'elle était capable d'utiliser séparément ou en les combinant dans toutes sortes de conversations. [...]

   Les leçons de son environnement enrichi ne furent pas perdues pour Washoe ; dès qu'elle eut appris huit signes, elle se mit à les utiliser en les combinant spontanément. Assez vite, elle montra qu'elle savait que les signes ne faisaient pas référence seulement à l'objet utilisé au cours de sa formation mais aux

---

14. En 1992, la Cour suprême du Canada a rejeté la condamnation de Zundel en alléguant que la loi qui interdit de propager des faussetés était une entorse inadmissible à la liberté d'expression. Des associations juives canadiennes ont annoncé qu'elles poursuivraient à nouveau Zundel, cette fois-ci pour avoir publié des écrits haineux.

15. Washoe est un chimpanzé auquel on a appris à utiliser le langage des sourds et muets au cours des années 70.

autres objets qui possédaient les mêmes caractéristiques. Elle savait reconnaître sans se tromper les bébés de différentes espèces, l'image d'un chien aussi bien qu'un chien en chair et en os, et ainsi de suite[16]. »

❑ Ce texte est argumentatif.

❑ Ce texte n'est pas argumentatif.

2. « *Trois films de l'ONF classés " propagande politique " par la Cour suprême des États-Unis.* »

« La Cour suprême des États-Unis a estimé hier que le gouvernement américain pouvait classer comme " propagande politique " trois films canadiens sur la guerre nucléaire et les pluies acides.

Par cinq voix contre trois, les plus hauts magistrats américains ont indiqué que cette classification était utilisée de " manière neutre et impartiale " et ne constituait pas une censure.

Ce cas avait suscité une polémique en 1983. Le ministère de la Justice avait décidé de classer ces trois films comme propagande politique aux termes d'une loi datant de la Seconde Guerre mondiale et destinée à contrer la propagande étrangère.

Produits par l'Office national du film (ONF), ces films sont *If You Love This Planet*, long métrage sur les conséquences d'une guerre nucléaire qui a remporté l'Oscar du meilleur documentaire en 1983, *Acid From Heaven* et *Acid rain: Requiem or Recovery*. Un parlementaire californien, M. Barry Keene, qui envisageait de les utiliser pour exprimer ses propres positions sur ces sujets, avait porté l'affaire en justice. Un juge de Sacramento avait donné tort au gouvernement, décision qu'a annulée la Cour suprême[17]. »

❑ Ce texte est argumentatif.

❑ Ce texte n'est pas argumentatif.

3. « Il est plus facile d'analyser les arguments écrits que les arguments oraux, parce que les discussions virevoltent continuellement et qu'on en perd souvent le fil. Par contre, un argument écrit se laisse examiner tranquillement, il permet de chercher dans un dictionnaire, de revenir sur des points obscurs, etc. De plus, dans le cas de l'écrit, la présence physique de l'interlocuteur ne nous distrait pas des arguments que l'on a à évaluer. »

❑ Ce texte est argumentatif.

❑ Ce texte n'est pas argumentatif.

---

16. Eugene Linden, *Ces singes qui parlent,* Paris, Seuil, 1979, p. 18, 37.

17. *La Presse,* 29 avril 1987.

4. « Il est possible pour un pays indépendant d'être dépourvu d'armée. Le Costa Rica l'est depuis 1948[18]. »

❏ Ce texte est argumentatif.

❏ Ce texte n'est pas argumentatif.

5. « Kepler, dans son livre *Le Secret du monde*, situe la création du monde à 11 heures du matin, heure normale, le dimanche 27 avril de l'an 3877 av. J.-C.[19]. »

❏ Ce texte est argumentatif.

❏ Ce texte n'est pas argumentatif.

6. « Un sondage Gallup de 1984 a révélé les faits suivants : 95 % des Américains croient en Dieu, 70 % croient qu'il y a une vie après la mort, 60 % croient que notre planète a déjà été visitée par les extraterrestres, 54 % croient aux anges, 40 % au diable, 51 % à la perception extrasensorielle et 26 % à l'astrologie. Un grand nombre d'Américains acceptent donc des jugements qui ne sont pas appuyés par des argumentations scientifiques ou qui vont à l'encontre d'arguments scientifiques. Ces chiffres nous permettent de penser que, dans un jury composé de douze personnes représentatives de l'ensemble de la population américaine, sept d'entre elles croiraient aux soucoupes volantes, six ou sept aux anges et à la perception extrasensorielle, cinq au diable et trois à l'astrologie. Il est probable que plusieurs membres de ce jury croiraient aussi que les femmes sont moins intelligentes que les hommes, que les Noirs sont génétiquement inférieurs aux Blancs, que les homosexuels sont des malades, etc. Puisque ces idées fausses peuvent influencer les membres d'un jury, on peut légitimement se demander si l'idée d'un procès avec jury est une si bonne idée[20]. »

❏ Ce texte est argumentatif.

❏ Ce texte n'est pas argumentatif.

7. « Contrairement à ce que pensent la plupart des gens, l'entretien des motocyclettes est un exercice éminemment rationnel.

On s'imagine qu'il faut une sorte de don, on ne sait quelle « bosse » de la mécanique. Bien sûr, mais ce don relève essentiellement d'une réflexion poussée et la plupart des échecs dans ce domaine sont provoqués par [...] une incapacité à se servir correctement de sa tête. Un moteur de motocyclette obéit point par

---

18. Gwynne Dyer, *War,* New York, Crown, 1985, p. 158.

19. Edward R. Harrison, *Cosmology : The Science of Universe*, New York, Cambridge University Press, 1981, p. 109.

20. Adaptation d'un texte de Richard J. Burke, « A Rhetorical Conception of Rationality », *Informal Logic*, décembre 1984, p. 17.

point aux lois de la raison et une étude de l'art de l'entretien des motocyclettes c'est, en miniature, une étude de l'art du raisonnement[21]. »

❐ Ce texte est argumentatif.

❐ Ce texte n'est pas argumentatif.

8. « Encourager le mépris des lois est plus dangereux pour la société que la consommation occasionnelle de marijuana. Des lois sévères contre la marijuana ne découragent pas son utilisation, mais font que les gens trouvent non seulement stupides ces lois, mais les lois en général. Ainsi, des lois sévères contre la marijuana sont plus dangereuses pour la société que l'activité qu'elles ont pour but de combattre. »

❐ Ce texte est argumentatif.

❐ Ce texte n'est pas argumentatif.

9. « Un appel à l'autorité est une manière indirecte de justifier une croyance. Les croyances qui reposent sur des appels à l'autorité occupent une place importante dans l'ensemble de nos croyances. Toutefois, les appels à l'autorité, pour être valables, doivent respecter certaines conditions. »

❐ Ce texte est argumentatif.

❐ Ce texte n'est pas argumentatif.

10. « Pour chaque problème complexe, il existe une solution simple, claire — et erronée. »

— H. L. Mencken

❐ Ce texte est argumentatif.

❐ Ce texte n'est pas argumentatif.

11. « Nous pourrions aller dans la pouponnière de n'importe quel hôpital situé dans un ghetto noir aux États-Unis et prédire avec une très forte probabilité de succès où se retrouveront les bébés plus tard. La plupart resteront prisonniers du ghetto et vivront dans la pauvreté. Lorsque l'on peut faire avec succès de telles prédictions, c'est que l'on vit dans une société très injuste[22]. »

❐ Ce texte est argumentatif.

❐ Ce texte n'est pas argumentatif.

12. « Nous savons tous qu'il n'y a personne, sur son lit de mort, qui regrette de ne pas avoir passé davantage de temps au bureau. »

❐ Ce texte est argumentatif.

❐ Ce texte n'est pas argumentatif.

---

21. Robert M. Pirsig, *Traité du zen et de l'entretien des motocyclettes,* Paris, Seuil, 1978, p. 84.

22. Propos de William Julius Wilson, sociologue, cités dans Bill Moyers, *A World of Ideas,* New York, Doubleday, 1989, p. 72.

13. « La démocratie est dangereuse précisément parce qu'elle laisse les décisions à la population. Ce système suppose que les gens sont pourvus de bons sens et qu'ils possèdent ce qu'au XVIIIe siècle on aurait appelé une conscience de l'intérêt commun, et cela n'est pas évident. Si les gens ne sont pas pourvus de bon sens ou d'une conscience de l'intérêt commun, ils peuvent être facilement séduits par des choses très mauvaises. Après tout, dans la démocratie de l'Allemagne de 1932, les nazis ont obtenu la majorité des votes[23]. »

❐ Ce texte est argumentatif.

❐ Ce texte n'est pas argumentatif.

14. «" Chacun a droit à son opinion " est une expression qui peut signifier plusieurs choses. En effet, il arrive qu'elle signifie que l'on doit tolérer autrui et il arrive aussi qu'elle signifie que les goûts ne se discutent pas. »

❐ Ce texte est argumentatif.

❐ Ce texte n'est pas argumentatif.

15. « Les hommes aiment les femmes qui ont les mains douces. Vous le savez. Mais vous savez aussi que vous faites la vaisselle. Alors ne renoncez pas pour autant à votre charme, utilisez Mir Rose. Votre vaisselle sera propre et brillante. Et vos mains, grâce à l'extrait de pétale de rose contenu dans Mir Rose, seront plus douces et plus belles. Elles ne pourront que vous dire merci. Votre mari aussi[24]. »

❐ Ce texte est argumentatif.

❐ Ce texte n'est pas argumentatif.

16. « La publicité citée dans l'exercice précédent ne serait certainement plus diffusée de nos jours. On y retrouve trop de choses implicites qui blesseraient ou enrageraient les femmes. En effet, on laisse entendre que les femmes sont presque nécessairement mariées, qu'elles sont les seules à faire la vaisselle et que la douceur de leurs mains est une chose dont dépend presque leur survie ! »

❐ Ce texte est argumentatif.

❐ Ce texte n'est pas argumentatif.

---

23. Propos de Robert Bellah, sociologue, cités dans Bill Moyers, *A World of Ideas*, New York, Doubleday, 1989, p. 281.

24. Publicité analysée dans Jean-Michel Adam, « Votez Mir Rose, achetez Giscard : analyses pragmatiques », *Pratiques*, n° 30, 1981, p. 73-98. Cette publicité a été diffusée au début des années 70.

17. « Si la majorité des gens croient toujours en l'existence d'un dieu, c'est parce que cela joue un rôle essentiel dans leur vie. »

❑ Ce texte est argumentatif.

❑ Ce texte n'est pas argumentatif.

18. « Si la majorité des gens croient toujours en l'existence d'un dieu, c'est parce qu'ils n'ont jamais réfléchi aux argumentations des athées. »

❑ Ce texte est argumentatif.

❑ Ce texte n'est pas argumentatif.

19. « — *Du Bois* : Monsieur, il faut faire retraite.

— *Alceste* : Comment ?

— *Du Bois* : Il faut d'ici déloger sans trompette.

— *Alceste* : Et pourquoi ?

— *Du Bois* : Je vous dis qu'il faut quitter ce lieu.

— *Alceste* : La cause ?

— *Du Bois* : Il faut partir, monsieur, sans dire adieu.

— *Alceste* : Mais par quelle raison me tiens-tu ce langage ?

— *Du Bois* : Pour la raison, monsieur, qu'il faut plier bagage [25]. »

❑ Ce texte est argumentatif.

❑ Ce texte n'est pas argumentatif.

20. « L'histoire récente de la sémiotique est celle d'une réussite institutionnelle doublée d'un échec intellectuel. D'une part, il existe aujourd'hui des chaires, des instituts, des associations, des congrès et des revues de sémiotique. Mais, d'autre part, la sémiotique n'a pas été à la hauteur des espoirs qu'elle a suscités ; en fait, ses fondements mêmes ont été sérieusement ébranlés. Certes, nombre de sémioticiens ont effectué des recherches de valeur. Mais cela ne signifie pas nécessairement que le cadre sémiotique a été productif, et encore moins qu'il est théoriquement justifié ; cela peut aussi bien vouloir dire que ce cadre n'a pas été trop inhibant ou encore qu'il n'a pas été respecté [26]. »

❑ Ce texte est argumentatif.

❑ Ce texte n'est pas argumentatif.

---

25. Molière, *Le Misanthrope*, IV, 4.

26. Cette citation provient d'un ouvrage scientifique et fait appel à des notions que vous ne connaissez probablement pas. *Malgré cela,* vous serez capables de saisir intuitivement s'il s'agit ou non d'un texte argumentatif et de répondre correctement à la question posée. Dan Sperber et Deirdre Wilson, *La pertinence — Communication et cognition*, Paris, Minuit, 1989, p. 19.

RÉSUMÉ

1. Les argumentations ont plusieurs fonctions. Elles peuvent notamment nous servir à nous faire une idée, à mettre à l'épreuve notre façon de voir les choses et à convaincre autrui.

2. Certaines de nos *croyances* sont *rationnellement justifiées*, d'autres ne le sont pas.

3. *L'appel à l'autorité* constitue une manière *indirecte* de justifier rationnellement une croyance. Pour être acceptable, l'appel à l'autorité doit respecter certaines conditions (il en sera question au chapitre 6).

4. Sans la possibilité de l'appel à l'autorité, *la majeure partie de nos croyances* ne serait pas rationnellement justifiée.

5. *Justifier une croyance* n'est pas la même chose qu'*expliquer son origine*.

6. L'expression *chacun a droit à son opinion* peut signifier des idées bien différentes. Certaines de celles-ci sont inacceptables, comme « Toutes les opinions se valent » ou « Peu importent tes arguments, je ne changerai pas d'idée. » Par contre, cette expression est utilisée à bon droit lorsqu'elle signifie « Les goûts ne se discutent pas » ou bien « On doit respecter les gens qui ont des idées différentes des nôtres. »

7. Nous n'argumentons pas constamment. Certains contextes se prêtent tout naturellement à l'argumentation, d'autres moins, alors que d'autres ne s'y prêtent pas du tout. Par ailleurs, on peut trouver des passages argumentatifs dans des textes qui ne sont pas eux-mêmes de nature argumentative, tout comme on peut trouver des passages narratifs qui jouent un rôle argumentatif.

MATIÈRE À RÉFLEXION

Toutes les opinions se valent-elles?

« Le type de relativisme total contre lequel nous nous élevons se manifeste souvent quand on demande à quelqu'un de se prononcer sur la vérité d'une opinion. Il est alors courant de s'entendre répondre que certaines choses sont vraies « pour moi » et d'autres « pour vous », mais que personne n'est en mesure de dire ce qui est *réellement* vrai. Tant que l'on demeure sur le plan théorique, pareil point de vue peut sembler intéressant. Mais la plupart, sinon la totalité de nos opinions ont des répercussions sur nos actes. Si, par exemple, vous êtes dans une voiture qui, selon vous, se dirige vers une falaise, mais que le conducteur ne partage pas votre avis, il est douteux que vous vous contentiez de dire qu'il est vrai pour vous que la voiture se dirige sur une falaise, mais que cela ne l'est pas pour le conducteur, que personne ne peut dire ce qu'il en est réellement. Sans parler de certitude absolue, il est probable que, dans ces circonstances, l'une des opinions est beaucoup plus raisonnable que l'autre, et le fait d'en adopter une plutôt que l'autre fait évidemment une grande différence. La plupart du temps, cependant, les conséquences de nos opinions sont moins directes et moins radicales. Mais le fait que nos croyances déterminent nos actes devrait être une raison suffisante pour rejeter l'idée que ce que nous croyons n'a pas vraiment d'importance[27]. »

• • •

Une conception de l'attitude rationnelle

« En ce qui me concerne, je caractériserais partiellement mon propre engagement à vivre d'une manière rationnelle sous la forme des recommandations suivantes : 1) exiger que, dans la mesure du possible, mes convictions, mes sentiments, mes attitudes et mes actions s'appuient sur — ou soient justifiées par — de bonnes raisons, chaque fois que de telles raisons fondamentales existent ; en conséquence, 2) chercher à découvrir de telles raisons, à moins de 3) posséder déjà ou de pouvoir trouver de bonnes raisons secondaires permettant d'affirmer, dans certains cas particuliers, qu'il n'est pas nécessaire de m'appuyer sur des raisons fondamentales[28]. »

---

27. Jerry Cederblom et David Paulsen, « Making Reasonable Decisions as a Amateur in a World of Experts », dans Trudy Govier (dir.), *Selected Issues in Logic and Communication*, Belmont, Wadsworth, 1988, p. 143.

28. Max Black, *The Prevalence of Humbug and Other Essays*, Ithaca, Cornell University Press, 1983, p. 20.

E X E R C I C E S

1. À la section 2.2 (p. 30), nous vous avons convié à un exercice d'imagination dans lequel vous étiez transporté avec votre bagage actuel de connaissances au XIVᵉ siècle. Dans un court texte, tentez d'imaginer les raisons que vous donneriez aux gens de l'époque pour leur faire admettre quelques-unes de vos connaissances en biologie, en chimie ou en physique. Comment vous y prendriez-vous pour leur faire paraître ces raisons acceptables ?

2. Dans une situation semblable, tentez d'imaginer comment vous feriez pour concevoir et fabriquer, à cette époque, des objets qui n'existaient pas alors et qui dépendent de la technologie d'aujourd'hui.

3. À la fin de la section 2.3, nous avons précisé qu'il serait incorrect d'accepter le principe général voulant qu'il soit rationnellement justifié d'accepter une croyance simplement parce qu'elle nous réconforte. Dans un court texte adressé à un lecteur imaginaire qui croirait que ce principe est acceptable, donnez des arguments qui montrent qu'il ne l'est pas.

4. À la section 2.6, nous avons examiné la lettre de « l'astucieuse Sharon » (p. 50). Celle-ci, grâce à un habile subterfuge, a mis en émoi ses parents de manière à leur rendre plus acceptable une réalité qui risquait fort de les contrarier. À votre avis, a-t-elle joué honnêtement avec les émotions de ses parents afin de leur faire voir la réalité bien en face ou les a-t-elle plutôt manipulés de manière inacceptable pour atteindre ses propres fins ?

5. Si je fais reposer une de mes croyances sur un appel à l'autorité, s'ensuit-il que toutes les personnes qui adoptent cette croyance la font aussi reposer sur un appel à l'autorité ? Expliquez votre réponse.

6. Dans le texte de William Clifford cité dans les *Illustrations philosophiques* (p. 390), l'auteur affirme que « La question de savoir s'il a bien ou mal agi porte sur l'origine de sa croyance et non sur son objet ; non sur ce qu'elle était, mais sur la manière dont il l'avait acquise. » Qu'entend-il exactement par là ?

7. Après avoir lu le texte de William Clifford mentionné à l'exercice 6, expliquez, dans un court texte, pourquoi une croyance rationnellement justifiée n'est pas nécessairement une croyance vraie.

8. William Clifford pourrait-il être d'accord, à votre avis, avec les idées suivantes ? Expliquez pourquoi.

a) Lorsque quelqu'un est sincère, on ne peut pas lui reprocher d'agir sur la base de ce en quoi il croit.

b) Il vaut mieux conserver l'amitié des gens qui nous entourent plutôt que de tenter de les faire changer d'idée sur des questions auxquelles ils sont particulièrement sensibles.

c) Certains Allemands n'ont pas fait leur devoir en se taisant lorsque des idées racistes étaient propagées dans les années 30.

d) Les questions théoriques ne sont pas primordiales. L'important, c'est la pratique.

9. Énumérez les raisons utilisées par Criton au début de son entretien avec Socrate lorsqu'il cherche à le convaincre qu'il doit s'évader de sa prison. (Voir l'*Illustration philosophique 1*, p. 283.)

CHAPITRE 3

LES COMPOSANTES DES ARGUMENTATIONS :
LES JUGEMENTS

3.1 Qu'est-ce qu'un jugement ?

3.2 Les jugements explicites et les jugements implicites

3.3 Les trois types de jugements

3.4 Les jugements d'observateur

3.5 Les jugements d'évaluateur

3.6 Les jugements de prescripteur

3.7 La classification des jugements : jugements
implicites et termes à connotations évaluatives

Résumé

Matière à réflexion

Exercices

CHAPITRE 3 **Les composantes des argumentations :**
Les jugements

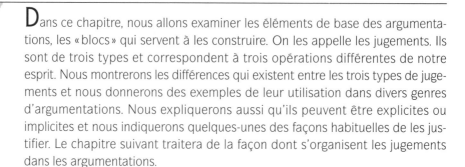

Dans ce chapitre, nous allons examiner les éléments de base des argumentations, les «blocs» qui servent à les construire. On les appelle les jugements. Ils
sont de trois types et correspondent à trois opérations différentes de notre
esprit. Nous montrerons les différences qui existent entre les trois types de jugements et nous donnerons des exemples de leur utilisation dans divers genres
d'argumentations. Nous expliquerons aussi qu'ils peuvent être explicites ou
implicites et nous indiquerons quelques-unes des façons habituelles de les justifier. Le chapitre suivant traitera de la façon dont s'organisent les jugements
dans les argumentations.

3.1 Qu'est-ce qu'un jugement ?

Un *jugement* est un acte de pensée par lequel on asserte quelque chose, c'est-à-dire
par lequel on affirme ou on nie quelque chose. C'est aussi un énoncé ou une partie
d'énoncé, écrit ou oral, qui exprime le résultat d'un tel acte de pensée[1].

De manière générale, peut-on dire que tous les énoncés contiennent des jugements ? Non, car il existe des énoncés impératifs ou interrogatifs tels que « Va-
t-en ! », « Quelle heure est-il ? » ou « Fait-il beau dehors ? » qui ne contiennent pas
de jugements : il n'y a rien qui y soit asserté.

Peut-on dire que tout énoncé contenant un jugement ne contient qu'*un seul* jugement ? Non, on le constate aisément en considérant un énoncé comme celui-ci :
« Les passions peuvent me conduire, mais elles ne sauraient m'aveugler », de
Madame de La Fayette, dans lequel se trouvent deux jugements. La complexifi-
cation croissante de l'énoncé qui suit permet quant à elle de constater l'ajout suc-
cessif de jugements à un même jugement initial.

a) « Mary Wollstonecraft fut la mère de Mary Shelley. »

b) « Mary Wollstonecraft, une philosophe, fut la mère de Mary Shelley. »

c) « Mary Wollstonecraft, une célèbre philosophe, fut la mère de Mary Shelley. »

---

1. Le contexte nous permet habituellement de reconnaître facilement le sens dans lequel on utilise
le mot «jugement». La distinction entre les deux sens se perçoit très aisément lorsqu'on fait le
parallèle avec le mot «décision», qui peut signifier, lui aussi, l'activité («la décision a été difficile») ou le résultat de l'activité («la décision a été favorable»).

d) « Mary Wollstonecraft, une célèbre philosophe anglaise, fut la mère de Mary Shelley. »

e) « Mary Wollstonecraft, une célèbre philosophe féministe anglaise, fut la mère de Mary Shelley. »

f) « Mary Wollstonecraft, une célèbre philosophe féministe anglaise, fut la mère de Mary Shelley, l'auteur du roman *Frankenstein*. »

g) « Mary Wollstonecraft, une célèbre philosophe féministe anglaise, fut la mère de Mary Shelley, l'auteur du magnifique roman *Frankenstein*. »

h) « Mary Wollstonecraft, une célèbre philosophe féministe anglaise, fut la mère de Mary Shelley, l'auteur du magnifique roman *Frankenstein*, publié en 1817. »

Bien entendu, un énoncé peut aussi ne contenir qu'un seul jugement. Ainsi, dans l'énoncé : « Si Nadine est acceptée en anthropologie, elle ira à l'Université de Montréal l'an prochain », il n'y a qu'un seul jugement. En effet, on n'a affirmé ni que Nadine serait acceptée en anthropologie, ni qu'elle irait à l'Université de Montréal l'an prochain. On a seulement affirmé que, si elle était acceptée, elle irait à l'Université de Montréal l'an prochain.

Puisque l'un des buts ultimes que nous poursuivons consiste à pouvoir décortiquer les argumentations afin de mieux les comprendre et les évaluer, il est utile d'apprendre au préalable à distinguer les jugements qui composent une argumentation, car ce sont les blocs de base à partir desquels celle-ci est construite. Les exercices qui suivent ont été conçus à cette fin.

EXERCICES

Déterminez si les énoncés qui suivent contiennent un seul ou plusieurs jugements et, s'ils en contiennent plusieurs, dites lesquels. Si, après mûre réflexion, vous hésitez toujours, expliquez pourquoi.

1. « Ou bien nous allons prendre des mesures radicales pour préserver la couche d'ozone, ou bien les humains vont souffrir de graves problèmes de santé dans les années à venir. »

  ❑ un seul jugement
  ❑ plusieurs jugements

2. « Il est plus facile d'être amant que mari, par la raison qu'il est plus difficile d'avoir de l'esprit tous les jours que de dire de jolies choses de temps en temps [2]. »

  ❑ un seul jugement
  ❑ plusieurs jugements

_____
2. Honoré de Balzac, *Physiologie du mariage*, Paris, Calmann-Lévy, 1824, p. 61.

3. « Contrairement à ce que pensent la plupart des gens, l'entretien des moto-cyclettes est un exercice éminemment rationnel. »

☐   un seul jugement

☐   plusieurs jugements

4. « Il est possible pour un pays d'être dépourvu d'armée, puisque le Costa Rica n'a pas d'armée depuis 1948. »

☐   un seul jugement

☐   plusieurs jugements

5. « S'il fait beau, tu devras travailler. »

☐   un seul jugement

☐   plusieurs jugements

6. « Si le parti néo-nazi est élu en Allemagne, ce sera une catastrophe pour l'Europe. »

☐   un seul jugement

☐   plusieurs jugements

7. « Ernest a une peine d'amour. »

☐   un seul jugement

☐   plusieurs jugements

8. « Ernest a perdu son emploi. »

☐   un seul jugement

☐   plusieurs jugements

9. « C'est à cause d'une peine d'amour qu'Ernest a perdu son emploi[3]. »

☐   un seul jugement

☐   plusieurs jugements

10. « C'est parce que les Noirs sont plus pauvres que les Blancs qu'ils sont moins nombreux dans les universités aux États-Unis[4]. »

☐   un seul jugement

☐   plusieurs jugements

---

3. Comparez attentivement les nos 7, 8 et 9.

4. Comparez attentivement les nos 9 et 10.

3.2 Les jugements explicites et les jugements implicites[5]

Nous allons maintenant examiner certains énoncés qui, même s'ils sont tout à fait acceptables en français, sont curieux de notre point de vue, parce qu'il n'est pas facile de déterminer s'ils contiennent des jugements et, le cas échéant, combien ils en contiennent. Avant de lire l'analyse qui suit, prenez le temps de réfléchir quelques instants aux exemples suivants. Contiennent-ils des jugements et, si c'est le cas, combien ?

A. « Avez-vous cessé de battre vos enfants ? » *(Dans un contexte où on demande à la personne de répondre par « Oui » ou par « Non ».)*

B. « Depuis quand votre enfant se drogue-t-il ? » *(Question posée par des policiers à des parents qu'ils viennent de réveiller au milieu de la nuit.)*

C. « Lucien a cessé de fumer. »

D. « Cessez le bruit infernal que vous faites intentionnellement chaque matin pour me réveiller ! » *(Message que votre voisin a glissé sous votre porte.)*

Il n'est pas facile de déterminer combien de jugements de tels énoncés contiennent, car ils semblent en véhiculer implicitement. La linguiste Catherine Kerbrat-Orecchioni emploie l'expression « feuilletés » pour qualifier les énoncés, parce qu'un énoncé peut avoir, en quelque sorte, plusieurs couches, plusieurs étages. Cette expression imagée rend bien compte de la façon dont l'ensemble des linguistes considèrent les énoncés. En effet, lorsqu'on réfléchit à ce que véhicule un énoncé, on s'aperçoit qu'en plus du sens explicite de l'énoncé, celui-ci transmet très fréquemment autre chose. Dans ce qui suit, nous allons utiliser l'image du feuilleté afin de mettre en évidence la manière dont un énoncé peut *véhiculer* des jugements de manière implicite.

Considérons l'énoncé A. On y pose la question : « Avez-vous cessé de battre vos enfants ? », et on exige une réponse par « Oui » ou par « Non ». On constate ici que, quelle que soit la réponse qui sera donnée à la question (qu'elle soit positive ou négative), la personne qui répondra admettra avoir déjà battu ses enfants ! C'est qu'il y a un jugement implicite dans cette question : celui selon lequel la personne à qui est adressée la question a déjà battu ses enfants. On voit donc que cette question *cache* un jugement. Lorsque le jugement caché découle *automatiquement* de l'énoncé, peu importe le contexte, on dit qu'il s'agit d'un jugement implicite *par présupposé linguistique*. C'est bien le cas ici : une personne qui formule l'énoncé : « Avez-vous cessé de battre vos enfants ? » nous laisse

---

5. La lecture de cette section est facultative.

nécessairement savoir qu'elle croit que la personne à laquelle elle s'adresse a déjà battu ses enfants[6].

Si on utilise l'image du feuilleté, on pourrait dire que l'énoncé : « Avez-vous cessé de battre vos enfants ? » est le centre du feuilleté et que le jugement : « Vous avez déjà battu vos enfants » se situe autour de ce centre, dans la région de l'implicite.

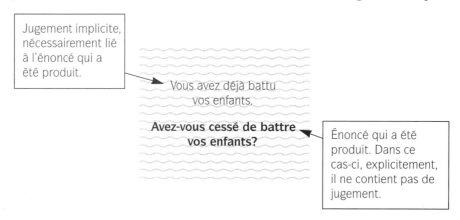

Rien n'interdit qu'un même énoncé véhicule plusieurs jugements implicites par présupposé linguistique. Ainsi, on constate que le jugement : « Vous avez des enfants » est également un présupposé linguistique de l'énoncé : « Avez-vous cessé de battre vos enfants ? » Ce ne serait pas le cas, toutefois, du jugement « Vous êtes marié actuellement. »

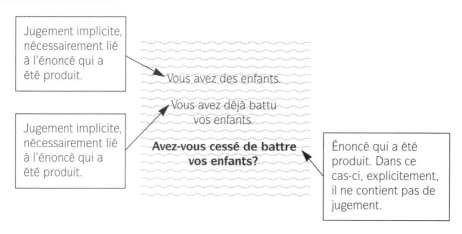

---

6. En effet, si Jacques disait à Roger : « As-tu cessé de battre tes enfants ? » et que Roger lui répondait : « Ne dis pas de saletés à mon sujet, je n'ai jamais battu mes enfants ! », Jacques ne pourrait pas répliquer : « Voyons Roger, je n'ai jamais dit que tu avais déjà battu tes enfants. Je t'ai simplement demandé si tu avais cessé de les battre. »

Examinons maintenant l'énoncé B : « Depuis quand votre enfant se drogue-t-il ? », une question posée par des policiers à des parents qu'ils viennent de réveiller au milieu de la nuit. Si les parents en question ne savent pas que leur enfant se drogue, ils trouveront sans doute que cet énoncé de forme interrogative véhicule implicitement un jugement qui est loin d'être banal ! Comme dans le cas précédent, cette question contient un jugement implicite par présupposé linguistique, parce qu'il est *automatiquement* véhiculé avec l'énoncé, peu importe le contexte.

L'énoncé C : « Lucien a cessé de fumer », véhicule lui aussi, de manière automatique, un jugement implicite qui est facile à déceler, celui selon lequel Lucien a déjà fumé. Dans l'énoncé impératif D : « Cessez le bruit infernal que vous faites intentionnellement chaque matin pour me réveiller ! », on trouve évidemment aussi plusieurs jugements implicites véhiculés par présupposé linguistique.

Ce bref examen nous permet de constater qu'il existe des jugements qui accompagnent automatiquement de façon implicite, peu importe le contexte, certains énoncés que nous produisons dans des situations tout à fait communes. Les linguistes distinguent ces jugements implicites véhiculés par présupposé linguistique des jugements implicites véhiculés *par sous-entendu*, sur lesquels nous allons maintenant nous pencher. Procédons comme nous l'avons fait plus haut et débutons par l'examen de quelques énoncés :

>   **E.**   « Pourrais-tu me passer le sel ? »
>
>   **F.**   « Il est huit heures. »

L'énoncé E : « Pourrais-tu me passer le sel ? » est un énoncé interrogatif et donc, à première vue, une question. Pourtant, si vous répondez au voisin de table qui vous a posé cette « question » : « Oui, je pourrais » et que vous continuez tranquillement à manger sans lui passer le sel, il risque de réagir en vous disant quelque chose du genre : « Hé ! le petit malin, passe-moi le sel ! » Bref, lorsqu'il vous disait : « Pourrais-tu me passer le sel ? », il ne vous questionnait pas sur votre capacité à lui passer le sel, mais il vous adressait plutôt, *indirectement*, une demande. Cet exemple simple montre que ce qui semble une question, si l'on ne se fie qu'à la formulation explicite de l'énoncé, peut en réalité être une demande[7]. Mais il pourrait aussi arriver, dans certaines circonstances, que la question : « Pourrais-tu me passer le sel ? » soit posée simplement pour apprendre si l'interlocuteur a la possibilité de le faire. Bref, l'énoncé : « Pourrais-tu me passer le sel ? » peut véhiculer implicitement une demande, mais cela dépend du contexte ; il n'en est pas toujours ainsi.

---

7. Pour une analyse de cet exemple, voir John Searle, *Sens et expression — Études de théorie des actes du langage,* Paris, Minuit, 1979, p. 77.

Examinons maintenant l'énoncé F : « Il est huit heures. » Cet énoncé ne contient explicitement qu'un seul jugement. Pourrait-il toutefois en véhiculer implicitement un autre dans certains contextes ? Oui. Pensons à un couple qui va à un concert débutant à huit heures trente. Si la femme dit à l'homme : « Il est huit heures », celui-ci peut fort bien considérer qu'on lui a communiqué le jugement : « Il est huit heures », mais aussi, implicitement, par sous-entendu, le jugement : « Tu devrais te dépêcher. »

Dans le cas de l'énoncé F, comme dans celui de l'énoncé E, le contexte est nécessaire pour déterminer si l'énoncé doit être seulement pris au pied de la lettre ou s'il véhicule autre chose implicitement. C'est ce qui distingue la présupposition linguistique du sous-entendu, celui-ci étant défini comme quelque chose d'implicite qui est véhiculé par un énoncé à cause du contexte où il est produit. Si une personne dit : « Pierre a cessé de fumer », elle formule implicitement *de manière automatique* le jugement : « Pierre a déjà fumé », et c'est pourquoi on qualifie ce jugement de *présupposition linguistique*. Par contre, l'énoncé « Il est huit heures » ne véhicule pas automatiquement le jugement : « Tu devrais te dépêcher. » En effet, « Il est huit heures » peut, dans d'autres contextes, signifier purement et simplement qu'il est huit heures, ou encore, véhiculer autre chose par sous-entendu. Ainsi, il pourrait véhiculer par sous-entendu : « C'est trop tard, ça ne sert plus à rien de se dépêcher », si le concert débutait à sept heures trente, ou : « On a tout le temps », si le couple ne devait partir qu'à dix heures. Un sous-entendu, c'est, si l'on se place du point de vue de celui qui a formulé l'énoncé, ce qu'on laisse volontairement conclure, étant donné le contexte, à son interlocuteur ou à son lecteur. C'est aussi, si l'on se place du point de vue de l'interlocuteur ou du lecteur, le résultat d'une opération du genre : « Si un tel croit bon de dire ceci, dans ce contexte, c'est sans doute qu'il pense cela. Je peux donc tenir pour acquis qu'il m'a dit cela, sans l'avoir dit explicitement[8]. »

Le tableau suivant résume la distinction que nous avons faite entre les deux types de jugements implicites.

---

8. Voir Oswald Ducrot, *Le dire et le dit,* Paris, Minuit, 1984, p. 20-25 ; H. Paul Grice, « Logique et conversation », *Communications*, n° 30, 1979, p. 57-72 ; Catherine Kerbrat-Orecchioni, *L'implicite*, Paris, Armand Colin, 1986 ; John David Dinsmore, *Pragmatics, Formal Theory, and the Analysis of Presupposition,* Thèse de doctorat, University of California at San Diego, 1979. Il est à noter qu'on emploie aussi l'expression « implicitation » pour désigner une partie, et parfois la totalité, de ce que nous désignons par « sous-entendu », et que l'usage des expressions « présupposition linguistique » et « sous-entendu », en linguistique, peut parfois varier légèrement d'un auteur à l'autre.

| LES JUGEMENTS IMPLICITES ||
Par présupposé linguistique	Par sous-entendu
Ils sont véhiculés automatiquement par l'énoncé lui-même, peu importe le contexte. *Exemple* : Le jugement « Lucien avait arrêté de fumer » est véhiculé automatiquement par l'énoncé « Lucien a recommencé à fumer ».	Ils ne sont pas véhiculés automatiquement par l'énoncé ; ils dépendent du contexte. *Exemple* : Le jugement « Tu devrais te dépêcher » n'est pas véhiculé automatiquement par l'énoncé « Il est huit heures », mais il peut être véhiculé par cet énoncé dans certains contextes.

Bien entendu, un énoncé peut véhiculer à la fois des jugements implicites par présupposé et des jugements implicites par sous-entendu. Ainsi, « Roger vient de recommencer à fumer » véhicule nécessairement les jugements « Roger a déjà fumé » et « Roger avait arrêté de fumer[9] » et peut également véhiculer, dans certains contextes, des jugements comme « Roger te doit dix dollars » ou encore « Roger est stupide[10] ».

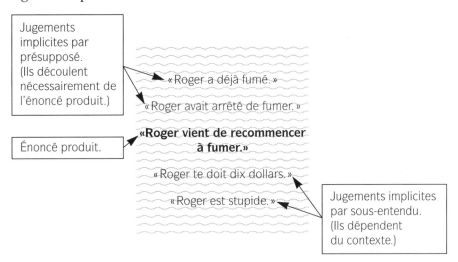

Tout cela vous semble-t-il un peu compliqué ? En un sens, ça l'est, pour le linguiste ou le psychologue qui cherche à comprendre comment notre esprit fonctionne et comment il parvient à tenir compte des phénomènes qui relèvent de l'implicite.

---

9. Il s'agit alors de jugements implicites par présupposé.

10. Il s'agit alors de jugements implicites par sous-entendu.

Toutefois, en un autre sens, c'est très simple : chacun d'entre nous est capable de tenir compte de l'implicite dans ses activités quotidiennes de communication, même s'il n'a jamais entendu parler de ce que sont les présupposés linguistiques et les sous-entendus. Pour le constater, on n'a qu'à considérer les exemples suivants (*a* à *e*) d'échanges tout à fait courants et que quiconque sait interpréter correctement, même s'ils reposent sur des éléments implicites ; ces exemples montrent également que les présupposés linguistiques et les sous-entendus jouent un rôle important dans la communication, et non pas marginal, négligeable, comme certains le pensent[11].

EXEMPLE 1

a) « Savez-vous l'heure qu'il est ? » (Dit en bâillant devant les invités.)

b) « — C'est moi qui ai descendu la poubelle la dernière fois.

  — Ce n'est pas à toi de me donner des ordres ! »

c) « Jacques ne déteste pas le vin ! » (Dit devant un dénommé Jacques qui titube après avoir bu trois bouteilles de vin.)

d) « — Pierre est-il ici ?

  — Il y a une Honda bleue juste en face. »

e) « — *La serveuse* : Voulez-vous une tasse de café ?

  — *Un client* : Il me reste beaucoup de route à faire… *Une tasse de café m'empêcherait de dormir.* »

(Elle lui en verse.)

(Une minute plus tard, avec un autre client :)

« — *La serveuse* : Voulez-vous une tasse de café ?

  — *Un client* : Je dois me lever tôt demain matin… *une tasse de café m'empêcherait de dormir.* »

(Elle ne lui en verse pas.)

---

11. On a d'ailleurs fréquemment recours à l'implicite dans l'humour. On le constate dans les exemples suivants, où on joue sur l'implicite, notamment en prenant à la lettre quelque chose qui ne devrait pas l'être ou en interprétant de manière non conventionnelle certains énoncés. (1) Deux locataires dans l'escalier : « Dites donc, vous, vous n'avez pas entendu cogner contre votre mur la nuit dernière ? — Oh ! rassurez-vous, vous ne m'avez pas dérangé du tout. J'avais moi-même invité quelques amis pour une petite sauterie. » (2) « — C'est vraiment bien écrit. — Merci pour le contenu ! » (3) « — Tu pourrais fermer la fenêtre ? Il fait froid dehors. — Parce que si je fermais la fenêtre, il ferait moins froid dehors ? » (4) « — Comme vous êtes jolie aujourd'hui ! — Merci pour les autres jours ! » (5) « — Cette robe n'est pas donnée. — Non, elle est vendue. » (6) « — Tu n'es qu'un gros con ! — Qu'est-ce que tu veux insinuer ? »

Il est à noter que le caractère contextuel des sous-entendus fait qu'ils sont particulièrement susceptibles d'entraîner des malentendus. En voici un exemple :

EXEMPLE 2

Je fus invité à dîner […]. Sara elle-même eut l'air de m'inviter ; elle me dit le matin : « Vous dînerez avec nous ? » Je crus au moins que c'était une invitation ; mais j'ai, depuis, eu lieu de croire que c'était une simple question, et qu'elle aurait désiré que je ne me trouvasse pas en présence de son nouveau choix[12].

Dans cet exemple, le narrateur a cru que l'interrogation sous-entendait une invitation, peut-être même un souhait ; mais ce n'était, semble-t-il, qu'une simple question à laquelle Sara aurait préféré que l'on réponde par la négative. Il se produit également des situations dans lesquelles on pense qu'il n'y a pas de sous-entendu, alors qu'il y en a un, comme dans l'échange suivant.

EXEMPLE 3

— Mon chéri, as-tu remarqué que depuis trois mois c'est moi qui descend les poubelles ?

— Non je n'avais pas remarqué.

— (!) Tu aurais dû le remarquer parce que c'est toujours moi qui les descend. Toujours moi !

— C'est vraiment chouette de ta part, je te remercie ; c'est un sale boulot descendre les poubelles !

L'étude de l'implicite dans la communication relève avant tout de la linguistique, et on trouve dans cette discipline des analyses très sophistiquées de ce phénomène complexe. Dans cette brève section, nous n'avons fait qu'aborder deux des aspects de ce phénomène qui sont pertinents pour la logique de l'argumentation. En premier lieu, nous avons distingué les présupposés des sous-entendus, ce qui nous a permis de constater que les jugements implicitement véhiculés pouvaient être reliés de façon plus ou moins étroite aux énoncés. Parfois, nous l'avons vu, ils sont véhiculés de façon « automatique », indépendamment du contexte, mais parfois ils dépendent du contexte dans lequel l'énoncé est produit. L'image du feuilleté (voir p. 69) est un moyen de se rappeler que les énoncés peuvent véhiculer

---

12. Restif de la Bretonne, *Sara*, Paris, Alphonse Lemerre, 1929, p. 137, cité dans Catherine Kerbrat-Orecchioni, *op. cit.*, p. 329. Un bon nombre des exemples de cette section proviennent du livre de Catherine Kerbrat-Orecchioni.

de façon implicite plusieurs jugements. En deuxième lieu, nous avons montré que l'implicite joue un rôle non négligeable dans la communication.

En quoi les jugements implicites sont-ils importants pour la logique de l'argumentation?

Premièrement, il est bon de réaliser que si les argumentations sont pour l'essentiel formulées explicitement, elles peuvent aussi l'être, en partie, implicitement. Ainsi, il pourra arriver que des prémisses ou que la conclusion d'une argumentation ne soient que sous-entendues[13].

Deuxièmement — cela découle du point précédent — il faut parfois tenir compte du contexte dans lequel un énoncé ou un ensemble d'énoncés ont été produits afin de déterminer si on a affaire à une argumentation. C'est ce qui explique que vous ayez peut-être éprouvé des difficultés à répondre à certains des exercices du chapitre précédent. Par exemple, dans l'exercice 12 (p. 58), on vous demandait si l'énoncé «Nous savons tous qu'il n'y a personne, sur son lit de mort, qui regrette de ne pas avoir passé davantage de temps au bureau» était un texte argumentatif. Sans contexte particulier, la réponse est non. Cependant, on peut facilement imaginer le dialogue suivant:

EXEMPLE 4

— *Lucien*: Je ne prends plus de vacances parce que je ne veux pas que mon entreprise perde une partie de sa part de marché.

— *Ernest*: Oui, mais tu sais, Lucien, *il n'y a personne, sur son lit de mort, qui regrette de ne pas avoir passé davantage de temps au bureau.*

— *Lucien*: Oui, d'un autre côté, ça c'est bien vrai!

Or, dans le contexte de ce dialogue, on pourrait défendre l'idée que le passage en italique joue le rôle d'un élément de preuve en faveur d'une conclusion sous-entendue qui ressemblerait à l'énoncé: «Tu devrais prendre des vacances.» On a donc affaire, *si l'on tient compte du contexte et qu'on ajoute les éléments implicites pertinents*, à un texte argumentatif.

Troisièmement, en logique de l'argumentation, on cherche entre autres à représenter la structure des argumentations[14]. Comme les argumentations sont parfois en

---

13. On a un exemple de conclusion implicite dans l'argumentation suivante: «Si ta théorie est vraie, il n'y aurait plus de différence entre le niveau de vie des pays riches et celui des pays pauvres. Or tu sais bien que cette différence existe.»

14. C'est ce que nous ferons au chapitre 4.

partie implicites, nous devons tenir compte des jugements implicites. Cela exige, si l'on peut dire, un certain doigté, car si on ne doit pas imputer aux gens des jugements qu'ils n'ont pas vraiment formulés, on doit tenir compte de ceux qu'ils ont formulés implicitement. Or ce n'est pas toujours facile à faire, comme en témoigne le fait qu'il arrive souvent que l'on entende des remarques comme « Ce n'est pas ce que je veux dire » et « Tu me fais dire des choses que je n'ai jamais dites ».

3.3 Les trois types de jugements [15]

Le but de la classification des jugements que nous proposons dans ce qui suit est de mettre en lumière trois types d'opérations mentales qui se traduisent dans des types de jugements différents et qui donnent lieu à des genres d'argumentations bien différents les uns des autres. *Cette classification, fondamentale pour la pensée critique, est d'une importance cruciale, parce qu'elle nous permet d'ajuster et d'adapter notre pensée aux problèmes que nous rencontrons et qu'elle nous met sur des pistes en guidant notre réflexion critique dans certaines voies.* Les trois types de jugements que nous distinguerons sont les jugements d'observateur, les jugements d'évaluateur[16] et les jugements de prescripteur.

On se situe dans une perspective d'observateur lorsque l'on constate ou que l'on prétend constater quelque chose ou une relation entre des choses, des événements ou des personnes. Les jugements suivants sont des jugements faits dans une perspective d'observateur, et c'est pourquoi on les appelle des *jugements d'observateur.*

— « Il y a 3276 étudiants au collège cette année. »

— « Il faut avoir un diplôme universitaire pour être ingénieur. »

— « Le Parti québécois a été élu en novembre 1976. »

— « Il n'y a jamais plus de 60 % des Américains qui votent aux élections. »

— « La conduite en état d'ébriété entraîne souvent des accidents de la route. »

— « C'est le soleil qui tourne autour de la terre. »

— « C'est la terre qui tourne autour du soleil. »

---

15. La section 3.3 reprend des éléments de *La logique et le quotidien*, de Gilbert Dispaux (Paris, Éditions de Minuit, 1984).

16. On emploie parfois les expressions « jugements de fait » et « jugements de valeur » pour désigner respectivement les jugements d'observateur et les jugements d'évaluateur.

— « Lorsque je lui ai dit de partir, il a fait une crise. »

— « Il y a déjà eu des dinosaures sur la terre. »

— « Marie a toujours détesté Nathalie. »

Lorsqu'on porte un *jugement d'observateur*, on est prêt à engager un débat sur le plan des *faits*.

On se situe dans une perspective d'évaluateur lorsque l'on fait une appréciation subjective à propos de quelqu'un ou de quelque chose, d'une méthode, d'une coutume, d'un programme gouvernemental, etc., lorsque l'on qualifie cette personne ou cette chose de *bonne*, de *mauvaise* ou de *meilleure*, de *belle* ou de *laide*, de *juste* ou *d'injuste*. Les jugements suivants sont des jugements faits dans une perspective d'évaluateur, et c'est pourquoi on les appelle des *jugements d'évaluateur*.

— « Ça, c'est une *bonne* voiture. »

— « Un taux d'inflation de 12 % par an, c'est *inacceptable*. »

— « Un taux de chômage de 15 % par an, c'est *trop*. »

— « Le deuxième livre de Hofstadter est *meilleur* que le premier. »

— « Darwin est un *meilleur* scientifique que Newton. »

— « Nathalie est notre *meilleur* professeur. »

— « Prokofiev est un *grand* compositeur. »

— « En Suède, les adversaires du nucléaire ont obtenu un *bon* résultat à l'occasion du référendum. »

— « Les adversaires du nucléaire n'ont obtenu qu'un résultat *assez faible*. »

Dans ces exemples, les mots en italique indiquent l'évaluation faite par la personne qui porte le jugement d'évaluateur.

Il est important de remarquer que, à partir d'exactement les mêmes informations sur un objet, un individu ou un phénomène, deux personnes peuvent porter des jugements d'évaluateur complètement opposés.

En voici un exemple. Deux personnes examinent la même automobile. L'une d'entre elles dit : « Ça, c'est une bonne voiture ! » L'autre rétorque qu'au contraire il s'agit d'une mauvaise voiture. Ses raisons sont que cette voiture est grosse et lourde et qu'elle consomme beaucoup d'essence. La première lui répond qu'elle le sait, mais que l'important est de posséder un véhicule qui lui permet de transporter toute sa famille ainsi que des bagages. On voit donc que, selon l'utilisation que l'on désire faire d'un véhicule, on concevra différemment ce qu'est une bonne automobile[17]. C'est la raison pour laquelle nos deux personnes ont des jugements d'évaluateur opposés, même si elles disposent des mêmes informations[18]. Évidemment, cela se produit souvent lorsqu'il s'agit d'évaluer un film ou de la musique ; les désaccords sont fréquents sur ce qui constitue un *bon* film ou une *bonne* musique.

Finalement, on se situe dans une perspective de prescripteur lorsque l'on conseille ou déconseille quelque chose, lorsque l'on recommande de faire ou de ne pas faire quelque chose, d'entreprendre ou de ne pas entreprendre un projet. Les jugements suivants sont des jugements faits dans une perspective de prescripteur, et c'est pourquoi on les appelle des *jugements de prescripteur.*

— « On doit abolir les distinctions salariales basées sur l'ancienneté. »

— « La peine de mort doit être rétablie. »

— « Nous devons aider davantage les pays pauvres. »

— « On ne devrait pas permettre la production et l'exportation de produits que nous jugeons trop dangereux pour être commercialisés dans notre propre pays, comme certains médicaments ou certains pesticides. »

Dans une même argumentation, des jugements de types différents peuvent bien entendu se combiner, comme dans l'argumentation suivante, d'un genre bien commun, où un jugement d'observateur est suivi d'un jugement d'évaluateur, puis d'un jugement de prescripteur :

— « Ben Johnson a pris des stéroïdes avant de gagner sa course aux Jeux olympiques de Séoul. Une telle chose est inacceptable. On doit lui retirer sa médaille d'or. »

Comme nous l'avons déjà mentionné, il est important de savoir distinguer les différents types de jugements pour être en mesure de les évaluer correctement lorsque nous les rencontrons dans une argumentation. Le schéma de la page 81 présente une méthode qui permet de classifier les jugements selon les trois types que nous avons distingués.

Il est parfois difficile de classer un jugement lorsque nous ne pouvons interroger son auteur de façon à déterminer exactement ce qu'il voulait dire. Il n'y a pas de

---

17. C'est d'ailleurs pourquoi tous les conseillers en consommation recommandent aux consommateurs de faire l'examen de leurs besoins avant d'acheter un bien.

18. Gilbert Dispaux note qu'il a entendu, la même journée mais sur des chaînes différentes, les deux jugements suivants : « En Suède, les adversaires du nucléaire ont obtenu un bon résultat à l'occasion du référendum » et « Les adversaires du nucléaire n'ont obtenu qu'un résultat assez faible. » (*La logique et le quotidien,* Paris, Éditions de Minuit, 1984, p. 34.)

méthode miracle pour déterminer si celui ou celle qui a émis un jugement a eu l'intention de communiquer une observation, une évaluation ou une prescription. Comme nous l'avons vu à la section précédente, la communication est une activité complexe : plusieurs de ses éléments sont implicites ou incomplets, et le contexte y joue un rôle très important.

Malgré cela, l'outil que constitue notre grille de classification des jugements demeure utile : bien des discussions s'achèvent dans des culs-de-sac ou dégénèrent en conflits parce que les personnes intéressées ne s'aperçoivent pas qu'elles confondent des jugements d'observateur, des jugements d'évaluateur et des jugements de prescripteur. Lorsque nous sentons qu'une discussion dérape à cause de telles confusions, c'est un atout indéniable *d'être en mesure de prendre clairement conscience de ce qui se passe et de savoir quelles questions l'on doit poser et se poser* pour éviter que la discussion s'embourbe.

Testons sans plus tarder notre méthode à l'aide des exemples suivants.

EXEMPLES

Dans les exemples qui suivent, nous indiquons à quel(s) parcours (1, 2, 3, 4 ou 5) du schéma de la page 81 correspond chaque jugement ainsi que le type de jugement en cause.

1. « C'est une belle automobile. »

    Parcours : 2 et 3
    Type : ☐ jugement d'observateur
            ☑ jugement d'évaluateur
            ☐ jugement de prescripteur

2. « L'avortement devrait être complètement légalisé. »

    Parcours : 1
    Type : ☐ jugement d'observateur
            ☐ jugement d'évaluateur
            ☑ jugement de prescripteur

MÉTHODE DE CLASSIFICATION DES JUGEMENTS

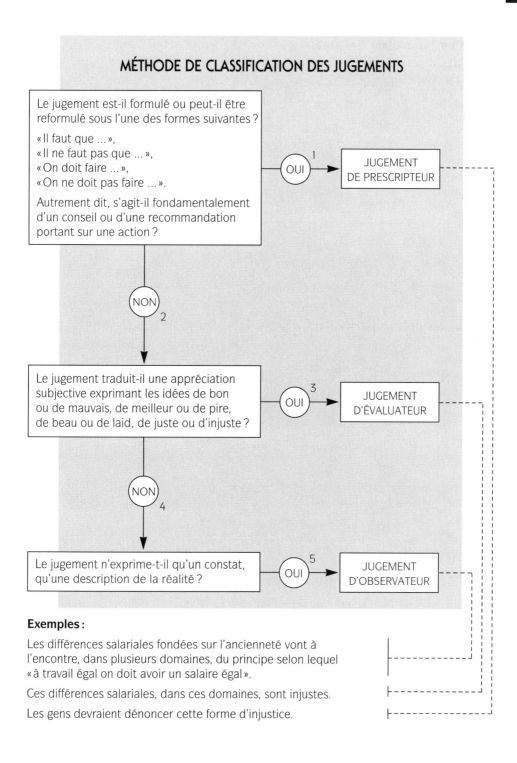

Le jugement est-il formulé ou peut-il être reformulé sous l'une des formes suivantes ?

« Il faut que … »,
« Il ne faut pas que … »,
« On doit faire … »,
« On ne doit pas faire … ».

Autrement dit, s'agit-il fondamentalement d'un conseil ou d'une recommandation portant sur une action ?

OUI ¹ → JUGEMENT DE PRESCRIPTEUR

NON ²

Le jugement traduit-il une appréciation subjective exprimant les idées de bon ou de mauvais, de meilleur ou de pire, de beau ou de laid, de juste ou d'injuste ?

OUI ³ → JUGEMENT D'ÉVALUATEUR

NON ⁴

Le jugement n'exprime-t-il qu'un constat, qu'une description de la réalité ?

OUI ⁵ → JUGEMENT D'OBSERVATEUR

Exemples :

Les différences salariales fondées sur l'ancienneté vont à l'encontre, dans plusieurs domaines, du principe selon lequel « à travail égal on doit avoir un salaire égal ».

Ces différences salariales, dans ces domaines, sont injustes.

Les gens devraient dénoncer cette forme d'injustice.

3. « Mon automobile est bleue. »

> Parcours : <u>2, 4 et 5</u>
>
> Type : ☑ jugement d'observateur
>
> ☐ jugement d'évaluateur
>
> ☐ jugement de prescripteur

4. « Nathalie trouve que l'avortement devrait être complètement légalisé. »

> Parcours : <u>2, 4 et 5</u>
>
> Type : ☑ jugement d'observateur
>
> ☐ jugement d'évaluateur
>
> ☐ jugement de prescripteur

5. « Julie est le meilleur professeur. »

> Parcours : <u>2 et 3</u>
>
> Type : ☐ jugement d'observateur
>
> ☑ jugement d'évaluateur
>
> ☐ jugement de prescripteur

6. « Nicole est le plus diplômé de mes professeurs. »

> Parcours : <u>2, 4 et 5</u>
>
> Type : ☑ jugement d'observateur
>
> ☐ jugement d'évaluateur
>
> ☐ jugement de prescripteur

Les exemples précédents sont relativement simples. Dans les exercices qui suivent (p. 84), vous trouverez certains jugements qui sont plus difficiles à classer. Les désaccords qui surgiront inévitablement à propos de la nature de certains de ces jugements mettent en évidence l'importance du *contexte* dans lequel se situe un jugement.

L'étendue des désaccords en ce qui concerne la classification de ces jugements souligne l'importance primordiale, dans une discussion argumentative, de la *clarification des positions de chacun* et de la *clarification des jugements* que l'on rencontre. Plusieurs philosophes pensent que la source d'une bonne partie des désaccords entre les personnes réside dans le fait que l'on néglige l'étape de la clarification des argumentations et des positions de chacun.

Examinons ce jugement :

Tous les humains sont égaux.

De quel type de jugement s'agit-il ? En fait, il peut être interprété d'au moins deux façons bien différentes. En un sens, « tous les humains sont égaux », peut signifier que nous sommes tous identiques sur le plan biologique, sur le plan psychologique et quant à notre origine sociale. En ce sens, ce jugement et un jugement d'observateur. Mais, bien sûr, c'est un jugement d'observateur qui est faux. Nous ne sommes évidemment pas identiques sous ces aspects. Mais alors, pourquoi les gens sont-ils d'accord avec ce jugement ? C'est que « tous les humains sont égaux » peut vouloir dire autre chose. Il peut signifier « tous les humains devraient être respectés et on devrait leur accorder des droits égaux ». En ce sens, « tous les humains sont égaux » est un jugement de prescripteur, et nous pouvons ajouter qu'il s'agit d'un jugement de prescripteur solide[19].

L'importance de bien clarifier nos jugements et nos argumentations vient de ce qu'on peut éviter de cette manière bien des confusions. Imaginons une discussion argumentative où l'un des participants utiliserait « tous les humains sont égaux » comme un jugement de prescripteur solide et où l'autre participant l'interpréterait comme un jugement d'observateur erroné. Cette discussion risquerait d'être tout à fait faussée, à moins que les participants ne s'aperçoivent de l'origine de leur désaccord. Dans ce cas, il est probable qu'ils s'en apercevraient assez rapidement, mais les choses ne se passent pas toujours ainsi. Pensez, par exemple, à une discussion où le jugement « chaque personne a droit à son opinion » serait interprété différemment par chacun des participants[20].

---

19. En effet, nous pourrions facilement donner de bonnes raisons pour justifier ce jugement, mais ce n'est pas ici le lieu pour le faire.

20. Voir la section 2.4.

EXERCICES

En vous référant au schéma portant sur la méthode de classification des jugements (p. 81), indiquez à quel(s) parcours (1, 2, 3, 4 ou 5) correspond chaque jugement ainsi que le type de jugement en cause. Si un énoncé comporte plus d'un jugement, ne considérez que le jugement de base, c'est-à-dire celui qui vous paraît central.

1. « Yves trouve l'avortement incorrect. »

> Parcours : _____
>
> Type : ❐ jugement d'observateur
>
> ❐ jugement d'évaluateur
>
> ❐ jugement de prescripteur

2. « Soixante pour cent des Québécois préfèrent le Pepsi au Coke. »

> Parcours : _____
>
> Type : ❐ jugement d'observateur
>
> ❐ jugement d'évaluateur
>
> ❐ jugement de prescripteur

3. « Tuer est mal. »

> Parcours : _____
>
> Type : ❐ jugement d'observateur
>
> ❐ jugement d'évaluateur
>
> ❐ jugement de prescripteur

4. « Mars est plus près du soleil que la terre. »

> Parcours : _____
>
> Type : ❐ jugement d'observateur
>
> ❐ jugement d'évaluateur
>
> ❐ jugement de prescripteur

5. « Chez plusieurs espèces animales, la sexualité n'existe pas. »

Parcours : _____

Type : ☐ jugement d'observateur

☐ jugement d'évaluateur

☐ jugement de prescripteur

6. «J. S. Bach est un meilleur compositeur que Vivaldi. »

Parcours : _____

Type : ☐ jugement d'observateur

☐ jugement d'évaluateur

☐ jugement de prescripteur

7. « Marie-Josée est une très bonne économiste. »

Parcours : _____

Type : ☐ jugement d'observateur

☐ jugement d'évaluateur

☐ jugement de prescripteur

8. « Le tiers des pesticides exportés par les États-Unis sont interdits aux États-Unis[21]. »

Parcours : _____

Type : ☐ jugement d'observateur

☐ jugement d'évaluateur

☐ jugement de prescripteur

9. « Il est moralement inacceptable que le tiers des pesticides exportés par les États-Unis soient des pesticides interdits aux États-Unis. »

Parcours : _____

Type : ☐ jugement d'observateur

☐ jugement d'évaluateur

☐ jugement de prescripteur

---

21. *Harper's Index,* New York, Harper's, juillet 1987, p. 15.

10. « Le gouvernement canadien devrait exercer des pressions sur le gouvernement des États-Unis afin qu'il interdise l'exportation de pesticides dont la
commercialisation est interdite aux États-Unis. »

Parcours : _____

Type : ❐ jugement d'observateur

  ❐ jugement d'évaluateur

  ❐ jugement de prescripteur

11. « Il y a des cultures où l'on considérait qu'il était légitime de tuer les bébés. »

Parcours : _____

Type : ❐ jugement d'observateur

  ❐ jugement d'évaluateur

  ❐ jugement de prescripteur

12. « Socrate est un philosophe qui a été condamné à mort à Athènes, en l'an
399 av. J.-C. »

Parcours : _____

Type : ❐ jugement d'observateur

  ❐ jugement d'évaluateur

  ❐ jugement de prescripteur

13. « Ozric Tentacles est un meilleur groupe rock que Rush. »

Parcours : _____

Type : ❐ jugement d'observateur

  ❐ jugement d'évaluateur

  ❐ jugement de prescripteur

14. « La physique d'Einstein est supérieure à celle de Newton. »

Parcours : _____

Type : ❐ jugement d'observateur

❐ jugement d'évaluateur

❐ jugement de prescripteur

15. « Les appareils électroniques sont à l'étage supérieur. »

Parcours : _____

Type : ❐ jugement d'observateur

❐ jugement d'évaluateur

❐ jugement de prescripteur

16. « Les mœurs sexuelles varient d'une culture à l'autre. »

Parcours : _____

Type : ❐ jugement d'observateur

❐ jugement d'évaluateur

❐ jugement de prescripteur

17. « Un diplôme universitaire augmente les chances d'obtenir un emploi. »

Parcours : _____

Type : ❐ jugement d'observateur

❐ jugement d'évaluateur

❐ jugement de prescripteur

18. « Si Copernic a raison, on devrait observer que la dimension de la planète Vénus varie au cours des saisons. »

Parcours : _____

Type :   ❐   jugement d'observateur

          ❐   jugement d'évaluateur

          ❐   jugement de prescripteur

19. « Environ 38 % des Québécois croyaient, à la veille du référendum de 1980, que "si la souveraineté-association se réalisait […] le Québec demeurerait une province du Canada[22]". »

Parcours : _____

Type :   ❐   jugement d'observateur

          ❐   jugement d'évaluateur

          ❐   jugement de prescripteur

20. « Le revenu net moyen des familles dirigées par une femme en 1980, aux États-Unis, était de 10 858 $[23]. »

Parcours : _____

Type :   ❐   jugement d'observateur

          ❐   jugement d'évaluateur

          ❐   jugement de prescripteur

21. « Le revenu net moyen des familles dirigées par une femme en 1985, aux États-Unis, était de 10 309 $[24]. »

Parcours : _____

Type :   ❐   jugement d'observateur

          ❐   jugement d'évaluateur

          ❐   jugement de prescripteur

22. Maurice Pinard et Richard Hamilton, « Les Québécois votent NON : le sens et la portée du vote ». (Ce texte constitue le chapitre 9 du *Comportement électoral au Québec*, ouvrage publié sous la direction de Jean Crête, Chicoutimi, Gaëtan Morin éditeur, 1984, p. 361.)

23. *Harper's Index,* New York, Harper's, novembre 1987, p. 17.

24. *Loc. cit.*

22. « Dans les pays d'Amérique du Sud, les jeunes enfants boivent du café. »

Parcours : _____

Type : ❐ jugement d'observateur

❐ jugement d'évaluateur

❐ jugement de prescripteur

23. « Au Canada, on trouve inacceptable que les jeunes enfants boivent du café. »

Parcours : _____

Type : ❐ jugement d'observateur

❐ jugement d'évaluateur

❐ jugement de prescripteur

24. « Tu devrais lire *Alice au pays des merveilles*, de Lewis Carroll. »

Parcours : _____

Type : ❐ jugement d'observateur

❐ jugement d'évaluateur

❐ jugement de prescripteur

25. « Il faudrait interdire la pornographie. »

Parcours : _____

Type : ❐ jugement d'observateur

❐ jugement d'évaluateur

❐ jugement de prescripteur

26. Lisez cet extrait d'un dialogue sur la peine de mort et répondez aux questions qui suivent. Soyez en mesure de justifier vos réponses.

« — *Nathalie* : L'argument de Valérie c'est qu'avec la peine de mort, les conséquences d'une erreur judiciaire sont irréversibles.

— *Marie* : C'est un bon argument [1].

— *Nathalie* : Peut-être, mais il faut regarder s'il n'y a pas de bons arguments *en faveur* de la peine de mort [2].

— *Marie* : Pourquoi ?

— *Nathalie* : Parce qu'il faut faire le tour des avantages et des désavantages d'une mesure avant de la préconiser ou de la rejeter [3].

— *Marie* : D'accord.

— *Nathalie* : J'ai un bon argument en faveur de la peine de mort. C'est que si on rétablissait la peine de mort, le nombre de meurtres diminuerait [4].

— *Marie* : Les scientifiques disent que ce n'est pas vrai. La peine de mort n'a pas d'effet dissuasif [5].

— *Nathalie* : Voyons, où prends-tu cela ?

— *Marie* : Notre professeur de sociologie nous l'a dit. Il nous a dit que la grande majorité des études sur la question ne démontrait nullement que la peine de mort ait un effet dissuasif.

— *Nathalie* : Crois-tu qu'on peut se fier à ton professeur de sociologie ?

— *Marie* : Oui, c'est un professeur vraiment intéressant [6].

— *Nathalie* : Peut-être, mais ce n'est pas une raison !

— *Marie* : En effet. Bon… Je pense qu'on peut se fier à lui là-dessus. Il a fait son doctorat sur cette question [7]. Il a déjà été engagé par le ministère de la Justice pour faire un rapport sur la criminalité. De plus, il a écrit plusieurs articles dans des revues spécialisées en criminologie [8].

— *Nathalie* : Bon d'accord, il me semble qu'on peut se fier à lui là-dessus. Je ne peux plus me baser sur cette idée pour soutenir mon point de vue sur la peine de mort. »

Le jugement [1] est un :

❐ jugement d'observateur

❐ jugement d'évaluateur

❐ jugement de prescripteur

Le jugement [2] est un :

❐ jugement d'observateur

❐ jugement d'évaluateur

❐ jugement de prescripteur

Le jugement [3] est un :

❐ jugement d'observateur

❐ jugement d'évaluateur

❐ jugement de prescripteur

Le jugement [4] est un :

❐ jugement d'observateur

❐ jugement d'évaluateur

❐ jugement de prescripteur

Le jugement [5] est un :

❐ jugement d'observateur

❐ jugement d'évaluateur

❐ jugement de prescripteur

Le jugement [6] est un :

❐ jugement d'observateur

❐ jugement d'évaluateur

❐ jugement de prescripteur

Le jugement [7] est un :

- ❐ jugement d'observateur
- ❐ jugement d'évaluateur
- ❐ jugement de prescripteur

Le jugement [8] est un :

- ❐ jugement d'observateur
- ❐ jugement d'évaluateur
- ❐ jugement de prescripteur

27. Lisez le texte et répondez aux questions qui suivent. Soyez en mesure de justifier vos réponses.

« Les gens ont tendance à considérer la constitution américaine de 1787 comme un chef-d'œuvre, comme quelque chose de parfait, ou presque, comme le fruit de la sagesse profonde des chefs politiques de l'époque. Cette idée est fausse [1]. Si on l'examine bien, on s'aperçoit que, dans son fondement même, la constitution américaine était gravement déficiente [2]. La majorité des gens n'avaient pas le droit de vote [3]. En effet, les Noirs n'avaient pas le droit de vote [4]. Les femmes n'avaient pas le droit de vote non plus [5][25]. »

Le jugement [1] est un :

- ❐ jugement d'observateur
- ❐ jugement d'évaluateur
- ❐ jugement de prescripteur

Le jugement [2] est un :

- ❐ jugement d'observateur
- ❐ jugement d'évaluateur
- ❐ jugement de prescripteur

Le jugement [3] est un :

- ❐ jugement d'observateur
- ❐ jugement d'évaluateur
- ❐ jugement de prescripteur

Le jugement [4] est un :

- ❐ jugement d'observateur
- ❐ jugement d'évaluateur
- ❐ jugement de prescripteur

Le jugement [5] est un :

- ❐ jugement d'observateur
- ❐ jugement d'évaluateur
- ❐ jugement de prescripteur

---

25. Adaptation d'un texte de Thurgood Marshall, juge de la Cour suprême des États-Unis, paru dans la revue *Harper's* (juillet 1987, p. 17).

3.4 Les jugements d'observateur

Que fait-on lorsque l'on a identifié un jugement d'observateur ? On doit se demander s'il est acceptable. Il n'y a pas de méthode miracle permettant de déterminer exactement à quelles conditions un jugement d'observateur est acceptable. Néanmoins, les réflexions de certains philosophes ont permis de dégager quelques recommandations générales se rapportant aux aspects à surveiller lorsque l'on évalue un jugement d'observateur. Nous allons maintenant les examiner.

Les jugements d'observateur peuvent être acceptables pour de multiples raisons. Parmi celles-ci, notons les suivantes. Il peut arriver que nous acceptions un jugement d'observateur *parce qu'il s'accorde avec certaines de nos observations personnelles*. On peut aussi accepter un jugement d'observateur *parce que l'on fait confiance au témoignage de quelqu'un*, c'est-à-dire aux observations personnelles d'une autre personne. On peut également accepter un jugement d'observateur *parce qu'il s'appuie sur la meilleure théorie scientifique pertinente*[26]. Finalement, on peut l'accepter *parce qu'il découle de notre expérience du comportement humain*. Le schéma qui suit illustre ces quatre cas. Dans chacun d'eux, certaines conditions doivent être respectées ; nous verrons plus loin lesquelles.

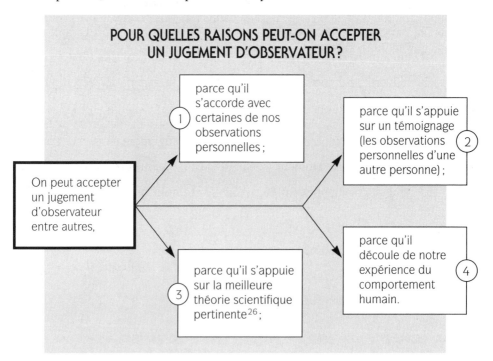

POUR QUELLES RAISONS PEUT-ON ACCEPTER UN JUGEMENT D'OBSERVATEUR ?

On peut accepter un jugement d'observateur entre autres,

1 parce qu'il s'accorde avec certaines de nos observations personnelles ;

2 parce qu'il s'appuie sur un témoignage (les observations personnelles d'une autre personne) ;

3 parce qu'il s'appuie sur la meilleure théorie scientifique pertinente[26] ;

4 parce qu'il découle de notre expérience du comportement humain.

---

26. Dans notre ouvrage *Connaissance et argumentation* (E.R.P.I., 1992), nous traitons, notamment au chapitre 8, de la façon de déterminer quelle est la « meilleure théorie scientifique ».

Examinons brièvement chacun de ces cas.

Premier cas : On accepte un jugement d'observateur parce qu'il s'accorde avec certaines de nos observations personnelles.

Habituellement, on accepte un jugement d'observateur s'il correspond à une de nos observations personnelles, à la condition que cette observation ait été faite dans un état propice aux observations fiables et qu'elle n'entre pas en conflit avec certaines de nos croyances.

EXEMPLE 5

Le soleil est plus brillant que la lune.

Pourquoi spécifie-t-on qu'une observation ne doit pas entrer en conflit avec certaines de nos croyances ? C'est que, lorsque de tels conflits surviennent, notre esprit se met au travail et nous tentons de déterminer si c'est l'observation ou la croyance qui est la plus sûre. Dans certains cas, nos croyances nous feront abandonner nos observations[27] ! Donnons un exemple de cette dernière possibilité. Il vous est probablement déjà arrivé d'examiner la lune se lever à l'horizon durant une chaude nuit d'été. Lorsque la lune « monte », son diamètre diminue et sa couleur change, elle passe d'une couleur orangée à une couleur blanchâtre. En concluez-vous que la lune change réellement de diamètre et de couleur ? Non ! Vous savez fort bien que la lune est un corps massif qui ne peut changer de diamètre et de couleur de cette manière. Et pourtant, c'est ce que vous observez ! Dans un tel cas, vous considérez que votre petite théorie sur la nature de la lune est plus fiable que votre observation[28].

Second cas : On accepte un jugement d'observateur parce qu'il s'appuie sur un témoignage crédible, c'est-à-dire sur les observations personnelles d'une personne en qui l'on peut faire confiance.

EXEMPLE 6

Une amie à qui vous parlez au téléphone affirme : « Ici, à Rimouski, il neige depuis hier soir. »

---

27. Cette question est traitée plus en détails au chapitre 5 de notre ouvrage *Connaissance et argumentation* (E.R.P.I., 1992).

28. Cela vous semble peut-être se faire automatiquement, sans raisonnement d'aucune sorte, mais ce n'est pas le cas : un enfant doit apprendre ces choses-là. On doit argumenter avec un tout jeune enfant pour lui montrer que, *malgré les apparences,* la lune ne le suit pas dans ses déplacements. On doit aussi le faire pour lui montrer que, *malgré les apparences,* la terre est sphérique.

Habituellement, nous acceptons un jugement d'observateur s'il s'appuie sur le témoignage d'une personne (*a*) que nous jugeons fiable et (*b*) qui n'a pas intérêt à nous mentir, (*c*) si nous savons que l'observation a été faite par cette personne dans un état où elle fait habituellement des observations fiables et (*d*) si ces observations n'entrent pas en conflit avec certaines de nos croyances[29]. Si nous savons que la personne a intérêt à nous mentir, nous devrons redoubler de prudence avant d'accorder créance à ce qu'elle nous dit. Si les observations que cette personne prétend avoir faites entrent en conflit avec certaines de nos croyances, nous devrons résoudre cette difficulté par une réflexion ou une recherche d'informations additionnelles qui pourraient nous permettre de déterminer s'il est raisonnable ou non d'accepter ce témoignage comme valable. On pourra penser, par exemple, à interroger d'autres témoins, s'il est possible de le faire. Ces précautions vous semblent-elles élémentaires ? Elles le sont, mais bien des gens ne les prennent pas[30].

Troisième cas : On accepte un jugement d'observateur parce qu'il s'appuie sur la meilleure théorie scientifique pertinente.

EXEMPLE 7

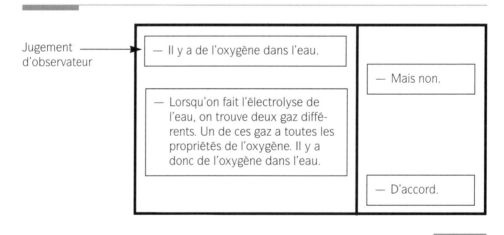

Jugement d'observateur

— Il y a de l'oxygène dans l'eau.

— Mais non.

— Lorsqu'on fait l'électrolyse de l'eau, on trouve deux gaz différents. Un de ces gaz a toutes les propriétés de l'oxygène. Il y a donc de l'oxygène dans l'eau.

— D'accord.

---

29. Dans un tel cas, comme dans le précédent, notre esprit se mettra au travail et nous fera abandonner cette observation ou certaines de nos croyances antérieures.

30. Si c'était le cas, comment pourrait-on expliquer la popularité de journaux dont les manchettes sont du genre : « Une barbotte a avalé un fermier et blessé les membres de sa famille » ? (Manchette d'un hebdomadaire américain, mai 1988.)

Habituellement, nous acceptons un jugement d'observateur s'il découle de la meilleure théorie scientifique pertinente, même s'il entre en conflit avec certaines de nos observations personnelles[31].

Quatrième cas : On accepte un jugement d'observateur parce qu'il découle de notre expérience du comportement humain.

Habituellement, nous acceptons un jugement d'observateur s'il découle de notre expérience du comportement humain et si le comportement en cause n'est pas trop complexe. En tant qu'êtres humains, nous avons chacun une expérience personnelle des motivations, des conflits intérieurs et de la complexité du comportement humain. Il est vrai que nous différons tous les uns des autres. Cependant, sous certains aspects, nous sommes identiques, ou presque. Par exemple, si nous nous sommes fixé un but et que, pour l'atteindre, nous avons le choix entre deux moyens, X et Y, et que nous savons que X ne comporte aucun avantage sur Y tout en étant désavantageux sous plusieurs aspects, nous allons adopter le moyen Y pour atteindre notre but[32].

Le dialogue qui suit porte sur un jugement d'observateur qui s'appuie sur la connaissance du comportement humain.

---

31. C'est ce qui explique qu'on ne croit pas que la lune rapetisse réellement lorsqu'elle monte dans le ciel. C'est aussi ce qui explique que, malgré notre expérience quotidienne, nous croyons que la terre tourne autour du soleil et non l'inverse.

32. Voici deux exemples de ce principe général.

— Mère Teresa désire soigner les lépreux. Elle se lève un matin et on lui dit que, si elle va au village X, elle pourra traiter 30 lépreux dans sa journée et que, si elle va au village Y, elle ne pourra en traiter que 10. On lui dit aussi que les personnes sont aussi malades à un endroit qu'à l'autre et qu'il n'y a aucune autre différence pertinente entre les deux villages. Notre connaissance du comportement humain nous amènera à penser que Mère Teresa ira au village X. Cela est tellement vrai que, si elle ne le faisait pas, nous penserions qu'elle avait un autre but ou encore qu'il y avait une différence significative entre les villages.

— Le but de Jacques est de frauder le fisc. Il a le choix entre le moyen A, qui est peu sûr, et le moyen B qui est sûr. Notre connaissance du comportement humain nous amène à penser que Jacques choisira le moyen B.

Dans ces exemples, on tient pour acquis que l'humain, lorsqu'il tente d'atteindre un but, choisit le moyen qui lui paraît, somme toute, le plus efficace. L'efficacité est une bonne chose, lorsque nos buts sont louables. Tous seraient d'accord pour utiliser des moyens efficaces plutôt qu'inefficaces pour dépolluer l'eau ou l'air.

EXEMPLE 8

Jugement d'observateur

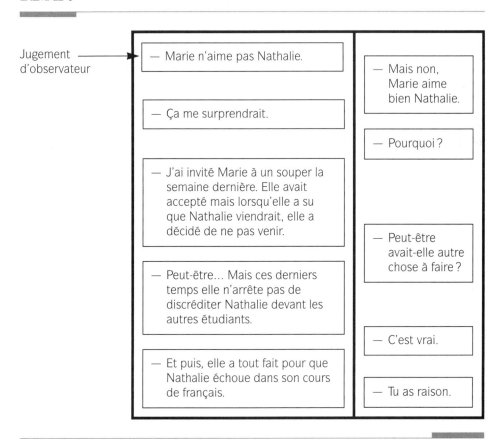

— Marie n'aime pas Nathalie.

— Mais non, Marie aime bien Nathalie.

— Ça me surprendrait.

— Pourquoi ?

— J'ai invité Marie à un souper la semaine dernière. Elle avait accepté mais lorsqu'elle a su que Nathalie viendrait, elle a décidé de ne pas venir.

— Peut-être avait-elle autre chose à faire ?

— Peut-être... Mais ces derniers temps elle n'arrête pas de discréditer Nathalie devant les autres étudiants.

— C'est vrai.

— Et puis, elle a tout fait pour que Nathalie échoue dans son cours de français.

— Tu as raison.

Dans cet exemple, le jugement d'observateur repose sur l'expérience selon laquelle il est fort peu probable qu'une personne qui en aime une autre essaie de l'éviter, la discrédite devant les autres et tente de lui nuire dans ses études.

Évidemment, dans tous les cas que nous avons mentionnés, il faut être prudent, car il peut arriver à chacun d'accepter des jugements d'observateur qui pourraient éventuellement se révéler faux. On peut, par exemple, se tromper sur sa propre capacité à faire de bonnes observations, notamment en ne tenant pas assez compte de la différence entre ce que l'on observe et l'interprétation de ce que l'on observe[33]. En ce qui concerne les témoignages, on peut se tromper sur la fiabilité d'une personne. Les théories scientifiques, quant à elles, évoluent. Même des théories importantes qui ont « tenu le coup » pendant longtemps sont remplacées,

33. Cette question est traitée plus en détail au chapitre 5 de notre ouvrage *Connaissance et argumentation* (E.R.P.I., 1992).

notamment lorsqu'il se produit ce qu'on appelle une « révolution scientifique[34] », par d'autres théories. Cela veut dire qu'on peut fort bien se tromper en s'appuyant sur la meilleure et la plus récente théorie pertinente[35]. Finalement, il arrive que notre interprétation du comportement d'autrui soit erronée, soit parce que nous ne connaissons pas tous les faits pertinents, soit parce que le comportement est trop complexe[36].

3.5   Les jugements d'évaluateur

Que fait-on après avoir identifié un jugement d'évaluateur ? On doit se demander s'il est acceptable. Nous nous trouvons ici sur un terrain encore plus glissant que ne l'est celui du fondement des jugements d'observateur. Parce que les jugements d'évaluateur ont une composante personnelle, subjective, ils sont souvent à la source des désaccords entre individus.

Peut-être est-ce là la raison pour laquelle on entend souvent des gens affirmer que les jugements d'évaluateur ne se discutent pas. Peut-être est-il vrai que certains jugements d'évaluateur ne se discutent pas ou se discutent difficilement, mais on ne doit pas en conclure que c'est le cas de tous les jugements d'évaluateur. Cette idée fausse, qui est largement répandue, est passablement importante sur le plan de la pensée critique, car on ne prendra pas la peine de remettre en cause et de confronter des jugements d'évaluateur si on croit qu'il est impossible de le faire. C'est pourquoi il est nécessaire de s'arrêter sur cette question. Nous allons le faire, dans ce qui suit, au moyen d'exemples bien simples qui montrent que *l'on peut fort bien argumenter de façon éclairée et constructive à propos de jugements d'évaluateur*[37].

---

34. Un exemple de révolution scientifique est le passage, au XVIIe siècle, de la conception géocentrique de l'univers (la terre est au centre de l'univers) à la conception héliocentrique (la terre n'est pas au centre, elle tourne autour du soleil). Un autre exemple est l'abandon, au début du siècle, de la théorie newtonienne, en physique, et l'acceptation de la théorie einsteinienne.

35. Il est à noter que ce n'est pas parce que la science ne fournit pas de vérités absolues qu'il ne faut pas s'y fier. Les théories qui sont les meilleures à un moment donné sont celles qui sont les plus justifiées rationnellement, même si elles peuvent se révéler fausses plus tard.

36. Qui peut vraiment comprendre, par exemple, pourquoi un de nos amis a choisi telle carrière plutôt que telle autre ?

37. Dans un ouvrage d'introduction comme celui-ci, nous ne pouvons traiter des différents types de justifications des jugements d'évaluateur, car cet examen soulèverait immédiatement des questions théoriques qui exigeraient des développements complexes. L'étude de ces types de justifications relève de différentes branches de la philosophie : l'épistémologie s'intéresse à des questions telles que « Qu'est-ce qu'une bonne théorie ? », « Qu'est-ce qu'une bonne expérience ? » ; l'éthique cherche à répondre à des questions telles que « Qu'est-ce qu'une bonne action, d'un point de vue moral ? », « Qu'est-ce qu'une chose injuste ? » ; l'esthétique cherche à répondre à des questions telles que « Qu'est-ce qu'un beau tableau ? » ou « Qu'est-ce qu'une belle œuvre d'art ? » ; etc.

EXEMPLE 9

Jugement d'évaluateur →

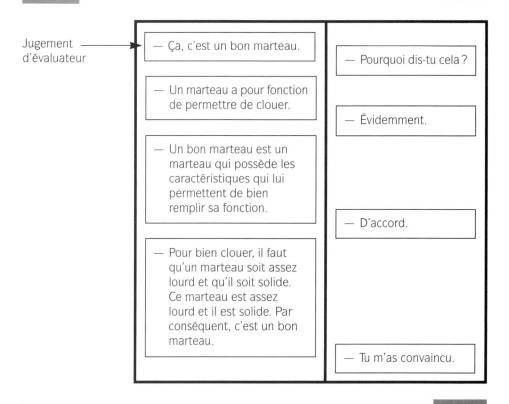

— Ça, c'est un bon marteau.

— Pourquoi dis-tu cela ?

— Un marteau a pour fonction de permettre de clouer.

— Évidemment.

— Un bon marteau est un marteau qui possède les caractéristiques qui lui permettent de bien remplir sa fonction.

— D'accord.

— Pour bien clouer, il faut qu'un marteau soit assez lourd et qu'il soit solide. Ce marteau est assez lourd et il est solide. Par conséquent, c'est un bon marteau.

— Tu m'as convaincu.

EXEMPLE 10

Jugement d'évaluateur →

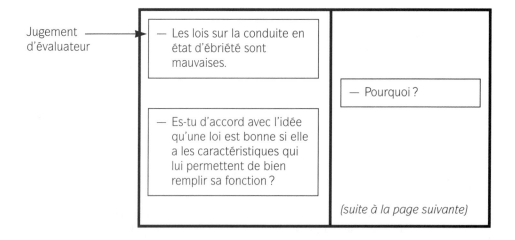

— Les lois sur la conduite en état d'ébriété sont mauvaises.

— Pourquoi ?

— Es-tu d'accord avec l'idée qu'une loi est bonne si elle a les caractéristiques qui lui permettent de bien remplir sa fonction ?

(suite à la page suivante)

— Je suis d'accord avec toi. Bon... Serais-tu d'accord avec l'idée qu'une loi est bonne si elle a les caractéristiques qui lui permettent de bien remplir sa fonction et si le but poursuivi par la loi est acceptable ?

— Non... évidemment... Je dois modifier mon analyse... Pourrait-on dire qu'une loi est bonne si elle a les caractéristiques qui lui permettent de bien remplir sa fonction, si le but qu'elle poursuit est acceptable et si les moyens qu'elle préconise sont eux aussi acceptables ?

— Dans le cas qui nous préoccupe, la loi a pour but de dissuader les gens de conduire en état d'ébriété.

— Non, si un gouvernement désire faire de la discrimination à l'endroit d'un groupe de citoyens et qu'il promulgue une loi lui permettant de le faire, je ne dirai pas que c'est une bonne loi, même si elle a les caractéristiques qui lui permettent de bien remplir sa fonction.

— Je pense que non ... Serais-tu d'accord pour dire qu'une loi est bonne si elle permet que l'on torture les citoyens pour les dissuader de battre les enfants ?

— Je crois que oui ... Mais quelle est la fonction de la loi dont nous parlons ?

(suite à la page suivante)

— Trouves-tu que ce but est acceptable ?

— D'accord.

— Oui, évidemment.

— Selon moi, la loi actuelle ne remplit pas sa fonction parce qu'elle n'est pas assez sévère. Si elle était plus sévère, les gens prendraient plus de précautions avant de mettre la vie d'autrui en danger.

— Je pense que tu as raison. La plupart des conducteurs ont déjà conduit en état d'ébriété. Moi-même je l'ai déjà fait. Si les peines étaient plus sévères, nous ferions davantage attention.

— Exactement.

— Tantôt, nous disions que les moyens utilisés par une loi pour dissuader la criminalité doivent être acceptables. Y aurait-il des façons acceptables de donner des peines plus sévères aux conducteurs ?

— Oui, on pourrait, par exemple, retirer le permis de conduire pour cinq ans à la première infraction.

— Ouf, c'est sévère !

— Oui, mais conduire devrait être un privilège accordé seulement à ceux qui ne mettent pas la vie d'autrui en danger.

(suite à la page suivante)

— Ce serait difficile pour les conducteurs fautifs, mais les victimes des conducteurs ivres connaissent des préjudices bien plus grands. Tu ne peux pas donner la même importance au fait de sauver des vies humaines et aux inconvénients de la perte du permis de conduire.

— Je n'en suis pas certain.

— En effet...

Dans l'exemple 9, le jugement d'évaluateur dont on questionne l'acceptabilité est « c'est un bon marteau ». Comme on le voit, il est facile de justifier ce jugement d'évaluateur. Évidemment, si on devait justifier « c'est un bon gouvernement » au lieu de « c'est un bon marteau », les choses seraient plus compliquées ! L'exemple 10 concerne un cas d'argumentation plus complexe. Cependant, comme on le voit, cela n'empêche pas la discussion de progresser, l'argumentation d'être claire et les interlocuteurs d'être ouverts aux arguments de l'autre. Nous le soulignons, car il arrive souvent que des gens pensent qu'une discussion rationnelle ne peut pas avoir lieu ou ne peut pas aboutir lorsque des jugements d'évaluateur sont en cause. Ils confondent, à tort, l'ensemble des jugements d'évaluateur et les « goûts personnels » et, comme « les goûts ne se discutent pas », les jugements d'évaluateur ne devraient pas non plus se discuter, pensent-ils. Or, comme les deux exemples précédents le montrent, *on peut fort bien argumenter de façon éclairée et constructive à propos de jugements d'évaluateur.*

Souvent, il suffit de *clarifier* les termes que nous utilisons dans un jugement d'évaluateur ou bien son sens pour que les désaccords à propos de l'acceptabilité de ce jugement tombent. Par ailleurs, on peut contester un jugement d'évaluateur en montrant qu'il *va à l'encontre* de certains autres jugements que nous trouvons acceptables[38].

Notons qu'un moyen fréquemment utilisé pour justifier les jugements du genre « Y est un bon (ou un mauvais) X » consiste à montrer, dans un premier temps,

---

38. Dans l'exemple 10, c'est ce que fait l'un des interlocuteurs lorsqu'il souligne qu'un des jugements d'évaluateur proposés conduit à considérer comme acceptable la torture.

que la fonction de X est telle chose, puis, dans un deuxième temps, de montrer que Y a (ou n'a pas) les caractéristiques qui lui permettent de bien remplir sa fonction. C'est ainsi que l'on procède dans les exemples 9 et 10, de même que dans l'exemple 11 qui suit.

EXEMPLE 11

Au printemps de 1990, au Québec, une confrontation eut lieu entre un groupe d'Amérindiens traditionalistes et une municipalité située au nord de Montréal au sujet d'un terrain revendiqué par les deux parties. Le conflit dégénéra à tel point que certains Amérindiens, munis d'armes à feu puissantes, décidèrent au mois de juin d'occuper le terrain en question. L'armée canadienne fut dépêchée pour surveiller les lieux et contenir la situation pendant que des négociations s'amorçaient. Au cours d'une entrevue télévisée, une journaliste tenta de faire admettre au ministre de la Sécurité publique du Québec que la négociation était mal menée, qu'elle s'avérait même un échec complet parce que l'affaire n'était toujours pas réglée après plus d'un mois. Le ministre répondit à peu près de la manière suivante :

> Votre évaluation est incorrecte. Cette négociation n'a pas qu'un seul but, l'arrêt de l'occupation du territoire revendiqué. Elle en a aussi un autre, qui est très important, sinon plus important, c'est d'éviter que cette confrontation ne se termine en un bain de sang. Un bain de sang aurait pu facilement se produire dans de telles circonstances, cela s'est vu maintes fois à diverses époques et cela se produit encore de nos jours dans certains pays. Or un bain de sang aurait des conséquences catastrophiques pour l'avenir des relations entre les Blancs et les autochtones. Jusqu'ici, notre négociation a permis, dans une situation explosive, de calmer les esprits et d'empêcher qu'il n'y ait un bain de sang. Si l'on tient compte de cette dimension, de cet autre but légitime de notre négociation, on ne peut pas la qualifier d'insuccès comme vous le faites. Elle n'est évidemment pas un succès total, puisque le problème n'est pas encore réglé, mais elle n'est pas un insuccès non plus.

Voilà un autre exemple de réflexion éclairée portant sur un jugement d'évaluateur.

3.6 Les jugements de prescripteur

Que fait-on une fois qu'on a identifié un jugement de prescripteur ? Là aussi on doit se demander s'il est acceptable. Une multitude de recherches ont été faites sur la question des fondements des jugements de prescripteur. Il s'agit de l'une des questions qui préoccupe les chercheurs en philosophie de l'action, en théorie de la décision, en éthique et en philosophie politique. Présenter ces recherches nous amènerait à déborder du cadre que nous nous sommes fixé dans le présent ouvrage. Nous nous contenterons ici de relever une des caractéristiques de ces jugements qui est particulièrement importante sur le plan de la pensée critique.

Comme les jugements de prescripteur portent sur des actions, ils se rapportent habituellement aux buts poursuivis par une personne ou par un groupe de personnes. Ces buts sont organisés de manière hiérarchique et reposent ultimement sur des jugements de prescripteur fondamentaux — appelons-les des jugements de prescripteur *ultimes* — qui se confondent, dans le cas des individus, avec des conceptions du bonheur. Dans le cas des groupes de personnes, les jugements de prescripteur ultimes font référence aux buts ultimes poursuivis par le groupe. S'il s'agit, par exemple, de la société, nous sommes dans le domaine de la politique ; dans ce cas, les jugements de prescripteur ultimes forment des conceptions de ce qu'est une bonne société.

Nous disions que nos buts sont organisés de façon hiérarchique. Nous voulons dire par là que nos buts « s'emboîtent » les uns dans les autres. Prenons l'exemple d'une personne qui expliquerait ainsi les motifs pour lesquels elle doit se lever à sept heures le lendemain :

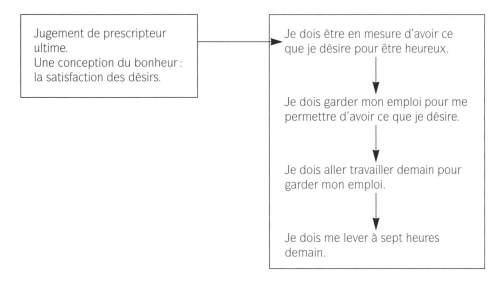

En un mot, les conceptions du bonheur déterminent, d'une façon un peu floue, les buts intermédiaires, et ceux-ci déterminent les actions que l'on pose. Par exemple, je désire être heureux (but ultime), par conséquent je désire être en santé (but intermédiaire). Il s'ensuit que je fais de l'exercice régulièrement et que je surveille mon alimentation (actions qui permettent d'atteindre le but intermédiaire) [39]. Nous avons précisé *d'une manière floue* parce que, si tous les gens désirent être heureux, en général leurs conceptions du bonheur restent vagues.

En matière de politique, nos conceptions de ce qu'est une bonne société peuvent être, elles aussi, diverses. Pour certains, par exemple, une bonne société est avant tout une société où chacun a ce qu'il mérite. Pour d'autres, une bonne société est avant tout une société où les besoins fondamentaux de chacun sont satisfaits.

Le caractère hiérarchique des jugements de prescripteur implique que, lorsque la conclusion d'une argumentation est un jugement de prescripteur, au moins une des prémisses doit aussi être un jugement de prescripteur[40]. On se réfère souvent à ce principe fondamental en philosophie en employant la formule : « On ne peut passer du *is* au *ought* », voulant dire par là que l'on ne peut s'appuyer sur des jugements portant sur ce qui est (des jugements d'observateur) pour conclure sur ce qu'il faudrait faire (un jugement de prescripteur) sans faire appel implicitement à d'autres jugements de prescripteur ou à un jugement de prescripteur ultime. Les deux exemples suivants vous permettront de le constater.

EXEMPLE 12

Il y a des enfants qui ont des difficultés d'apprentissage. On doit les retirer du système scolaire.

Dans cet exemple, le premier jugement (la prémisse) est un jugement d'observateur. La conclusion, quant à elle, est un jugement de prescripteur. Par conséquent, il y a un jugement de prescripteur qui est implicite. Quel est-il ? Ce pourrait être une prémisse du genre : « On doit canaliser les ressources affectées à l'éducation vers ceux qui ont le plus de succès. » Il s'agit là d'un jugement de prescripteur que les gens acceptaient autrefois. Aujourd'hui, à partir du même jugement d'observateur, on tirerait une autre conclusion. Voyez l'exemple suivant.

---

39. Une des sources majeures des problèmes humains vient de ce que les buts intermédiaires entrent souvent en conflit ! Pour être heureux, on doit avoir une bonne image de soi. Si votre patron vous demande de poser un geste qui met en danger la vie de plusieurs personnes, sous peine de renvoi, vous êtes face au dilemme suivant : pour être heureux, vous devez garder votre emploi, vous devriez donc obéir au patron. Par contre, pour être heureux, vous devez avoir une bonne image de vous-même, vous devriez donc ne pas vous comporter comme un salaud.

Voici un autre exemple de ce genre de conflit entre des buts intermédiaires. À vingt ans, on pense que, pour être heureux à court terme, on doit tenter de profiter le plus possible de la vie, tout de suite. On sait par contre qu'à moyen et à long terme il est avantageux d'investir dans son éducation ou son travail plutôt que de vivre au jour le jour.

40. Jusqu'à ce qu'on remonte au niveau des jugements de prescripteur ultimes.

EXEMPLE 13

Il y a des enfants qui ont des difficultés d'apprentissage. On doit leur fournir plus de ressources qu'aux autres (éducateurs spécialisés, etc.).

Encore une fois, puisque la conclusion est un jugement de prescripteur et la prémisse un jugement d'observateur, il y a un jugement de prescripteur implicite. Dans cet exemple, ce jugement pourrait être le suivant : « On doit s'assurer que tous les enfants parviennent au même niveau d'éducation de base afin qu'ils aient des chances égales dans la vie[41]. »

Voici une dernière remarque au sujet des jugements de prescripteur. Souvent, les gens ne s'entendent pas sur un jugement de prescripteur parce qu'ils diffèrent d'avis sur l'acceptabilité d'un jugement d'observateur. Dans de tels cas, il faut tenter de résoudre le différend en tenant compte des remarques de la section 3.4. En voici un exemple. Alliance-Québec, un des organismes qui représentent la minorité anglophone du Québec, soutient qu'il faut protéger le français au Québec, mais qu'on ne doit pas interdire l'affichage bilingue à l'extérieur des commerces, puisque cela limite la liberté d'expression *et que ce n'est pas nécessaire pour protéger le français au Québec*. D'autres, par contre, et cela inclut des anglophones évidemment, soutiennent que, puisqu'il faut protéger le français au Québec et que *l'interdiction de l'affichage bilingue à l'extérieur des commerces est nécessaire pour assurer cette protection*, il est nécessaire d'interdire l'affichage bilingue à l'extérieur des commerces. Ici, le désaccord au sujet des jugements de prescripteur repose essentiellement sur un désaccord au sujet d'un jugement d'observateur (nous l'avons indiqué en italique). Ultimement, ces deux argumentations reposent sur le même jugement de prescripteur selon lequel il faut protéger le français au Québec. Cependant, leur désaccord sur le jugement d'observateur amène les opposants à préconiser des mesures différentes[42].

Nous venons de souligner qu'un désaccord au sujet de jugements de prescripteur peut fort bien reposer sur un désaccord concernant l'acceptabilité de jugements d'observateur. Mais même dans les cas où le différend porte spécifiquement sur des jugements de prescripteur, les relations entre les buts ultimes, les buts intermédiaires et les actions peuvent être l'objet de débats éclairés et constructifs.

---

41. Ce jugement découle de la conception d'une bonne société qui est la plus répandue actuellement.

42. Nous n'avons évidemment pas épuisé cette controverse ! Nous voulons simplement souligner le fait que l'un des éléments problématiques de celle-ci consiste dans le désaccord au sujet du rôle que joue la réglementation sur l'affichage dans la protection de la langue française.

3.7 La classification des jugements : jugements implicites et termes à connotations évaluatives

La classification des jugements (jugements d'observateur, d'évaluateur et de prescripteur) que nous avons proposée dans ce chapitre est un outil important pour celui ou celle qui veut développer sa pensée critique, parce qu'elle permet d'ajuster notre pensée aux problèmes que nous rencontrons en guidant notre réflexion critique dans certaines voies. Cependant, il n'est pas toujours facile de déterminer si un jugement particulier, surtout hors contexte, est un jugement d'observateur, d'évaluateur ou de prescripteur. Au moins deux raisons peuvent expliquer cette difficulté.

En premier lieu, comme nous l'avons vu à la section 3.2, une part importante de la communication a lieu de manière implicite. Un même énoncé peut véhiculer divers jugements implicites — rappelons-nous l'image du feuilleté — notamment à cause des présuppositions et des sous-entendus. *Or ces jugements implicites peuvent être de types différents.* Imaginons que je circule sur la rue avec un enfant de trois ans et que je lui dise : « Il y a un camion qui recule vers toi. » Je ne fais alors que relater un fait ; le jugement explicite que j'ai formulé est donc un jugement d'observateur. Mais, en réalité, si je lui dis cela, c'est bien entendu parce que je veux qu'il se déplace de manière à ne pas être frappé, et *je sais très bien que c'est ce qu'il va comprendre*[43]. Il n'est pas nécessaire que je lui dise : « Il y a un camion qui recule vers toi. Tu devrais te déplacer. » L'énoncé que j'ai produit, explicitement, directement pourrait-on dire, était un jugement d'observateur. Mon jugement d'observateur avait toutefois pour but de communiquer à l'enfant un jugement de prescripteur. Ainsi, on peut dire qu'*indirectement, dans ce contexte*, le jugement que j'ai formulé a servi à véhiculer et à communiquer un jugement de prescripteur et que, en un sens faible, il s'agit bien d'un jugement de prescripteur (même si, en un autre sens, il s'agit simplement d'un jugement d'observateur). Dans de tels cas, le plus simple est de dire que le jugement est, en lui-même, de tel ou tel type, mais qu'il a servi à véhiculer et à communiquer un jugement d'un autre type.

En deuxième lieu, il y a des termes ou des expressions qui possèdent des *connotations évaluatives*. Ils sont en quelque sorte des déclencheurs de présupposés ou de sous-entendus qui peuvent aisément comporter à la fois une dimension qui les situe du côté de l'observation et une dimension qui les situe du côté de

---

43. Si je pensais que l'enfant n'est pas en mesure de comprendre, je ne me contenterais pas de lui communiquer un tel jugement d'observateur. Ainsi, je ne me contenterais pas de dire à un enfant jouant avec du sable contaminé : « Ce sable contient des BPC ». Ne sachant pas ce que cela signifie, il pourrait tout aussi bien s'en remplir la bouche que s'éloigner.

l'évaluation. Les jugements qui contiennent ces termes ou expressions peuvent eux aussi avoir une dimension qui les rapproche tantôt des jugements d'observateur, tantôt des jugements d'évaluateur, tantôt des deux à la fois. Ainsi, le jugement « C'est un mensonge » peut être considéré comme un jugement d'observateur. Toutefois le terme « mensonge » est un terme à connotation évaluative : on considère habituellement que mentir est blâmable et, par conséquent, le jugement « C'est un mensonge » entraîne très souvent implicitement le jugement additionnel « Cela est blâmable. » Dans bien des contextes, le jugement « C'est un mensonge » aura donc en quelque sorte une dimension observationnelle et une dimension évaluative. On pourra donc raisonnablement imputer à celui qui affirme « C'est un mensonge » :

i) le jugement selon lequel il s'agit d'une fausseté produite dans le but de tromper et

ii) le jugement selon lequel cette action est blâmable.

Dans d'autres contextes, toutefois, ce même énoncé n'aura qu'une dimension observationnelle, car, après tout, on ne se contredit pas si l'on affirme : « C'est un mensonge tout à fait justifié, puisqu'il a permis de sauver une vie. »

Utiliser les termes et expressions qui comportent une connotation évaluative, c'est un peu pincer la corde d'un instrument de musique, ce qui, par effet secondaire, fait résonner ses harmoniques. Puisque chaque personne possède un bagage intellectuel et des croyances qui lui sont propres, l'emploi d'un terme ou d'une expression à connotation évaluative risque *de ne pas faire résonner la même chose en chacun*. Les deux dialogues qui suivent le montrent bien. Le premier (exemple 14) est un cas caricatural de divorce total entre un emploi « observationnel » et un emploi « évaluatif » d'un terme ; le second (exemple 15) quant à lui, est très représentatif du genre de complication qu'entraînent souvent les termes à connotation évaluative.

EXEMPLE 14

Un cas caricatural

« À quelque chose que je lui dis ou lui demande, il répond vivement :

— Non, je ne fais jamais ça, c'est " juif ".

— Comment ça, c'est " juif " ?

— Ça veut dire : c'est pas bien, il faut pas le faire.

— Mais non, " juif ", c'est un peuple, une religion.

— Non, non. " Juif ", c'est l'envers des autres. On dit " juif " pour dire que c'est pas comme il faut.

— Mais il y a une langue juive.

— Une langue juive ? Non ! Non !

— Si, elle s'appelle l'hébreu.

— Non, écrire "juif", c'est écrire l'arabe à l'envers. C'est écrire pareil, mais dans l'autre sens.

Je m'arrête.

— Écoute, Ali, je sais ce que je dis, je suis Juif moi-même.

Et lui, sans se démonter, avec un hochement de tête indulgent et presque une ébauche de sourire :

— Mais tu peux pas être Juif. Toi tu es bien. Juif ça veut dire quand c'est pas bien.

Ça aurait pu continuer des heures[44]. »

EXEMPLE 15

Un cas représentatif

« — Le principe selon lequel "à compétence égale, on devrait engager des femmes" est un principe discriminatoire.

— Hé ! c'est faux. Cela se justifie par la nécessité de rétablir l'équilibre entre…

— Je t'arrête tout de suite. Je n'ai pas dit que j'étais contre ce principe, j'ai seulement dit qu'il était discriminatoire.

— Habituellement, lorsqu'on dit que quelque chose est discriminatoire, c'est parce qu'on trouve que c'est incorrect.

— Souvent, mais pas toujours. Chose certaine, tantôt quand je disais que c'était discriminatoire, ce n'est pas ce que je voulais dire ou laisser entendre.

— Tu ne faisais qu'un jugement d'observateur ?

— Oui, c'est ça.

— D'accord, on se comprend mieux maintenant. Poursuivons la discussion. »

Il est à noter que ce genre de complication ne se produit pas seulement au cours d'entretiens entre deux ou plusieurs personnes : une même personne peut fort bien, en réfléchissant seule, passer sans s'en rendre compte d'un emploi « observationnel » d'un terme à un emploi « évaluatif » de ce même terme, ou faire l'inverse, ce qui risque fort d'embrouiller ses réflexions. Notons aussi que de telles

---

44. Robert Linhart, *L'établi*, cité dans Catherine Kerbrat-Orecchioni, *op. cit.*, p. 322.

difficultés ne surviennent pas seulement lorsqu'entrent en jeu des emplois « obser-vationnels » et « évaluatifs » d'un terme à connotation évaluative ; elles surviennent également, par exemple, lorsque deux personnes attribuent des connotations évaluatives *différentes* à un même terme. On comprendra que les termes à connotation évaluative, s'ils sont des déclencheurs de présupposés et de sous-entendus, sont aussi souvent des déclencheurs de malentendus !

En terminant, il est bon de remarquer qu'il arrive que les termes ou les expressions à connotation évaluative soient délibérément employés pour influencer subrepticement notre point de vue sur un individu, un groupe d'individus ou sur une question qui nous préoccupe. Pensons par exemple à l'ex-président des États-Unis, Ronald Reagan, qui, au printemps de 1986, disait : « Les troupes que nous appuyons au Nicaragua, quoi qu'en dise la Cour internationale de La Haye, ne sont pas composées de terroristes. Ce sont des combattants de la liberté [*freedom fighters*]. » On comprend que le président, qui soutenait ces groupes, préférait que les médias en parlent en utilisant l'expression « combattants de la liberté » plutôt que « terroristes » ou « mercenaires à la solde des Américains ». Même si ces expressions désignaient les mêmes personnes, les connotations évaluatives qui leur étaient associées n'étaient pas du tout les mêmes ! Bref, il arrive que des expressions que l'on pense utiliser de manière neutre simplement pour désigner quelque chose ou quelqu'un véhiculent implicitement des jugements qui ne sont pas toujours voulus ; il faut prendre garde aux « étiquettes » que l'on emploie et à celles que l'on nous suggère d'utiliser[45].

---

45. L'excès contraire, moins dangereux mais stérile, consiste à voir des jugements implicites, habituellement négatifs, dans des termes ou expressions qui n'en ont pas vraiment. Ainsi, il ne nous semble pas, à première vue en tout cas, que le terme « personne handicapée » comporte des connotations péjoratives, comme j'ai déjà entendu quelqu'un le prétendre, et qu'il vaille mieux parler de « personne dotée d'un défi physique ». Depuis quelques années, aux États-Unis notamment, on a tendance à vouloir remplacer, sans que cela soit toujours justifié, des termes ou expressions dans lesquels on croit déceler des connotations évaluatives péjoratives à l'endroit de certaines activités ou de certains groupes.

Résumé

1. Un jugement est un acte de pensée par lequel on asserte quelque chose, c'est-à-dire par lequel on affirme ou on nie quelque chose. C'est aussi un énoncé ou une partie d'énoncé, écrit ou oral, qui exprime le résultat d'un tel acte de pensée.

2. Un énoncé peut ne pas contenir de jugements. Il peut aussi en contenir un, ou même plusieurs, de manière explicite. Il peut également véhiculer un ou plusieurs jugements implicites.

3. Un énoncé peut véhiculer un jugement implicite par présupposition linguistique ou par sous-entendu. Le présupposé linguistique découle automatiquement de l'énoncé, peu importe le contexte dans lequel il se trouve. Quant au sous-entendu, sa présence dans l'énoncé dépend du contexte.

4. On distingue *trois types de jugements* : les jugements d'observateur, les jugements d'évaluateur et les jugements de prescripteur.

5. Lorsqu'on argumente, il est d'une importance primordiale de *clarifier les positions* et de *clarifier les jugements* que l'on utilise.

6. Les *jugements d'observateur* peuvent être acceptables pour de multiples raisons. Notamment, ils peuvent l'être parce qu'ils s'accordent avec certaines de nos observations personnelles, parce qu'ils s'appuient sur un témoignage, parce qu'ils s'appuient sur les meilleures théories scientifiques pertinentes, ou, finalement, parce qu'ils découlent de notre expérience du comportement humain. Dans chacun de ces cas, des conditions doivent être respectées pour que les jugements d'observateur soient acceptables.

7. On peut fort bien argumenter de façon éclairée et constructive à propos des *jugements d'évaluateur*. Dans certains cas, il est extrêmement facile de le faire (« Qu'est-ce qu'un bon marteau ? »).

8. Comme les *jugements de prescripteur* portent sur les actions, ils se rapportent habituellement aux buts qu'une personne poursuit. Ces buts sont organisés de manière hiérarchique et reposent ultimement sur des jugements de prescripteur dits « ultimes » qui se confondent avec les conceptions du bonheur chez l'individu. Les jugements de prescripteur ultimes en matière de politique sont, quant à eux, des conceptions de ce qu'est une bonne société. On peut fort bien argumenter de façon éclairée et constructive à propos des jugements de prescripteur.

MATIÈRE À RÉFLEXION

Le pouvoir du sous-entendu...

«Je me rappelle que, lorsque j'étais enfant, au Canada, un fabricant de levure chimique avait utilisé un stratagème assez brillant pour discréditer ses compétiteurs. Il avait fièrement annoncé : «Notre produit ne contient pas d'alun.» Le fabricant avait aussitôt gagné la confiance de ma mère. Lorsque je lui avais demandé si les autres fabricants mettaient de l'alun dans leur levure chimique elle avait été quelque peu surprise par ma question, car elle avait inconsciemment pensé que c'était le cas [46].»

• • •

Toute une argumentation dans un seul jugement

«[Souvent, une argumentation est réduite à un seul énoncé], comme quand Médée prouve à Créon qu'il est injuste, en lui disant seulement : *Qui juge sans écouter les deux parties, est injuste*; [cet énoncé sous-entend] : *Vous jugez sans écouter*; et la conséquence, *donc, vous êtes injuste*.

Bien plus, il arrive souvent qu'en deux ou trois mots se renferme tout un long raisonnement. Médée prouve à Jason qu'il est coupable de tous les crimes qu'elle a faits pour lui, en lui disant seulement : *Celui à qui sert le crime est coupable*; comme si elle lui eût dit : *Qui sait le crime, qui le laisse faire, qui s'en sert, qui veut bien lui devoir son salut, en est coupable ; or, Jason a fait tout cela ; donc, il est coupable de tous les crimes que j'ai faits* [47].»

• • •

Je ne visais personne ...

On raconte que le Romain Laberius dit un jour, en présence d'un groupe de gens dont faisait partie l'empereur César : «Il doit avoir peur de bien des gens celui dont bien des gens ont peur.» Les regards de tous se dirigèrent alors vers César. ◀

---

46. James Randi, « The Role of Conjurers in Psi Research », dans Paul Kurtz (éd.), *A Skeptics Handbook of Parapsychology*, Buffalo, Prometheus, 1985, p. 348.

47. Bossuet, *Logique du Dauphin*, Paris, Éditions Universitaires, 1990, p. 129.

E X E R C I C E S

1. Identifiez chacun des jugements qui se trouvent dans les énoncés *a* à *j*. Ne tenez compte que des jugements qui sont explicitement formulés dans les propositions principales et subordonnées.

   a) « La vie a débuté il y a trois milliards d'années, les humains sont apparus il y a environ quelques centaines de milliers d'années et les débuts de l'agriculture remontent à environ six mille ans. »

   b) « D'après les géologues, la dernière période glaciaire remonte à environ dix mille ans. »

   c) « Si la théorie de Karl von Frisch est vraie, on devrait s'attendre à ce que les abeilles, lorsqu'elles sont dans l'obscurité, soient dans l'impossibilité de se communiquer les endroits où se trouvent des sources de nourriture. »

   d) « Si Roger est engagé comme archéologue, il ira à Carthage dès janvier. »

   e) « Au Canada, on trouve inacceptable que les jeunes enfants boivent du café ; par contre, on leur permet de boire du coca-cola. »

   f) « Les Français ont une attitude différente de celle des Québécois devant le problème du harcèlement sexuel. »

   g) « Lucy Maud Montgomery, l'auteur de *Anne des pignons verts*, était une Canadienne. »

   h) « Le professeur a expulsé de sa classe les étudiants de deuxième année qui avaient triché. »

   i) « Le professeur a expulsé de sa classe les étudiants de deuxième année, qui avaient triché. »

   j) « Ou bien Nathalie est folle, ou bien elle est un génie. »

2. À l'aide des notions vues à la section 3.4, dites si les jugements d'observateur *a* à *d* sont acceptables ou non. Justifiez vos réponses.

   a) « Un avion tue son pilote et décolle tout seul[48]. »

   b) « Le soleil est composé surtout d'hydrogène. »

   c) « Les morales varient d'une culture à l'autre. »

---

48. Manchette d'un journal américain, mai 1988.

d) « L'étoile Alpha de la constellation du Centaure, qui est l'étoile la plus proche de la terre, est située à 4,3 années-lumière de celle-ci. »

3. Montrez que les jugements d'évaluateur suivants sont erronés.

a) « Un bon professeur, c'est un professeur qui accorde de bonnes notes à ses étudiants. »

b) « Un bon professeur, c'est un professeur qui est exigeant avec ses étudiants. »

c) « Une bonne argumentation, c'est simplement une argumentation qui va dans le sens de mes propres idées. »

4. On peut distinguer trois jugements dans l'argumentation qui suit. Quels sont-ils ? Lequel d'entre eux est la conclusion de l'argumentation ? De quel type de jugement s'agit-il ?

« La tendance à nous identifier dans une certaine mesure à nos croyances a pour conséquence que les critiques de nos croyances sont parfois perçues comme des attaques personnelles. Il faut se prémunir contre une telle tendance, car elle nuit à l'évaluation honnête et consciencieuse des réflexions critiques qui sont portées à notre attention. »

5. Quelle est la conclusion de l'argumentation qui suit ? De quel type de jugement s'agit-il ? Que pensez-vous de cette argumentation ? Justifiez votre réponse.

« Ce député a été reconnu coupable de fraudes mineures, ainsi que d'avoir accepté un pot-de-vin. Toutefois, on ne doit juger personne sans tenir compte des habitudes qui prévalent dans son milieu professionnel. Or tous les politiciens sont impliqués dans des affaires louches et dans des fraudes. On peut donc en conclure que ce député est un bon député. »

6. Quelle est la conclusion de l'argumentation qui suit ? De quel type de jugement s'agit-il ? Que pensez-vous de cette argumentation ? Justifiez votre réponse.

« Dans la vie, notre but ultime est d'avoir du plaisir. Il faut donc utiliser les moyens dont nous disposons pour avoir du plaisir. Or le meilleur moyen de tirer plaisir d'une élection, c'est de la gagner. Pour gagner une élection, il faut voter pour ceux qui seront élus. Grâce aux sondages, on peut prévoir, avec une bonne probabilité de succès, quels candidats seront élus. Il faut donc examiner les sondages et voter pour ceux qui ont le plus de chances de l'emporter. »

7. Quelle est la conclusion de l'argumentation qui suit ? De quel type de jugement s'agit-il ? Que pensez-vous de cette argumentation ? Justifiez votre réponse.

« — *Une étudiante* : Le film que j'ai vu hier était très mauvais.

— *Une autre étudiante* : Pourquoi ?

— *La première* : Premièrement, c'était un film français. Deuxièmement, on n'y trouvait pas d'acteurs connus. »

8. Quelle est la conclusion de l'argumentation qui suit ? De quel type de jugement s'agit-il ? Justifiez votre réponse.

« Le conte *Alice au pays des merveilles* de Lewis Carroll est excellent. Je te le recommande. L'histoire se passe dans un monde complètement déroutant. C'est fascinant. C'est également un conte très amusant, car l'auteur s'amuse à développer entre ses personnages des conversations qui ne respectent pas les règles de la logique. »

9. À la lumière de la citation suivante, évaluez dans quelle mesure on peut se fier aux articles de l'hebdomadaire dont il est question.

« Si une personne m'affirme avoir vu le fantôme d'Elvis Presley, pourquoi la traiterais-je de menteuse ? Nous imprimons tout simplement son témoignage. »

— Billy Burt, directeur du *National Examiner* [49]

10. Consultez à la bibliothèque une revue pour consommateurs et étudiez la méthode utilisée pour procéder à l'évaluation comparative de produits de différentes marques, c'est-à-dire pour déterminer quelle marque est la meilleure. Quels critères ont été utilisés ? Quels critères auriez-vous utilisés ?

11. Discutez avec un autre étudiant de la conduite qu'il faut adopter dans la vie pour être heureux et construisez un dialogue argumentatif qui résume votre discussion.

12. Dans le dialogue suivant, indiquez si le désaccord de base porte sur un jugement d'observateur, un jugement d'évaluateur ou un jugement de prescripteur et identifiez ce jugement. Le désaccord de base entraîne un autre désaccord.

---

49. *La Presse,* 29 décembre 1986.

Ce dernier porte-t-il sur un jugement d'observateur, un jugement d'évaluateur ou un jugement de prescripteur ? Identifiez-le lui aussi.

« — Il faut augmenter les impôts des gens à revenus élevés, cela donnera plus d'argent à l'État pour aider les plus pauvres.

— Il ne faut pas augmenter ces impôts. Si on le faisait, les gens riches seraient moins motivés et l'activité économique diminuerait tellement que l'État aurait moins d'argent pour aider les plus pauvres. »

CHAPITRE **4**

L'ORGANISATION DE L'ARGUMENTATION :
LES SCHÉMAS EN ARBRE

4.1 Remarques préliminaires

4.2 Qu'est-ce qu'un schéma en arbre?

4.3 Les prémisses indépendantes

4.4 Les prémisses liées

4.5 Les argumentations à enchaînement

4.6 Méthode à suivre pour faire un schéma en arbre

4.7 Les avantages du schéma en arbre

Résumé

Matière à réflexion

Exercices

CHAPITRE 4   **L'organisation de l'argumentation :**
Les schémas en arbre

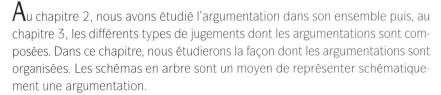

Au chapitre 2, nous avons étudié l'argumentation dans son ensemble puis, au chapitre 3, les différents types de jugements dont les argumentations sont composées. Dans ce chapitre, nous étudierons la façon dont les argumentations sont organisées. Les schémas en arbre sont un moyen de représenter schématiquement une argumentation.

Avant d'entrer dans le cœur du sujet, rappelons qu'une *argumentation* consiste en un ensemble de jugements, parmi lesquels certains constituent des raisons d'accepter un jugement particulier, celui-ci étant la conclusion de l'argumentation. Les jugements qui constituent des raisons d'accepter la conclusion sont appelés les *prémisses* de l'argumentation.

4.1 Remarques préliminaires

1. Souvent, une phrase ne contient qu'un seul jugement. Cependant, ce n'est pas toujours le cas, car une argumentation entière peut être contenue dans une seule phrase.

EXEMPLE 1

Dans une démocratie, les pauvres ont plus de pouvoir que les riches, puisque les pauvres sont plus nombreux que les riches et que c'est la volonté de la majorité qui règne.

2. Les prémisses et la conclusion d'une argumentation peuvent se trouver dans n'importe quel ordre. Nous pouvons reformuler l'exemple 1 comme suit.

EXEMPLE 2

Dans une démocratie, c'est la volonté de la majorité qui règne. Puisque les pauvres sont plus nombreux que les riches, les pauvres ont plus de pouvoir que les riches dans une démocratie.

3. Dans une argumentation, on trouve souvent, en plus des prémisses et de la conclusion, des digressions et des informations qui indiquent le contexte de cette argumentation ou qui permettent de la compléter.

4. Assez souvent, les argumentations contiennent des mots ou des expressions qui introduisent des prémisses. En voici quelques-uns :

— « puisque … »,

— « étant donné que … »,

— « en supposant que … »,

— « parce que … ».

D'autres mots ou expressions, dont les suivants, introduisent des conclusions :

— « donc … »,

— « par conséquent … »,

— « implique que… »,

— « c'est pourquoi … »,

— « j'en conclus que … »,

— « on voit que … », etc.

Il ne faut pas se fier aveuglément à ces introducteurs de prémisses et de conclusions. Ils peuvent aussi être utilisés dans des contextes qui ne sont pas argumentatifs. Néanmoins, en débutant l'analyse d'une argumentation, il est utile de les souligner, tout comme certains autres mots qui relient des jugements (comme « et ») ou qui sont d'autres repères d'argumentation (comme « mais », « d'ailleurs », « d'une part », « d'autre part » et « cependant »).

5. Il peut arriver que des prémisses ou que la conclusion d'une argumentation ne soient pas formulées explicitement [1]. On trouve une conclusion implicite dans cette argumentation du philosophe chinois Mong-tseu (vers 372-289 av. J.-C.) :

EXEMPLE 3

Mong-tseu s'adressa ainsi au roi Hiuan de K'i : « Supposons que l'un des ministres de Votre Majesté confie sa femme et ses enfants à l'un de ses amis avant de partir en voyage, et qu'il s'aperçoive à son retour que cet ami a laissé sa femme et ses enfants souffrir de faim et de froid, comment devrait-il agir à son égard ? » Le roi répondit : « Il devrait le jeter dehors. »

---

1. Nous traiterons des prémisses implicites à la section 5.3.

Mong-tseu ajouta : « Supposons que le juge en chef de la cour d'assises ne puisse imposer son autorité aux fonctionnaires placés sous ses ordres, quelles mesures prendriez-vous à son égard ? » Le roi répondit : « Je le destituerais de ses fonctions. »

Mong-tseu dit alors : « Si, à l'intérieur de ses frontières, votre royaume n'est pas bien gouverné, que faut-il faire ? » Le roi regarda à droite et à gauche et changea de sujet[2].

EXERCICES

Repérez la conclusion de chacune des argumentations suivantes[3].

Formulez-la en vos propres mots.

1. « La prostitution a toujours existé et elle existera toujours ; par conséquent, on peut en conclure que c'est une chose qui est nécessaire à la société. »

2. « Il est possible pour un pays indépendant d'être dépourvu d'armée. Le Costa Rica l'est depuis 1948[4]. »

3. « Bien des gens pensent que le comportement du consommateur est déterminé par un matraquage publicitaire. C'est faux parce que les publicitaires doivent absolument effectuer des études de marché et parce qu'une proportion importante de produits lancés à grand renfort de publicité échoue piteusement. »

4. « La guerre est une bonne chose. Premièrement, elle est un moyen de contrôle de la surpopulation. De plus, elle permet d'expérimenter de nouvelles technologies. La guerre est économiquement bonne pour un pays. La guerre est moralement importante puisqu'elle soutient l'unité nationale et qu'elle permet à l'être humain d'aller jusqu'au bout dans le sacrifice pour autrui et l'entraide, dans des conditions extrêmement difficiles. »

5. « L'esprit humain sera toujours supérieur aux ordinateurs, parce que c'est nous qui fabriquons les ordinateurs. »

6. « Si le destin d'un homme est causé par l'étoile sous laquelle il est né, alors tous les hommes nés sous cette même étoile devraient avoir le même avenir. Mais des maîtres et des esclaves, des rois et des mendiants (qui ont des sorts

---

2. Mencius (ou Mong-tseu), *The Works of Mencius,* introduction, traduction et notes de James Legge, New York, Dover, 1970, p. 164-165.

3. Certaines sont incorrectes.

4. Gwynne Dyer, *War,* New York, Crown, 1985, p. 158.

très différents !) sont nés sous la même étoile et la même année. Donc l'astrologie, qui prétend que le destin d'un homme est déterminé par l'étoile sous laquelle il est né, est certainement fausse. »

— Pline l'Ancien, *Histoire naturelle*

7. « Le problème doit venir du remplacement du sucre par du miel. J'ai toujours réussi cette recette avec les ingrédients habituels. Cette fois-ci j'ai remplacé le sucre par du miel. Je n'ai remplacé aucun autre ingrédient. »

8. « On peut augmenter la tâche des professeurs de deux façons : en augmentant le nombre d'étudiants par groupe ou en augmentant le nombre de groupes attribués à chaque professeur. Au niveau collégial, le nombre maximal d'étudiants par groupe est déjà de plus de 30, ce qui est trop. Augmenter le nombre de groupes attribués à chaque professeur aurait pour effet de diminuer le temps que les professeurs consacrent à la préparation de leurs cours. Augmenter la tâche des professeurs nuirait donc à la qualité de l'enseignement. »

9. « Les Juifs représentent 2 % de la population. Notre faculté de médecine a un quota qui permet d'accepter jusqu'à 5 % d'étudiants juifs. Puisque notre quota dépasse la proportion de Juifs dans la population en général, nous n'exerçons pas de discrimination à l'endroit des Juifs[5]. »

10. « Certains suggèrent de considérer qu'une personne vit sous le seuil de pauvreté lorsqu'elle gagne moins de la moitié du revenu moyen. Ce critère d'évaluation est à rejeter puisqu'il aurait des conséquences absurdes. En effet, il impliquerait que si tous les revenus étaient multipliés par dix ou par cent, le nombre de personnes dans le besoin resterait le même[6]. »

11. « L'expression "Chacun a droit à son opinion" peut signifier plusieurs choses. Elle peut signifier que toutes les idées sont aussi valables les unes que les autres ou qu'il faut respecter les gens qui pensent différemment de nous. Il faut donc se méfier de telles expressions car elles peuvent parfois prêter à confusion. »

12. « Il est plus facile d'être amant que mari, par la raison qu'il est plus difficile d'avoir de l'esprit tous les jours que de dire de jolies choses de temps en temps[7]. »

---

5. Exemple tiré de Nicholas Capaldi, *The Art of Deception,* Buffalo, Prometheus, 1979, p. 194.

6. Scott Gordon, *Welfare, Justice and Freedom*, Columbia University Press, New York, 1980, p. 112.

7. Honoré de Balzac, *Physiologie du mariage,* Paris, Calmann-Lévy, 1824, p. 61.

13. « Les gens qui refusent de se scolariser lorsqu'ils sont jeunes et qui se retrouvent démunis plus tard ne peuvent pas légitimement se plaindre, puisqu'ils sont responsables de ce qui leur arrive. Ils devraient critiquer les choix qu'ils ont eux-mêmes faits plutôt que de râler contre ceux qui ont fait des choix plus judicieux. C'est la cigale et la fourmi quoi ! »

14. « Lorsqu'une personne dit à une autre : "Peux-tu me passer le sel ?", habituellement elle ne pose pas une question à laquelle elle attend une réponse. On constate donc que certains énoncés de type interrogatif ne sont pas vraiment des questions. De tels cas entrent dans la catégorie que les spécialistes nomment les "actes de langage indirects". »

15. « Selon Roger, un fait est un phénomène répétable et indépendamment vérifiable. Mais cela ne tient pas. Plusieurs faits ne sont pas répétables ou indépendamment vérifiables. Je pense que l'on pourrait qualifier de « fait » le nombre exact de saumons existant sur la terre au moment où je parle. Pourtant, ce n'est pas là quelque chose de vérifiable. On peut aussi dire qu'il y a un grand nombre de faits reliés à l'assassinat de John Kennedy, mais ils ne sont pas répétables et bon nombre d'entre eux ne sont pas vérifiables. »

4.2 Qu'est-ce qu'un schéma en arbre ?

Un *schéma en arbre* est une représentation visuelle de la structure d'une argumentation. Il est accompagné d'une *légende* qui constitue la liste des éléments importants de l'argumentation.

EXEMPLE 4

On ne doit pas tricher aux examens, parce qu'on peut se faire prendre et payer très cher pour ce geste et parce que c'est injuste pour les autres étudiants.

Voici le schéma en arbre de cette argumentation, accompagné de sa légende :

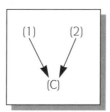

(1) On peut se faire prendre et payer très cher pour avoir triché.
(2) Tricher est injuste pour les autres étudiants.
(C) On ne doit pas tricher aux examens.

On remarquera que les prémisses sont numérotées et entre parenthèses. Cependant, l'ordre de numération n'est pas important : les prémisses (1) et (2) pourraient être interchangées. La conclusion de l'argumentation doit toujours se trouver au bas du schéma et à la fin de la légende ; elle est indiquée par la lettre C entre parenthèses : (C). Les prémisses sont placées au-dessus de la conclusion.

Les liens entre les prémisses[8] et la conclusion sont indiqués au moyen de flèches qui vont des prémisses à la conclusion. Ces flèches peuvent être de deux types, qui correspondent aux deux types de relations pouvant exister entre des prémisses. Dans l'exemple précédent, les prémisses sont *indépendantes* (voir la section 4.3) ; c'est pourquoi elles sont représentées par deux flèches séparées. Dans l'exemple suivant, les prémisses sont *liées* (voir la section 4.4) ; c'est pourquoi elles sont réunies par le signe « + » et soulignées d'un trait sous lequel une seule flèche pointe vers la conclusion.

EXEMPLE 5

L'égalité des chances est un principe que nos sociétés doivent promouvoir. L'accessibilité de tous aux services juridiques est nécessaire à l'égalité des chances. Un service public d'aide juridique est donc essentiel.

Voici le schéma en arbre de cette argumentation, accompagné de sa légende :

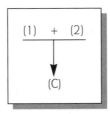

(1) L'égalité des chances et un principe que nos sociétés doivent promouvoir.

(2) L'accessibilité de tous aux services juridiques est nécessaire à l'égalité des chances.

(C) Un service public d'aide juridique est donc essentiel.

---

8. Quoique nous parlions habituellement des prémisses d'une argumentation, une argumentation peut fort bien n'avoir *qu'une seule* prémisse. Par exemple : « Pierre a 30 ans (1). Pierre a donc plus de 25 ans (C). »

Que doit-on inclure dans la légende d'un schéma en arbre ? La conclusion ainsi que tous les jugements qui jouent un rôle argumentatif au regard de la conclusion. Dans un texte argumentatif, de nombreux éléments peuvent ne pas être des jugements ou encore peuvent être des jugements qui ne jouent pas de rôle argumentatif. Ces éléments ne doivent pas être inclus dans la légende.

EXEMPLE 6

Mary Wollstonecraft, la célèbre philosophe féministe anglaise, fut la mère de Mary Shelley, l'auteur du magnifique roman *Frankenstein*. Son époux fut le philosophe William Godwin. L'époux de Mary Shelley, quant à lui, fut le poète Percy Shelley.

Ce texte n'est pas argumentatif. En lui-même, il ne contient pas de conclusion. On ne pourrait donc pas en faire de schéma en arbre. Modifions-le de la manière suivante.

EXEMPLE 6a

Mary Wollstonecraft, la célèbre philosophe féministe anglaise, fut la mère de Mary Shelley, l'auteur du magnifique roman *Frankenstein*. Son époux fut le philosophe William Godwin. L'époux de Mary Shelley, quant à lui, fut le poète Percy Shelley. William Godwin connaissait donc le féminisme.

L'ajout de cette dernière phrase change quelque chose au texte, car le jugement qu'elle renferme est justifié par certains des autres jugements du texte, ce qui donne un texte argumentatif. La présence du « donc » signale d'ailleurs qu'on a affaire à une conclusion :

(C)   William Godwin connaissait le féminisme.

Quels jugements doit-on inclure, en plus de la conclusion, dans la légende de cette argumentation ? Seulement ceux qui jouent un rôle argumentatif en regard de la conclusion. Le fait que Mary Shelley ait été l'auteur de *Frankenstein* est-il relié sur le plan argumentatif à la conclusion ? Non. Ce jugement, quoiqu'il soit informatif et intéressant, n'est relié ni de près ni de loin, sur le plan argumentatif, à la conclusion. On pourrait l'enlever sans affaiblir ou modifier en quoi que ce soit l'argumentation contenue dans le texte. En parcourant les jugements exprimés dans le texte (il y en a plusieurs), on s'aperçoit que seulement deux d'entre eux sont reliés de façon argumentative à la conclusion. Les deux jugements qui suivent devraient donc être retenus dans notre légende :

(1) Mary Wollstonecraft était une féministe.

(2) William Godwin était l'époux de Mary Wollstonecraft.

(C) William Godwin connaissait le féminisme.

Dans l'exemple 6*b*, la conclusion est différente ; il faut donc retenir d'autres jugements pour composer la légende. Pourriez-vous préciser lesquels ?

EXEMPLE 6*b*

Mary Wollstonecraft, la célèbre philosophe féministe anglaise, fut la mère de Mary Shelley, l'auteur du magnifique roman *Frankenstein*. Son époux fut le philosophe William Godwin. L'époux de Mary Shelley, quant à lui, fut le poète Percy Shelley. Le poète Shelley était donc le gendre de Mary Wollstonecraft.

4.3 Les prémisses indépendantes

Les *prémisses* de l'exemple 4 sont *indépendantes, c'est-à-dire que chacune d'elles, prise isolément, constitue un élément de preuve dans l'esprit de l'auteur de l'argumentation*. Dans de tels cas, si une des prémisses est inacceptable, l'autre, seule, constitue encore un élément de preuve pour la conclusion. Comme nous l'avons vu, les prémisses indépendantes sont indiquées par des flèches séparées pointées vers la conclusion.

Voici un autre exemple d'argumentation dont les prémisses sont indépendantes.

EXEMPLE 7

« La réhabilitation des prisonniers est une chose qui doit être encouragée parce qu'elle permet à l'État de réaliser des économies et parce qu'elle contribue à diminuer le nombre de récidives. »

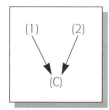

(1)   La réhabilitation des prisonniers permet à l'État de réaliser des économies.

(2)   La réhabilitation des prisonniers contribue à diminuer le nombre de récidives.

(C)   On doit encourager la réhabilitation des prisonniers.

Cet exemple est une argumentation dont les prémisses sont indépendantes parce que les deux raisons que celles-ci apportent à l'appui de la conclusion sont indépendantes l'une de l'autre. Si on n'admet pas la prémisse (1), la prémisse (2) continue de justifier la conclusion. L'inverse est tout aussi vrai : si on n'admet pas la prémisse (2), la prémisse (1) continue de justifier la conclusion.

4.4 Les prémisses liées

Les *prémisses* d'une argumentation sont *liées lorsque la conclusion repose sur des prémisses qui forment un seul élément de preuve dans l'esprit de l'auteur de l'argumentation. Si l'une de ces prémisses est inacceptable, cet élément de preuve ne tient plus du tout.* Les prémisses liées sont réunies par le signe « + » ; elles sont soulignées, et une flèche conduit à la conclusion.

EXEMPLE 8

« La majorité des Canadiens pensent que le sida est causé par un virus. La majorité des Canadiens ne peuvent pas se tromper. Par conséquent, le sida est causé par un virus. »

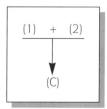

(1) La majorité des Canadiens pensent que le sida est causé par un virus.

(2) La majorité des Canadiens ne peuvent pas se tromper.

(C) Le sida est donc causé par un virus[9].

Ici, nous avons affaire à des prémisses liées parce que si (1) ne tient plus, le lien entre (2) et (C) devient inexistant. L'inverse est également vrai : si (2) ne tient plus, le lien entre (1) et (C) devient inexistant. Les prémisses (1) et (2) ne mènent à la conclusion, dans l'esprit de l'auteur de l'argumentation, que lorsqu'elles sont prises *ensemble*.

EXEMPLE 9

« Les actions morales sont celles qui contribuent à l'accroissement du bonheur global. Obliger les gens à porter la ceinture de sécurité contribue à accroître le bonheur global. Par conséquent, obliger les gens à porter la ceinture de sécurité est moralement correct. »

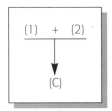

(1) Les actions morales sont celles qui contribuent à l'accroissement du bonheur global.

(2) Obliger les gens à porter la ceinture de sécurité contribue à accroître le bonheur global.

(C) Obliger les gens à porter la ceinture est moralement correct.

L'exemple 9 est semblable à l'exemple 8. Si (1) ne tient plus, (2) ne mène plus à (C). Si (2) ne tient plus, le lien entre (1) et (C) devient inexistant. Par conséquent, les prémisses doivent être considérées comme formant un tout : elles sont liées.

---

9. Notez que nous ne faisons ici que représenter les argumentations, nous ne les évaluons pas. L'évaluation des argumentations sera traitée au chapitre 5. Les exemples donnés ici ne doivent en aucun cas être considérés comme de bonnes argumentations avant que nous ne les ayons évalués !

Maintenant que nous savons distinguer les prémisses indépendantes et les prémisses liées, nous pouvons examiner comment on procède concrètement pour construire le schéma en arbre d'une argumentation et pour en établir la légende. Considérons l'exemple suivant.

EXEMPLE 10

Environ les deux tiers de la population humaine actuelle croient à la réincarnation. Puisqu'autant de personnes ne peuvent se tromper, la réincarnation est un phénomène réel.

Débutons par la légende. Suivez les étapes du schéma suivant.

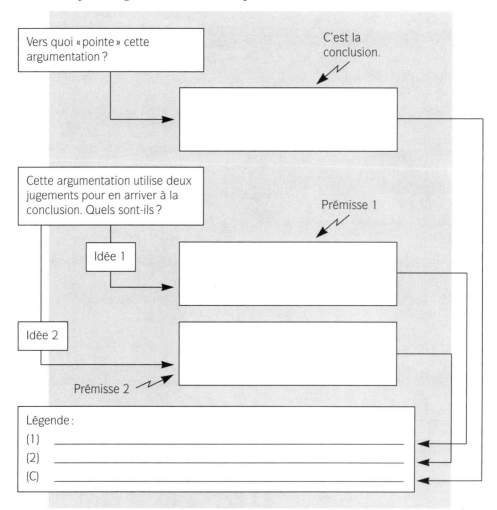

Une fois la légende faite, il faut faire le schéma proprement dit.

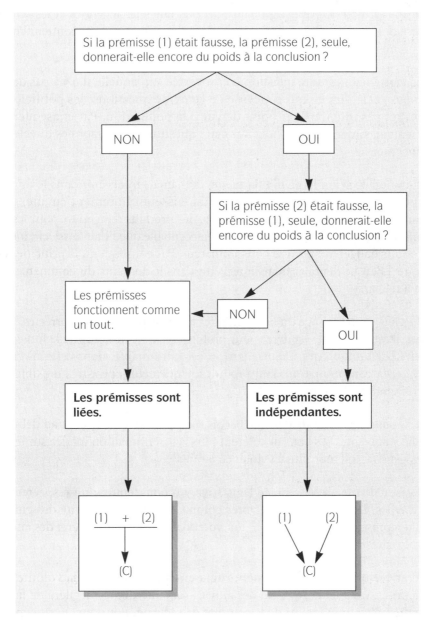

D'après vous, les prémisses de l'argumentation précédente sont-elles liées ou indépendantes ?

❑ Les prémisses sont liées.

❑ Les prémisses sont indépendantes.

EXERCICES

En suivant la méthode qui vient d'être décrite, faites les légendes et les schémas en arbre des argumentations suivantes. Ces argumentations ne contiennent que deux prémisses.

1. « L'avortement est une question controversée sur laquelle il n'y a pas de consensus social. En ce qui concerne ce genre de questions, les politiciens ne doivent pas imposer leur point de vue à la population. Par conséquent, on devrait accorder le libre choix sur cette question aux personnes directement concernées. »

2. « Le principe selon lequel l'État ne devrait jamais intervenir dans le domaine du commerce privé implique que l'État laisserait librement circuler sur le marché, en toute connaissance de cause, des produits dangereux pour les consommateurs. Or, il est complètement inacceptable que l'État laisse circuler des produits dangereux pour le consommateur. Par conséquent, le principe selon lequel l'État ne devrait jamais intervenir dans le domaine du commerce privé est à rejeter. »

3. « Les lois contre l'usage du tabac dans les endroits publics sont correctes. D'une part, il est naturel de légiférer pour protéger les non-fumeurs de la fumée produite par les fumeurs. D'autre part, il est raisonnable, dans certains cas, de limiter la consommation d'un produit lorsque celui-ci est très nuisible pour celui qui le consomme. »

4. « La conscience morale des Québécois n'est plus ce qu'elle était au début des années soixante. Les gens ne tolèrent plus la discrimination fondée sur le sexe. Les gens ne tolèrent plus la violence familiale. »

5. « Lorsqu'il vote à l'Assemblée législative, un bon député doit respecter deux principes. D'une part, il doit voter comme le ferait la majorité des citoyens qu'il représente. D'autre part, il doit voter dans le meilleur intérêt des citoyens qu'il représente. »

6. « Il arrive que les gouvernements agissent à l'encontre de la volonté de la majorité. Au Québec, à la fin des années soixante-dix, on légiféra de façon à rendre obligatoire le port de la ceinture de sécurité. Pourtant, à cette époque, la majorité de la population était contre cette mesure. »

4.5 Les argumentations à enchaînement

La conclusion d'une argumentation simple peut fort bien se trouver être en même temps une prémisse d'une argumentation plus longue et former ainsi une argumentation à enchaînement.

EXEMPLE 11

Les vers de terre sont des invertébrés importants. Ils jouent un grand rôle en brisant les débris des plantes qui se trouvent au sol. De plus, ils jouent un grand rôle en aérant le sol. Par conséquent, les résidus de pesticides qui nuisent aux vers de terre constituent un problème sérieux.

Cet exemple contient deux petites argumentations. La conclusion de la première est que les vers de terre sont des invertébrés importants. Les prémisses qui conduisent à cette conclusion peuvent se formuler comme suit :

(1) Les vers de terre jouent un grand rôle en brisant les débris des plantes qui se trouvent au sol.

(2) Les vers de terre jouent un grand rôle en aérant le sol.

(C) Les vers de terre sont des invertébrés importants.

Voici le schéma en arbre de la première argumentation :

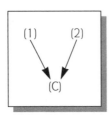

La deuxième argumentation prend comme point de départ la conclusion de la première ; autrement dit, la conclusion (C) de la première argumentation sert de prémisse (3) à la deuxième. À partir de cette prémisse, « les vers de terre sont des invertébrés importants », on en conclut que « les résidus de pesticides qui nuisent aux vers de terre constituent un problème sérieux ». Une argumentation comme celle-là, en deux étapes (ou plus), est une argumentation à enchaînement. En voici le schéma en arbre :

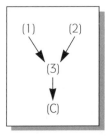

(1) Les vers de terre jouent un grand rôle en brisant les débris des plantes qui se trouvent au sol.

(2) Les vers de terre jouent un grand rôle en aérant le sol.

(3) Les vers de terre sont des invertébrés importants.

(C) Les résidus de pesticides qui nuisent aux vers de terre constituent un problème sérieux.

Voici un autre exemple d'argumentation à enchaînement.

EXEMPLE 12[10]

« Ce qui est moralement incorrect, c'est ce que Dieu interdit. La parole du Pape équivaut à celle de Dieu. Ce qui est moralement incorrect, c'est ce que le Pape condamne. Le Pape condamne l'utilisation de la pilule contraceptive. Par conséquent, l'utilisation de la pilule est moralement incorrecte. Et puisque l'on ne doit pas faire ce qui est moralement incorrect, on ne doit pas utiliser la pilule. »

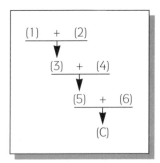

---

10. Précisons à nouveau que nous n'évaluons pas ici l'argumentation, mais que nous nous bornons à la représenter schématiquement. Nous verrons au chapitre 5 comment évaluer une argumentation.

(1) Ce qui est moralement incorrect, c'est ce que Dieu interdit.

(2) La parole du Pape équivaut à celle de Dieu.

(3) Ce qui est moralement incorrect, c'est ce que le Pape condamne.

(4) Le Pape condamne l'utilisation de la pilule contraceptive.

(5) L'utilisation de la pilule est moralement incorrecte.

(6) On ne doit pas faire ce qui est moralement incorrect.

(C) On ne doit pas utiliser la pilule.

Dans une argumentation à enchaînement, on peut aussi trouver à la fois des prémisses liées et des prémisses indépendantes. Par exemple, on pourrait ajouter à l'argumentation précédente la prémisse suivante :

(7) L'utilisation de la pilule est dangereuse pour la santé des femmes.

Avec l'ajout de la prémisse (7), le schéma en arbre de l'argumentation précédente est modifié comme suit :

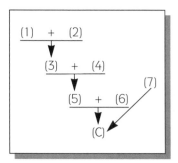

4.6 Méthode à suivre pour faire un schéma en arbre

Nous pouvons résumer comme suit la méthode que nous avons suivie dans les sections précédentes pour faire des schémas en arbre.

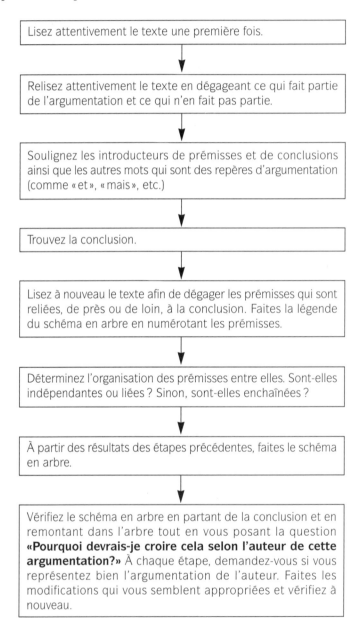

Appliquons cette méthode à l'exemple suivant.

EXEMPLE 13

Plusieurs croient qu'il y a une distinction marquée entre les jugements d'observateur et les jugements d'évaluateur, qui viendrait de ce qu'on pourrait toujours facilement se mettre d'accord sur les premiers tandis qu'il serait presque impossible de se mettre d'accord sur les seconds. Je veux montrer, dans ce qui suit, que cette position est fausse.

Premièrement, considérons le jugement : « Les modifications de l'atmosphère dues à l'activité humaine vont faire augmenter la température moyenne sur la terre de plus de trois degrés d'ici cent ans. » Il ne serait pas facile, vous en conviendrez, d'en arriver à un accord quant à l'acceptabilité de ce jugement. Or ce jugement est un jugement d'observateur.

Deuxièmement, considérons le jugement : « L'esclavage est une pratique inacceptable. » Il serait facile d'arriver à un consensus sur l'acceptabilité de ce jugement. Or ce jugement est un jugement d'évaluateur.

Cela suffit, il me semble, à soutenir la conclusion que je défendais. Bien entendu, j'ai pu me tromper et, si c'est le cas, j'aimerais qu'on me présente des arguments opposés.

Ce texte est évidemment un texte argumentatif. Cela saute aux yeux, et les repères d'argumentation sont d'ailleurs très explicites : « je veux montrer que », « premièrement », « deuxièmement », « or ». La conclusion en serait :

(C) On ne peut distinguer de manière marquée les jugements d'observateur des jugements d'évaluateur en se fondant sur l'idée que l'accord est facile à obtenir en ce qui concerne les jugements d'observateur et qu'il est impossible à obtenir lorsqu'il est question des jugements d'évaluateur.

Le deuxième paragraphe contient deux jugements qui jouent un rôle argumentatif :

(1) Il ne serait pas facile d'en arriver à un accord sur le jugement : « Les modifications de l'atmosphère dues à l'activité humaine vont faire augmenter la température moyenne sur la terre de plus de trois degrés d'ici cent ans. »

(2) Le jugement « Les modifications de l'atmosphère dues à l'activité humaine vont faire augmenter la température moyenne sur la terre de plus de trois degrés d'ici cent ans » est un jugement d'observateur.

Le troisième paragraphe contient également deux jugements qui jouent un rôle argumentatif :

(3)   Il est facile d'arriver à un consensus sur l'acceptabilité du jugement : « L'esclavage est une pratique inacceptable. »

(4)   Le jugement « L'esclavage est une pratique inacceptable » est un jugement d'évaluateur.

Quant au quatrième paragraphe, il ne contient rien de significatif qui puisse appuyer, de près ou de loin, la conclusion.

Nous avons donc quatre prémisses. Spontanément, on voit bien que les prémisses (1) et (2) « vont ensemble ». De quelle manière ? Est-ce que l'une d'elles mène à l'autre ? Voyons cela. Si (2) menait à (1), cela voudrait dire qu'à la question « Pourquoi devrions-nous croire que (1) ? », on pourrait répondre par (2). Or cela ne tient pas. Mais alors, peut-être est-ce (1) qui mène à (2) ? Si c'était le cas, cela voudrait dire qu'à la question « Pourquoi devrions-nous croire que (2) ? », on pourrait répondre par (1). Ce n'est visiblement pas le cas non plus. Les prémisses sont-elles liées ? Si c'était le cas, (1) seule, sans (2), ne donnerait aucun poids à la conclusion. Effectuons donc ce test. Supposons que (2) soit fausse et que, par exemple, le jugement « Les modifications de l'atmosphère dues à l'activité humaine vont faire augmenter la température moyenne sur la terre de plus de trois degrés d'ici cent ans » ne soit pas un jugement d'observateur. Dans ce cas, la prémisse (1) ne donnerait aucun poids à la conclusion. En effectuant le test dans l'autre sens, on s'apercevrait également que la prémisse (2), sans la prémisse (1), ne donnerait aucun poids à la conclusion. Il s'ensuit donc que les prémisses (1) et (2) sont liées.

L'examen des prémisses (3) et (4) devrait se faire de la même manière et mènerait au même résultat : les prémisses (3) et (4) sont liées.

Nous pouvons donc soumettre le schéma suivant à une vérification finale :

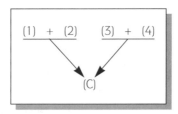

La vérification finale se fait en remontant dans l'arbre à partir de la conclusion et en se demandant : « Pourquoi devrais-je croire cela selon l'auteur de l'argumentation ? » Pourquoi l'auteur soutient-il qu'on ne peut distinguer de manière marquée les jugements d'observateur des jugements d'évaluateur en se fondant sur l'idée que l'accord est facile à obtenir en ce qui concerne les jugements d'observateur et qu'il est impossible à obtenir lorsqu'il est question des jugements d'évaluateur ? C'est que, dans un premier temps (branche gauche), il ne serait pas facile d'en arriver à un accord sur le jugement « Les modifications de l'atmosphère dues à l'activité humaine vont faire augmenter la température moyenne sur la terre de plus de trois degrés d'ici cent ans », et que ce jugement est un jugement d'observateur. Dans un deuxième temps, c'est qu'il est facile d'arriver à un consensus sur l'acceptabilité du jugement « L'esclavage est une pratique inacceptable », et que ce jugement est un jugement d'évaluateur. L'argumentation se doit d'être divisée en deux branches, car le fait que la prémisse (1) ou la prémisse (2) tombe n'affectera en rien la branche droite, tout comme le fait que la prémisse (3) ou la prémisse (4) tombe n'affectera en rien la branche gauche de l'argumentation.

Appliquons maintenant cette même méthode à une argumentation du célèbre détective Sherlock Holmes.

La première fois que Sherlock Holmes vit Watson, celui qui allait devenir son assistant, il lui dit : « Ah bon, vous venez de l'Afghanistan ! » Cela avait beaucoup surpris Watson. Un peu plus tard, Watson demanda à Sherlock Holmes comment il avait su qu'il arrivait de l'Afghanistan. Voici ce que répondit Holmes :

EXEMPLE 14

Je me suis dit voilà un monsieur qui a l'air d'un médecin ; il a également l'air d'un militaire ; c'est donc évidemment un médecin militaire. Son visage est brun ; or, ce n'est pas la couleur naturelle de sa peau puisque ses poignets sont blancs ; il revient donc des tropiques. Il a souffert de maladies et de privations, comme me l'indique sa mine pas brillante. Il a été blessé au bras gauche, car il le tient avec une raideur qui n'est pas naturelle. À quel endroit des tropiques un médecin de l'armée anglaise a-t-il pu en voir de dures, et être blessé au bras ? Évidemment en Afghanistan[11].

Faisons le schéma en arbre de cette argumentation. Il est à noter qu'il n'y a pas lieu ici d'isoler l'argumentation, puisque tous les éléments du texte en font partie. Débutons en soulignant les repères de l'argumentation :

> Je me suis dit voilà un monsieur qui a l'air d'un médecin ; il a également
> l'air d'un militaire ; c'est <u>donc</u> évidemment un médecin militaire. Son

---

11. Arthur Conan Doyle, *Sherlock Holmes,* tome I, Paris, Robert Laffont, 1956, p. 20.

visage est brun ; <u>or</u>, ce n'est pas la couleur naturelle de sa peau <u>puisque</u> ses poignets sont blancs ; il revient <u>donc</u> des tropiques. Il a souffert de maladies et de privations, <u>comme me l'indique</u> sa mine pas brillante. Il a été blessé au bras gauche, <u>car</u> il le tient avec une raideur qui n'est pas naturelle. À quel endroit des tropiques un médecin de l'armée anglaise a-t-il pu en voir de dures, et être blessé au bras ? Évidemment en Afghanistan.

La conclusion est facile à trouver : Watson arrive de l'Afghanistan. Comment Holmes parvient-il à cette conclusion ? En raisonnant ainsi : Watson a l'air d'un médecin (1) ; il a l'air d'un militaire (2) ; Watson est évidemment un médecin militaire (3). Le jugement (3) est une conclusion intermédiaire. Les prémisses (1) et (2) sont *liées* puisqu'elles supportent *ensemble* la conclusion (3) : si Holmes était d'accord avec (2) mais trouvait que Watson n'a pas l'air d'un médecin, il n'arriverait pas à (3). De la même façon, si Holmes était d'accord avec (1) mais trouvait que Watson n'a pas l'air d'un militaire, il n'arriverait pas à (3). Les prémisses (1) et (2) sont donc liées et conduisent à (3).

Holmes observe que le visage de Watson est brun mais que ses poignets sont blancs. Il en déduit que le brun n'est pas la couleur naturelle de sa peau. Il en découle, selon lui, que Watson revient des tropiques. Comment schématiser cette dernière partie du propos de Holmes ? Distinguons, en premier lieu, chacun des jugements contenus dans ce passage :

(4) Le visage de Watson est brun.

(5) Les poignets de Watson sont blancs.

(6) Le brun n'est pas la couleur naturelle de sa peau.

(7) Watson revient des tropiques.

Pourquoi Holmes soutient-il (4) ? C'est parce qu'il observe Watson qui se trouve devant lui. C'est la même chose pour (5). Mais pourquoi Holmes soutient-il (6) ? C'est parce que les poignets de Watson sont blancs. Holmes considère donc que (5) mène à (6). Une fois établi le fait que le brun n'est pas la couleur naturelle de la peau de Watson, il déduit (7) à partir de (4). (5) est donc une prémisse qui, seule, mène à (6). Quant à (4), elle est liée à (6) et ces deux prémisses conduisent à (7).

Deux autres argumentations suivent :

(8) La mine de Watson n'est pas brillante.

(9) Watson a souffert de maladies et de privations.

(10) Watson tient son bras avec une raideur qui n'est pas naturelle.

(11) Watson a été blessé au bras gauche.

La mine de Watson n'est pas brillante ; par conséquent, selon Holmes, Watson « a souffert de maladies et de privations ». On voit donc que la prémisse (8) mène, seule, à la prémisse (9). Par ailleurs, Holmes soutient (11) sur la base de (10).

Finalement, on en arrive à la dernière étape de l'argumentation. Holmes a, jusqu'ici, tenté de montrer que Watson est un médecin de l'armée anglaise qui a été blessé au bras et qui a vécu, dernièrement, dans des conditions difficiles sous les tropiques. Appelons donc cette conclusion intermédiaire la prémisse (12). Holmes lui ajoute la prémisse (13), selon laquelle le seul endroit des tropiques où il y a des conditions difficiles et où un médecin militaire anglais peut se faire blesser est l'Afghanistan. Il en découle, d'après Holmes, la conclusion que Watson revient d'Afghanistan. Le schéma en arbre de l'argumentation de Holmes se présente donc ainsi :

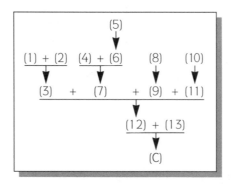

Vérifions le schéma en partant de la conclusion et en remontant dans l'arbre tout en nous posant la question « pourquoi ? » Pourquoi Holmes dit-il que Watson revient d'Afghanistan ? C'est parce qu'il est un médecin militaire anglais qui a été blessé, qui a été dans les tropiques et qui a vécu dans des conditions difficiles, et que le seul pays d'où une telle personne puisse provenir est l'Afghanistan. Pourquoi le seul pays d'où une telle personne puisse provenir est-il l'Afghanistan ? On n'en sait rien, ce n'est pas expliqué dans l'argumentation. Il est donc naturel qu'aucune flèche ne conduise à la prémisse (13). Pourquoi Holmes dit-il que Watson est un médecin militaire anglais qui a été blessé, qui a été dans les tropiques et qui a vécu dans des conditions difficiles ? Parce que, premièrement, c'est un médecin militaire. Pourquoi ? Parce qu'il a l'air d'un médecin et qu'il a l'air d'un militaire. Deuxièmement, c'est parce qu'il a été blessé. Pourquoi Holmes soutient-il ça ? Parce que Watson tient son bras gauche avec une raideur qui n'est pas naturelle. Troisièmement, Watson revient des tropiques. Pourquoi Holmes soutient-il ça ? Parce que son visage est brun et que le brun n'est pas la couleur naturelle de sa peau. Pourquoi soutient-il cette dernière idée ? Parce que ses poignets sont blancs.

Finalement, Watson a vécu dans des conditions difficiles. Sur quoi Holmes se base-t-il pour affirmer cela ? Sur le fait que sa mine n'est pas brillante.

Il est à noter qu'il arrive que l'on puisse rendre compte d'une argumentation de plusieurs façons légèrement différentes. Ce n'est pas surprenant. Lorsque l'on établit une légende et que l'on schématise une argumentation, on tente de reconstituer le fil des pensées de quelqu'un : ce n'est pas une mince affaire. L'interprétation d'un texte dépend à la fois du texte lui-même et des connaissances du lecteur : un point de vue différent ou des connaissances d'arrière-plan différentes pourront amener deux personnes rigoureuses à construire une légende ou à schématiser un peu différemment un même texte argumentatif. En discutant de leurs interprétations respectives, il se peut fort bien que l'une des deux personnes convainque l'autre de la supériorité de son analyse. Il peut aussi arriver qu'une telle discussion montre que les deux interprétations sont problématiques ou encore qu'elles sont toutes deux possibles et qu'il faudrait posséder des éléments supplémentaires pour déterminer laquelle est la plus valable[12]. Si vous constatez que votre façon d'analyser une argumentation diffère de celle qui est présentée dans ce livre ou de celle d'autres lecteurs, cherchez à comprendre pourquoi. Cela vous permettra d'approfondir votre compréhension de ce texte argumentatif et de votre façon de l'analyser.

4.7 Les avantages du schéma en arbre

Au début, il est assez difficile de faire de bons schémas en arbre. C'est pourquoi les avantages du schéma en arbre ne paraissent pas toujours très évidents. Voici les principaux.

Construction du plan logique

Premièrement, le schéma en arbre permet de *condenser un texte* ou *un discours*, de le résumer, d'en faire un plan logique, Ainsi, au lieu d'avoir affaire à une page entière de texte, on n'aura qu'à manipuler quelques prémisses et une conclusion.

---

12. Par exemple, un différend portant sur l'interprétation à donner à un texte ancien pourra mener à la recherche d'éléments supplémentaires qui permettront de répondre à des questions de ce genre : « Cet auteur, étant donné ce que l'on sait de sa façon de voir les choses telle que nous l'ont révélé ses autres écrits, pourrait-il vraiment, ici, avoir voulu dire cela ? » ou « Un auteur de cette époque aurait-il vraiment pu penser en ces termes ? » Les réponses à de telles questions pourraient montrer la supériorité d'une des interprétations.

Compréhension du sens d'une argumentation

Deuxièmement, la présentation visuelle du schéma en arbre permet de *voir rapidement et de façon globale le sens de l'argumentation*, de voir les connexions entre les éléments de celle-ci. De cette façon, on peut découvrir plus facilement où se situe la force ou la faiblesse d'une argumentation.

Aide à l'évaluation d'une argumentation

Troisièmement, le schéma en arbre permet de *saisir rapidement les conséquences sur la valeur globale d'une argumentation de la présence de prémisses douteuses, contestées ou inacceptables*, ou encore de liens qui ne sont pas solides.

Supposons que l'on ait affaire au schéma suivant :

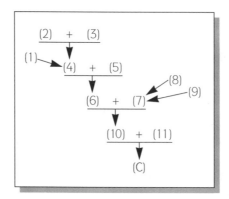

Il nous fournit les renseignements suivants.

a) La structure de l'argumentation montre que la prémisse (11), tout comme la prémisse (5) d'ailleurs, est plus importante que la prémisse (1) ou les prémisses (8) et (9). Elle joue en effet un rôle essentiel : si elle ne tient pas, la conclusion n'est plus soutenue par l'argumentation.

b) Si vous voulez contester la conclusion de cette argumentation, et que vous trouvez les prémisses (11) et (3) aussi douteuses l'une que l'autre et aussi faciles à critiquer, il vaudrait sans doute mieux vous en prendre d'abord à (11), quitte à revenir sur (3) par la suite, parce que (11) n'est nullement défendue dans l'argumentation et est essentielle à l'argumentation tandis que (4) peut être soutenue par (1) si (3) ne tient plus. Pour des raisons semblables, il serait probablement préférable de concentrer vos critiques sur (11) plutôt que sur (8).

Voici une erreur fréquente que l'on trouve dans des travaux d'étudiants. En lisant un texte argumentatif, un étudiant a trouvé que la prémisse (9) était incorrecte.

En rédigeant son travail, il met beaucoup d'énergie à la critique de (9) et ne se préoccupe presque pas du reste de l'argumentation. Étant donné que (9) n'a pas un rôle central dans l'argumentation (à moins que l'étudiant n'ait préalablement montré que (8) ne tient pas et que (7) se doit d'être défendue), sa critique, même si elle est exacte, est très incomplète.

Aide à la rédaction

Quatrièmement, les schémas en arbre peuvent vous aider à réaliser vos travaux dans d'autres disciplines. Supposons que vous ayez à faire, en histoire, un travail où vous devez résumer et critiquer un article portant sur la guerre du Vietnam. En suivant la méthode donnée plus haut, vous faites un schéma en arbre de l'argumentation contenue dans l'article. Supposons que cette argumentation ressemble à celle que nous venons tout juste de schématiser. Votre résumé ne serait pas difficile à faire. Il donnerait quelque chose du genre : « En partant de (2) et (3), l'auteur arrive à (4). Il donne aussi une autre raison pour (4), c'est (1). Puis, il ajoute (5) à (4) et établit que (6). Une fois (6) établie, l'auteur ajoute (7), qu'il appuie sur (8) ainsi que sur (9). L'auteur justifie (10) à l'aide de (6) et de (7). Finalement, il conclut que (C) sur la base de (10) et de (11). » Puis, pour la partie critique de votre travail, vous examineriez si les liens entre les prémisses sont solides, si chacune d'elles est suffisamment défendue, etc. Si vous vous apercevez, par exemple, que l'argumentation et bonne, mais que (4) et (5) sont mal défendues et sont fragiles, vous pourriez dire : « L'argumentation est bonne, sauf qu'elle repose de façon essentielle sur (6) et que (6) n'est pas très bien défendue. En effet, il n'est pas établi que (4) soit vraie ni que (5) soit acceptable. »

Dans un bon rapport d'expérience de chimie, de psychologie ou de physique, c'est aussi ce qu'on fait. On présente les hypothèses, les théories ou les lois que l'on veut vérifier ou réfuter. On décrit le dispositif expérimental que l'on va utiliser, les mesures que l'on a effectuées, puis, on indique comment on a comparé les résultats théoriques aux résultats expérimentaux, comment on a établi le calcul d'erreur, etc., afin que le lecteur puisse retracer toutes les étapes qui font qu'on en arrive à une conclusion précise. Un article spécialisé de chimie, de biologie, d'économique, de psychologie, de physique, d'anthropologie, de sociologie ou de géologie, c'est en quelque sorte un schéma en arbre auquel on ajoute un peu de chair, pour qu'il soit plus facilement lisible, mais pas trop, pour que la structure de l'argumentation reste évidente.

RÉSUMÉ

1. Un *schéma en arbre* est un moyen de représenter schématiquement une argumentation ; d'en prendre, en quelque sorte, une radiographie.

2. Lorsque les *prémisses* d'une argumentation sont *indépendantes*, cela veut dire que chacune d'elles, prise isolément, mène à la conclusion dans l'esprit de l'auteur de l'argumentation. On les représente ainsi :

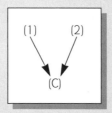

3. Au contraire, lorsque les *prémisses* d'une argumentation sont *liées*, cela veut dire qu'elles forment un seul élément de preuve dans l'esprit de l'auteur de l'argumentation et qu'elles mènent *ensemble* à la conclusion. On les représente ainsi :

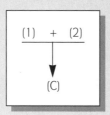

4. Une *argumentation à enchaînement* est une argumentation qui comporte des conclusions intermédiaires. Le passage des prémisses à la conclusion se fait donc par étapes.

Remarque finale : La capacité de faire des schémas en arbre est une habileté qui se cultive. On n'apprend pas à faire des schémas en arbre en lisant sur le sujet : tout comme le piano ne s'apprend qu'en jouant, la capacité de faire des schémas en arbre ne s'acquiert qu'en pratiquant.

MATIÈRE À RÉFLEXION

Faut-il interpréter de façon charitable ? Non, il faut être juste !

Certains prétendent que, lorsqu'on fait la légende d'une argumentation, il faut toujours être le plus *charitable* possible et interpréter de la meilleure façon possible les propos d'autrui, en voulant dire par là qu'il faut toujours choisir *l'interprétation de leurs propos qui rend l'argumentation la meilleure possible*. Une telle façon de procéder est bien entendu inacceptable, comme l'ont souligné plusieurs philosophes. Elle nous amènerait à donner *systématiquement* un sens figuré ou à apporter des nuances à des propos racistes ou sexistes, ou encore à des propos qui contiennent des erreurs d'argumentation. Par contre, il va de soi qu'il faut chercher à adopter *l'interprétation la plus fidèle* à la pensée de l'auteur de l'argumentation, celle qui est la plus juste[13]. Il en découle que nous ne devons pas déformer les intentions des auteurs d'argumentations ou en donner des interprétations qui les trahissent. Mais il serait inacceptable de privilégier *systématiquement l'interprétation qui rend l'argumentation la meilleure possible*. Il y a une différence entre l'attitude raisonnable qui consiste à chercher l'interprétation la plus fidèle possible et celle qui consiste à privilégier l'interprétation qui rend l'argumentation la meilleure possible.

• • •

À tort ou à raison

Dans ce court texte de l'humoriste français Raymond Devos, on trouve une réflexion alambiquée dont la lecture est si laborieuse qu'elle nous fait sentir que notre compréhension des textes argumentatifs repose sur quelque chose qui s'apparente à un schéma en arbre.

«On ne sait jamais qui a raison et qui a tort. C'est difficile de juger. Moi, j'ai longtemps donné raison à tout le monde. Jusqu'au jour où je me suis aperçu que la plupart des gens à qui je donnais raison avaient tort ! Donc, j'avais raison ! Par conséquent, j'avais

---

13. Notre connaissance de l'auteur ou du contexte dans lequel se trouve l'argumentation peut d'ailleurs nous fournir des indices essentiels pour nous amener à choisir une interprétation plutôt qu'une autre. Et, *parfois*, il s'agira d'une interprétation qui accordera un sens figuré à certaines expressions ou à certaines tournures ou encore d'une interprétation qui nuancera les propos de l'auteur.

tort! Tort de donner raison à des gens qui avaient le tort de croire qu'ils avaient raison. C'est-à-dire que moi qui n'avais pas tort, je n'avais aucune raison de ne pas donner tort à des gens qui prétendaient avoir raison, alors qu'ils avaient tort. J'ai raison, non ? Puisqu'ils avaient tort! Et sans raison, encore! Là, j'insiste, parce que... moi aussi, il arrive que j'aie tort. Mais quand j'ai tort, j'ai mes raisons, que je ne donne pas. Ce serait reconnaître mes torts!!! J'ai raison non ? Remarquez... il m'arrive de donner raison à des gens qui ont raison aussi. Mais, là encore, c'est un tort. C'est comme si je donnais tort à des gens qui ont tort. Il n'y a pas de raison! En résumé, je crois qu'on a toujours tort d'essayer d'avoir raison devant des gens qui ont toutes les bonnes raisons de croire qu'ils n'ont pas tort[14]! »

---

14. Raymond Devos, *Sens dessus dessous*, Paris, Stock, 1976, p. 123.

1. « Le cerveau humain (qui pèse environ 1500 grammes) n'est pas le plus gros du règne animal (C). Le cerveau de l'éléphant pèse 2500 grammes (1). Le cerveau des grosses baleines pèse environ 8000 grammes (2). »

Lequel des schémas en arbre suivants représente le mieux l'argumentation qui précède ? Pourquoi les autres schémas la représentent-ils mal ?

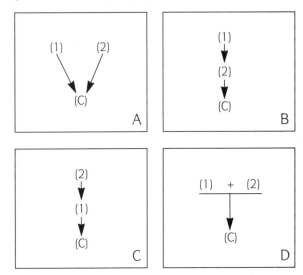

2. « Il est juste que les stéroïdes et autres drogues soient interdits aux Jeux olympiques (C). S'ils ne l'étaient pas, les compétitions ne seraient pas équitables (1) et les athlètes se ruineraient la santé en se préparant pour les Jeux (2). »

Lequel des schémas en arbre suivants représente le mieux l'argumentation qui précède ? Pourquoi les autres schémas la représentent-ils mal ?

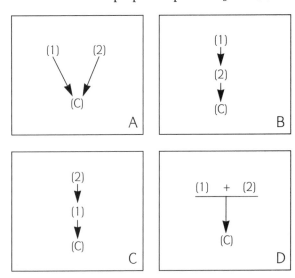

3. « De nos jours, la démocratie est en péril (C). Bien des gens votent sans réfléchir (1). Si les gens ne réfléchissent pas avant de voter, la démocratie perd une
grande partie de son attrait (2). »

Lequel des schémas
en arbre suivants
représente le mieux
l'argumentation qui
précède ? Pourquoi
les autres schémas la
représentent-ils mal ?

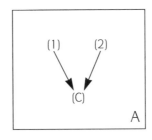

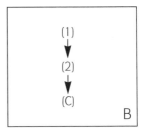

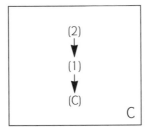

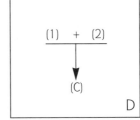

4. « On ne doit pas tolérer les racistes (C). Les racistes sont des intolérants (1).
On ne doit pas tolérer les intolérants (2)[15]. »

Lequel des schémas
en arbre suivants
représente le mieux
l'argumentation qui
précède ? Pourquoi
les autres schémas la
représentent-ils mal ?

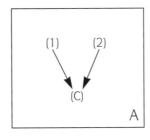

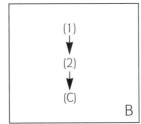

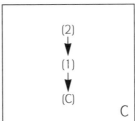

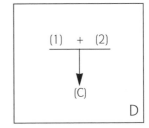

_____

15. Notez que cette argumentation a un côté paradoxal !

5. « Britten est un plus grand compositeur que Walton (C). Ses œuvres sont davantage jouées (1). On peut juger de la valeur d'un compositeur sur la base de la fréquence à laquelle ses œuvres sont jouées (2). »

Lequel des schémas en arbre suivants représente le mieux l'argumentation qui précède ? Pourquoi les autres schémas la représentent-ils mal ?

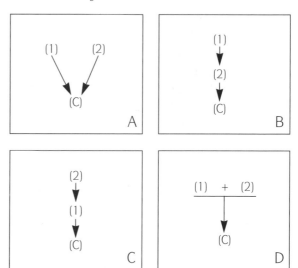

6. « La sociologie est peu connue du grand public (C). Pareto, Weber, Parsons et Sorokin comptent parmi les sociologues les plus importants du siècle (1). Bien peu de gens les connaissent (2). »

Lequel des schémas en arbre suivants représente le mieux l'argumentation qui précède ? Pourquoi les autres schémas la représentent-ils mal ?

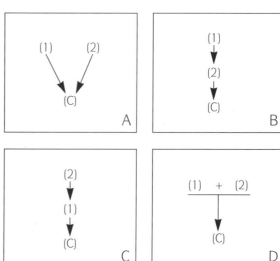

7. « Si ton hypothèse est vraie, on devrait trouver des traces du passage de l'assassin près de la fenêtre (1). Or il n'y a pas de traces du passage de l'assassin près de la fenêtre (2). Ton hypothèse rencontre donc une difficulté (C). »

Lequel des schémas en arbre suivants représente le mieux l'argumentation qui précède ? Pourquoi les autres schémas la représentent-ils mal ?

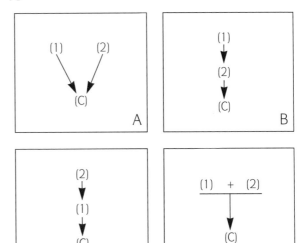

8. « On devrait réduire de moitié la vitesse maximale permise sur les routes (C). Si on le faisait, on sauverait des vies (1). Or le respect de la vie est une chose sacrée (2). »

Lequel des schémas en arbre suivants représente le mieux l'argumentation qui précède ? Pourquoi les autres schémas la représentent-ils mal ?

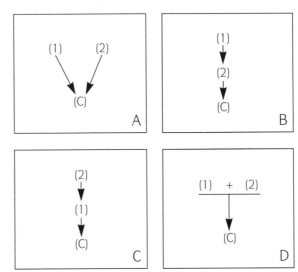

9. « Les changements sociaux peuvent être très rapides parfois (C). La situation des femmes s'est modifiée radicalement en une vingtaine d'années dans nos sociétés (1). Au cours des dernières décennies, l'Église a perdu une grande part de son pouvoir (2). »

Lequel des schémas en arbre suivants représente le mieux l'argumentation qui précède ? Pourquoi les autres schémas la représentent-ils mal ?

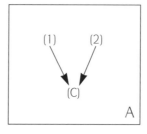

A

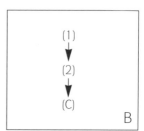

B

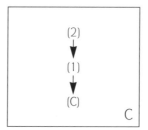

C

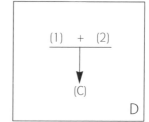

D

10. « Darwin est un personnage historique important (C). Sa théorie a révolutionné la biologie (1). Avant lui, peu de biologistes croyaient possible l'évolution des espèces (2). Après qu'il eut publié sa théorie, peu de biologistes ont cru impossible l'évolution des espèces (3). »

Lequel des schémas en arbre suivants représente le mieux l'argumentation qui précède ? Pourquoi les autres schémas la représentent-ils mal ?

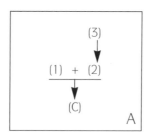

A

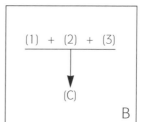

B

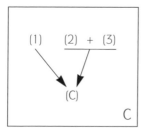

C

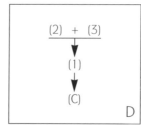

D

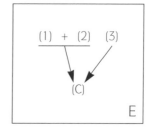

E

11. « Plusieurs oiseaux effectuent une part importante de leur migration pendant la nuit, au-dessus des océans, et ne se perdent pas (1). Au-dessus des océans, il n'y a pas de repères topographiques (2). Les repères topographiques ne peuvent donc être les seuls indices utilisés par les oiseaux dans leurs migrations (3). Trois éléments seraient susceptibles de guider les oiseaux dans leur migration : les repères topographiques, le champ magnétique terrestre et la position des étoiles (4). Les oiseaux se guident probablement, au moins en partie, sur le champ magnétique terrestre ou sur la position des étoiles dans leur migration (C). »

Lequel des schémas en arbre suivants représente le mieux l'argumentation qui précède ? Pourquoi les autres schémas la représentent-ils mal ?

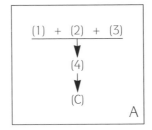

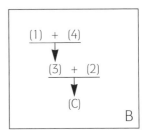

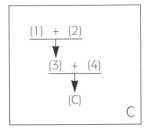

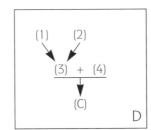

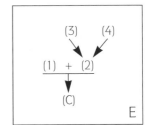

12. Si l'on ajoutait la prémisse suivante à l'argumentation présentée à l'exercice 7, quel schéma en arbre en résulterait ?

« Ton hypothèse est que l'assassin est entré par la fenêtre après avoir rampé sur plus de dix mètres dans un champ de boue (3). »

13. Si l'on ajoutait les prémisses suivantes à l'argumentation présentée à l'exercice 8, quel schéma en arbre en résulterait ?

« Si les automobiles circulaient à une vitesse moins élevée, il y aurait moins d'accidents (3). »

« Si les automobiles circulaient à une vitesse moins élevée, il y aurait moins de pollution par les gaz d'échappement (4). »

14. Si l'on ajoutait les prémisses suivantes à l'argumentation présentée à l'exercice 9, quel schéma en arbre en résulterait ?

« Il y a vingt-cinq ans, dans nos sociétés, les femmes n'avaient pas pleinement accès au marché du travail (3). »

« Il y a vingt-cinq ans, dans nos sociétés, les femmes étaient loin d'avoir le pouvoir politique qu'elles ont de nos jours (4). »

15. Si l'on ajoutait les prémisses suivantes à l'argumentation présentée dans l'exemple 13 (p. 135), quel schéma en arbre en résulterait ?

« Tous admettent que la discrimination raciale est immorale (5). »

« La discrimination raciale est immorale » est un jugement d'évaluateur (6). »

16. Si l'on ajoutait également les prémisses suivantes à l'argumentation présentée dans l'exemple 13 (p. 135), quel schéma en arbre en résulterait ?

« Nous ne serions pas tous d'accord pour dire que les extraterrestres n'existent pas (7). »

« "Les extraterrestres n'existent pas" est un jugement d'observateur (8). »

17. « Il n'est pas vrai que la constitution américaine de 1787 était un chef-d'œuvre, qu'elle était parfaite (C). Si on l'examine bien, on s'aperçoit que, dans son fondement même, elle était gravement déficiente (1). La majorité des gens n'avaient pas le droit de vote (2). En effet, les Noirs n'avaient pas le droit de vote (3). Les femmes n'avaient pas le droit de vote non plus (4)[16]. »

Lequel des schémas en arbre suivants représente le mieux l'argumentation qui précède ? Pourquoi les autres schémas la représentent-ils mal ?

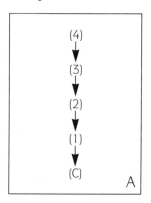

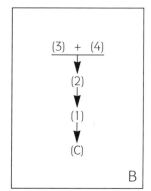

---

16. Adaptation d'un texte de Thurgood Marshall, juge à la Cour suprême des États-Unis, paru dans la revue *Harper's* (juillet 1987, p. 17).

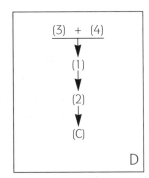

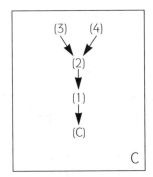

18. « La peine de mort devrait être réinstaurée (C) parce qu'elle est une bonne chose (1). Elle est une bonne chose parce que le principe « œil pour œil, dent pour dent » est un principe qui est à la base de notre société (2). De plus, la peine de mort a un effet dissuasif (3) et la société doit protéger ses citoyens (4). La mort est le châtiment approprié pour certains crimes particulièrement crapuleux (5). Finalement, la peine de mort viderait les prisons (6) et, puisque celles-ci coûtent cher à la population (7), on ferait ainsi épargner de l'argent à la société (8). »

Lequel des schémas en arbre suivants représente le mieux l'argumentation qui précède ? Pourquoi les autres schémas la représentent-ils mal ?

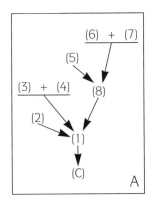

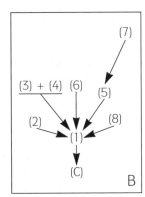

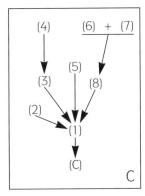

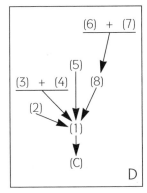

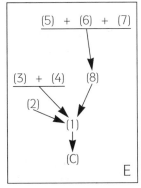

19. « Les gens pensent habituellement que les nids des oiseaux sont leurs "maisons" (1). Mais on ne peut pas dire que les nids des oiseaux soient des "maisons" (C). Une composante centrale du sens du terme "maisons" est qu'il s'agit d'un endroit où l'on passe une bonne partie de son temps et où l'on dort habituellement (2). Or les oiseaux, pendant une bonne partie de l'année, ne dorment pas dans leur nid ou n'y vont presque jamais (3)[17]. »

Attention : un des jugements de ce court texte ne fait pas partie de l'argumentation !

Lequel des schémas en arbre suivants représente le mieux l'argumentation qui précède ? Pourquoi les autres schémas la représentent-ils mal ?

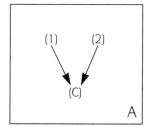

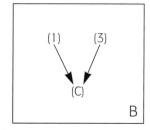

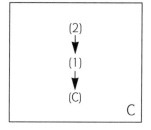

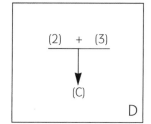

---

17. *Bird Watcher's Digest*, mai 1988, p. 86.

20a. «*Marie*: La démocratie est une bonne chose (C) puisqu'elle mène toujours à de bonnes décisions (1) et que l'organisation d'une société doit viser à ce que l'on prenne de bonnes décisions (2). »

Lequel des schémas en arbre suivants représente le mieux l'argumentation qui précède ? Pourquoi les autres schémas la représentent-ils mal ?

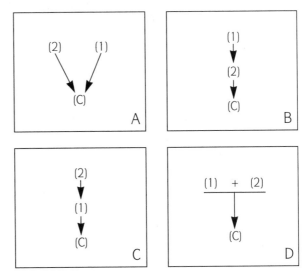

20b. «*Nathalie*: Si la population est mal informée, elle pourra prendre de mauvaises décisions politiques (1). Par conséquent, la démocratie ne mène pas toujours à de bonnes décisions (2). Ton argumentation repose sur cette idée (3). Ta conclusion ne tient donc plus (C). »

Lequel des schémas en arbre suivants représente le mieux l'argumentation qui précède ? Pourquoi les autres schémas la représentent-ils mal ?

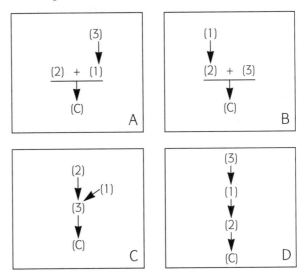

21*a*. «*Marie*: L'économique n'est pas une science (C) puisque les économistes ne sont pas capables d'empêcher les crises économiques que connaissent de temps à autre nos sociétés (1) et puisqu'une discipline n'est scientifique que si elle permet de régler les plus gros problèmes qui relèvent de son domaine d'étude (2). »

Lequel des schémas en arbre suivants représente le mieux l'argumentation qui précède ? Pourquoi les autres schémas la représentent-ils mal ?

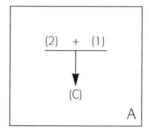

A

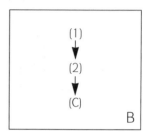

B

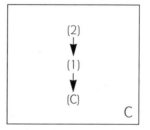

C

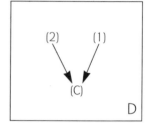

D

21*b*. «*Nathalie*: Une de tes prémisses est fausse (C). On ne dit pas que la psychologie n'est pas une science parce qu'il y a beaucoup de personnes dépressives (1). On ne dit pas que la géologie n'est pas une science à cause de la crise du pétrole (2). »

Lequel des schémas en arbre suivants représente le mieux l'argumentation qui précède ? Pourquoi les autres schémas la représentent-ils mal ?

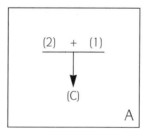

A

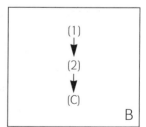

B

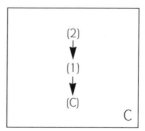

C

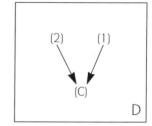

D

22*a.* «*Marie* : Les morales varient d'une culture à l'autre (1). Quand les opinions varient beaucoup dans un domaine, on peut dire qu'il s'agit d'un domaine où tout est subjectif (2). Il n'y a donc pas d'objectivité en morale (C). »

Lequel des schémas en arbre suivants représente le mieux l'argumentation qui précède ? Pourquoi les autres schémas la représentent-ils mal ?

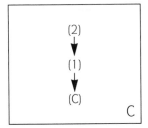

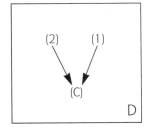

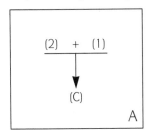

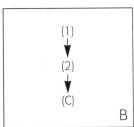

22*b.* « *Nathalie* : Il y a 3000 ans, les idées concernant l'origine de la terre et de l'univers étaient très variées (1). S'il était vrai que "Quand les opinions varient beaucoup dans un domaine, on peut dire qu'il s'agit d'un domaine où tout est subjectif", cela voudrait dire qu'il aurait été justifié de croire, il y a 3000 ans, que la géologie et l'astronomie étaient des domaines où tout est subjectif (2). On sait très bien que ce n'était pas le cas (3). Donc, le principe d'où tu partais est faux (4). Étant donné que ce principe est essentiel pour soutenir ta conclusion (5), celle-ci ne tient plus (C). »

Lequel des schémas en arbre suivants représente le mieux l'argumentation qui précède ? Pourquoi les autres schémas la représentent-ils mal ?

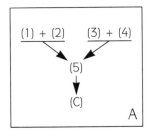

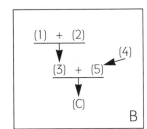

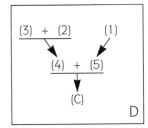

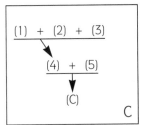

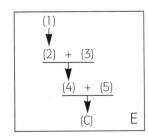

23. « On ne doit pas manger de viande (C) parce qu'il ne faut pas encourager les méthodes actuelles d'élevage (1). On ne doit pas faire souffrir inutilement les animaux (2) et les méthodes actuelles d'élevage les font souffrir inutilement (3). »

Lequel des schémas en arbre suivants représente le mieux l'argumentation qui précède ? Pourquoi les autres schémas la représentent-ils mal ?

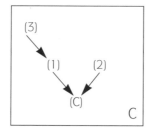

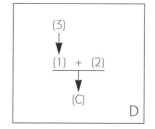

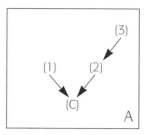

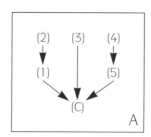

24. « Examine toutes les données ! Oswald n'était pas un bon tireur (1) ; il n'aurait pas pu tirer, charger et tirer un autre coup avec précision, en six secondes (2). De plus, plusieurs témoins prétendent avoir entendu les coups de feu en provenance de la pelouse plutôt que du haut de l'édifice où se trouvait Oswald (3). [...] Le film de l'assassinat, par ailleurs, montre de façon évidente que la tête de Kennedy bougea violemment vers l'arrière (4), ce qui indique que le coup venait de l'avant du véhicule plutôt que d'en haut où était Oswald (5). J'en conclus qu'Oswald n'a pas pu être le seul assassin du président Kennedy (C)[18]. »

Lequel des schémas en arbre suivants représente le mieux l'argumentation qui précède ? Pourquoi les autres schémas la représentent-ils mal ?

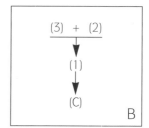

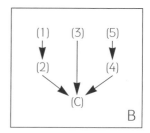

---

18. Cet exemple traite de l'assassinat de John Kennedy en 1963 (Barrie A. Wilson, *The Anatomy of Argument*, Lanham, University Press of America, 1986, p. 28).

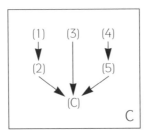

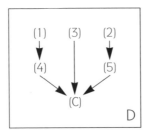

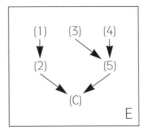

25. « Le revenu net moyen des familles dirigées par une femme en 1980, aux États-Unis, était de 10 858 $ (1)[19]. En 1985, ce revenu était passé à 10 309 $ (2)[20]. Il y a donc eu une baisse du revenu net moyen de ces familles (3). Une baisse de revenu, pour cette catégorie de la population, est une source importante de misère (4). Il faut donc faire quelque chose (5). Le meilleur moyen d'aider ces familles est de leur accorder des exemptions fiscales (6). On doit donc leur accorder des exemptions fiscales (C). »

Lequel des schémas en arbre suivants représente le mieux l'argumentation qui précède ? Pourquoi les autres schémas la représentent-ils mal ?

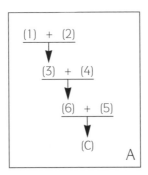

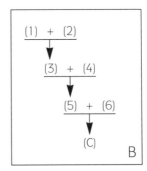

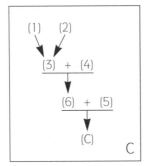

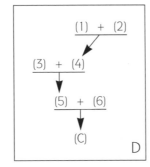

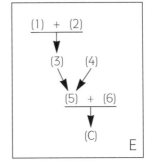

19. *Harper's Index*, Harper's, New York, novembre 1987, p. 17.

20. *Loc cit.*

26. « Le parti au pouvoir avait promis de ne pas hausser les frais de scolarité (1) et, dans nos sociétés, il est important que les partis politiques respectent leurs engagements (2). De plus, l'éducation gratuite est un élément crucial pour que les gens aient des chances égales dans la vie (3), et le principe des chances égales est à la base de nos institutions sociales (4). Le projet de hausse des frais de scolarité est donc dangereux (5) ; par conséquent, les étudiants doivent faire la grève(C), puisque c'est le seul moyen de pression qu'ils possèdent (6). »

Lequel des schémas en arbre suivants représente le mieux l'argumentation qui précède ? Pourquoi les autres schémas la représentent-ils mal ?

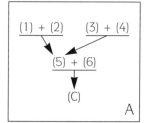

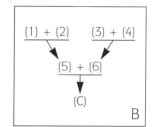

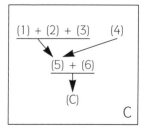

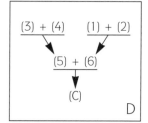

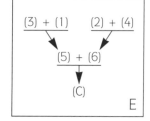

27. Le texte suivant représente une argumentation qui était répandue au Moyen Âge et dont Nicolas Oresme (v. 1320-1382) montra les faiblesses[21].

« C'est le soleil, pas la terre qui semble tourner. Si la terre tournait, cela donnerait naissance à des vents violents. Or, ces vents n'existent pas. De plus, dans la Bible, on dit que Dieu a ordonné au *soleil* d'arrêter sa course. Puisqu'il faut interpréter la Bible à la lettre et que tout ce qui est écrit dans la Bible est vrai, il s'ensuit que c'est le soleil qui tourne, pas la terre. »

Voici la légende de cette argumentation :

(1) C'est le soleil, pas la terre qui semble tourner.

(2) Si la terre tournait, cela donnerait naissance à des vents violents.

---

21. Stephen Toulmin et June Goodfield, *The Fabric of Heavens*, Harmondsworth, Penguin, 1961, p. 181-186.

(3) Ces vents n'existent pas.

(4) Dans la Bible, il est écrit que Dieu a ordonné au soleil d'arrêter sa course.

(5) Il faut interpréter la Bible à la lettre.

(6) Tout ce qui est écrit dans la Bible est vrai.

(C) C'est le soleil qui tourne, pas la terre.

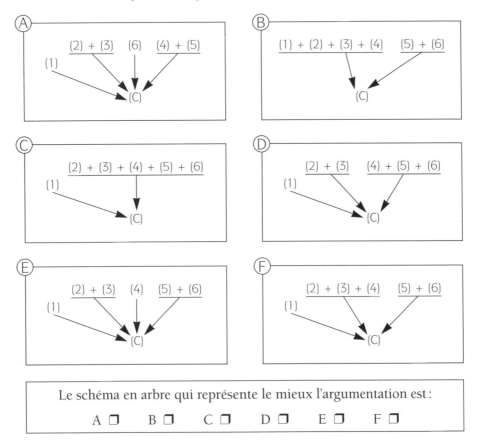

Le schéma en arbre qui représente le mieux l'argumentation est :

A ☐   B ☐   C ☐   D ☐   E ☐   F ☐

28. L'extrait qui suit est tiré d'un ouvrage publié en 1632 par le philosophe tchèque Comenius (1592-1670).

« Il est incorrect d'enseigner ce qui est inconnu des étudiants au moyen de choses qui sont elles aussi inconnues. [...] Il s'ensuit que la matière enseignée doit être organisée de manière à ce que les étudiants s'approprient en premier lieu ce qui est plus proche de leur vision mentale, puis ce qui en est plus éloigné. Par conséquent, si des étudiants se font enseigner une matière pour la première fois (comme, par exemple, la logique ou la rhétorique), les illustrations utilisées par le professeur ne devraient pas être tirées de domaines qui ne peuvent être saisis par les étudiants comme la théologie, la politique ou la poésie, mais devraient plutôt être tirées des événements de la vie quotidienne[22]. »

On peut diviser cette argumentation en deux, puisqu'il y a deux conclusions (on pourrait aussi formuler une conclusion plus complexe qui les combinerait) :

Première légende:

(1) La matière enseignée doit être organisée de manière à ce que les étudiants s'approprient en premier lieu ce qui est plus proche de leur vision mentale, puis ce qui en est plus éloigné.

(2) Il est incorrect d'enseigner ce qui est inconnu des étudiants au moyen de choses qui sont elles aussi inconnues.

(3) La théologie, la politique ou la poésie sont des domaines peu connus des étudiants.

(C) Si des étudiants se font enseigner une matière comme la logique ou la rhétorique pour la première fois, les illustrations utilisées par le professeur ne devraient pas être tirées de domaines comme la théologie, la politique ou la poésie.

Deuxième légende:

(1) La matière enseignée doit être organisée de manière à ce que les étudiants s'approprient, en premier lieu, ce qui est plus proche de leur vision mentale puis ce qui en est plus éloigné.

(2) Il est incorrect d'enseigner ce qui est inconnu des étudiants au moyen de choses qui sont elles aussi inconnues.

<3> Les événements de la vie quotidienne sont une sphère d'activité connue des étudiants[23].

(C) Si des étudiants se font enseigner une matière comme la logique ou la rhétorique pour la première fois, les illustrations utilisées par le professeur devraient être tirées des événements de la vie quotidienne.

Quel serait le schéma en arbre de chacune de ces argumentations ?

---

22. John Amos Comenius, éd. par M. W. Keatinge, New York, Russell & Russell, 1967, chap. 17, principe 4, p. 134-135.

23. Cette prémisse est implicite. Dans les légendes, nous notons les prémisses implicites de la façon suivante : <3>.

29. Le texte suivant, si on l'analyse d'un point de vue argumentatif, procède avant tout de manière implicite : la conclusion est implicite et les prémisses sont *cachées* derrière une histoire fictive. Faites la légende et le schéma de l'argumentation que vous pensez pouvoir lire dans l'esprit de l'auteur de ce texte.

> *Les statistiques*
>
> Statistiquement parlant
> c'était une île riche
> revenu par habitant
> un million
> par an
>
> Bien sûr
> ce fut un choc d'apprendre
> que la moitié de la population
> avait péri de faim
> Statistiquement parlant
> c'était une île riche
>
> Une délégation
> par l'ONU dépêchée
> découvrit cependant
> que l'île était petite
> et contenait
> … deux habitants
> Les deux habitants n'étaient pas millionnaires
> comme on eût pu le croire
>
> Le revenu par an
> du propriétaire de l'île
> était de deux millions
> L'autre
> qui lui servait
> de cuisinier/chauffeur/cireur
> maître d'hôtel/jardinier/serviteur
> manœuvre/ouvrier agricole
> nègre à tout faire, etc. etc.
> était celui-là même
> mort récemment
> de malnutrition
>
> Statistiquement parlant
> c'était une île riche
> revenu par habitant
> un million
> par an
>
> — Cecil Rajendra[24]

---

24. *Lettre internationale,* n° 9, été 1986, p. 17.

30. L'argumentation suivante est d'un anthropologue. Faites-en la légende et le schéma en arbre. Tenez-vous-en aux grandes lignes de l'argumentation, mais retenez bien tous les points que l'auteur considérerait, selon vous, comme essentiels. On peut y arriver avec moins de dix prémisses.

L'achat d'objets archéologiques est-il justifiable ?

Certes, tous ces objets anciens sont fascinants et souvent magnifiques. De fait, ils peuvent nous raconter des histoires passionnantes sur eux-mêmes et sur ceux qui les ont fabriqués… à condition de leur laisser une chance de parler. En elle-même, une poterie ne dit pas grand-chose. À quel endroit et à quelle époque a-t-elle été fabriquée ? Quel usage en faisait-on ? Appartenait-elle à une femme, à un homme ou à un enfant ? Quel âge avait son propriétaire ? Était-il riche ou pauvre ? S'agissait-il d'un chef de tribu, d'une femme exerçant une autorité matriarcale ou d'un sorcier ? Cette personne était-elle malade ou en bonne santé ? Quelles étaient ses croyances religieuses ? La poterie ne peut à elle seule répondre à toutes ces questions. Elle ne parlera que si nous connaissons exactement et dans les moindres détails sa provenance, les conditions dans lesquelles elle a été découverte, la nature des autres vestiges trouvés au même endroit et l'emplacement de chacun de ces objets les uns par rapport aux autres. Or, on ne peut obtenir tous ces renseignements que si le site est fouillé méthodiquement, les documents recueillis et compilés avec soin, et l'intégrité des collections préservée. Malheureusement, les vestiges archéologiques que l'on trouve sur le marché proviennent le plus souvent de pillages. Autrement dit, ils ont été déterrés par des gens qui n'ont enregistré aucun élément d'information concernant le contexte de leur découverte. Par conséquent, les pots et les pointes demeurent silencieux, et l'histoire fascinante qu'ils auraient pu nous raconter est perdue *pour toujours*.

Si vous recherchez des objets anciens, les pillards ne manqueront pas de vous en fournir, continuant ainsi de détruire des sites archéologiques et de disperser les collections qui s'y trouvent. Par contre, si vous refusez d'acheter ces objets, vous éliminerez la demande et contribuerez par le fait même à mettre fin au pillage de ces sites.

Bon nombre des objets archéologiques mis en vente proviennent de tombeaux. Il y a bien longtemps, et même pas si longtemps, les gens enterraient leurs parents et leurs amis dans ces tombeaux dans l'espoir que leurs restes reposent en paix et que leur sépulture soit respectée. Qu'éprouveriez-vous si un étranger venait creuser la tombe de votre mère dans le dessein de vendre ses ossements et les choses qui lui étaient chères ? Le respect des morts et des sentiments de leurs descendants exige que l'on ne fouille pas les lieux de sépulture et que l'on n'achète pas d'objets qui pourraient provenir de tels sites.

31. Dans l'*Illustration philosophique 1* (p. 283), on trouve le dialogue *Criton* de Platon. Faites la légende et le schéma en arbre des paragraphes 3 à 5 (argumentation de Criton) de ce dialogue.

32. Dans l'*Illustration philosophique 1* (p. 283), on trouve le dialogue *Criton* de Platon. Faites la légende et le schéma en arbre de l'argumentation de Socrate. Comme elle est passablement complexe, vous pouvez procéder par étapes. Dans un premier temps, faites un schéma grossier où vous résumez à grands traits, mais fidèlement, les diverses branches de l'argumentation de Socrate. Puis, graduellement, étoffez ce schéma initial.

33. Dans l'*Illustration philosophique 9* (p. 377), on trouve un texte de Condorcet sur le droit de vote des femmes. Schématisez l'ensemble de l'argumentation de Condorcet en reprenant chacun des points qui vous paraissent essentiels.

34. Répondez aux questions suivantes après avoir lu le texte de Beccaria qui se trouve dans l'*Illustration philosophique 8* (p. 371).

a) Quelle conclusion implicite peut-on tirer du paragraphe 3 ?

b) Schématisez l'argumentation qui se trouve au paragraphe 3.

c) Schématisez l'essentiel de l'argumentation que Beccaria développe dans les paragraphes 8 à 11.

d) Au paragraphe 12, diriez-vous que Beccaria a) reprend ce qu'il vient d'exposer, b) se contredit ou c) apporte un nouvel argument ? Justifiez votre réponse.

CHAPITRE 5

L'ÉVALUATION DES ARGUMENTATIONS

5.1 Le premier critère : la suffisance

5.2 Le deuxième critère : l'acceptabilité

5.3 L'acceptabilité et la prémisse implicite

5.4 L'évaluation des argumentations à enchaînement

5.5 Jusqu'où doit-on critiquer les prémisses d'une argumentation ?

Résumé

Matière à réflexion

Exercices

CHAPITRE 5 L'évaluation des argumentations

Le travail que nous avons fait jusqu'ici nous a permis de mettre au jour l'organisation (la structure) des argumentations. Nous passons maintenant à *l'évaluation* des argumentations. Une fois que l'on a schématisé une argumentation, il faut se poser la question : Cette argumentation est-elle bonne ? Pour qu'une argumentation soit bonne, il faut que ses prémisses soient acceptables et que les liens entre les jugements de l'argumentation soient suffisants.

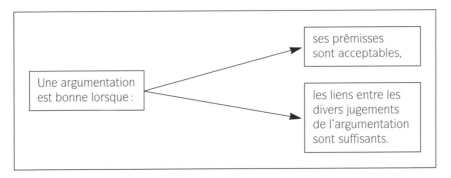

Examinons à tour de rôle ces deux critères qui servent à évaluer les argumentations.

5.1 Le premier critère : la suffisance

Le *critère de suffisance* concerne les *liens entre les divers jugements qui composent l'argumentation*. Lorsqu'un de ces liens est faible, l'argumentation n'est pas solide. Lorsqu'il s'agit d'une argumentation simple, c'est-à-dire qui ne comporte pas d'enchaînements, l'argumentation respecte le critère de suffisance lorsque ses prémisses entraînent la conclusion[1].

Souvent, le lien entre les prémisses et la conclusion est insuffisant pour l'une des deux raisons suivantes :

1. Les prémisses ne donnent aucun poids à la conclusion.

2. Les prémisses donnent un certain poids à la conclusion, mais pas suffisamment.

---

1. Dans cette section et la suivante, nous traiterons des deux critères dans le contexte d'argumentations simples ; nous ne parlerons donc que de la suffisance des liens entre prémisse(s) et conclusion. Nous traiterons spécifiquement de l'évaluation des argumentations à enchaînement à la section 5.4.

Les argumentations qui ne respectent pas le critère de suffisance sont plus fréquentes qu'on ne le pense. Le chapitre 7 (*Les sophismes*) traitera de nombreux types d'argumentations qui ne le respectent pas. Pour l'instant, examinons un exemple de chacun des deux types généraux d'argumentations qui pèchent par insuffisance.

1. Premier type: *L'argumentation ne respecte pas le critère de suffisance parce que les prémisses ne donnent aucun poids à la conclusion.*

Le premier type est bien illustré par le dialogue présenté ci-haut: le fait que le ciel soit bleu et que le gazon soit vert ne donne aucun poids à la conclusion «les tigres sont carnivores»[2].

2. Deuxième type: *L'argumentation ne respecte pas le critère de suffisance parce que les prémisses ne donnent qu'un certain poids à la conclusion.*

Prenons l'exemple suivant:

Le prix de l'essence augmente. On peut dire par conséquent qu'il y a une pénurie d'essence[3].

---

2. Dans de tels cas, où même la pertinence fait défaut, on pourra dire à juste titre qu'il ne s'agit pas vraiment d'une argumentation.

3. L'analyse de cet exemple s'inspire de Wayne Grennan, *Argument Evaluation,* Lanham, University Press of America, 1984, p. 62.

La prémisse de cette argumentation donne un certain poids à la conclusion, contrairement à l'exemple précédent. Cependant, l'argumentation ne respecte pas le critère de suffisance. La raison en est que le prix de l'essence peut augmenter pour bien des raisons. En voici quelques-unes :

— une des taxes sur l'essence a été majorée ;

— les compagnies pétrolières ont augmenté leur marge de profit ;

— les pays producteurs ont augmenté leur marge de profit ;

— les propriétaires de stations-service ont augmenté leur marge de profit ;

— il y a une pénurie d'essence.

Le schéma qui suit résume la question.

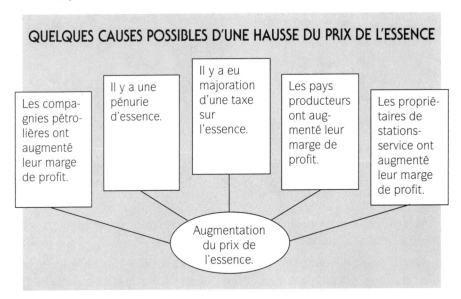

QUELQUES CAUSES POSSIBLES D'UNE HAUSSE DU PRIX DE L'ESSENCE

Pour que le lien entre la prémisse et la conclusion soit suffisant, il faudrait que l'augmentation du prix de l'essence soit dû à cette cause bien précise qu'est la pénurie. Il faudrait, par exemple, montrer que les données concernant les réserves d'essence confirment l'existence d'une pénurie, ou montrer que les autres facteurs n'ont pas pu jouer, c'est-à-dire qu'il n'y a pas eu d'augmentation de taxes, qu'il n'y a pas eu d'entente entre les producteurs pour fixer les prix, etc.

Examinons maintenant un exemple plus complexe. Il s'agit d'un dialogue argumentatif au cours duquel surgit la question de la suffisance.

Dialogue argumentatif sur la réincarnation

— *Étudiante*: Pourquoi ne croyez-vous pas à la réincarnation?

— *Professeur*: Parce que je n'ai aucune bonne raison d'y croire.

— *Étudiante*: Comment ça?

— *Professeur*: D'une part, je n'ai aucun élément de preuve m'indiquant que c'est possible et, deuxièmement, cela va plutôt à l'encontre de ce que l'on sait du monde physique et du monde biologique.

— *Étudiante*: Eh bien, moi j'ai déjà revécu une de mes vies antérieures.

— *Professeur*: Ça m'étonnerait.

— *Étudiante*: Vous semblez être bien borné, monsieur. Écoutez mon histoire avant de porter un jugement aussi catégorique.

— *Professeur*: D'accord, c'est d'ailleurs ce que je conseille toujours de faire à mes étudiants.

— *Étudiante*: Bon. Il y a deux ans, je suis allée me faire hypnotiser. Ça a pris environ trois minutes et je me suis mise à voyager dans le temps. Je revivais des expériences qui m'étaient arrivées dans le passé, dans mon enfance et dans mes trois ou quatre premières années. Je sais que c'est réellement ce qui s'était alors passé, parce que ma mère a confirmé que ces événements avaient réellement eu lieu. Puis, soudain, je me suis retrouvée sur un pont, à Londres, au XIXe siècle. Je voyais la ville comme si j'y avais été et je reconnaissais vaguement certains visages. Puis, je me suis réveillée.

— *Professeur*: Hum. C'est intéressant. Voyons, comment sais-tu qu'il s'agissait bien de Londres?

— *Étudiante*: Quand j'ai eu décrit mon expérience à l'hypnotiseur, il a fouillé dans un de ses livres — il en avait beaucoup — et m'a demandé si ce n'était pas sur un de ces ponts que je m'étais retrouvée (il me montrait un livre sur Londres). Eh bien, c'était justement ce pont! J'avais donc vécu à Londres dans une vie antérieure!

— *Professeur*: N'allons pas trop vite. Tu disais que tu étais au XIXe siècle, comment as-tu fait pour le savoir?

— *Étudiante*: Je ne sais pas trop, mais c'est l'impression que j'avais.

— *Professeur*: Tes arguments sont insuffisants. Je ne nie pas du tout ce que tu prétends avoir vécu, mais il me semble que l'interprétation que tu en fais est injustifiée. On peut interpréter ton expérience de bien des façons. Lorsque tu revivais des expériences de ton enfance, tu pouvais tout simplement réactiver des événements qui sont mémorisés dans ton cerveau mais qui ne te sont pas accessibles en temps normal. Le fait que tu aies revécu des événements de ta petite enfance, puis, soudain, que tu te sois retrouvée à Londres (que tu aies eu cette impression) n'implique pas que tu revivais des événements qui t'étaient déjà arrivés, en reculant toujours dans le temps! Il se pourrait bien que tu te sois remémoré des événements personnels puis que, soudainement, tu te sois retrouvée dans le décor d'un film que tu as vu il y a deux ou trois ans et dont l'action se situait dans Londres, au XIXe siècle.

— *Étudiante* : C'est tiré par les cheveux!

— *Professeur* : Je n'ai pas l'impression que mon interprétation le soit davantage que la tienne. La mienne ne fait appel qu'à l'hypothèse d'un accès spécial à la mémoire lorsque le système nerveux est dans un état inhabituel. Je ne peux pas te prouver que j'ai raison, mais tu ne peux pas prouver que j'ai tort. Ton argumentation est donc insuffisante : ton expérience ne prouve pas que tu as revécu une de tes vies antérieures. Je ne suis donc pas déraisonnable en ne concluant pas à l'existence de la réincarnation à partir de ton témoignage.

— *Étudiante* : Mais c'est parce que vous mettez le fardeau de la preuve de mon côté! Vous non plus, vous ne pouvez pas prouver que le « décor » où je me retrouvais était celui d'un film que j'ai déjà vu.

— *Professeur* : Non, mais je ne tiens pas précisément à cette histoire de film. Ce que je dis, c'est que tu as pu avoir ce décor en mémoire à la suite du visionnement d'un film, de la lecture d'un livre ou bien d'une autre expérience. Et, de plus, tu aurais fort bien pu l'imaginer comme dans un rêve. Ou encore, l'hypnotiseur a pu te montrer son livre et te suggérer certains détails. Finalement, quant au fardeau de la preuve, c'est toi qui défends l'existence d'un phénomène qui semble, étant donné nos connaissances actuelles, difficile à admettre. Je n'ai pas dit que j'étais certain que cela n'existait pas; j'ai dit qu'à l'heure actuelle, compte tenu des éléments dont je dispose, je n'ai pas de bonnes raisons de croire à la réincarnation et j'ai une raison de ne pas y croire : cela va plutôt à l'encontre de ce que l'on sait du monde physique et du monde biologique.

— *Étudiante* : En tout cas, je vais y repenser…

Dans cet échange, le critère de suffisance est mis en cause parce que l'étudiante prétend pouvoir faire découler de l'expérience qu'elle a vécue le fait qu'elle « voyageait » dans le temps et se remémorait des vies antérieures. Selon le professeur, les prémisses de son argumentation sont *insuffisantes* pour justifier une telle conclusion.

Peut-on donner une méthode à suivre précise qui soit générale et qui nous permette de déterminer si une argumentation respecte ou non le critère de suffisance ? Ceux qui ont tenté de le faire jusqu'ici ont échoué et, si l'on y pense un peu, cela n'est pas surprenant. Est-il réaliste de s'attendre à ce qu'une méthode simple et réellement applicable puisse nous permettre de juger à tout coup de la suffisance d'argumentations se rapportant à des matières aussi diverses que a) des théories scientifiques provenant de divers domaines (chimie, histoire, etc.), b) des décisions fondamentales comme celles qui concernent le genre de vie que nous voulons mener, c) des décisions concernant des choses sans grande importance de notre vie quotidienne, d) des décisions se rapportant à des réformes politiques ou sociales, qu'elles soient majeures ou d'importance moindre[4], e) des évaluations juridiques[5], etc. Il s'agit là de questions tellement disparates qu'il n'est pas surprenant qu'il n'y ait pas de « recettes magiques ». Il faut plutôt se placer en « mode réflexif » et se servir de ses capacités critiques générales, ou encore se familiariser avec les différents domaines où s'exerce la réflexion humaine. L'apprentissage de la pensée critique ne dispense pas de penser. Il ne s'agit pas ici de recettes ; il s'agit d'outils, qui facilitent notre travail mais ne nous dispensent pas de travailler[6].

Vous trouverez à la fin de ce chapitre une série d'exercices qui vous permettront d'appliquer le critère de suffisance ainsi que le critère d'acceptabilité. Nous reviendrons sur le critère de suffisance au chapitre 7, qui porte sur les sophismes. En effet, l'analyse des erreurs d'argumentation les plus fréquentes implique nécessairement l'application du critère de suffisance. Le chapitre 7 constitue donc en son entier un développement sur le thème de la suffisance.

---

4. Par exemple : « Ce projet de loi sur les subventions aux garderies est-il bon ? »

5. Par exemple : « La décision du juge était-elle bonne ? » ; « Doit-on faire appel du jugement ? »

6. Les défenseurs de ce que l'on appelle la *logique inductive* ont pensé pendant longtemps que la théorie des probabilités pouvait fournir cette recette magique, facilement applicable, qui nous permettrait de déterminer la probabilité d'une conclusion à partir de la probabilité des prémisses et de la probabilité de la connexion entre les prémisses et cette conclusion. Leurs efforts, malgré certains succès, n'ont pas permis de trouver une méthode qui soit réellement applicable et qui puisse être utilisée dans divers domaines.

5.2 Le deuxième critère : l'acceptabilité

Le schéma de cette argumentation est le suivant :

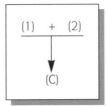

(1) Tous les étudiants du cégep sont fous.

(2) Tous les gens qui sont fous sont très intelligents.

(C) Tous les étudiants du cégep sont très intelligents.

Demandons-nous d'abord si l'argumentation respecte le critère de suffisance. Si l'on admet les deux prémisses, est-ce qu'elles entraînent la conclusion ? Oui. Le problème ne se situe donc pas sur ce plan, mais vient de ce qu'il serait incorrect d'admettre les prémisses, parce qu'elles sont *inacceptables*. Pour qu'une argumentation soit correcte, il faut qu'elle respecte *les deux critères* : il faut que le lien entre les prémisses et la conclusion soit suffisant et que les prémisses soient acceptables.

Une *prémisse acceptable* est une prémisse qui résiste à l'examen critique et qui peut donc être tenue pour acquise dans une argumentation ou dans une discussion argumentative.

Une *prémisse inacceptable* peut être, notamment :

— un jugement d'observateur que l'on considère faux ;

— un jugement d'observateur douteux, parce que l'on remet en question la crédibilité de l'observateur ;

— un jugement d'observateur qui repose sur une théorie scientifique dépassée ;

— un jugement d'observateur qui repose sur un appel à l'autorité non valable ;

— un jugement d'observateur qui ne repose sur rien ;

— un jugement d'évaluateur qui n'est pas solide ;

— un jugement de prescripteur qui ne nous satisfait pas parce qu'il découle d'un jugement de prescripteur ultime qui ne correspond pas à notre conception du bonheur ou à notre conception d'une bonne société.

Voici des exemples de prémisses qui seraient difficilement acceptables dans le contexte d'une argumentation :

— « Une bonne centrale nucléaire est, somme toute, une centrale qui génère des profits importants. »

— « Un bon film est, somme toute, un film qui a du succès. »

— « Le sida ne comporte aucun danger pour les êtres humains. »

— « L'esclavage doit être rétabli. »

Vous trouverez à la fin de ce chapitre une série d'exercices qui vous permettront de vous exercer à appliquer le critère d'acceptabilité ainsi que le critère de suffisance. Nous reviendrons sur le critère d'acceptabilité au chapitre 7, qui porte sur les sophismes. En effet, l'analyse des erreurs d'argumentation les plus fréquentes implique nécessairement l'application du critère d'acceptabilité. Le chapitre 7 constitue donc en son entier un développement sur le thème de l'acceptabilité.

▶ **Illustrations philosophiques 9 et 11** (p. 377 et 395):

Les deux textes de Condorcet et celui de Dewey constituent de beaux exemples de textes argumentatifs où un philosophe fait l'évaluation critique, au moyen des deux critères que nous venons de présenter, d'argumentations qui ont eu une importance sociale considérable.

5.3 L'acceptabilité et la prémisse implicite

Une *prémisse implicite* est une prémisse qui est utilisée dans une argumentation mais qui *n'est pas formulée*[7]. Une prémisse peut demeurer informulée pour différentes raisons:

— parce qu'on la considère, consciemment ou non, comme évidente et acquise[8];

— parce qu'on ne veut pas attirer l'attention sur elle, sachant qu'elle fait problème.

On peut ainsi distinguer deux types de prémisses implicites: les *prémisses tenues pour acquises* et les *prémisses dissimulées*. Le schéma qui suit illustre cette distinction.

---

7. Rappelons que, dans les légendes et les schémas en arbre, nous notons les prémisses implicites de la façon suivante: <2>

8. Exemple. Entre Québécois on peut, habituellement sans problèmes, dire ceci: « La Révolution tranquille a été un phénomène social de très grande envergure. Par conséquent, le Québec a connu des transformations importantes durant les années 60. » En produisant cette argumentation, nous tenons pour acquises les deux prémisses « La Révolution tranquille a eu lieu au Québec » et « La Révolution tranquille a eu lieu pendant les années 60. » Évidemment, dans certains contextes, par exemple si nous discutons avec des gens qui ne connaissent pas le Québec ou si nous écrivons pour un large public, il pourrait être pertinent d'énoncer ces prémisses explicitement, car les lecteurs pourraient ignorer ces faits.

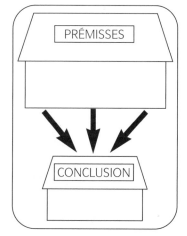

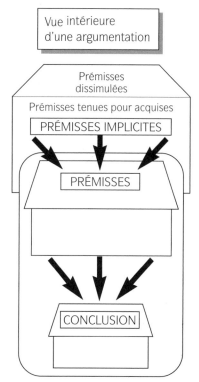

On trouve une prémisse implicite dans l'exemple d'argumentation suivant.

EXEMPLE 1

Dans la nature, les plus forts écrasent les plus faibles. Il est donc correct, dans les sociétés humaines, que les plus forts écrasent les plus faibles.

Ne nous préoccupons pas de l'acceptabilité de la prémisse[9]. Tel quel, le lien entre la prémisse et la conclusion de l'argumentation est insuffisant. Si on ajoute la

---

9. Nous « gelons » la prémisse pour mettre en évidence un aspect bien précis de cette argumentation. Si nous faisions une analyse complète, nous devrions évidemment nous pencher sur l'acceptabilité de la première prémisse. Elle est inacceptable. En exposer les raisons exigerait cependant une bonne douzaine de pages ! Néanmoins, nous pouvons indiquer le plus grave défaut de cette prémisse. Dans la nature, selon la théorie de l'évolution, c'est le plus adapté à son milieu qui survit. Or un individu plus adapté n'est pas nécessairement un individu qui est plus fort au sens de la force physique. Pour s'en convaincre, on n'a qu'à penser à un troupeau de gazelles vivant dans la savane africaine. Les gazelles du troupeau les mieux adaptées à leur milieu pourraient fort bien être, par exemple, celles qui courent le plus vite ou celles dont les stratégies de fuite sont les meilleures. Pour les gazelles, des herbivores, la force n'est pas un atout majeur si on la compare à la vitesse à laquelle elles peuvent fuir face à un prédateur, un lion par exemple. Donc, il n'est pas vrai que « dans la nature, les plus forts (au sens de la force physique) écrasent les plus faibles ». Par conséquent, la première prémisse est inacceptable. Néanmoins, « gelons »-la pour l'instant, puisque nous voulons attirer votre attention sur une autre particularité de l'argumentation.

prémisse implicite qui était sûrement présente à l'esprit de l'auteur : « Les pratiques correctes en société sont celles que l'on retrouve dans la nature », l'ensemble des deux prémisses devient suffisant pour entraîner la conclusion. Toutefois, la prémisse implicite qu'on doit ajouter pour faire en sorte que l'argumentation respecte le critère de suffisance est elle-même inacceptable ! Au départ, l'argumentation péchait par insuffisance du lien entre la prémisse et la conclusion ; une fois complétée par la prémisse implicite, elle pèche par inacceptabilité. Voyons ce que donne le schéma de cette argumentation.

A.

Argumentation initiale :

(1) Dans la nature, les plus forts écrasent les plus faibles.

(C) Il est correct, dans les sociétés humaines, que les plus forts écrasent les plus faibles.

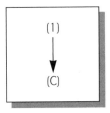

Cette argumentation ne tient pas parce que :

☑ Elle ne respecte pas le critère de suffisance.

B.

Argumentation modifiée :

(1) Dans la nature, les plus forts écrasent les plus faibles.

<2> Les pratiques correctes en société sont celles que l'on retrouve dans la nature.

(C) Il est correct, dans les sociétés humaines, que les plus forts écrasent les plus faibles.

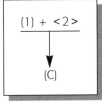

Cette argumentation ne tient pas parce que :

☐ Elle ne respecte pas le critère de suffisance.

☑ Elle ne respecte pas le critère d'acceptabilité (prémisse <2>[10]).

Comme nous venons de le constater, les prémisses implicites sont embêtantes, entre autres parce qu'elles peuvent interagir avec le critère d'acceptabilité. En effet, selon que l'on tient compte ou non des prémisses implicites, l'évaluation que nous ferons d'une argumentation incorrecte variera. Nous en donnerons plusieurs exemples au chapitre 7. L'important, toutefois, c'est d'être en mesure de *reconnaître* qu'une argumentation est incorrecte et de pouvoir indiquer à quelqu'un d'autre *pourquoi* elle est incorrecte. Souvent, il revient au même de dire que l'argumentation initiale ne respecte pas le critère de suffisance ou que la prémisse implicite dont l'ajout serait nécessaire pour respecter le critère de suffisance est inacceptable.

---

10. Rappelons que nous ne nous préoccupons pas dans cet exemple de la prémisse (1).

EXERCICES

Les argumentations suivantes comportent des prémisses implicites. Dans chaque cas, indiquez la *prémisse implicite* qui complète l'argumentation et *qui permet d'établir le lien entre les autres prémisses et la conclusion*[11].

1. « Tu avais admis hier que, s'il faisait beau aujourd'hui, il serait préférable pour toi d'aller à Québec. Tu devrais donc t'y rendre. »

   ❐ Nous ne sommes pas à Québec.

   ❐ Il fait beau aujourd'hui.

2. « À travail égal, salaire égal ! Nous devrions donc gagner autant que nos collègues de Montréal. »

   ❐ Nous ne sommes pas à Montréal.

   ❐ Nous faisons le même travail que nos collègues de Montréal.

   ❐ Nous gagnons moins que nos collègues de Montréal.

3. « À travail égal, salaire égal ! Notre semaine de travail devrait donc être moins longue que celle des autres employés. »

   ❐ Notre tâche est moins lourde que celle des autres employés.

   ❐ Notre tâche est identique à celle des autres employés.

   ❐ Notre tâche est plus lourde que celle des autres employés.

4. « Les conservateurs ont été élus. Nous devons être vigilants si nous ne voulons pas qu'une part importante du secteur public soit privatisée. »

   ❐ Nous ne sommes pas des conservateurs.

   ❐ Les conservateurs préconisent la privatisation.

   ❐ Les conservateurs ne préconisent pas la privatisation.

5. « Les pays où le secteur public occupe une grande part de l'activité économique peuvent être très développés économiquement et socialement, puisque la Suède est un pays très développé économiquement et socialement. »

   ❐ La Suède est un pays socialiste.

   ❐ La Suède est un pays où le secteur public occupe une grande part de l'activité économique.

   ❐ Il n'est pas vrai que les pays où le secteur public occupe une grande part de l'activité économique peuvent être très développés économiquement et socialement.

---

11. Certaines de ces argumentations sont incorrectes.

6. « Ce film est d'Elia Kazan ; c'est probablement un très bon film ! »

- ☐ Elia Kazan fait habituellement de bons films.
- ☐ Elia Kazan est un réalisateur de cinéma.
- ☐ Elia Kazan a déjà fait un bon film.

7. « L'inflation a été de 6 % l'an dernier ; par conséquent, nous avons droit à une augmentation salariale d'au moins 6 % cette année. »

- ☐ L'inflation est un problème important.
- ☐ Il serait juste que nous préservions notre pouvoir d'achat.
- ☐ Un taux d'inflation de 6 % est trop élevé ; un taux de 2 % ou de 3 % serait toutefois acceptable.

8. « L'avortement doit être complètement légalisé. Une majorité impressionnante de Canadiens sont en faveur de la liberté de choix. »

- ☐ L'avortement est une affaire strictement privée.
- ☐ La liberté de choix est un principe que tous devraient respecter.
- ☐ L'État doit permettre ce qui est considéré acceptable par la majorité des citoyens.

9. « L'Iran est un pays très développé sur le plan social, puisque la peine de mort y est permise. »

- ☐ La peine de mort est une mesure radicale.
- ☐ L'Iran est un pays où la peine de mort est encore permise.
- ☐ La peine de mort est une bonne mesure.

10. « On peut augmenter la tâche des professeurs de deux façons : en augmentant le nombre d'étudiants par groupe ou en augmentant le nombre de groupes attribués à chaque professeur. Au niveau collégial, le nombre maximal d'étudiants par groupe est déjà de 30. Augmenter le nombre de groupes attribués à chaque professeur aurait pour effet de diminuer le temps que les professeurs consacrent à la préparation de leurs cours. Augmenter la tâche des professeurs nuirait donc à la qualité de l'enseignement. »

- ☐ Augmenter le nombre d'étudiants par groupe nuirait à la qualité de l'enseignement.
- ☐ On ne devrait pas augmenter la tâche des professeurs.
- ☐ Les professeurs sont toujours mécontents.

5.4 L'évaluation des argumentations à enchaînement

La méthode de base servant à évaluer les argumentations à enchaînement (voir la section 4.5) peut se résumer comme suit. On évalue l'acceptabilité de chaque prémisse et la suffisance de chaque lien entre les prémisses et les conclusions[12]. On fait ensuite une évaluation globale de l'argumentation en répondant aux trois questions suivantes et en justifiant les réponses :

1. Certaines prémisses sont-elles inacceptables ? Si oui, lesquelles et pourquoi ?

2. Certains liens sont-ils insuffisants ? Si oui, lesquels et pourquoi ?

3. La conclusion est-elle soutenue par l'ensemble de l'argumentation, seulement par une partie de l'argumentation ou bien n'est-elle nullement soutenue par l'argumentation ?

EXEMPLE 2

Supposons qu'on ait affaire à une argumentation dont le schéma en arbre est le suivant :

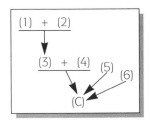

Supposons aussi que l'on constate, à l'analyse, que les liens entre les prémisses et les conclusions sont tous suffisants et que les prémisses sont toutes acceptables sauf la prémisse (4). Notre évaluation globale ressemblerait à ceci :

L'argumentation est dans l'ensemble incorrecte. La conclusion de l'argumentation est bien soutenue, mais seulement par une partie de l'argumentation. En effet, la prémisse (4) est inacceptable parce que [… *dire pourquoi*…]. Comme la prémisse (4) est essentielle à la branche gauche de l'argumentation, cette partie de l'argumentation est déficiente. Par contre, (5) et (6) soutiennent bien la conclusion.

---

12. Nous parlons ici des conclusions intermédiaires et de la conclusion finale.

On pourrait représenter cette critique ainsi :

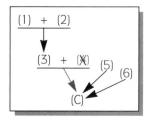

EXEMPLE 3

Supposons qu'on ait affaire à une argumentation dont le schéma en arbre est le suivant :

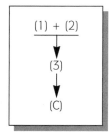

À l'analyse, on constate que (2) est inacceptable, que les liens sont suffisants et que (3) est acceptable, mais pour d'autres raisons que celles données ici. Notre évaluation globale ressemblerait à ceci :

L'argumentation est dans l'ensemble incorrecte. La conclusion de l'argumentation est bien soutenue, mais seulement par une partie de l'argumentation. En effet, la prémisse (2) est inacceptable parce que [… *dire pourquoi*…]. La prémisse (3) n'est donc pas bien défendue dans l'argumentation, mais pourrait se défendre autrement. La conclusion est donc bien soutenue par (3), mais (3) ne doit pas être défendue comme elle l'est ici. Il faudrait plutôt [… *faire part de notre suggestion*…].

EXEMPLE 4

Reprenons le schéma de l'exemple 3, mais cette fois-ci supposons que la prémisse (2) est inacceptable et que nous n'avons *pas* d'autres raisons pour soutenir la prémisse (3). Dans un tel cas, notre évaluation globale ressemblerait à ceci :

La conclusion n'est aucunement soutenue par l'argumentation. La prémisse (3) n'est pas défendue de façon adéquate puisqu'on fait appel, essentiellement, à la prémisse (2), qui est inacceptable parce que [... *dire pourquoi...*].

On pourrait représenter cette critique ainsi :

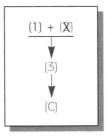

EXEMPLE 5

Reprenons à nouveau le schéma de l'exemple 3 et supposons maintenant que les prémisses sont toutes acceptables, mais que le lien entre la prémisse (3) et la conclusion est insuffisant. Dans un tel cas, notre évaluation globale donnerait ceci :

La conclusion n'est aucunement soutenue par l'argumentation, parce que la prémisse (3) n'entraîne pas la conclusion.

On pourrait représenter cette critique ainsi :

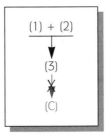

5.5 Jusqu'où doit-on critiquer les prémisses d'une argumentation ?

Est-il raisonnable d'exiger d'un interlocuteur qu'il justifie chacune des prémisses de son argumentation ? C'est la question que nous allons examiner dans cette section, en cherchant à formuler des principes qui nous aideront à déterminer jusqu'où on doit critiquer les prémisses d'une argumentation. Débutons par une citation qui mettra clairement en évidence le problème auquel nous faisons face :

> Quand doit-on accepter les prémisses d'une argumentation ? Nous pouvons partir de l'idée que celui qui argumente doit nous persuader. C'est à lui de prouver toute prémisse que nous ne saurions accepter sans justification. Vous pensez peut-être que celui qui argumente doit justifier chacune de ses prémisses pour convaincre son interlocuteur. Un moment de réflexion vous permettra de constater que cette exigence est impossible à satisfaire. Si toutes les prémisses d'une argumentation devaient être justifiées pour être acceptables, cela engendrerait une chaîne interminable de prémisses. Pour justifier une prémisse vous auriez à présenter d'autres prémisses, que vous devriez justifier à leur tour par d'autres prémisses, et ainsi de suite. Toute argumentation qui ne serait pas infiniment longue partirait de prémisses inacceptables, parce que non justifiées. Toutes les argumentations seraient déficientes[13] !

Comme on le voit, le critère selon lequel il faut justifier chaque prémisse est trop exigeant : il aurait pour conséquence de rendre incorrectes toutes les argumentations.

Nous devons donc nous poser la question suivante : *Comment savoir si une prémisse doit être acceptée sans justification dans un contexte donné ?* Le principe suivant semble adéquat : *il incombe à celui qui argumente de justifier toute prémisse qui prête au doute, au questionnement ou à la controverse.* Pour l'évaluateur d'une argumentation, il est raisonnable d'accepter une prémisse si elle résiste à un examen critique[14] et circonspect. L'évaluateur ne doit pas oublier que, parmi les choses généralement tenues pour vraies, il se trouve :

1. des préjugés,

2. des croyances fausses,

3. des croyances évidentes,

4. des principes d'action difficilement contestables, du genre : « Chaque personne désire être heureuse », « Chaque personne désire être en santé », etc.,

---

13. Ralph H. Johnson et J. Anthony Blair, *Logical Self-Defense,* McGraw-Hill Ryerson, Toronto, 1983, p. 47.

14. Voir aussi les sections 3.4, 3.5 et 3.6 sur les jugements.

5. des idées qu'il est raisonnable de tenir pour acquises, mais qu'il est difficile de justifier.

Comme vous vous en apercevez probablement, cette question est très délicate. Le problème vient de ce qu'il serait absurde de remettre en question les jugements appartenant à la quatrième catégorie (ainsi qu'à la troisième et à la cinquième), comme le fait monsieur K dans le dialogue suivant.

> — *Le médecin*: Cher monsieur, vous devrez prendre cette pilule chaque matin pendant une semaine.
>
> — *K.*: Pourquoi?
>
> — *Le médecin*: Vous avez une infection dont le traitement nécessite des antibiotiques.
>
> — *K.*: D'accord, mais pourquoi devrais-je prendre ces pilules?
>
> — *Le médecin*: Parce que c'est le meilleur moyen de guérir cette infection.
>
> — *K.*: Oui et puis après? Pourquoi devrais-je me préoccuper de ma santé?
>
> — *Le médecin*: Tout le monde se préoccupe de sa santé!
>
> — *K.*: Oui, mais ce n'est pas parce que tous les gens le font que c'est une bonne chose. Prouvez-moi qu'il faut préserver sa santé. Pendant que vous y êtes, prouvez-moi donc aussi que je ne suis pas en train de rêver, sinon je ne prendrai pas vos pilules.

On le voit, K. conteste des idées habituellement acceptées sans que cela donne grand résultat.

Ainsi, refuser d'accepter les croyances de la troisième, de la quatrième et de la cinquième catégorie ne mène pas très loin. Par contre, remettre en question les idées de la première et de la deuxième catégorie est souvent souhaitable: c'est ainsi qu'on se débarrasse des préjugés et des idées fausses qui déforment notre vision du monde et qui rendent nos actions inadéquates. Malheureusement, il n'existe pas de critère ou de méthode infaillible qui permettrait de départager les croyances des troisième, quatrième et cinquième catégories de celles des première et deuxième[15].

▶ **Illustration philosophique 6** (p. 341):

Dans les extraits que nous citons de Sextus Empiricus, l'auteur tente de montrer qu'il n'y a pas de fondement solide sur lequel on puisse construire nos connaissances.

---

15. Une image chère aux philosophes illustre l'absence d'une telle méthode: l'ensemble de nos connaissances serait comparable à une maison bâtie sur pilotis dans un marécage: il n'y a pas de roc, de connaissances certaines sur lesquelles appuyer les pilotis.

▶ **Illustration philosophique 7** (p. 359) :

Dans les extraits du *Discours de la méthode* que nous citons, René Descartes relate sa perplexité devant la diversité des opinions et présente l'intéressante entreprise de révision radicale de l'ensemble de ses croyances dans laquelle il s'engagea.

Jusqu'où pouvons-nous remettre en question les idées que nous tenons pour acquises ? D'un côté, exiger à tout moment des preuves pour tout est une attitude stérile qui ne mène nulle part. De l'autre côté, ne pas exiger de justifications pour les idées qui nous ont été inculquées au cours de notre socialisation, c'est s'abandonner au « mode automatique » de la pensée et c'est risquer d'adopter des croyances éventuellement dangereuses. Le difficile, ici, est de se maintenir entre ces deux extrêmes peu enviables, et pour cela il n'existe pas de recette précise. Cependant, il existe des principes généraux qui concernent l'attitude que nous devrions adopter à l'égard des croyances qui sont généralement tenues pour acquises. Les voici.

1. Habituellement, on cesse de justifier les prémisses lorsque l'on a atteint des prémisses acceptables pour tous ceux qui participent de façon critique à une discussion argumentative, c'est-à-dire lorsque l'on a atteint un consensus entre personnes ayant l'esprit critique[16].

2. Il importe d'être prudent à l'égard des idées que l'on avance, surtout lorsqu'elles ont des conséquences importantes. Comme nos croyances gouvernent nos comportements et que nous savons que nous pouvons nous tromper, nous devons être particulièrement vigilants lorsque nos croyances risquent de nous entraîner dans des comportements qui sont dangereux pour autrui ou qui ont des conséquences importantes ou irréversibles pour nous-mêmes. Plusieurs des atrocités de l'histoire se sont produites parce que les gens n'avaient pas examiné de façon suffisamment critique leurs croyances (par exemple, le massacre des Juifs durant la Deuxième Guerre mondiale, l'élimination des « sorcières » en Europe et en Nouvelle-Angleterre). De la même manière, bien des catastrophes personnelles viennent de ce que l'on pose des gestes dont les conséquences sont importantes ou irréversibles, sur la base de croyances qui n'ont pas été examinées de façon critique.

3. Il faut accepter et même provoquer les remises en question de ce que l'on tient pour acquis.

---

16. Si nous ne sommes pas dans le cadre d'une discussion argumentative, mais que nous tentons, seuls, d'évaluer une argumentation, une bonne méthode est de « faire comme si » on se trouvait en présence d'un interlocuteur critique.

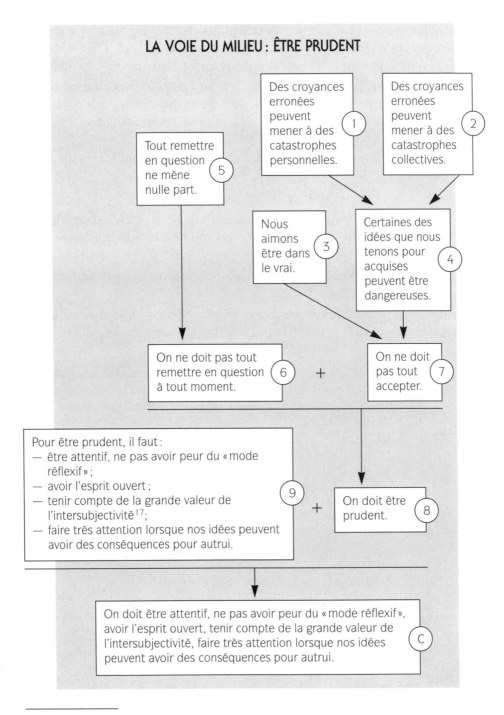

LA VOIE DU MILIEU : ÊTRE PRUDENT

Des croyances erronées peuvent mener à des catastrophes personnelles. **1**

Des croyances erronées peuvent mener à des catastrophes collectives. **2**

Tout remettre en question ne mène nulle part. **5**

Nous aimons être dans le vrai. **3**

Certaines des idées que nous tenons pour acquises peuvent être dangereuses. **4**

On ne doit pas tout remettre en question à tout moment. **6** **+** On ne doit pas tout accepter. **7**

Pour être prudent, il faut :
— être attentif, ne pas avoir peur du « mode réflexif » ;
— avoir l'esprit ouvert ;
— tenir compte de la grande valeur de l'intersubjectivité[17] ;
— faire très attention lorsque nos idées peuvent avoir des conséquences pour autrui.
9 **+** On doit être prudent. **8**

On doit être attentif, ne pas avoir peur du « mode réflexif », avoir l'esprit ouvert, tenir compte de la grande valeur de l'intersubjectivité, faire très attention lorsque nos idées peuvent avoir des conséquences pour autrui. **C**

17. Intersubjectivité : voir l'explication de cette notion dans le glossaire.

4. Nous devons aussi être conscients qu'à plusieurs, on réduit le risque d'erreur (quoique, bien sûr, cela ne soit pas une garantie de vérité). C'est cette idée qu'exprime le proverbe : « Deux têtes valent mieux qu'une. »

5. On réduit encore davantage le risque d'erreur lorsqu'on met en commun les intelligences de personnes provenant de milieux différents, parce qu'ainsi on peut repérer certains préjugés liés à notre culture, à notre religion (si nous en avons une) ou à notre position sociale.

Le schéma de la page 187 résume les principaux éléments que nous avons exposés depuis le début de la section[18].

Vous aurez sans doute constaté les points suivants :

— La structure de l'argumentation est beaucoup plus évidente et simple dans le schéma en arbre que dans le texte ; on voit bien les « lignes de force » de l'argumentation.

— Il est beaucoup plus facile de voir les aspects controversés de l'argumentation dans le schéma[19].

En terminant, reprenons les éléments que nous avons mis en évidence à la section 5.3 ainsi que dans les premières pages de la présente section :

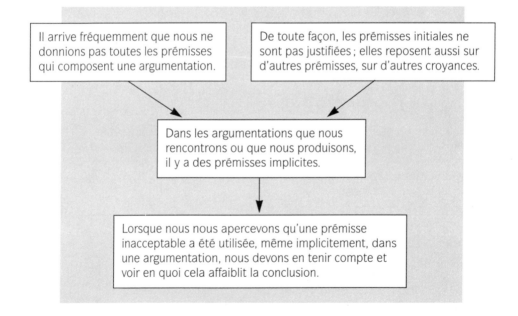

---

18. Il s'agit d'un schéma en arbre dont la présentation est un peu particulière, afin d'en améliorer l'aspect visuel.

19. Cette argumentation ne sera peut-être pas satisfaisante pour tous. N'hésitez pas à critiquer, à compléter l'argumentation ou à en indiquer les prémisses implicites (il y en a beaucoup).

RÉSUMÉ

1. Schéma qui résume l'essentiel du chapitre 5[20]:

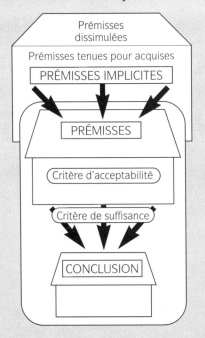

2. Une *bonne argumentation* doit respecter deux critères : ses prémisses doivent être acceptables et le lien entre ses divers éléments doit être suffisant.

3. Le *lien* entre des prémisses et une conclusion est *suffisant* lorsque les prémisses entraînent la conclusion.

4. Une *prémisse acceptable* est une prémisse qui résiste à l'examen critique et qui peut être tenue pour acquise dans une argumentation.

5. Puisqu'on n'exprime pas toujours toutes les prémisses que l'on utilise ou que l'on tient pour acquises, certaines argumentations comportent des

---

20. Ce schéma, comme celui, semblable, de la section 5.3, est une adaptation du schéma de Ralph Johnson et J. A. Blair que l'on trouve dans « Critical Thinking and the Undergraduate Curriculum », transcription d'une conférence de Philip Pecorino prononcée en avril 1988 au Colloque de logique informelle de Hamilton.

prémisses implicites. Ces prémisses sont importantes. Lorsque nous nous apercevons qu'une prémisse inacceptable a été utilisée, même implicitement, dans une argumentation, on doit en tenir compte et voir en quoi cela affaiblit la conclusion.

6. *L'évaluation d'une argumentation à enchaînement* se fait en répondant aux questions suivantes :

a) Certaines prémisses sont-elles inacceptables ? Si oui, lesquelles et pourquoi ?

b) Certains liens sont-ils insuffisants ? Si oui, lesquels et pourquoi ?

c) La conclusion est-elle soutenue correctement par l'ensemble de l'argumentation, seulement par une partie de l'argumentation ou bien n'est-elle nullement soutenue par l'argumentation ?

Vous serez alors en mesure de déterminer si l'argumentation est correcte, partiellement correcte ou incorrecte.

MATIÈRE À RÉFLEXION

L'embarras de Confucius[21] : deux argumentations qui ont une certaine plausibilité, mais qui mènent à des conclusions opposées

«Confucius voyageant dans l'est de la Chine vit deux petits garçons qui se querellaient. Il leur en demanda la raison. Un des enfants dit : «Je suis d'avis que, lorsque le soleil se lève, il est plus proche des hommes ; à midi, il en est plus éloigné.» L'autre garçon était d'avis que, au moment où le soleil se lève, il est loin, et qu'à midi, il est plus rapproché. Le premier dit : «Quand le soleil se lève, il est aussi grand qu'une roue de char ; à midi, il n'est pas plus grand qu'une assiette ou qu'une tasse. Ce qui est loin semble plus petit ; ce qui est proche semble plus grand. N'est-ce pas ?» L'autre répliqua : «Quand le soleil se lève, il est tout pâle, tout froid, mais à midi, c'est comme une chaudière. Ce qui est plus proche est plus chaud, n'est-il pas vrai ?» Confucius fut incapable de trancher la question. Les deux enfants se mirent à rire. «Et l'on prétend, dirent-ils, que vous avez beaucoup de savoir[22] ?»

$$\bullet \bullet \bullet$$

Une même argumentation peut-elle être considérée comme correcte à une époque et incorrecte à une autre ?

Oui ! Examinons un exemple très simple. Supposons que, il y a 3000 ans, quelqu'un ait affirmé ceci : «La terre est plate, par conséquent il est imprudent de s'aventurer loin dans les océans, puisque l'on pourrait tomber.» À cette époque, il était naturel de croire que la terre était plate, aucun argument solide ne s'y opposant. Les gens de ce temps-là auraient donc été justifiés de considérer comme acceptable cette prémisse. Il aurait été tout aussi correct de considérer cette prémisse comme étant suffisante pour la conclusion qui en était tirée. À cette époque, l'argumentation aurait donc été considérée comme correcte, et la croyance selon laquelle il était imprudent de s'aventurer au loin dans l'océan aurait été justifiée. Évidemment, ce n'est plus le cas de nos jours, car de nouveaux éléments nous ont fait abandonner la croyance à la valeur de cette prémisse.

Puisqu'il était rationnellement justifié d'accepter cette prémisse à l'époque, même si on a aujourd'hui toutes les raisons de penser qu'elle est fausse, on ne peut faire aucun reproche aux gens d'alors : leurs limites étaient celles de leur époque et leur erreur ne venait probablement pas d'un manque d'examen critique. On peut donc affirmer, tout

---

21. Philosophe chinois ayant vécu environ de 555 à 479 avant l'ère chrétienne.

22. Lie-tseu, *Le vrai classique du vide parfait*, Paris, Gallimard, coll. Idées, 1961, p. 160-161.

à fait raisonnablement, qu'il est possible qu'une même argumentation soit considérée comme correcte à une époque et incorrecte à une autre. Cela ne veut pas dire, toutefois, que toutes les croyances erronées qui ont été acceptées par le passé étaient justifiées dans leur temps : certaines découlaient d'un manque inexcusable d'examen critique[23].

• • •

L'évolution de nos connaissances

Chacun d'entre nous, tout au long de sa vie, apprend des choses nouvelles. Celles-ci vont parfois dans le sens de ce que nous croyions déjà, parfois elles vont dans le sens contraire. Nous sommes donc amenés à modifier régulièrement les croyances qui nous servent de prémisses dans nos argumentations : certaines prémisses s'ajoutent, certaines doivent être rejetées, certains liens qui nous semblaient suffisants ne semblent plus l'être tandis que d'autres, que nous ne considérions pas suffisants, semblent l'être. C'est notamment par ces réajustements que les connaissances d'une personne évoluent au fil de sa vie.

Il en est de même en science ou en éthique. De nouvelles idées qui résistent à l'examen critique se voient acceptées tandis que d'autres qui n'y résistent pas se voient rejetées. Il s'ensuit des réajustements de notre façon de voir le monde qui nous entoure ou de notre façon d'envisager les actions humaines. Celles-ci, à leur tour, sont soumises à l'examen critique des générations futures, qui en retranchent des éléments, en ajoutent d'autres et font les réajustements qu'elles jugent appropriés dans ce qui constitue le bagage de connaissances de l'humanité.

• • •

Les syllogismes[24]

Un syllogisme catégorique est une argumentation a) composée de deux prémisses liées et d'une conclusion, b) dont les prémisses et la conclusion sont de type catégorique[25], et c) qui ne contient que trois termes[26], l'un d'eux se trouvant dans chacune des prémisses, les deux autres se trouvant dans la conclusion et dans une des prémisses.

Les syllogismes catégoriques correspondent donc à l'un des quatre schémas suivants, qui comportent chacun 64 variantes, puisque la première prémisse, la deuxième prémisse et la conclusion peuvent chacune avoir quatre formes .

23. Ce point est traité en détail dans les chapitres 8 et 10 de notre ouvrage *Connaissance et argumentation* (Montréal, E.R.P.I., 1992).

24. L'étude des syllogismes a été développée notamment par le philosophe grec Aristote (voir l'*Illustration philosophique 1*, p. 284).

25. C'est-à-dire qu'elles sont d'un des types suivants (ou peuvent s'y ramener) : « Tous les S sont des P », « Aucun S n'est un P », « Certains S sont des P » ou « Certains S ne sont pas des P. »

26. Les « S » et les « P » que l'on trouve dans la note précédente sont des termes.

Schéma 1

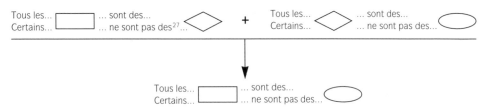

Exemples :

a) *Tous les Montréalais sont des Québécois. Tous les Québécois sont des Canadiens. Donc, tous les Montréalais sont des Canadiens.*

b) *Certains chiens sont des animaux. Certains animaux sont domestiques. Donc, certains chiens sont domestiques.*

Schéma 2

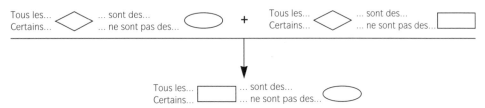

Exemples :

c) *Tous les Québécois sont des Canadiens. Tous les Québécois sont des Nord-Américains. Donc, tous les Nord-Américains sont des Canadiens.*

d) *Tous les philosophes sont riches. Certains philosophes sont des personnes consciencieuses. Certaines personnes consciencieuses sont riches.*

Schéma 3

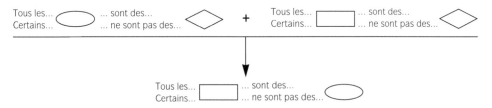

_____

27. Dans ce schéma et dans ceux qui suivent, la forme « Tous les... ne sont pas des... » doit s'interpréter comme « Chacun des... n'est pas un... » ou comme, ce qui revient au même, « Aucun... n'est un... ».

Exemples :

e) *Tous les Québécois sont des Canadiens. Tous les Albertains sont des Canadiens. Donc, tous les Albertains sont des Québécois.*

f) *Tous les oiseaux peuvent voler. Certains mammifères ne peuvent pas voler. Certains mammifères ne sont pas des oiseaux.*

Schéma 4

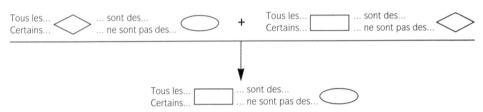

Exemples :

g) *Tous les Québécois sont des Canadiens. Tous les Montréalais sont des Québécois. Donc, tous les Montréalais sont des Canadiens.*

h) *Certains Québécois sont des indépendantistes. Certains Canadiens ne sont pas des Québécois. Donc, tous les Canadiens ne sont pas des indépendantistes.*

Nous avons décrit les formes que revêtent les syllogismes catégoriques. Comment maintenant les évalue-t-on ? Les logiciens qui s'intéressent aux syllogismes font de la logique formelle ; ils cherchent donc à *déterminer, parmi les diverses formes des syllogismes, lesquelles sont valides sur le plan déductif*, c'est-à-dire lesquelles respectent le critère de suffisance de façon absolue, ou, si l'on peut dire, à cent pour cent[28]. Or la forme de deux des syllogismes donnés plus haut est la suivante :

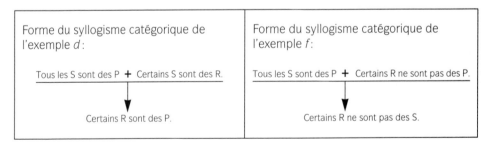

---

28. Voir le texte suivant de la présente rubrique, où l'on distingue plusieurs sens du mot « déduction ». L'adjectif « déductif » est pris ici dans un de ces sens.

On constate aisément que ces deux types d'argumentations, *en raison de leur seule forme*, respecteront toujours parfaitement le critère de suffisance. On admet tradition-nellement que, parmi les 256 (64 x 4) combinaisons possibles de prémisses catégoriques et d'organisation interne des prémisses, 19 formes de syllogismes catégoriques seront toujours valides sur le plan déductif. Les logiciens ont constaté que ces formes respectent trois conditions. Ces trois conditions permettent donc de démarquer les formes déduc-tivement valides de celles qui ne le sont pas [29]. On peut par ailleurs constater la validité de ces formes en utilisant la méthode des diagrammes de Venn.

En plus des syllogismes catégoriques, il existe des syllogismes hypothétiques, qui ont pour caractéristique de posséder au moins une prémisse conditionnelle. Ainsi, les argu-mentations dont la forme correspond à l'une des formes suivantes sont des syllogismes hypothétiques :

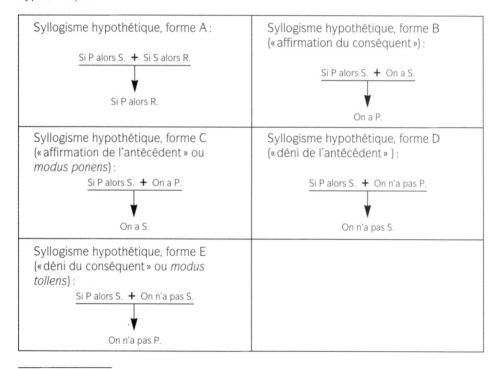

Syllogisme hypothétique, forme A : Si P alors S. **+** Si S alors R. ↓ Si P alors R.	Syllogisme hypothétique, forme B («affirmation du conséquent») : Si P alors S. **+** On a S. ↓ On a P.
Syllogisme hypothétique, forme C («affirmation de l'antécédent» ou *modus ponens*) : Si P alors S. **+** On a P. ↓ On a S.	Syllogisme hypothétique, forme D («déni de l'antécédent») : Si P alors S. **+** On n'a pas P. ↓ On n'a pas S.
Syllogisme hypothétique, forme E («déni du conséquent» ou *modus tollens*) : Si P alors S. **+** On n'a pas S. ↓ On n'a pas P.	

---

29. Si on se reporte à la forme du syllogisme catégorique de l'exemple *a*, on appellera P (Québécois), qui revient dans les deux prémisses, le moyen terme. Les trois conditions sont les suivantes : 1) le nombre de prémisses négatives doit être égal au nombre de conclusions négatives ; 2) le moyen terme doit être distribué au moins une fois, c'est-à-dire qu'il doit dire quelque chose de tous les membres de la classe en question ; 3) chaque terme qui est distribué dans la conclu-sion doit aussi être distribué dans la prémisse où il se retrouve. Dans les jugements de la forme « Tous les S sont des P », S est distribué et P ne l'est pas ; dans « Aucun S n'est un P », S et P sont distribués ; dans « Certains S sont des P », ni S ni P ne sont distribués ; dans « Certains S ne sont pas des P », S n'est pas distribué mais P l'est.

Il existe également des syllogismes disjonctifs. L'une des prémisses de ces syllogismes est une disjonction (elle a la forme «ou bien... ou bien...») l'autre affirme ou nie l'une des deux possibilités et, finalement, la conclusion nie ou affirme l'autre possibilité. Ainsi, les argumentations dont la forme correspond à l'une des formes suivantes sont des syllogismes disjonctifs :

Syllogisme disjonctif, forme A :

Ou P ou S. **+** On n'a pas P.

On a S.

Syllogisme disjonctif, forme B :

Ou P ou S. **+** On a P.

On n'a pas S.

• • •

La déduction et l'induction

Les termes «déduction» et «induction» ont plusieurs sens en philosophie[30]. De plus, «induction» a un sens bien particulier en mathématiques et «déduction» est parfois utilisé dans la vie courante pour désigner n'importe quelle argumentation. Dans ce texte, nous présentons quelques-uns des sens les plus usuels de ces termes.

La déduction comme nécessité du lien
L'induction a) comme lien raisonnable mais non nécessaire ou
b) comme tout ce dont le lien n'est pas nécessaire

De nos jours, on donne le plus souvent au terme déduction le sens d'une argumentation dont la conclusion découle *nécessairement* et de manière infaillible des prémisses, c'est-à-dire dont le lien de suffisance est «sûr à cent pour cent». Ainsi, «Jacques est célibataire ; donc, Jacques n'est pas marié» serait une déduction. Par ailleurs, «Marie est plus grande que Nathalie ; Nathalie est plus grande que Sylvie ; Sylvie est plus grande que Jacques ; donc Marie est plus grande que Jacques» serait aussi une déduction.

Lorsqu'on définit ainsi la déduction, l'induction peut être conçue d'au moins deux manières :

a) comme une argumentation dont les prémisses rendent la conclusion tout à fait raisonnable, mais non logiquement nécessaire. Ainsi, «Marie a fait en sorte que Nathalie soit expulsée de l'école ; Marie a aussi fait une mauvaise réputation à Nathalie ; Marie a refusé de venir souper chez moi lorsqu'elle a appris que Nathalie

---

30. Pour un survol de ces sens, tels qu'ils sont présentés dans les ouvrages de logique, ainsi que des problèmes qu'ils soulèvent, voir la belle étude menée par Trudy Govier au chapitre 3 de son ouvrage intitulé *Problems in Argumentation Analysis and Evaluation* (Dordrecht, Foris, 1987).

y serait ; donc, Marie n'aime pas Nathalie » serait une induction. Notons que cette manière de voir les choses implique que bien des argumentations ne sont ni déductives ni inductives. Par exemple, l'argumentation « Les Canadiens ont remporté la Coupe Stanley en 1983 et en 1993 ; par conséquent, ils vont sûrement la gagner en 2003 » ne serait ni inductive ni déductive.

b) comme une catégorie « fourre-tout » où se retrouvent toutes les argumentations dont les prémisses ne rendent pas la conclusion logiquement nécessaire. Cette façon de voir les choses permet de faire une classification exhaustive, car alors toutes les argumentations sont soit des déductions, soit des inductions. L'inconvénient, c'est que la catégorie « induction » comprend alors des éléments tellement hétéroclites qu'on ne peut plus en dire grand-chose : en effet, elle comprend en ce sens aussi bien des argumentations tout à fait valables (mais non infaillibles) que des argumentations qui ne tiennent pas du tout.

La déduction comme passage « du général au particulier »
L'induction comme passage « du particulier au général »

On prend aussi parfois le terme déduction en un autre sens, en restreignant le sens précédent aux seules argumentations où on passe « du général au particulier », c'est-à-dire d'une ou plusieurs prémisses générales à une prémisse particulière. On exclut par là du champ des déductions les argumentations telles « 5 > 4 et 4 > 3, donc 5 > 3 » et « Tous les X sont des Y, tous les Y sont des Z, donc tous les X sont des Z. »

Lorsqu'on donne à la déduction ce sens restreint, on considère habituellement que l'induction est la démarche inverse, c'est-à-dire celle qui va « du particulier au général ». Ainsi, « Il y a beaucoup de pauvreté aux États-Unis ; il y a beaucoup de pauvreté en Afrique du Sud ; donc, il y a beaucoup de pauvreté dans les pays capitalistes » serait, en ce sens, une induction. Notons que cette manière de voir les choses implique que bien des argumentations ne sont ni déductives ni inductives. Par exemple, les argumentations « Tous les W sont des X ; tous les X sont des Y ; tous les Y sont des Z ; donc, tous les W sont des Z » et « Une collision entre une comète et la terre expliquerait la plupart des mystères entourant la disparition des dinosaures ; il est donc raisonnable de penser qu'une telle collision est responsable de la disparition des dinosaures » ne seraient ni inductives ni déductives.

L'induction comme caractérisant la méthode scientifique

On emploie aussi parfois le terme induction pour désigner l'ensemble de la méthode scientifique. En ce sens, l'induction englobe des argumentations de toutes sortes — notamment des argumentations infaillibles et d'autres qui ne le sont pas — ainsi que des argumentations qui passent « du particulier au général » et d'autres qui passent « du général au particulier ».

L'induction en mathématiques

Finalement, l'induction, en mathématiques, signifie encore autre chose. Elle correspond aux argumentations qui ont la forme suivante :

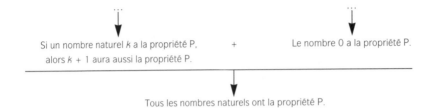

Si un nombre naturel *k* a la propriété P,   +   Le nombre 0 a la propriété P.
alors *k* + 1 aura aussi la propriété P.

Tous les nombres naturels ont la propriété P.

Exercices 1 à 12 : déterminez si les argumentations suivantes sont correctes ou incorrectes. Soyez en mesure de justifier vos réponses. Si vous êtes dans l'impossibilité de déterminer si un des critères est respecté, expliquez pourquoi et indiquez quelles démarches vous devriez entreprendre pour être en mesure de le faire.

1. « Tout ce qui nage est un poisson. Les baleines nagent. Les baleines sont donc des poissons. »

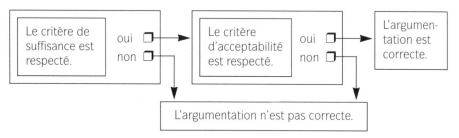

2. « Le droit de vote est un droit politique fondamental. Il y a 50 ans, au Québec, les femmes n'avaient pas le droit de vote. Donc, il y a 50 ans, au Québec, les femmes étaient privées d'un droit politique fondamental. »

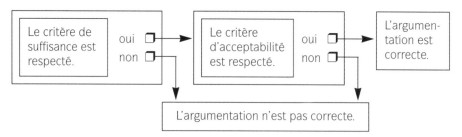

3. « On doit tuer tous ceux qui dépassent les limites de vitesse. Au Québec, cette année, au moins 1000 personnes ont dépassé des limites de vitesse. On doit donc tuer au moins 1000 personnes cette année au Québec. »

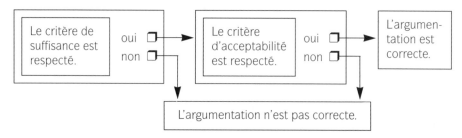

4. « Nous sommes au Québec. Le Québec fait partie du Canada. Par conséquent, nous sommes en Amérique du Sud. »

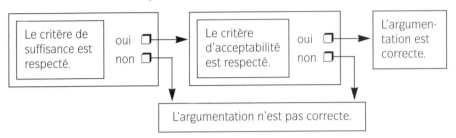

5. « Tous les étudiants de la classe sont des extraterrestres nés sur l'étoile Antares dans la constellation du Scorpion. Nathalie est une étudiante de la classe. Nathalie est donc une extraterrestre née sur l'étoile Antares dans la constellation du Scorpion. »

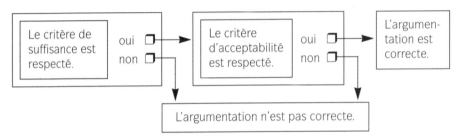

6. « La plupart de mes étudiants ont raté la deuxième question de l'examen. Cela indique qu'ils n'avaient pas assez étudié le thème sur lequel portait cette question. »

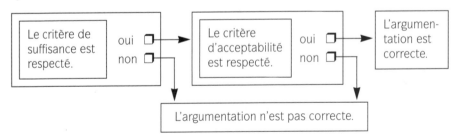

7. « D'habitude, nos notes sont plus élevées dans les matières que nous préférons. J'aime beaucoup mieux le cours de philosophie 101 que les mathématiques 998. Je vais donc obtenir de meilleurs résultats dans mon cours de philosophie que dans mon cours de mathématiques. »

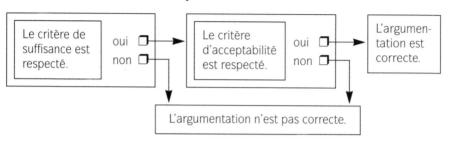

8. « D'habitude, nos notes sont plus élevées dans les matières que nous préférons. J'aime mieux le cours de philosophie 101 que les mathématiques 998. J'ai donc plus de chances d'obtenir de meilleurs résultats dans mon cours de philosophie que dans mon cours de mathématiques. »

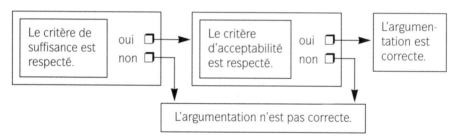

9. « 5 > 4, 4 > 3. Donc, 5 > 3. »

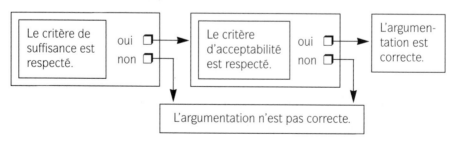

10. « 5 > 4, 8 > 2. Donc, 5 > 3. »

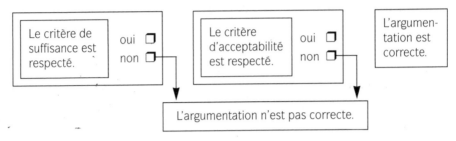

11. « 5 > 4, 4 > 8. Donc, 5 > 8. »

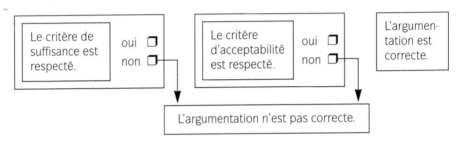

12. « Nathalie aime Pierre. Pierre aime Hélène. Donc, Nathalie aime Hélène. »

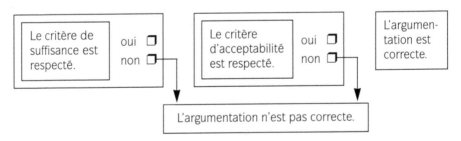

13. «— *Robert* : Einstein a montré que tout était relatif ; par conséquent, ton point de vue selon lequel les États-Unis ont mal agi lorsqu'ils ont envahi la Grenade n'est qu'un point de vue personnel et rien de plus.

— *Yves* : Einstein a dit que le temps était relatif à l'espace. Il n'a pas dit que tout était relatif ! Tu ne peux attaquer ma position politique en faisant référence à ce que dit Einstein sur l'espace-temps. »

Yves adresse deux critiques à l'argument de Robert.

En premier lieu, il dit que son argumentation est déficiente sur le plan de :

❐ l'acceptabilité.

❐ la suffisance.

Puis, il ajoute que son argumentation est déficiente sur le plan de :

❐ l'acceptabilité.

❐ la suffisance.

14. Supposons que l'on a à évaluer une argumentation dont le schéma est le suivant.

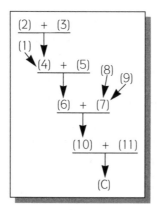

a) Supposons que la prémisse (1) est inacceptable. Dans un tel cas :

❐ La conclusion n'est pas du tout soutenue par l'argumentation.

❐ La conclusion pourrait être soutenue par une partie de l'argumentation.

b) Supposons que (1) et (2) sont inacceptables. Dans un tel cas :

❐ La conclusion n'est pas du tout soutenue par l'argumentation.

❐ La conclusion pourrait être soutenue par une partie de l'argumentation.

c) Supposons plutôt que (8) est inacceptable. Dans un tel cas :

❐ La conclusion n'est pas du tout soutenue par l'argumentation.

❐ La conclusion pourrait être soutenue par une partie de l'argumentation.

d) Supposons plutôt que le lien reliant la prémisse (2) et la prémisse (3) à la prémisse (4) est insuffisant. Dans un tel cas :

❐ La conclusion n'est pas du tout soutenue par l'argumentation.

❐ La conclusion pourrait être soutenue par une partie de l'argumentation.

e) Supposons plutôt que (5) est inacceptable. Dans un tel cas :

❒ La conclusion n'est pas du tout soutenue par l'argumentation.

❒ La conclusion pourrait être soutenue par une partie de l'argumentation.

f) Supposons plutôt que le lien reliant la prémisse (10) et la prémisse (11) à la conclusion est insuffisant. Dans un tel cas :

❒ La conclusion n'est pas du tout soutenue par l'argumentation.

❒ La conclusion pourrait être soutenue par une partie de l'argumentation.

15. Examinez la prémisse explicite de l'exemple de la section 5.3 (« Dans la nature, les plus forts écrasent les plus faibles »). Montrez qu'elle est inacceptable.

16. Faites le schéma en arbre et trouvez la prémisse implicite de l'argumentation suivante. Faites une évaluation de l'argumentation.

« Certains étudiants obtiennent de bonnes notes sans travailler fort. Certains étudiants travaillent fort et n'obtiennent pas de bonnes notes. Les notes ne reflètent pas la quantité de travail faite par les étudiants. Notre façon d'accorder les notes ne donne pas de résultats fiables[31]. »

17. Examinez bien l'argumentation qui suit. Il s'y trouve une prémisse implicite problématique. Une fois que cette prémisse est rendue explicite, l'argumentation respecte le critère de suffisance mais n'est pas pour autant valable, parce que la prémisse implicite est inacceptable. Tentez de trouver cette prémisse implicite problématique qui est responsable de l'erreur principale de l'argumentation. C'est assez difficile.

« Les pays arabes ne signent jamais d'accord ou de traité qui ne soit à leur avantage. Par conséquent, tout accord ou traité signé avec eux désavantage Israël. Par conséquent Israël ne devrait que rarement, ou jamais, signer des traités sur le désarmement avec eux. »

18. Faites le schéma en arbre de l'argumentation qui suit. Elle ne respecte pas un des deux critères que doit respecter une bonne argumentation. Quel est ce critère[32] ? Pourquoi pensez-vous qu'il n'est pas respecté ?

---

31. Wayne Grennan, *Argument Evaluation*, Lanham, University Press of America, 1984, p. 325.

32. Vous n'avez pas besoin d'informations additionnelles pour déterminer quel est ce critère.

« Quarante-sept pour cent des électeurs américains n'ont pas voté aux dernières élections présidentielles. Donc, presque la moitié des électeurs américains se désintéressent de la politique. »

19. Faites l'évaluation de l'argumentation qui suit.

« Au Québec, il y a trente ans, il y avait moins de divorces. Au Québec, il y a trente ans, les gens assistaient davantage à la messe. Au Québec, il y a trente ans, la morale était plus importante dans la vie des gens qu'elle ne l'est de nos jours. »

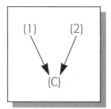

(1) Au Québec, il y a trente ans, il y avait moins de divorces.

(2) Au Québec, il y a trente ans, les gens assistaient davantage à la messe.

(C) Au Québec, il y a trente ans, la morale était plus importante dans la vie des gens qu'elle ne l'est de nos jours.

20. Faites l'évaluation de l'argumentation qui suit.

« Environ les deux tiers de la population humaine actuelle croient à la réincarnation. Puisqu'autant de personnes ne peuvent se tromper, la réincarnation est un phénomène réel. »

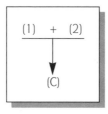

(1) Environ les deux tiers de la population humaine croient à la réincarnation.

(2) Autant de personnes ne peuvent se tromper.

(C) La réincarnation est un phénomène réel.

21. Faites l'évaluation de l'argumentation suivante.

« C'est le soleil, pas la terre, qui semble tourner. Si la terre tournait, cela donnerait naissance à des vents violents. Or ces vents n'existent pas. De plus, dans la Bible, on dit que Dieu a ordonné au soleil d'arrêter sa course. Puisqu'il faut interpréter la Bible à la lettre et que tout ce qui est écrit dans la Bible est vrai, il s'ensuit que c'est le soleil qui tourne, pas la terre[33]. »

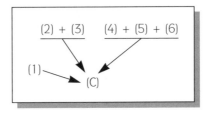

(1) C'est le soleil, pas la terre, qui semble tourner.

(2) Si la terre tournait, cela donnerait naissance à des vents violents.

(3) Ces vents n'existent pas.

(4) Dans la Bible, il est écrit que Dieu a ordonné au soleil d'arrêter sa course.

(5) Il faut interpréter la Bible à la lettre.

(6) Tout ce qui est écrit dans la Bible est vrai.

(C) C'est le soleil qui tourne, pas la terre.

22. Faites l'évaluation de l'argumentation de Sherlock Holmes qui est schématisée à la section 4.6.

---

33. Cité dans Stephen Toulmin et June Goodfield, *The Fabric of Heavens*, Harmondsworth, Penguin, 1961, p. 181-186.

23.

La réplique de l'étudiante de droite constitue-t-elle une critique de la suffisance ou une critique de l'acceptabilité?

24. Schématisez et évaluez l'argumentation suivante.

« Cette fille a divorcé à l'âge de seize ans; elle a dû se marier très jeune. »

25. Déterminez la prémisse implicite problématique qui se trouve dans l'argumentation suivante.

« Les professeurs des cégeps donnent quinze heures de cours par semaine en moyenne. Comme ils sont payés pour trente-cinq heures de travail, on peut en conclure que ce sont des profiteurs. »

26. Schématisez et évaluez l'argumentation de Marie.

« — *Nathalie* : Dans ton quartier, à ton avis, y a-t-il plus de chats ou de rats?

— *Marie* : J'ai vu bien des chats mais je n'ai jamais vu de rats. Il y a plus de chats que de rats dans mon quartier. »

27. Schématisez et évaluez l'argumentation suivante.

« Les médecins gagnent davantage que les infirmières. De plus, les concierges gagnent davantage que les enseignantes. On voit donc que le marché du travail est encore très injuste envers les femmes. »

28. Schématisez et évaluez l'argumentation suivante.

« La neige, c'est de l'eau. De l'eau, c'est transparent. De la neige, c'est transparent. »

29. Schématisez et évaluez l'argumentation suivante.

« Il est injuste de blâmer les simples soldats nazis qui massacraient ou maltraitaient les Juifs dans les camps de concentration. Après tout, ils obéissaient aux ordres de leurs supérieurs. »

30. Évaluez les argumentations qui se trouvent dans les exercices 2 à 8, 17, 20*a*, 20*b* et 21 à 24 du chapitre 4.

31. Schématisez et évaluez l'argumentation suivante.

« Si le cordon d'alimentation d'un appareil fonctionnant à l'électricité n'est pas branché, celui-ci ne peut m'électrocuter. Ma lessiveuse est un appareil fonctionnant à l'électricité. Son cordon d'alimentation n'est pas branché. Je ne peux donc pas m'électrocuter en réparant ma lessiveuse. »

32. Évaluez les argumentations suivantes en les comparant l'une à l'autre et en justifiant, s'il y a lieu, la différence entre les conclusions auxquelles vous arrivez.

a) « Les évêques ne sont pas mariés. Par conséquent, ils ne devraient pas porter de jugements sur des questions comme le divorce, la contraception ou l'avortement. »

b) « Les Blancs ne sont pas des Noirs. Par conséquent, les Blancs ne peuvent pas porter de jugements valables sur la situation sociale des Noirs. »

c) « Les Occidentaux ne sont pas des Africains. Par conséquent, ils ne devraient pas porter de jugements sur les pratiques de mutilation sexuelle qui sont acceptées dans certaines communautés africaines. »

d) « Les gens du XXᵉ siècle ne peuvent comprendre le vécu d'un Américain blanc du XIXᵉ siècle. Ils ne doivent donc pas porter de jugements sur les actes de violence posés par les racistes blancs à l'endroit des Noirs au XIXᵉ siècle. »

33. Schématisez et évaluez l'argumentation de Nathalie.

«— *Marie*: D'après les études statistiques de nombreux organismes sérieux, il y a un lien entre la diminution de la couche d'ozone autour de la terre et le cancer de la peau.

— *Nathalie*: Ah bon!

— *Marie*: Tu devrais arrêter de te faire bronzer plusieurs heures par jour sans protection contre le soleil.

— *Nathalie*: Non… Je ne crois pas à ce lien entre la disparition de la couche d'ozone et le cancer de la peau.

— *Marie*: Pourtant, toutes les études affirment qu'il y en a un.

— *Nathalie*: Marie, tu sais très bien qu'on peut faire dire n'importe quoi aux statistiques.

— *Marie*: Un instant…»

34. En les comparant les unes aux autres, expliquez en détail les mérites ou les déficiences de chacune des argumentations qui suivent sur le plan de la suffisance.

a) « On a retrouvé du pain sur les lieux du crime. Or Dumoulin s'était acheté un pain la veille. On le sait parce qu'un commis de l'épicerie se rappelle lui en avoir vendu. Dumoulin est donc probablement coupable. »

b) « On a retrouvé de la dynamite sur les lieux du crime. Or Dumoulin s'en était procuré la veille. On le sait parce que le gardien d'un chantier l'a vu en voler. Dumoulin est donc probablement coupable. »

c) « On a retrouvé de la dynamite d'un type particulier sur les lieux du crime. Or Dumoulin s'était procuré ce type de dynamite la veille. On le sait parce que le gardien d'un chantier l'a vu en voler. C'était le premier chargement de ce type de dynamite qui arrivait au pays. Dumoulin est donc probablement coupable. »

35. Schématisez et évaluez l'argumentation suivante.

« Abraham Lincoln fut assassiné par un homme qui s'appelait John Wilkes Booth. John Kennedy fut asassiné par Lee Harvey Oswald. Lincoln et Kennedy furent tous deux assassinés par des personnes dont le nom comporte le même nombre de lettres. On peut, je crois, en conclure qu'il y a un lien, dont on ne connaît pas la nature, entre ces deux assassinats politiques. »

36. Schématisez et évaluez l'argumentation suivante.

« Abraham Lincoln fut assassiné par un homme qui s'appelait John Wilkes Booth. John Kennedy fut assassiné par Lee Harvey Oswald. En fait, tous les assassinats politiques de l'histoire ont été faits par des personnes dont le nom comporte quinze lettres. Cela est trop surprenant pour être une simple coïncidence. On peut par conséquent en conclure qu'il y a quelque chose de particulier d'associé au fait d'avoir un nom composé de quinze lettres. »

37. Schématisez et évaluez l'argumentation suivante.

« Aux États-Unis, les hommes constituent près de 100 % des soldats qui meurent au combat. La plupart des victimes de meurtres sont des hommes. Les deux tiers des alcooliques du pays sont des hommes. Quatre-vingt-dix pour cent des sans-abri sont des hommes. Quatre-vingt-dix pour cent des gens qui sont arrêtés sont des hommes. Il y a quatre fois plus de suicides chez les hommes que chez les femmes. La grande majorité des gens emprisonnés sont des hommes. La société américaine est vraiment une société conçue pour les femmes. »

38. Schématisez et évaluez l'argumentation suivante.

« Je n'ai jamais rencontré une personne pauvre qui, au fond, n'avait pas choisi de l'être. Écoute, la semaine dernière, en plein centre de Seattle, j'ai vu un homme assis dans son auto qui tenant une pancarte sur laquelle était écrit : "Donnez de la nourriture aux sans-emploi." Eh bien, juste de l'autre côté de la rue, il y avait une affiche dans la vitrine d'un restaurant qui disait qu'on demandait du personnel. »

39. Schématisez et évaluez l'argumentation suivante.

« Le sexisme peut transparaître insidieusement dans des formulations qui apparaissent neutres à première vue. Ainsi, lorsque Claude Lévi-Strauss écrit : "Le *village entier* partit le lendemain dans une trentaine de pirogues, nous laissant seuls avec *les femmes et les enfants* dans les *maisons abandonnées*", cela semble neutre à première vue. Pourtant, ce n'est pas le cas. Lorsque Pierre Bourdieu écrit : "Encore aujourd'hui, une des raisons pour lesquelles les *adolescents des classes populaires* veulent quitter l'école et entrer au travail très tôt, est le désir d'accéder le plus vite possible au statut d'adulte et aux capacités économiques qui lui sont associées : avoir de l'argent, c'est très important pour s'affirmer *vis-à-vis des copains, vis-à-vis des filles*, pour pouvoir sortir *avec les copains et avec les filles*, donc pour *être reconnu et se reconnaître comme «un homme»* ", cela semble également neutre à première vue. Pourtant ça ne l'est pas. En effet, on y identifie une classe d'âge (les adolescents) au groupe de sexe mâle. Lorsqu'on lit, dans le *Petit Larousse*: " Curie (Pierre), physicien français, né à Paris (1859-1906). Il découvrit la piézo-électricité et étudia les symétries en physique. Avec sa femme, Marie Sklodowska, née à Varsovie (1867-1934), il découvrit le radium (Prix Nobel, 1903 et 1911) ", on croit avoir affaire à quelque chose de neutre. Mais, pourtant, ce n'est pas le cas. En effet, il n'y a pas d'entrée propre pour Marie Curie dans le *Petit Larousse*. Dans l'entrée Pierre Curie, Marie Curie n'est mentionnée que comme " la femme de Pierre ", et elle n'est jamais le sujet de la phrase. Finalement, la formulation tend à faire croire que Pierre et Marie Curie se sont fait attribuer deux prix Nobel. Or c'est faux, puisque le second prix a été décerné uniquement à Marie[34]."»

40. Il arrive parfois que la suffisance d'une argumentation soit absolue, parfaite, et que l'on puisse le constater en examinant seulement la forme de l'argumentation. C'est à ce type d'argumentations que s'intéresse la logique *formelle*[35]. Dites si, dans les argumentations qui suivent, la suffisance est parfaite au sens où il est *inimaginable*, absolument impossible, que les prémisses soient vraies et que la conclusion soit fausse.

a) « Tous les X sont des Y. Ceci est un X. Ceci est donc un Y. »

b) « Ou bien c'est X, ou bien c'est Y. Ce n'est pas X. C'est donc Y. »

c) « Si c'est un A, alors c'est un B. C'est un A. C'est donc un B. »

d) « Si A, alors B. Or, B. Par conséquent, A. »

e) « Tous les X sont des Y. Tous les Y sont des Z. Tous les X sont donc des Z. »

f) « Si A, alors B. Si B, alors C. Donc, si A alors C. »

g) « Tous les X sont des Y. Ceci est un Y. Ceci est donc un X. »

34. Texte adapté de Claire Michard-Marchal et Claudine Ribery, *Sexisme et sciences humaines: pratique linguistique du rapport de sexage*, Lille, Presses universitaires de Lille, 1982, p. 9-10.

35. La logique de l'argumentation est parfois aussi appelée « logique informelle » ou « logique non formelle », pour souligner qu'elle se distingue de la logique formelle. La logique de l'argumentation, nous l'avons vu, traite de l'acceptabilité des prémisses ainsi que des argumentations qui respectent le critère de suffisance sans pour autant être infaillibles.

h) « Jean a avoué avoir commis le meurtre et deux témoins ont confirmé l'avoir vu discuter de manière agressive avec la victime le soir du meurtre. De plus, on a retrouvé les empreintes digitales de Jean sur l'arme du crime. Jean a donc commis le meurtre. »

41. Dans l'*Illustration philosophique 9* (p. 377), nous citons un texte de Condorcet traitant de l'esclavage. Lisez-le quelques fois, puis répondez aux questions suivantes.

a) Schématisez l'argumentation que l'on trouve dans le paragraphe 1, argumentation à laquelle Condorcet s'attaquera par la suite.

b) Dans le point 1 du paragraphe 2, Condorcet fait-il une critique de l'acceptabilité ou de la suffisance, ou à la fois une critique de l'acceptabilité et de la suffisance de l'argumentation à laquelle il s'attaque ? Expliquez.

c) Dans le point 2 du paragraphe 2, Condorcet fait-il une critique de l'acceptabilité ou de la suffisance, ou à la fois une critique de l'acceptabilité et de la suffisance de l'argumentation à laquelle il s'attaque ? Expliquez.

d) Dans le paragraphe 5, Condorcet s'attaque à une argumentation. Schématisez-la, puis, à partir du schéma que vous aurez fait, indiquez la nature de la critique de Condorcet : s'agit-il d'une critique de la suffisance, d'une critique de l'acceptabilité, ou d'une critique à la fois de l'acceptabilité et de la suffisance de l'argumentation à laquelle il s'attaque ?

e) Dans les paragraphes 7 et 8, Condorcet fait-il une critique de l'acceptabilité ou de la suffisance, ou à la fois une critique de l'acceptabilité et de la suffisance de l'argumentation à laquelle il s'attaque ? Expliquez.

L'APPEL À L'AUTORITÉ

La part de l'expérience directe accessible à toute personne, quelle qu'elle soit, est extrêmement ténue : une étroite fenêtre sur le vaste monde. C'est pourquoi on ne saurait accepter l'idée qu'il faut croire seulement ce que nous pouvons connaître directement sans du même coup réduire extraordinairement l'étendue de nos croyances. Si elle était possible, une vie ainsi ordonnée serait d'une pauvreté intellectuelle extrême. L'autosuffisance intellectuelle, tout comme l'autosuffisance économique, ne peut être réalisée qu'à un niveau si bas qu'elle en perd tout attrait.

— David Elton Trueblood, *The Logic of Belief.*

6.1 Dans quelle mesure peut-il être rationnellement justifié de faire reposer certaines de nos croyances sur des appels à l'autorité ?

6.2 Qu'est-ce qu'un bon appel à l'autorité ?

Résumé

Matière à réflexion

Questions de réflexion

Exercices

CHAPITRE 6 **L'appel à l'autorité**

Nous avons vu, au chapitre 2, que l'appel à l'autorité est un type de justification très répandu sur lequel repose une partie importante de nos croyances. C'est la raison pour laquelle nous lui consacrons ce chapitre en entier. Nous allons examiner les conditions que doit respecter un appel à l'autorité pour être valable.

Si nous examinions nos propres croyances en nous demandant pourquoi nous croyons à ceci ou à cela, nous serions amenés très souvent à faire la réponse suivante : « J'y crois parce que telle ou telle personne l'a dit, et que je considère que je peux me fier à elle parce qu'elle s'y connaît dans ce domaine. » Nous ferions alors ce qu'on nomme un *appel à l'autorité*. Ainsi, vous croyez sans doute que le *Criton* a été écrit par Platon, que le soleil est une étoile et que le sida est une maladie causée par un virus qui se transmet lors de relations sexuelles. Avez-vous de bonnes raisons d'admettre ces croyances ? Certains pourraient répondre non, en faisant valoir qu'à moins d'être un spécialiste, vous n'avez pas fait de recherche historique minutieuse et rigoureuse sur l'authenticité des manuscrits attribués à Platon, vous n'avez pas vous-même étudié la nature du soleil et vous n'avez pas effectué de recherches sur le sida. De plus, vous ne connaissez pas non plus les raisons données par les spécialistes pour défendre ces croyances. Mais alors, devriez-vous abandonner toutes ces croyances ? La réponse, vous vous en doutez, est non. Les questions auxquelles nous allons tenter de répondre dans ce chapitre sont les suivantes : « Dans quelle mesure peut-il être rationnellement justifié de faire reposer certaines de nos croyances sur des appels à l'autorité ? » et « Qu'est-ce qu'un bon appel à l'autorité ? »

6.1 Dans quelle mesure peut-il être rationnellement justifié de faire reposer certaines de nos croyances sur des appels à l'autorité ?

Examinons dans un premier temps quelles seraient les conséquences de l'attitude qui consisterait à n'admettre aucun appel à l'autorité. La personne qui adopterait cette attitude devrait abandonner plusieurs de ses croyances, comme celles que nous avons mentionnées plus haut. Elle devrait aussi sans doute abandonner l'idée que la terre est sphérique, que le sang circule dans le corps[1], que la lune est plus

---

1. N'oubliez pas que, s'il est facile de constater la présence du sang dans le corps, il est moins facile de défendre l'idée qu'il *circule* et que le sang que reçoit le coeur n'est pas, comme on le pensait autrefois, du sang neuf qui vient tout juste d'être produit. C'est William Harvey, en 1628, qui fournit des arguments décisifs en faveur de la circulation du sang. On trouve une partie de son argumentation dans l'annexe IV, à la p. 482.

grosse qu'elle n'apparaît, que Jules César a existé, etc. En fait, si nous examinons bien nos croyances, nous nous apercevons que la très grande majorité d'entre elles repose, de près ou de loin, sur des appels à l'autorité. Pour vous en rendre compte, tentez d'imaginer ce que deviendrait votre vision du monde si vous deviez rejeter toutes les croyances que vous avez admises depuis votre enfance sans les avoir vérifiées par vous-même. Combien de ces croyances auriez-vous aujourd'hui le temps ou la possibilité de vérifier par vos propres moyens ? Très peu. Ainsi, vous vous verriez dans l'obligation de soumettre l'ensemble de vos croyances à une purge radicale. Autant une telle issue semble fantaisiste et irréaliste, autant il semble raisonnable d'admettre des croyances comme la circulation du sang ou la rotondité de la terre. Cela nous donne une première raison d'admettre les appels à l'autorité. Il en existe une autre, encore meilleure.

Le recours aux appels à l'autorité est souvent critiqué de la manière suivante : « Si nous admettons que le développement de l'esprit critique et de l'autonomie intellectuelle est le but que nous poursuivons, ne devons-nous pas refuser toutes les croyances que nous ne pouvons pas justifier par nous-mêmes, ne devons-nous pas refuser de répéter bêtement ce que disent les gens autour de nous ? Ne devons-nous pas refuser de croire que certains possèdent la vérité, qu'il s'agisse, par exemple, des adeptes d'une religion ou des tenants d'une idéologie politique, et plutôt réfléchir par nous-mêmes ? Notre autonomie intellectuelle implique que nous rejetions tous les appels à l'autorité. »

Cette façon de voir les choses est attrayante, mais nous allons montrer qu'elle est erronée. Il est certes acceptable de dire que nous ne devons pas répéter bêtement ce que les gens disent autour de nous et qu'il ne faut pas croire qu'une secte religieuse ou une idéologie politique a réponse à tout. Mais en concluant de cela qu'il faut rejeter tout appel à l'autorité, ne tombe-t-on pas dans le piège du *faux dilemme*?

Le *sophisme du faux dilemme* (voir le chap. 7, p. 238) consiste à affirmer que l'on se trouve face à deux possibilités dont l'une est indésirable, et qu'il faut donc choisir l'autre, *alors qu'il existe d'autres possibilités*. Dans le cas qui nous préoccupe, les deux possibilités sont les suivantes :

1. Avoir recours à des appels à l'autorité et faire reposer une grande partie de nos croyances sur autrui, et abandonner ainsi une grande partie de notre autonomie intellectuelle et de notre sens critique.

2. Rejeter tous les appels à l'autorité.

En examinant bien ces possibilités, on s'aperçoit qu'entre ces deux extrêmes se trouve une possibilité intermédiaire, qui présente des avantages. Nous allons l'examiner.

Chacun sait qu'il n'est pas spécialiste dans tous les domaines. Dans certains domaines, nous avons des croyances sur certaines questions, mais nous sommes conscients qu'elles reposent sur une analyse rapide et peu critique. Sur ces questions, on peut faire davantage confiance à d'autres personnes qu'à soi-même, parce que l'on est conscient de ne pas avoir les informations ou la formation permettant de se prononcer de manière aussi réfléchie que celles-ci. Il y a également des domaines qui nous sont complètement inconnus. Si d'autres ont effectué des études réfléchies et minutieuses dans ces domaines, s'ils ont accumulé l'expérience et les informations leur permettant de porter un jugement éclairé sur une question qui relève de ces domaines, devrions-nous négliger leur avis ? *Il semble bien qu'il serait déraisonnable de rejeter l'avis des personnes compétentes* sur les questions qui relèvent de leur domaine.

Une personne intellectuellement autonome et pourvue de sens critique n'a pas un esprit soumis ; elle est plutôt dotée d'un esprit capable de bien établir les limites de son propre domaine de compétence ainsi que les limites des domaines de compétence d'autrui. *Elle peut exercer son esprit critique afin de déterminer qui devrait l'influencer, et dans quelles limites cela devrait se faire.* Ainsi, une personne ayant un esprit critique développé est justifiée de faire reposer une bonne partie de ses croyances sur des appels à l'autorité. Cependant, elle ne le fera pas n'importe comment. Ses appels à l'autorité ne seront pas gratuits ; ils reposeront sur de bonnes raisons. Nous pouvons résumer comme suit cette position intermédiaire :

3. Reconnaître les limites de son propre domaine de compétence ainsi que les limites des domaines de compétence d'autrui et, sur cette base, utiliser son esprit critique pour déterminer les cas dans lesquels il est raisonnable de faire des appels à l'autorité.

Voyons maintenant de plus près en quoi cette position est supérieure aux deux autres positions que nous avons examinées précédemment. D'une part, nous constatons qu'elle ne nous conduit pas à répéter bêtement ce que disent les gens qui nous entourent. D'autre part, elle nous autorise à conserver un grand nombre de croyances qui nous semblent acceptables même si elles s'appuient sur des appels à l'autorité, par exemple la croyance selon laquelle le sida est causé par un virus. De plus, elle repose sur une réalité que nul ne pourrait contester, à savoir qu'il existe une grande diversité de domaines de compétence, ce qui implique que les compétences de chaque personne sont limitées. En somme, la troisième position à l'égard des appels à l'autorité s'avère la meilleure des trois positions que nous avons examinées[2].

_____

2. Il pourrait exister d'autres positions. Le cas échéant, il faudrait les examiner pour déterminer si elles sont supérieures à la nôtre.

Si l'on y pense bien, une personne qui ne ferait jamais d'appels à l'autorité serait bien déraisonnable. Elle s'interdirait l'accès à une somme considérable d'informations éventuellement aussi fiables que celles qu'elle obtiendrait par elle-même, et elle ne pourrait en tirer profit. De toute manière, personne, en pratique, ne choisit cette voie. On rencontre plutôt des gens à l'esprit critique qui font des appels à l'autorité justifiés, et des gens qui font de mauvais appels à l'autorité.

La citation suivante reprend certaines des idées que nous venons d'exposer et nous convie à l'examen de la seconde question que nous avons soulevée au début du chapitre :

> L'idée que l'autorité et la raison sont en quelque sorte des façons opposées de chercher à connaître les choses est une erreur répandue qu'il importe de corriger. […] Lorsque nous nous appuyons sur une autorité, nous ne sommes pas *automatiquement* pour cela trop crédules ou naïfs. *Il est possible que la confiance que nous plaçons dans une autorité soit justifiée.* C'est le rôle de notre raison de chercher à déterminer les personnes et les institutions qui méritent le plus notre confiance[3].

6.2 Qu'est-ce qu'un bon appel à l'autorité ?

Différents chercheurs ont mis en lumière les principes sur lesquels reposent les bons appels à l'autorité. Dans la vie de tous les jours, ces principes nous guident tous inconsciemment, mais le fait de les examiner en pleine lumière nous permet de voir d'un autre oeil la façon dont nous procédons spontanément pour évaluer des appels à l'autorité. Cela nous permet aussi d'appliquer de manière plus réfléchie les critères qui servent à évaluer les mérites d'un appel à l'autorité.

Nous avons dit plus haut que l'idée d'un recours justifié à l'appel à l'autorité était liée au fait qu'il existe divers domaines de compétence et que chacun de nous ne peut être spécialiste dans tous les domaines. Les critères qui permettent de déterminer en quoi consiste un bon appel à l'autorité découlent de cette idée.

Qu'est-ce qu'une autorité ? Nous ne parlons pas ici d'une personne qui est dans une position d'autorité[4], mais bien d'une autorité dans un domaine précis, c'est-à-dire d'une personne dont la *compétence* est reconnue à l'intérieur d'un domaine spécifique ; autrement dit, d'un *expert*. Il peut être difficile de déterminer si quelqu'un est une autorité ou non. Certains le soulignent en disant que, pour reconnaître une autorité, il faut être soi-même une autorité !

---

3. David Elton Trueblood, *The Logic of Belief,* New York, Harper and Brothers, 1942, p. 72.

4. Comme un professeur dans une classe, un policier en service ou un juge dans une cour.

Cette position est exagérée. On se sert couramment de plusieurs indices pour évaluer la crédibilité d'une prétendue autorité. Ainsi, on a recours aux critères suivants pour évaluer un scientifique, par exemple un anthropologue ou un sociologue : le nombre et le niveau des diplômes, le nombre et l'importance des articles écrits dans des revues spécialisées d'anthropologie ou de sociologie, le nombre et l'importance des ouvrages publiés, la présence à des congrès importants, l'obtention de prix et de distinctions, etc. Chacun de ces critères, pris individuellement, ne permet pas de vérifier si l'on a affaire à une autorité. Nous connaissons tous des gens qui ont des diplômes universitaires et qui ne semblent pas très fiables pour autant. Par contre, si une personne répond à l'*ensemble* de ces critères, cela suffit à la qualifier d'autorité dans un domaine déterminé. Il serait surprenant qu'un anthropologue possédant un doctorat, ayant publié des articles dans des revues spécialisées réputées[5], ayant écrit des livres importants et ayant reçu des prix d'excellence pour ses recherches, soit une personne qui ne maîtrise pas sa discipline. De la même manière, un physicien ou un économiste qui a reçu un prix prestigieux comme le prix Nobel est une autorité, parce que l'obtention de ce prix signifie que les recherches et les publications du lauréat sont considérées par les spécialistes de la discipline comme étant parmi les meilleures. Évidemment, cela ne veut pas dire qu'un chercheur qui a peu publié et qui n'a pas de doctorat ne connaît rien à son domaine. Bref, il faut se servir de son jugement… L'important est d'examiner la *crédibilité* de la personne à laquelle on fait appel pour justifier une croyance.

Nous allons maintenant examiner quelques exemples d'appel à l'autorité qui ne sont pas valables, puis nous donnerons un schéma récapitulatif des conditions que doit respecter un appel à l'autorité pour être valable.

EXEMPLE 1

Einstein a dit que Dieu existe. Par conséquent, Dieu existe.

Dans cet exemple, on conclut à l'existence de Dieu à partir du jugement d'un grand physicien. Est-ce acceptable ? Einstein a été un très grand physicien et sa théorie, la théorie de la relativité, tient toujours malgré certaines modifications. C'est la théorie physique générale que les physiciens considèrent comme la plus justifiée aujourd'hui. Demandons-nous donc si l'on peut invoquer l'autorité d'Einstein dans l'exemple 1. Nous sommes d'accord sur le fait qu'Einstein est un

---

5. Pour qu'un article soit publié dans ce type de revue, il doit être jugé important par le comité de lecture de la revue, qui est formé d'autres spécialistes de la discipline.

grand physicien. Cependant, *son autorité ne s'étend pas aux domaines où il n'est pas une autorité*. Einstein est une autorité en physique, ce qui signifie qu'on peut faire appel à ses croyances *seulement* lorsqu'on parle de physique. Ses opinions en religion, en biologie ou en économique ne sont pas nécessairement meilleures ou mieux fondées que celles de la plupart d'entre nous.

EXEMPLE 2

Le récipiendaire du prix Nobel de chimie, Linus Pauling [6], dit que les surdoses de vitamine C sont très efficaces contre certaines maladies. Par conséquent, la vitamine C est très efficace contre certaines maladies.

Ici, il s'agit d'une personne qui est une autorité (le prix Nobel en est un bon indice) dans le domaine du problème soulevé (la biochimie). Doit-on accepter la conclusion de l'exemple 2? Non. Il est bien vrai que Pauling a reçu le prix Nobel, mais c'était dans les années 50, pour ses travaux qui ont contribué à la découverte de la structure de l'ADN. Sa position concernant les effets de la vitamine C est récente; elle est d'ailleurs contestée par la majorité de ses collègues biochimistes (cette majorité inclut, bien entendu, d'autres autorités en biochimie).

Il y a donc une autre condition qui doit être remplie pour qu'un appel à l'autorité soit correct: il doit y avoir un consensus des autorités sur la question soulevée. Si on n'exigeait pas un tel consensus, cela signifierait que, dans les cas où il y a absence de consensus, on pourrait argumenter de la façon suivante: « Monsieur X, qui est une autorité, soutient que *p* est vrai. Or, *p* relève de son domaine. Il est donc rationnellement justifié de croire que *p* est vrai. Quant à madame Y, une autre autorité dans le domaine dont relève *p*, elle soutient que *p* est faux. Il est donc rationnellement justifié de croire que *p* est vrai et de croire que *p* est faux. » Mais cela serait absurde. On comprendra donc que, dans les cas où il n'y a pas de consensus des autorités, il est préférable soit de suspendre son jugement, soit de ne pas emprunter la voie indirecte que constitue l'appel à l'autorité. Dans ce dernier cas, il faudra plutôt se pencher sur le fond de la question en examinant soi-même, de façon critique, la valeur des argumentations qui s'opposent[7].

On peut donc dire que, lorsqu'on fait un appel à l'autorité légitime, on fait en réalité un appel au consensus des autorités.

---

6. Linus Pauling a reçu le prix Nobel de chimie en 1954 et le prix Nobel de la paix en 1962.

7. Cela pourrait exiger de nous beaucoup de temps et d'énergie car, si les avis des autorités sont partagés, c'est que la question n'est pas simple. Ces efforts vaudront ou non la peine d'être faits selon l'importance qu'aura cette question pour nous.

Bien entendu, étant donné qu'il arrive souvent que des autorités soient citées hors contexte ou qu'on leur fasse dire des choses qu'elles n'ont pas dites ou avec lesquelles elles ne sont plus d'accord, il faut bien s'assurer que l'autorité serait d'accord avec ce qu'on prétend qu'elle affirme.

On peut donc ajouter une quatrième condition : l'autorité doit être effectivement d'accord avec les propos qu'on lui prête.

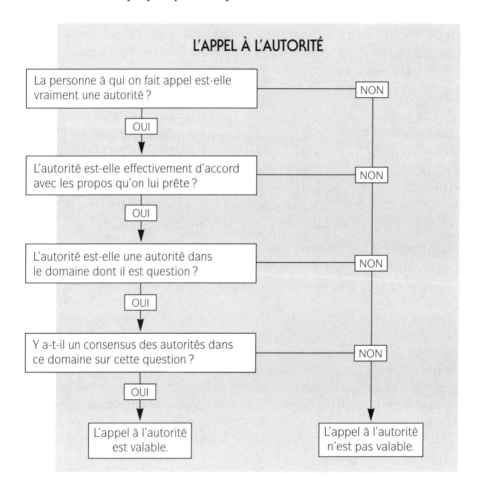

On peut relier ces considérations à celles du chapitre précédent à partir du schéma en arbre suivant :

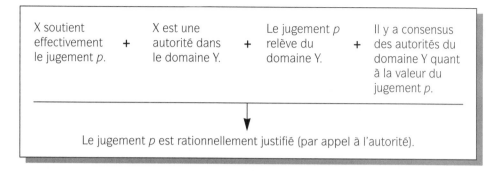

| X soutient effectivement le jugement *p*. | + | X est une autorité dans le domaine Y. | + | Le jugement *p* relève du domaine Y. | + | Il y a consensus des autorités du domaine Y quant à la valeur du jugement *p*. |

Le jugement *p* est rationnellement justifié (par appel à l'autorité).

Lorsque toutes les prémisses sont présentes, l'argumentation respecte le critère de suffisance ; lorsqu'elles sont, en plus, acceptables, l'argumentation est correcte.

Notons, comme le fait le philosophe John Robertson[8], que si l'appel à l'autorité sert de fondement à bon nombre de nos croyances, il est des questions auxquelles son application serait inadéquate. Parmi celles-ci, certaines relèvent de l'éthique, de la politique et de la religion ; dans ces domaines, il est de notre responsabilité en tant qu'êtres humains de réfléchir et de nous faire une idée par nous-mêmes. Bien entendu, les argumentations des experts dans ces domaines méritent aussi d'être prises en considération ; cependant, lorsqu'il s'agit de faire des choix comme celui du parti pour lequel voter aux élections ou de la façon dont nous voulons mener notre vie, il serait absurde de procéder purement et simplement par appel à l'autorité[9].

Soulignons aussi un aspect qu'il est important de garder à l'esprit : une croyance admise sur la base d'un appel à l'autorité valable n'est pas pour autant définitivement vraie ! Il s'agit simplement d'une croyance qu'il est rationnellement justifié d'adopter, compte tenu du contexte dans lequel nous nous trouvons et des informations dont nous disposons. De nouvelles réflexions, de nouvelles observations et de nouvelles théories peuvent faire éclater le consensus existant sur une question. Comme cette possibilité demeure toujours présente et que les différentes disciplines sont en évolution constante, les croyances admises sur la base d'appels à l'autorité demeurent toujours susceptibles d'être remises en question.

Finalement, comme vous aurez peut-être l'occasion de le constater, l'application des quatre critères exposés ci-dessus n'est pas toujours simple et exige parfois que l'on effectue des recherches additionnelles sur certains points. Ces critères sont néanmoins très importants parce qu'ils guident notre réflexion dans certaines voies, *parce qu'ils nous indiquent quelles questions nous devons nous poser.*

---

8. John Robertson, *Letters on Reasoning,* London, Watts, 1905, p. 49.

9. Ce danger ne serait toutefois pas très grand, en un sens, puisque sur ce genre de questions, il n'y a généralement pas de consensus ; les appels à l'autorité que l'on ferait alors ne seraient pas légitimes.

RÉSUMÉ

1. Un appel à l'autorité constitue une manière indirecte de justifier une croyance.

2. La majeure partie de nos croyances repose sur des appels à l'autorité. Nos croyances se limiteraient à bien peu de chose si nous n'avions pas recours aux compétences d'autrui. Pour cette raison, il peut être rationnellement justifié d'admettre des croyances sur la base d'appels à l'autorité. L'idée qu'il peut être acceptable d'admettre des croyances sur la base d'appels à l'autorité repose sur la reconnaissance des domaines de compétence d'autrui.

3. Pour être valable, un appel à l'autorité doit satisfaire aux quatre exigences suivantes : la personne à qui on fait appel doit être une véritable autorité ; elle doit être une autorité dans le domaine dont il est question ; elle doit être effectivement d'accord avec les propos qu'on lui prête ; il doit y avoir consensus des autorités dans le domaine en cause à propos de la question débattue.

MATIÈRE À RÉFLEXION

Le constat du philosophe Comenius

On entend parfois dire que l'appel à l'autorité est nécessaire de nos jours à cause de l'avancement des connaissances dans tous les domaines, qui est tel qu'il nous empêche d'être compétents dans tous ces domaines. Il est certes vrai que nous ne jouissons pas d'un temps infiniment long pour nous informer et pour développer nos capacités intellectuelles, et qu'en plus notre mémoire est loin d'être infaillible. Toutefois, il ne s'agit peut-être pas là d'une situation vraiment *nouvelle*, comme nous le montrent ces propos tenus par le philosophe tchèque Comenius en 1657 :

> Nous ne nous attendons pas à ce que chacun ait une connaissance exacte et profonde de la totalité des arts et des sciences. Cela ne serait pas utile en soi et ne pourrait être atteint par personne à cause de la brièveté de la vie. Car chaque science est si vaste et si compliquée (pensons à la physique, à l'arithmétique, à la géométrie, à l'astronomie ou même à l'agriculture et à l'arboriculture) qu'elle occuperait la vie entière des intellects les plus vigoureux si l'on voulait la maîtriser à fond par la recherche et l'expérimentation[10].

• • •

Les experts peuvent-ils se tromper ? Évidemment, mais...

« L'une des principales causes du désillusionnement actuel à l'égard de la rationalité provient du fait que les experts d'un même domaine ne sont pas toujours unanimes. Les étudiants s'aperçoivent que leurs professeurs ne sont pas toujours du même avis ; les médecins ne s'entendent pas sur la manière d'interpréter les rayons X ou sur le type de traitement à donner à un patient ; les juges d'un tribunal d'instance supérieure peuvent renverser ou rétablir les décisions des juges d'un tribunal d'instance inférieure ; et, plus étonnant peut-être encore, des désaccords fondamentaux surviennent fréquemment même en sciences, où les idées les mieux fondées et les plus largement acceptées à une époque donnée se trouvent supplantées par de nouvelles idées qui avaient précédemment été rejetées ou n'avaient même pas été prises en considération. Dans ces conditions, il devient difficile de comprendre pourquoi il faudrait accorder un poids particulier à l'opinion des experts. Si bon nombre des parties en présence, peut-être même toutes, ont tort de toute façon, pourquoi ne pas s'en tenir à sa propre opinion, quelque mal fondée ou incorrecte qu'elle soit, puisque les experts eux-mêmes ne peuvent faire mieux ?

---

10. John Comenius, *The Great Didactic*, éd. par M. W. Keatinge, New York, Russell & Russell, 1967, chap. 10, p. 70.

On doit noter toutefois que, pour aboutir à cette conclusion, on n'a fait jusqu'ici que montrer que les experts se trompent parfois, on n'a pas montré qu'ils sont régulièrement et uniformément pris en défaut. Or, quelques instants de réflexion sur des cas concrets nous amèneront vite à rejeter cette seconde possibilité. En effet, non seulement les experts ont souvent raison, mais nous réclamons constamment leurs services lorsque des questions importantes sont en jeu. Quand nous prenons l'avion, par exemple, nous ne nous attendons certainement pas à voir n'importe qui s'improviser pilote — ou mécanicien, concepteur, soudeur, etc. Nous exigeons que seules des personnes compétentes accomplissent ces tâches, même si elles commettent parfois des erreurs. Du même coup, nous nous en remettons à la compétence de leurs instructeurs et des personnes chargées de les évaluer. Ainsi, nous serions très mécontents d'apprendre que le pilote de notre avion a été choisi au hasard, sans qu'on tienne compte de ses aptitudes ni de la formation qu'il a reçue, ou de recevoir l'assurance qu'il a été choisi soigneusement par un groupe spécialement chargé d'attester ses compétences, mais que ces examinateurs ont eux-mêmes été sélectionnés sans qu'on prenne leurs connaissances ou leurs aptitudes en considération. [...]

[...] La compétence ne garantit pas le succès. Il arrive non seulement que des avocats perdent leurs causes [...], mais aussi que des avions s'écrasent au sol, et ce par suite d'erreurs de la part des pilotes, mécaniciens, concepteurs, soudeurs, etc. Des médecins posent des diagnostics erronés, ou emploient des techniques reconnues mais qui, à la lumière d'études subséquentes, se révèlent plus nocives que salutaires. Des physiciens admettent des théories qui plus tard seront rejetées, des logiciens acceptent des inférences dont la validité sera remise en question, et ainsi de suite. Mais, bien que de tels cas suffisent à démontrer que les experts ne sont pas infaillibles, le passage de cette constatation à l'idée qu'il est justifié d'entretenir un doute généralisé quant à leurs compétences repose sur la prémisse implicite voulant [...] que seules les méthodes infaillibles devraient jouer un rôle dans le processus cognitif[11]. »

• • •

Une illustration de notre vulnérabilité

Kenneth Feder, qui est aujourd'hui archéologue, rapporte une aventure qui lui arriva lorsqu'il était étudiant à la fin des années 60. Il avait accepté l'offre d'un club de livres sur l'occultisme et avait reçu quatre livres pour la modique somme d'un dollar. Ces quatre livres étaient *Le guide illustré des sciences psychiques, Le yoga, la jeunesse et la réincarnation, La magie noire* et *Le matin des magiciens*. Les trois premiers contenaient des choses surprenantes et intéressantes qui lui semblaient *alors* parfaitement raisonnables concernant les vies antérieures, l'existence des fantômes, les rêves prophétiques et l'astrologie. Le livre sur le yoga contenait, outre des idées assez étranges

11. Harold I. Brown, *Rationality,* London, Routledge, 1988, p. 146-148.

sur la réincarnation, des exercices tout à fait recommandables pour se maintenir en santé. Ce fut toutefois la lecture du quatrième ouvrage, *Le matin des magiciens*, de Louis Pauwels et Jacques Bergier, qui fut la plus surprenante. Elle le transforma : avant, il était complètement crédule, prêt à croire à n'importe quelle idée, même totalement absurde ; maintenant, bien qu'il restât *ouvert* à n'importe quelle idée — même complètement absurde — il exigeait des arguments solides avant de l'accepter. Il avait acquis le souci de la pensée critique.

« *Le Matin des magiciens* contenait des affirmations étonnantes au sujet de choses que les scientifiques essayaient de cacher — des preuves concernant la réincarnation, la lévitation, l'existence des fantômes, etc. Comme il m'arrive toujours avec la plupart des ouvrages de ce genre, je fus séduit et enthousiasmé par la première des affirmations. La deuxième me procura une sensation presque aussi forte d'excitation intellectuelle. Mais la troisième, la quatrième, la cinquième et la sixième ne produisirent sur moi aucun autre effet.

En parcourant rapidement le livre, je découvris une section qui faisait état de découvertes remarquables en archéologie préhistorique concernant les sciences occultes. Je fus d'abord surpris que le livre parle d'archéologie ; je n'avais jamais fait le lien entre les sciences occultes et l'archéologie. Fasciné par les perspectives ainsi ouvertes, je me mis aussitôt à lire cette section.

Je fus absolument consterné. Je possédais certaines connaissances dans le domaine en question, et ce qu'ils en disaient était proprement incroyable. Non contents de fonder sur des renseignements erronés leurs allégations relatives aux pyramides d'Égypte, aux géants de pierre de l'île de Pâques, à la culture ancienne du Pérou et à d'autres cultures, sites et vestiges anciens, les auteurs dénaturaient les faits et déformaient les données archéologiques et l'histoire.

Au mieux, leurs prétentions révélaient une ignorance extrême. Par exemple, leurs assertions au sujet du haut degré de perfectionnement de l'industrie métallurgique de l'Amérique du Sud à l'époque préhistorique étaient trompeuses. Leur insistance sur le caractère prétendument mystérieux de cette industrie dénotait en fait une grossière ignorance de l'abondante documentation, basée sur les récits oculaires d'explorateurs espagnols du XVIe siècle, concernant les procédés de transformation du minerai utilisés par les indigènes.

Avant eux, d'autres auteurs avaient déclaré que les dimensions des pyramides égyptiennes témoignaient de connaissances avancées sur la distance séparant la terre du soleil, par exemple, ou la valeur précise du nombre π. Mais toutes ces allégations étaient invariablement fondées sur des mesures inexactes et des erreurs de calcul, et leurs auteurs montraient une tendance manifeste à prendre leurs désirs pour des réalités. [...]

Même quand il s'agissait de faits élémentaires, ils étaient constamment dans l'erreur, mais pour une personne non initiée à l'archéologie ces détails pouvaient facilement passer inaperçus. Par exemple, ils affirmaient que les Toltèques avaient construit la pyramide du Soleil de Teotihuacán, au Mexique [...]. Autant dire que le Yankee Stadium a été bâti par les colons néerlandais établis à New York au XVIIe siècle, car la culture toltèque a fait son apparition au moins deux cents ans après que Teotihuacán fut abandonnée.

En Amérique du Sud, notaient les auteurs avec étonnement, les archéologues ont trouvé des statues de chameaux, animaux " inconnus en Amérique du Sud " [...], suggérant ainsi quelque mystère ancien. Pourtant, les chameaux sont bel et bien originaires d'Amérique du Sud, où existent encore quatre espèces différentes qui leur sont apparentées : le lama, l'alpaga, la vigogne et le guanaco. [...]

Ils déclaraient aussi que la civilisation des Mayas de l'Amérique centrale est " très antérieure à la grecque " [...]. Pourtant l'époque de la Grèce classique date de plus de deux mille cinq cents ans, alors que la civilisation maya a connu son apogée plus de mille ans plus tard, il y a à peine mille cinq cents ans.

Comment des auteurs qui paraissaient avoir tellement de connaissances en physique, en psychologie, en chimie, en biologie et en histoire avaient-ils pu se tromper à ce point en ce qui concernait le seul domaine que je connaissais bien, l'archéologie ? Comment avaient-ils pu " prouver " si éloquemment l'existence de toutes sortes de phénomènes reliés à ces autres champs d'activités scientifiques tout en ayant de si piètres connaissances sur le passé de l'humanité ?

C'est alors que tout devint clair dans mon esprit. De toutes les disciplines discutées dans *Le Matin des magiciens,* il n'y avait que l'archéologie sur laquelle je possédais de véritables connaissances. Plus j'y réfléchissais, plus les choses devenaient claires. Si les prétentions pour le moins étranges contenues dans cet ouvrage — liées à la physique, à la chimie, à la biologie et à la psychologie ou à l'histoire — me semblaient raisonnables, c'était tout simplement parce que je n'avais pas les connaissances nécessaires pour les évaluer intelligemment.

Cela me servit de leçon. Je compris que les auteurs n'avaient pas mystérieusement abandonné la rigueur intellectuelle et la méthode scientifique dans le seul champ d'activité qui m'était familier. En examinant de plus près leurs prétentions, il m'apparut clairement qu'ils n'avaient tenu compte de la vérité pour aucun des phénomènes décrits dans leur livre.

J'entrepris de lire un certain nombre de livres écrits par des scientifiques travaillant dans différents domaines. Comme moi, ils étaient consternés par les exagérations d'occultistes tels que Pauwels et Bergier. Sans cesse, je retrouvais des réactions et des arguments qui reflétaient exactement ce que j'avais éprouvé après avoir lu la section du *Matin des magiciens* traitant de la préhistoire. Lorsque des astronomes analysaient les allégations concernant l'astrologie, les extraterrestres et les ovnis, que des psychologues se penchaient sur les cas de télépathie et de clairvoyance, que des physiciens et des chimistes étudiaient les prétendues preuves relatives à l'alchimie et au mouvement perpétuel, leur scepticisme était presque unanime. En d'autres mots, des affirmations qui m'avaient semblé sensées pouvaient facilement être disqualifiées, réfutées et rejetées par ceux qui possédaient des connaissances véritables dans chacun des domaines concernés[12]. » ◀

---

12. Kenneth L. Feder, *Frauds, Myths, and Mysteries: Science and Pseudoscience in Archaeology*, Mountain View, Mayfield, 1990, p. 2-5.

Q U E S T I O N S   D E   R É F L E X I O N

1. Comment peut-on distinguer, à la télévision par exemple, un économiste sérieux d'un économiste qui ne l'est pas ? Demandez à un professeur d'économique ce qu'il en pense.

2. Demandez à un professeur de physique son avis sur Hubert Reeves ou sur Carl Sagan. Demandez à un professeur de biologie ce qu'il pense de Desmond Morris. Demandez à un professeur de psychologie de vous montrer la différence entre un psychologue comme Piaget, un psychanalyste comme Freud et un « pop-psychologue » comme Janov ou Perls.

3. Pourquoi, selon vous, n'enseigne-t-on pas l'astrologie dans les universités ?

4. Discutez avec des professeurs de science, par exemple des professeurs de sociologie, d'anthropologie, d'économique ou de physique, de l'image de leur discipline qui est véhiculée dans les médias.

5. Demandez à un neurologue ce qu'il pense de l'idée répandue selon laquelle nous n'utilisons que 10 % de notre cerveau.

6. Demandez à un psychologue ce qu'il pense de l'efficacité de la publicité subliminale.

7. Demandez à un neurologue son avis au sujet de la fameuse différence entre le cerveau gauche et le cerveau droit.

8. Demandez à un physicien comment il explique qu'une proportion importante de gens croit à l'astrologie en dépit de ce que pensent les physiciens et même si ces gens ont, pour la plupart, suivi quelques cours de physique durant leur jeunesse.

9. Dans quelle mesure doit-on se fier à ses professeurs ?

À l'aide du schéma de la page 220, déterminez si les appels à l'autorité suivants sont valables. Justifiez vos réponses [13].

1. « Milton Friedmann, récipiendaire du prix Nobel d'économique, affirme que les syndicats, dans les pays occidentaux, ont trop de pouvoir. Par conséquent, dans les pays occidentaux, les syndicats ont trop de pouvoir. »

2. « Freud a écrit que la majeure partie des problèmes psychologiques des individus sont dus à des événements qui sont survenus durant l'enfance. Donc, la majeure partie des problèmes psychologiques des gens sont dus à des événements qui sont survenus durant l'enfance. »

3. « Charles Dutoit, chef de l'Orchestre symphonique de Montréal, dit que la Renault 5 est meilleure que ses compétitrices. Par conséquent, la Renault 5 est meilleure que ses compétitrices. »

4. « Tous les grands géologues sont d'accord pour dire que la terre a plus de 20 000 ans. Par conséquent, la terre a plus de 20 000 ans et les partisans du créationnisme sont dans l'erreur lorsqu'ils prétendent, à partir d'une interprétation de la Bible, que la terre a moins de 20 000 ans. »

5. « Les atomes ont une espèce de conscience, puisque c'est ce que soutient Jean Charon, qui est l'auteur de nombreux livres sur la question. Il détient d'ailleurs un doctorat en physique, et tout le monde ne peut obtenir un doctorat en physique ! »

6. « Un coroner a déclaré (décembre 1986), dans un rapport qui faisait suite à un accident qui avait causé la mort de plusieurs adolescents, qu'on devrait hausser l'âge minimal pour l'obtention du permis de conduire à 18 ans. Il recommandait aussi que l'âge minimal pour l'achat de boissons alcoolisées soit haussé à 21 ans. Puisqu'il a étudié la question à fond avant de rédiger son rapport, on peut se fier à lui. Par conséquent, on devrait appliquer ses recommandations. »

---

13. Pour répondre à certaines de ces questions, vous pourriez avoir besoin de l'aide d'un de vos professeurs.

7. « Il y a eu un déluge qui a fait périr tous les animaux de la terre sauf ceux que Noé avait abrités dans son arche. C'est vrai, c'est écrit dans la Bible. »

8. « Notre professeur de théologie nous a dit que la théorie de l'évolution, selon laquelle l'être humain et le singe ont un ancêtre commun, est fausse. Cette théorie n'est donc pas vraie. »

9. « Notre professeur d'histoire nous a dit que l'événement qui a déclenché la Première Guerre mondiale était un attentat terroriste. La Première Guerre mondiale a donc été déclenchée par un attentat terroriste. »

10. « Keynes est l'un des économistes les plus importants du XXe siècle, puisque notre professeur d'économique nous l'a dit. »

CHAPITRE 7

LES SOPHISMES

> « Il ne suffit pas de dire que l'esprit est faible, il faut lui faire sentir ses faiblesses. Ce n'est pas assez de dire qu'il est sujet à l'erreur, il faut lui découvrir en quoi consistent ses erreurs. »
> — Nicolas Malebranche (1638-1715),
> *De la recherche de la vérité.*

> « La première opération intellectuelle que je réussis à effectuer sans trop de mal, ce fut d'éplucher une mauvaise argumentation, et de trouver où résidait l'erreur [...]. Je suis convaincu que, dans l'éducation moderne, aucune méthode mieux que celle-ci, quand elle est correctement employée, ne permet de former des penseurs rigoureux qui attachent aux mots et aux propositions un sens précis et ne se laissent pas abuser par des termes vagues, confus ou ambigus. Contrairement à une opinion répandue, les études en mathématiques ne sont là d'aucun secours ; car, dans les processus mathématiques, on ne retrouve aucune des véritables difficultés qui empêchent de raisonner correctement. »
> — John Stuart Mill (1806-1873), *Autobiography.*

7.1   Le sophisme de la généralisation hâtive

7.2   Le sophisme de la caricature

7.3   Le sophisme du faux dilemme

7.4   Le sophisme de la pente fatale

7.5   Le sophisme de l'attaque contre la personne

7.6   Le sophisme du lien causal douteux

7.7   Le sophisme de la double faute

7.8   Le sophisme de l'incohérence entre les gestes et les paroles

7.9   Le sophisme de l'appel à la popularité

7.10 Le sophisme de la fausse analogie

7.11 Le sophisme du complot

CHAPITRE 7 **Les sophismes**

Un sophisme est un type d'argumentation incorrecte qui est si fréquent ou qui induit si facilement en erreur qu'on lui a donné un nom particulier. Comme pour toutes les argumentations incorrectes, les erreurs qui sont à la source des sophismes se ramènent à deux genres : l'inacceptabilité des prémisses et l'insuffisance du lien entre les prémisses et la conclusion.

L'intérêt pour les sophismes remonte loin dans le temps. Les plus anciennes listes de sophismes proviennent de la Grèce et de l'Inde, et datent de plus de deux mille ans[1]. Il est intéressant de remarquer que les sophismes qu'ils répertorient sont essentiellement les mêmes. Nous avons choisi, parmi la trentaine de sophismes reconnus, les onze sophismes que nous considérons les plus importants.

Le but de ce chapitre n'est pas de vous faire mémoriser mécaniquement une série d'« étiquettes » d'erreurs d'argumentation. Il s'agit plutôt de développer votre habileté à appliquer les notions d'acceptabilité et de suffisance vues au chapitre 5 (sections 5.1 et 5.2).

7.1 Le sophisme de la généralisation hâtive

Le sophisme de la généralisation hâtive est un sophisme qui est commis extrêmement souvent. Il consiste à passer d'un jugement portant sur un ou quelques cas particuliers à un jugement général, sans avoir examiné tous les cas ou sans qu'il soit justifié de tenir pour acquis que le cas ou l'échantillon de cas examiné est représentatif. Pensez par exemple au cas fréquent d'une personne qui affirme : « Toutes les femmes (ou tous les hommes) sont les mêmes. » Le plus souvent, cette affirmation résulte d'une généralisation hâtive.

EXEMPLE 1

La France, l'Allemagne, la Suède, la Norvège et la Grande-Bretagne sont des pays fortement industrialisés (1). Les pays européens sont fortement industrialisés (C).

---

1. Le philosophe grec Aristote (v. 384-322 av. J.-C.) et le philosophe indien Aksapeda (qui a vécu entre l'an 1 et l'an 300), entre autres penseurs, ont dressé des listes de sophismes.

L'erreur, dans ce cas-ci, vient de ce que le lien entre la prémisse et la conclusion est insuffisant. Les cas examinés ne sont pas représentatifs : il y a des pays européens comme l'Albanie, l'Irlande du Sud ou l'Islande qui ne sont pas *fortement* industrialisés.

Comparons maintenant les exemples suivants.

EXEMPLE 2

J'ai disséqué une souris et j'ai constaté qu'elle avait un foie. Je peux donc affirmer que les souris ont un foie.

EXEMPLE 3

Ma cousine a eu un accident d'automobile. Si elle n'avait pas porté sa ceinture de sécurité, elle s'en serait probablement tirée. Je peux donc affirmer que les ceintures de sécurité sont plus dangereuses qu'utiles, et que les gens ne devraient pas les porter.

Dans l'exemple 2, la généralisation est acceptable, car la présence d'organes tels que le foie ne varie pas à l'intérieur d'une même espèce : si on constate sa présence chez un individu, on peut en conclure qu'il est présent chez tous les membres de l'espèce. Il n'en est évidemment pas de même de toutes les caractéristiques biologiques. En effet, on ne peut généraliser à partir de l'observation d'un seul cas lorsqu'il s'agit, par exemple, de certains comportements de chiens ou de singes ou de la réaction à certains médicaments.

Dans l'exemple 3, au contraire, la généralisation n'est pas acceptable, car les types d'accidents sont multiples, et on a de bonnes raisons de croire que la conséquence observée dans le cas particulier ne vaut pas pour tous les cas.

Que peut-on faire pour corriger un sophisme de généralisation hâtive ? Une première possibilité est de *nuancer la conclusion*, ce qui a évidemment pour conséquence d'en diminuer la portée. Une deuxième possibilité est de *montrer*, à l'aide de nouvelles prémisses, *que les quelques cas que nous avons examinés sont représentatifs* et que, par conséquent, il est correct de généraliser à partir d'eux. C'est la façon de procéder qu'on adopte dans les sondages. Elle consiste à tirer des conclusions portant sur des caractéristiques générales d'une population à partir de renseignements recueillis auprès d'une partie seulement de celle-ci.

Précisons finalement que la présence d'une généralisation hâtive — ou de tout autre sophisme d'ailleurs — ne signifie pas que la conclusion de l'argumentation est fausse, mais bien qu'elle ne peut légitimement s'appuyer sur une telle argumentation. Si l'on pense que la conclusion est toujours défendable et que l'on désire la défendre, il faut l'appuyer sur une autre argumentation.

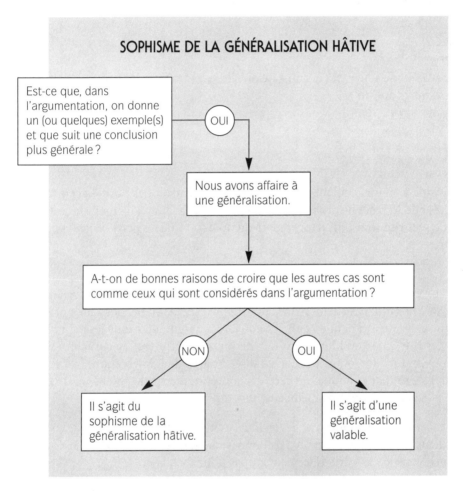

SOPHISME DE LA GÉNÉRALISATION HÂTIVE

Est-ce que, dans l'argumentation, on donne un (ou quelques) exemple(s) et que suit une conclusion plus générale ?

OUI

Nous avons affaire à une généralisation.

A-t-on de bonnes raisons de croire que les autres cas sont comme ceux qui sont considérés dans l'argumentation ?

NON

OUI

Il s'agit du sophisme de la généralisation hâtive.

Il s'agit d'une généralisation valable.

Que faire face au sophisme de la généralisation hâtive ?

1. On peut signaler à son interlocuteur qu'il doit montrer que les exemples qu'il a examinés sont représentatifs.

2. On peut lui faire nuancer la conclusion.

EXERCICES

Les argumentations suivantes sont incorrectes. Indiquez le critère qui, de façon évidente, n'est pas respecté (n'ajoutez pas de prémisses implicites). Soyez en mesure de justifier vos réponses.

1. « Mon professeur de français n'est pas très dynamique. Il doit être représentatif des professeurs de français. J'en conclus que les professeurs de français ne sont pas très dynamiques. »

❐ Il est clair que le critère d'acceptabilité n'est pas respecté.

❐ Il est clair que le critère de suffisance n'est pas respecté.

2. « Julie s'est déjà fait avorter. Depuis, elle n'est plus la même. On voit donc que l'avortement entraîne des séquelles psychologiques chez les femmes. »

❐ Il est clair que le critère d'acceptabilité n'est pas respecté.

❐ Il est clair que le critère de suffisance n'est pas respecté.

7.2 Le sophisme de la caricature

Le sophisme de la caricature[2] est un sophisme qui consiste à modifier la position de notre interlocuteur pour la rendre plus facile à attaquer[3] et à laisser entendre que nos critiques discréditent sa position. On peut le faire, notamment, en simplifiant la position adverse ou en la radicalisant[4]. Si le but de celui qui commet le sophisme est de démontrer que la position de son interlocuteur est incorrecte, ses critiques tombent à l'eau puisqu'elles passent à côté de la question. Ses critiques sont donc *insuffisantes pour discréditer la position de son interlocuteur.*

---

2. Appelé aussi sophisme de la fausse représentation. En anglais, on utilise l'expression *straw man* pour désigner ce sophisme.

3. Nous pouvons évidemment commettre cette erreur en toute bonne foi lorsque nous n'avons pas réellement compris la position de notre interlocuteur, soit parce qu'il n'a pas été suffisamment clair, soit parce que nous ne l'avons pas écouté avec assez d'attention.

4. Radicaliser une position : lui prêter un sens excessif qui a peu de valeur.

EXEMPLE 4

Selon le sénateur Hébert, nous devrions réduire les dépenses militaires. Le sénateur Hébert se trompe complètement. Apparemment, il pense que jamais personne
ne nous attaquera et que, par conséquent, nous n'avons besoin d'aucune protection. Or, il est faux d'affirmer que jamais personne ne nous attaquera, et il est
donc faux de dire que nous n'avons besoin d'aucune protection[5].

Cette argumentation peut être schématisée ainsi:

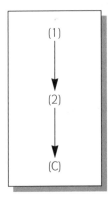

(1) Il est faux d'affirmer que jamais personne ne nous attaquera.

(2) Il est faux d'affirmer que nous n'avons besoin d'aucune protection.

(C) Le sénateur Hébert se trompe complètement[6].

Il s'agit d'un sophisme de la caricature parce que celui qui argumente laisse
entendre que le sénateur Hébert soutient que nous n'avons besoin d'aucune
protection, ce qui n'est pas le cas. Il y a une différence entre dire qu'il faut moins
dépenser pour l'armement et dire que nous n'avons besoin d'aucune protection!
Le lien entre la prémisse (2) et (C) est insuffisant; l'argumentation est par
conséquent incorrecte.

---

5. Exemple tiré de Jerry Cederblom et David W. Paulsen, *Critical Reasoning,* Belmont, Wadsworth,
   1986, p. 105.

6. On peut aussi formuler la conclusion ainsi: (C') Nous ne devrions pas dépenser moins pour
   l'armement.

EXEMPLE 5

Les féministes veulent que les femmes soient égales, sous tous les aspects, aux hommes. Cela impliquerait donc que l'on modifie les caractéristiques biologiques liées au sexe afin que nous devenions identiques biologiquement. Puisque c'est impossible, ou ridicule, le féminisme n'a pas de bon sens.

Dans cet exemple, le sophisme de la caricature découle d'une interprétation déloyale de la première prémisse. Il est évident que les aspects dont on parle dans la première prémisse sont le salaire, l'accès à l'emploi, l'accès à l'éducation, etc. Dans ce cas-ci, on peut donc dire qu'une prémisse inacceptable a été utilisée, celle affirmant que « les féministes veulent que les femmes soient égales, sous tous les aspects, aux hommes ».

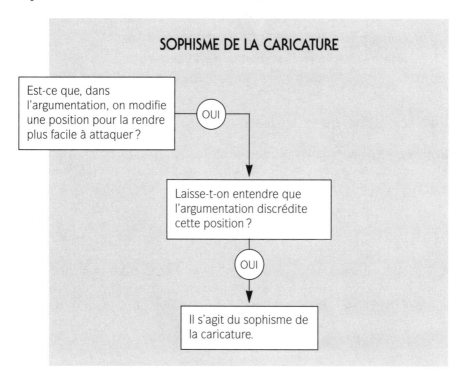

Que faire face au sophisme de la caricature ?

Il faut montrer de quelle façon la position a été mal représentée et souligner que les critiques n'atteignent pas la vraie cible.

EXERCICES

Les argumentations suivantes sont incorrectes. Indiquez le critère qui, de façon évidente, n'est pas respecté (n'ajoutez pas de prémisses implicites). Soyez en mesure de justifier vos réponses.

1. « La position défendue par les écologistes est que nous devrions tous vivre dans une société de type agricole. Ce n'est pas du tout ce que les gens désirent. J'en conclus que la position écologiste ne pourrait être acceptée de façon démocratique dans les circonstances actuelles. »

☐ Il est clair que le critère d'acceptabilité n'est pas respecté.

☐ Il est clair que le critère de suffisance n'est pas respecté.

2. « Il est stupide de penser qu'on devrait obliger une femme qui s'est fait violer à porter un enfant conçu dans de telles circonstances. Ceux qui soutiennent qu'il faut légiférer pour encadrer l'avortement sont immoraux. »

☐ Il est clair que le critère d'acceptabilité n'est pas respecté.

☐ Il est clair que le critère de suffisance n'est pas respecté.

7.3 Le sophisme du faux dilemme

Un *dilemme* est une alternative[7] comportant deux possibilités opposées, entre lesquelles on est mis en demeure de choisir. Le sophisme du faux dilemme consiste à affirmer qu'on se trouve face à deux[8] possibilités dont l'une est indésirable, et qu'il faut donc choisir l'autre. *Cependant, il existe d'autres possibilités.*

EXEMPLE 6

Ou bien nous interdisons toute recherche dans le domaine des nouvelles techniques de reproduction, ou bien nous aboutissons à la fabrication de « robots » humains par l'État et à la disparition de la reproduction humaine telle qu'on la connaît.

Il n'y a qu'une prémisse dans cet exemple. Cependant, on peut facilement imaginer un contexte argumentatif où la prémisse manquante serait : « Nous devons

---

7. Alternative : situation dans laquelle il n'y a que deux partis possibles.

8. Deux ou plusieurs possibilités. Dans ce dernier cas, on ne peut parler de dilemme proprement dit, mais le sophisme a le même caractère et il est inacceptable pour les mêmes raisons.

faire en sorte de ne pas aboutir à la fabrication de " robots " humains par l'État et à la disparition de la reproduction humaine telle qu'on la connaît », et où la conclusion manquante serait : « Nous devons interdire toute recherche dans le domaine des nouvelles techniques de reproduction. » Le schéma en arbre de l'argumentation serait donc le suivant :

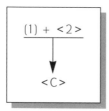

(1)   Ou bien nous interdisons toute recherche dans le domaine des nouvelles techniques de reproduction, ou bien nous aboutissons à la fabrication de « robots » humains par l'État et à la disparition de la reproduction humaine telle qu'on la connaît.

<2> Nous devons faire en sorte de ne pas aboutir à la fabrication de « robots » humains par l'État et à la disparition de la reproduction humaine telle qu'on la connaît.

<C> Nous devons interdire toute recherche dans le domaine des nouvelles techniques de reproduction.

En réalité, les choses ne sont pas si simples. La recherche dans le domaine des nouvelles techniques de reproduction pourrait fort bien continuer sans que la conséquence envisagée dans l'argumentation ne se matérialise. Ainsi, l'argumentation est déficiente parce que la prémisse (1) contient un faux dilemme : en effet, les deux possibilités qui y sont énumérées ne sont pas les seules concevables.

EXEMPLE 7

« Ou bien nous faisons la guerre à l'Union Soviétique avant qu'elle ait la bombe atomique, ou bien nous devrons nous prosterner devant elle et la laisser nous gouverner. Nous n'avons pas le choix […]. »

— Bertrand Russell[9]

Comme l'histoire des quarante dernières années l'a montré, Russell avait tort de considérer qu'il n'y avait que ces deux possibilités.

---

9. Cité par S. Morris Engel, *With Good Reason*, New York, St. Martin's Press, 1986, p. 135.

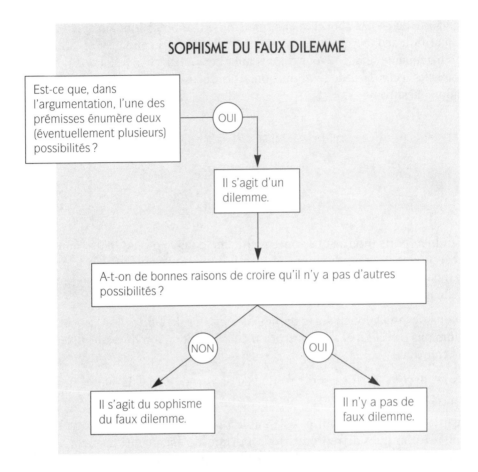

SOPHISME DU FAUX DILEMME

Est-ce que, dans l'argumentation, l'une des prémisses énumère deux (éventuellement plusieurs) possibilités ?

OUI

Il s'agit d'un dilemme.

A-t-on de bonnes raisons de croire qu'il n'y a pas d'autres possibilités ?

NON — Il s'agit du sophisme du faux dilemme.

OUI — Il n'y a pas de faux dilemme.

Que faire face au sophisme du faux dilemme ?

Il faut montrer quelles sont les possibilités qui n'ont pas été envisagées et souligner que, par conséquent, l'argumentation est incorrecte.

EXERCICES

Les argumentations suivantes sont incorrectes. Indiquez le critère qui, de façon évidente, n'est pas respecté (n'ajoutez pas de prémisses implicites). Soyez en mesure de justifier vos réponses.

1. « Ou bien nous incitons fortement les Québécois à faire des enfants, ou bien la culture québécoise disparaîtra. Il ne faut pas qu'elle disparaisse. Nous devons donc inciter fortement les Québécois à avoir des enfants. »

- ☐ Il est clair que le critère d'acceptabilité n'est pas respecté.
- ☐ Il est clair que le critère de suffisance n'est pas respecté.

2. « Puisque tu ne veux pas que notre culture nationale disparaisse, tu devrais appuyer ceux qui travaillent à faire interdire l'immigration au pays. »

- ☐ Il est clair que le critère d'acceptabilité n'est pas respecté.
- ☐ Il est clair que le critère de suffisance n'est pas respecté.

7.4 Le sophisme de la pente fatale

Le contexte habituel dans lequel on retrouve le sophisme de la pente fatale est celui où une personne prétend qu'il n'est pas judicieux de poser un geste ou d'adopter une mesure en soulignant que, si on le fait, il s'ensuivra, par une « cascade » d'effets, une catastrophe. En d'autres termes, la personne suggère ainsi qu'il ne faut pas poser tel geste ou adopter telle mesure, sous peine d'être entraîné sur une « pente fatale ». Ce type d'argumentation est un sophisme de la pente fatale lorsque le lien entre les diverses étapes menant à la catastrophe est inexistant ou lorsqu'il ne constitue pas une possibilité sérieuse compte tenu du monde où nous vivons.

EXEMPLE 8

Les membres de la *National Rifle Association* aux États-Unis ont souvent recours à ce genre d'argumentation. Il s'agit d'une association de fabricants et d'utilisateurs d'armes à feu qui fait pression sur les milieux politiques américains afin qu'ils ne cèdent pas aux demandes de ceux qui désirent un plus grand contrôle des armes à feu. Leur argumentation a la forme suivante :

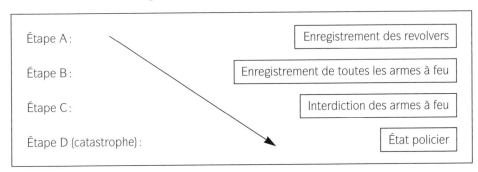

Il s'agit là d'un sophisme de la pente fatale parce qu'il est fort douteux que l'étape A mène à l'étape D par l'intermédiaire des étapes B et C. En particulier, le passage de l'étape C à l'étape D ne se produirait certainement pas automatiquement ! En effet, il existe plusieurs pays qui, comme le Canada, ne sont pas des États policiers, bien que le port des armes à feu y soit presque complètement interdit.

Il est important de distinguer le sophisme de la pente fatale d'une argumentation qui consiste à examiner les conséquences éventuelles d'une mesure ou d'une action donnée. Par exemple, l'argumentation suivante :

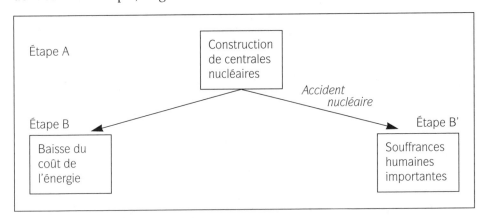

Ici, le lien entre A et B, est évident [10]. Quant au lien entre A et B', il dépend d'une éventualité ; il repose sur la connaissance des risques réels et de la difficulté de les limiter. Cela nous donne-t-il le droit de le négliger ? Non, car on peut montrer

_____

10. Du moins en principe.

que le passage de A à B' constitue une possibilité sérieuse dont les conséquences sont très importantes. Par conséquent, il faut en tenir compte[11].

En somme, il s'agit de distinguer les cas où le fait de poser une action entraîne une possibilité sérieuse d'aboutir à une catastrophe, des cas où l'enchaînement de la cause à l'effet catastrophique appréhendé se révèle, après examen, impossible, douteux ou aisément évitable.

Résumé :

L'erreur de la « pente fatale » est présente dans une argumentation lorsque, pour discréditer une action ou une mesure, on affirme que celle-ci doit entraîner une situation catastrophique en raison d'un enchaînement de causes et d'effets qui se révèle, après examen, impossible, douteux ou aisément évitable. Par contre, lorsque cet enchaînement constitue une possibilité sérieuse, il ne s'agit pas d'un sophisme de la pente fatale.

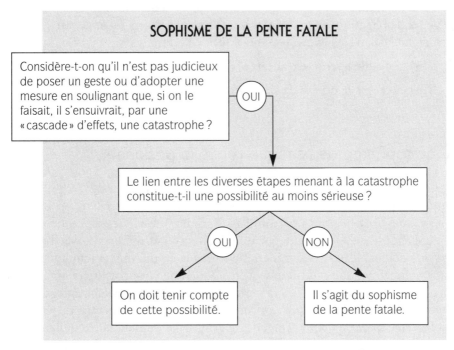

SOPHISME DE LA PENTE FATALE

Considère-t-on qu'il n'est pas judicieux de poser un geste ou d'adopter une mesure en soulignant que, si on le faisait, il s'ensuivrait, par une « cascade » d'effets, une catastrophe ? — **OUI**

Le lien entre les diverses étapes menant à la catastrophe constitue-t-il une possibilité au moins sérieuse ?

OUI — On doit tenir compte de cette possibilité.

NON — Il s'agit du sophisme de la pente fatale.

Que faire face au sophisme de la pente fatale ?

Il faut montrer à notre interlocuteur que le prétendu lien entre l'action et ses conséquences est faible ou inexistant ou encore que les conséquences appréhendées sont aisément évitables.

---

11. Cette affirmation découle évidemment du principe selon lequel, pour agir rationnellement, il faut tenir compte des conséquences possibles de ses actes.

EXERCICES

Les argumentations suivantes sont incorrectes. Indiquez le critère qui, de façon évidente, n'est par respecté (n'ajoutez pas de prémisses implicites). Soyez en mesure de justifier vos réponses.

1. « Tu ne veux pas qu'on finisse par légaliser toutes les formes de meurtres imaginables ; par conséquent, tu devrais être contre l'avortement sur demande. »

❐ Il est clair que le critère d'acceptabilité n'est pas respecté.

❐ Il est clair que le critère de suffisance n'est pas respecté.

2. « Les lois qui restreignent la consommation de tabac dans les endroits publics sont la première étape vers l'obligation pour tous de faire des exercices matinaux, comme cela se pratiquait en Chine il y a quelques années. Comme ce genre d'obligation est inacceptable, les lois qui restreignent la consommation de tabac dans les endroits publics sont dangereuses. »

❐ Il est clair que le critère d'acceptabilité n'est pas respecté.

❐ Il est clair que le critère de suffisance n'est pas respecté.

7.5 Le sophisme de l'attaque contre la personne

Le sophisme de l'attaque contre la personne ressemble à une forme d'argumentation qui est légitime dans le contexte juridique. En cour, il arrive qu'on attaque une personne pour miner sa crédibilité. Si, dans une affaire de meurtre par exemple, l'accusé n'a été vu que par un seul témoin et qu'il n'y a pas d'autres indices de sa culpabilité, on examinera sûrement la crédibilité du témoin. Si l'on établit, par exemple, que celui-ci a déjà été condamné pour parjure et qu'il a des motifs d'en vouloir à l'accusé, il sera pertinent de souligner ces faits en cour afin de contester sa crédibilité. On fera alors une attaque contre la personne (le témoin) qui est légitime, parce qu'elle permet de déterminer si on peut faire confiance au témoin.

Par contre, dans un contexte où il ne s'agit pas de vérifier la valeur d'un témoignage, attaquer une personne plutôt que son argumentation et prétendre qu'ainsi on a discrédité cette argumentation, c'est commettre un sophisme de l'attaque contre la personne.

EXEMPLE 9

— *Marie*: Je ne crois pas qu'il était justifié d'interdire l'affichage en anglais dans les lieux publics, même si cela protégeait notre culture, parce que ça allait à l'encontre de la liberté d'expression.

— *Nathalie*: Ton ami est un anglophone, tu peux bien dire des choses pareilles !

Dans cet exemple, Marie fournit une raison pour soutenir sa position. Nathalie, au lieu de s'en prendre à cette raison, fait *un commentaire qui laisse entendre que Marie n'est pas intellectuellement objective ou autonome* et qui ne répond aucunement à l'argumentation de Marie. Peut-être Nathalie ne voulait-elle tout simplement pas argumenter. Mais, si on considère sa réplique comme une argumentation, on peut la schématiser ainsi :

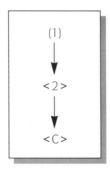

(1) Ton ami est un anglophone.

<2> Tu ne peux porter de jugement neutre sur cette question.

<C> Ton raisonnement n'est pas valable.

Il s'agit d'un sophisme de l'attaque contre la personne parce que Nathalie attaque *personnellement* Marie au lieu de répondre à son argumentation[12]. La prémisse (1) ne mène pas à <2> et <2> ne mène pas à <C>. L'argumentation de Nathalie est incorrecte.

---

12. Nathalie aurait pu souligner, par exemple, le fait que certaines limitations à la liberté d'expression sont acceptables lorsqu'elles sont faites pour de bonnes raisons, par exemple dans le cas de l'interdiction de la propagande haineuse. Pour défendre son point de vue, Marie aurait pu alors développer une sous-argumentation visant à démontrer que l'interdiction de l'affichage bilingue n'était pas une limitation faite pour de « bonnes raisons ».

EXEMPLE 10

Le docteur Tassé vient de nous présenter ses arguments en faveur de la fluoration de l'eau potable. Ce qu'il ne nous a pas dit, c'est qu'il est celui qui avait écrit des articles en faveur de la légalisation de l'euthanasie et de l'avortement il y a une dizaine d'années[13].

Encore une fois, on prétend discréditer la thèse adverse en attaquant[14] l'individu qui la soutient.

Au début de cette section nous avons donné un exemple d'attaque contre la personne qui était légitime dans le cadre d'un procès. Il ne faudrait cependant pas penser que toutes les attaques contre la personne sont légitimes dans ce contexte. En témoignent les événements suivants.

En janvier 1986, un enregistrement fait par la caméra secrète d'un commerce fut diffusé à la télévision canadienne, puis dans le monde entier. On y voyait un citoyen de Montréal interpeller un policier dont l'automobile était stationnée en double file. Le policier, Jacques Parent, arrêta le citoyen et fit appel à d'autres policiers pour maîtriser l'individu qui résistait à son arrestation et demandait qu'on appelle... la police. Le policier n'y alla pas de main morte, et même si, comme l'enregistrement le montrait, il n'avait pas lui-même été attaqué, on intenta des poursuites contre le citoyen, lesquelles furent approuvées par la direction de la police de Montréal, en dépit du visionnement de la bande vidéo. Le citoyen intenta aussi des poursuites contre le policier.

Lors du procès, on apprit que le citoyen, Brian O'Carroll, avait déjà eu des démêlés avec le propriétaire de son logement ainsi qu'avec d'autres policiers. On apprit aussi que d'anciens compagnons de travail le considéraient comme un indésirable. Le policier fut acquitté. La Couronne, en janvier 1989, demanda à la Cour d'appel de se prononcer sur l'admissibilité de certains éléments de preuve qui avaient été utilisés lors du premier procès:

> Me Denis a argué que le juge de première instance a commis une erreur
> en droit en admettant que la défense, menée par Me Jean-Claude Hébert,

---

13. Exemple tiré de Madsen Pirie, *The Book of the Fallacy*, Londres, Routledge & Kegan Paul, 1985, p. 92.

14. Ici, on « attaque » l'individu en attirant l'attention sur d'autres positions qu'il a déjà défendues. On exploite ainsi l'impopularité de ces positions chez un auditoire particulier afin de discréditer la thèse qu'il soutient aujourd'hui.

fasse une preuve de mauvaise réputation à la victime, convoquant des témoins pour appuyer sa thèse. Nous soumettons que cette preuve de la défense était illégale et inadmissible et qu'elle tendait uniquement à jeter du discrédit sur la personne de Brian O'Carroll, et ce dans le but d'obtenir un verdict de sympathie contraire à la preuve[15].

Comme vous le voyez, il n'est pas évident, dans un cas comme celui-ci, que l'attaque contre la personne soit justifiée. Était-il pertinent d'attaquer la personne (O'Carroll) dans cette affaire ? L'avocat de la défense voulait-il discréditer la victime aux yeux du jury ou, comme il l'affirme, visait-il plutôt à « s'attaquer à la crédibilité d'un témoin » ? Il est certain que, d'une certaine manière, on ne voulait pas contester sa crédibilité puisque, grâce à la bande vidéo, on savait exactement ce qui s'était passé. Selon la Couronne, on cherchait plutôt à discréditer la victime aux yeux du jury. Si tel était le cas, le procédé n'était certes pas justifié. Après tout, faisait-on le procès de la victime ou de l'accusé ? En quoi le caractère ou les antécédents d'une victime devraient-ils influencer les membres d'un jury ? Cette stratégie ne devrait pas influencer des jurés consciencieux parce qu'elle repose sur des raisons qui ne sont pas pertinentes. Malheureusement, faire le procès de la victime s'avère être parfois une stratégie efficace[16].

Cet exemple illustre bien le caractère délicat de l'utilisation de l'attaque contre la personne lors d'un procès. Nous voyons qu'il est tout à fait raisonnable d'attaquer la crédibilité d'un témoin afin de montrer que l'on ne doit pas accorder une grande confiance à son témoignage. Par contre, nous voyons également qu'il n'est pas acceptable d'attaquer la personne de la victime pour amener le jury à considérer la victime comme antipathique et tenter de lui soutirer un verdict de non-culpabilité.

Résumé :

Le sophisme de l'attaque contre la personne consiste à attaquer un individu plutôt que son argumentation et à prétendre, en le faisant, discréditer son point de vue. Dans un contexte où on tente d'établir la crédibilité d'un témoin *et par conséquent l'acceptabilité du jugement d'observateur*[17] *qu'il soutient*, l'attaque contre la personne peut être légitime. Cela peut notamment se produire dans le cadre d'un procès. Sauf dans ce genre de situation, l'attaque contre la personne est un sophisme.

---

15. Joyce Napier, « La Couronne veut faire casser le verdict d'acquittement de l'agent Jacques Parent », *La Presse*, 18 janvier 1989.

16. On l'utilisait d'ailleurs beaucoup dans le passé contre les victimes de viols. En cour, c'était leur comportement qui était jugé plutôt que celui de l'accusé.

17. Voir aussi la section 3.3.

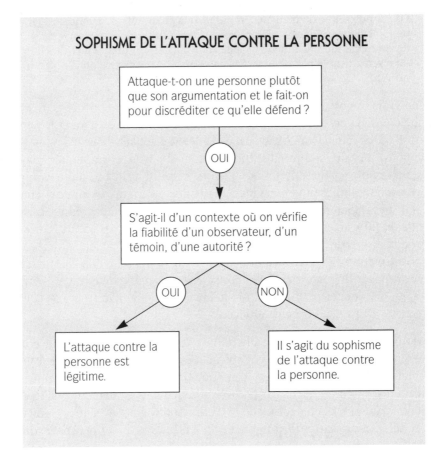

SOPHISME DE L'ATTAQUE CONTRE LA PERSONNE

Attaque-t-on une personne plutôt que son argumentation et le fait-on pour discréditer ce qu'elle défend ?

OUI

S'agit-il d'un contexte où on vérifie la fiabilité d'un observateur, d'un témoin, d'une autorité ?

OUI

NON

L'attaque contre la personne est légitime.

Il s'agit du sophisme de l'attaque contre la personne.

Que faire face au sophisme de l'attaque contre la personne ?

Il faut souligner que les allégations ne portent nullement atteinte à l'argumentation.

EXERCICES

Les argumentations suivantes sont incorrectes. Indiquez le critère qui, de façon évidente, n'est pas respecté (n'ajoutez pas de prémisses implicites). Soyez en mesure de justifier vos réponses.

1. « Jacques est membre d'une secte religieuse très étrange. Par conséquent, ses positions contre la démocratie sont erronées. »

    ❒ Il est clair que le critère d'acceptabilité n'est pas respecté.

    ❒ Il est clair que le critère de suffisance n'est pas respecté.

2. « Marie pratique la médecine traditionnelle. Sa position concernant ma thérapie contre le cancer basée sur l'examen des feuilles de thé est donc inacceptable. »

❏ Il est clair que le critère d'acceptabilité n'est pas respecté.

❏ Il est clair que le critère de suffisance n'est pas respecté.

7.6 Le sophisme du lien causal douteux

> *Un touriste rencontra un paysan espagnol et sa femme à bord d'un train. Ils n'avaient jamais vu de bananes de leur vie, il en offrit donc une à chacun. Pendant que le paysan mangeait la sienne, le train entra dans un tunnel. Il cria alors à sa femme : « N'en mange pas Carmen, elles rendent aveugle*[18] *! »*

> *Les anciens Chinois, qui croyaient que les éclipses de soleil étaient causées par un dragon dévorant le soleil, faisaient résonner des gongs et allumaient des feux d'artifice pour effrayer le dragon. Ils avaient raison car, à chaque fois qu'ils faisaient cela, l'éclipse se terminait*[19].

Les liens de cause à effet sont des liens qu'il est important d'établir. Ils nous permettent de vérifier notre compréhension du monde et d'agir efficacement. À cause de leur importance, on les retrouve très souvent dans les argumentations. Par exemple, on tentera de vérifier une théorie scientifique en se disant : « Si cette théorie est vraie, alors *en faisant ceci il devrait se passer telle chose…* » ; ou encore, on conseillera quelqu'un en lui disant : « tu devrais faire telle chose parce que si *tu fais ceci il va se produire cela…* ». Dans ces deux cas, on construit une argumentation sur la base d'un lien de cause à effet. Cependant, lorsque, dans une argumentation de ce genre, le lien causal est problématique, on a affaire au sophisme du lien causal douteux. Examinons les trois types d'erreur les plus fréquents se rapportant aux liens causaux.

1ᵉʳ type d'erreur : voir un lien causal là où il n'y a qu'une simple corrélation accidentelle

Le premier type d'erreur consiste à considérer, de manière implicite ou explicite, comme un lien réel de cause à effet ce qui n'est qu'une simple corrélation accidentelle.

---

18. Exemple tiré de Madsen Pirie, *The Book of the Fallacy*, Londres, Routledge & Kegan Paul, 1985, p. 43.

19. Exemple tiré de John Eric Nolt, *Informal Logic : Possible Worlds and Imagination*, New York, McGraw Hill, 1984, p. 232.

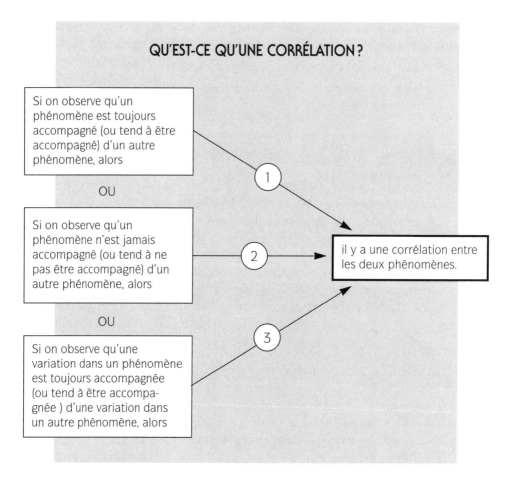

QU'EST-CE QU'UNE CORRÉLATION ?

Si on observe qu'un phénomène est toujours accompagné (ou tend à être accompagné) d'un autre phénomène, alors

OU

Si on observe qu'un phénomène n'est jamais accompagné (ou tend à ne pas être accompagné) d'un autre phénomène, alors

OU

Si on observe qu'une variation dans un phénomène est toujours accompagnée (ou tend à être accompagnée) d'une variation dans un autre phénomène, alors

il y a une corrélation entre les deux phénomènes.

Une corrélation suggère l'existence d'un lien de cause à effet entre deux phénomènes. Comme il peut exister une corrélation entre deux phénomènes sans que ceux-ci soient réunis par un lien de cause à effet, il y a là une source potentielle d'erreur.

EXEMPLE 11

Lorsque la consommation de cigarettes augmente, le taux de mortalité par cancer du poumon augmente.

Cet exemple montre une corrélation entre deux phénomènes. Peut-on conclure à l'existence d'un lien causal ? On doit être prudent. *Dans un premier temps*, la seule chose que l'on sache vraiment c'est qu'il y a une corrélation entre les deux phénomènes.

Toutefois, l'interprétation de la corrélation est assez simple à faire *dans ce cas*. Nos connaissances nous permettent de rendre compte de cette corrélation parce que nous pouvons facilement imaginer un lien causal tout à fait plausible entre les deux phénomènes. De plus, la direction de ce lien causal est assez évidente (personne ne dira sérieusement que les gens fument parce qu'ils ont le cancer du poumon !). Donc, dans ce cas, on trouve facilement l'explication de la corrélation : les deux phénomènes sont liés causalement parce que la consommation de cigarettes provoque une détérioration des poumons qui peut ultérieurement déclencher ou contribuer à déclencher un cancer chez bien des individus.

Examinons maintenant un autre exemple. Si vous entendez dire que, depuis les années 60, il y a une hausse du nombre de victimes de maladies transmises sexuellement ainsi qu'une augmentation de l'utilisation de pesticides en agriculture, vous ne serez pas portés à voir un lien de cause à effet entre ces deux phénomènes parce que vous n'êtes pas en mesure d'envisager un lien plausible entre eux. Vous penserez dans ce cas-ci, contrairement au premier, qu'il s'agit d'une *corrélation accidentelle*. Une corrélation accidentelle traduit simplement le fait que deux phénomènes varient de telle façon qu'on pourrait croire, à tort, qu'ils entretiennent un lien de cause à effet. *Lorsqu'on observe une corrélation entre deux phénomènes, on ne doit pas conclure automatiquement qu'ils sont unis par un lien de cause à effet, parce qu'il se peut que la corrélation soit accidentelle*[20].

2e type d'erreur : voir un lien causal entre deux effets d'une cause commune

Il arrive que deux phénomènes soient corrélés parce qu'ils sont tous deux liés à un autre phénomène. Le jugement d'observateur qui suit en est un exemple.

EXEMPLE 12

Au Canada, plus les villes possèdent de discothèques, plus elles possèdent aussi d'églises.

Ici, on observe une corrélation entre deux phénomènes, mais on ne peut en conclure qu'un des deux phénomènes est la cause de l'autre. Il serait tout aussi incorrect de soutenir la conclusion : « L'augmentation du nombre d'églises cause une augmentation du nombre de discothèques » que de soutenir la conclusion inverse :

---

20. Les chercheurs, en sciences humaines surtout, utilisent des techniques mathématiques pour déterminer la solidité des liens de corrélation entre les phénomènes et pour vérifier si ces liens sont statistiquement significatifs.

« L'augmentation du nombre de discothèques cause une augmentation du nombre d'églises. » On peut facilement trouver une cause commune aux deux phénomènes. Pourquoi y a-t-il plus d'églises dans une ville que dans une autre ? Deux possibilités nous viennent à l'esprit : ou bien les gens de l'endroit sont plus religieux, ou bien la population de l'endroit est plus nombreuse. Par ailleurs, pourquoi y a-t-il plus de discothèques dans une ville que dans une autre ? Encore une fois, il y a deux possibilités : ou bien les gens de l'endroit ont davantage tendance à aller danser, ou bien la population de l'endroit est plus nombreuse.

Après avoir isolé ces causes possibles, on constate que le lien le plus plausible entre la variation du nombre d'églises et la variation du nombre de discothèques n'implique pas qu'il y ait un lien de cause à effet entre elles. Plutôt, ce lien s'explique plus raisonnablement par une cause commune aux deux phénomènes, à savoir l'importance de la population. Ainsi, il faut retenir que *lorsqu'on observe une corrélation entre deux phénomènes, on ne doit pas conclure automatiquement qu'ils sont unis par un lien de cause à effet, parce qu'il se peut qu'une cause commune soit responsable de la corrélation observée.*

3e type d'erreur : « après cela, donc à cause de cela » (*post hoc ergo propter hoc*)

> « *Satanée comète de Halley*[21] *!* »

Un effet se produit après sa cause. Il nous arrive donc de penser que si Y s'est produit après X, c'est que X est la cause de Y. Évidemment, si X est vraiment la cause de Y, on observera X puis Y. Mais si l'on observe X puis Y, cela ne signifie pas nécessairement que X est la cause de Y. « *Chaque événement est précédé d'une multitude d'événements et chacun d'entre eux peut en être la cause. La succession ne prouve en rien le lien causal*[22]. »

Les histoires du paysan espagnol et des anciens Chinois citées au début de cette section illustrent ce troisième type d'erreur.

Résumé :

Nous venons de faire un survol rapide de trois types d'erreurs fréquemment commises dans les argumentations qui reposent sur des liens causaux. *On a affaire au sophisme du lien causal douteux lorsqu'une argumentation contient, de manière explicite ou non, une prémisse qui exprime un lien de cause à effet et que ce lien est douteux.*

---

21. Propos d'un agriculteur qui impute le gel tardif au passage de la comète de Halley (*La Presse*, mai 1986).

22. S. Morris Engel, *With Good Reason*, New York, St. Martin's Press, 1986, p. 161-162.

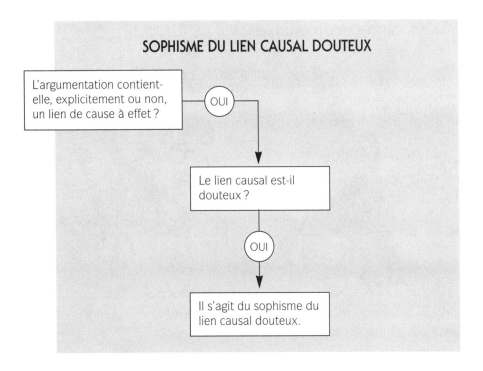

SOPHISME DU LIEN CAUSAL DOUTEUX

L'argumentation contient-elle, explicitement ou non, un lien de cause à effet ?

OUI

Le lien causal est-il douteux ?

OUI

Il s'agit du sophisme du lien causal douteux.

Que faire face au sophisme du lien causal douteux ?

Il faut montrer à notre interlocuteur pour quelle raison le lien causal de son argumentation est douteux.

EXERCICES

Les argumentations suivantes sont incorrectes. Indiquez le critère qui, de façon évidente, n'est pas respecté (n'ajoutez pas de prémisses implicites). Soyez en mesure de justifier vos réponses.

1. « Cette auto est rouge. Elle doit donc aller vite. »

☐ Il est clair que le critère d'acceptabilité n'est pas respecté.

☐ Il est clair que le critère de suffisance n'est pas respecté.

2. « Depuis que la religion a perdu de son importance, dans les années 60, on entend de plus en plus parler de violence familiale. C'est donc la religion qui freinait la violence familiale. »

☐ Il est clair que le critère d'acceptabilité n'est pas respecté.

☐ Il est clair que le critère de suffisance n'est pas respecté.

7.7 Le sophisme de la double faute

Le sophisme de la double faute consiste à tenter de justifier un comportement en soulignant que d'autres font la même chose, voire pire encore.

EXEMPLE 13

— *Nathalie* : Le gouvernement français, en 1985, a organisé le dynamitage du bateau de l'organisation pour la protection de l'environnement Greenpeace alors qu'il se trouvait en Nouvelle-Zélande[23]. Il est extrêmement grave qu'un gouvernement planifie un crime de cette envergure dans un pays étranger. Le gouvernement français, dans cette affaire, a agi de façon irresponsable, dangereuse, et la communauté internationale devrait lui faire savoir que ces choses-là ne se font pas.

— *Marie* : Mais non, tous les pays font ça. Ce n'est pas grave.

On pourrait schématiser l'argumentation de Nathalie ainsi :

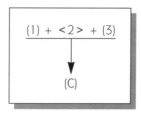

---

23. Un des membres de l'organisation trouva la mort dans l'explosion du bateau.

(1) Le gouvernement français, en 1985, a organisé le dynamitage du bateau de l'organisation pour la protection de l'environnement Greenpeace alors qu'il se trouvait en Nouvelle-Zélande.

<2> Organiser le dynamitage d'un bateau est un crime majeur.

(3) Il est extrêmement grave qu'un gouvernement organise un crime majeur dans un pays étranger.

(C) La communauté internationale devrait faire savoir au gouvernement français que ces choses-là ne se font pas.

Marie, quant à elle, argumente de cette façon :

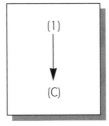

(1) Tous les pays organisent des crimes majeurs dans des pays étrangers.

(C) Il n'est pas grave qu'un gouvernement planifie l'organisation d'un crime majeur dans un pays étranger.

Marie commet un sophisme de la double faute : même si on suppose que la prémisse (1) est vraie, ce qui n'est pas évident, le lien entre (1) et (C) n'est certes pas suffisant ! C'est ce que Nathalie devrait souligner à Marie. Ce n'est pas parce que tous les gens font quelque chose que c'est bien[24].

---

24. La majorité des conducteurs ont déjà conduit en état d'ébriété au moins une fois dans leur vie. Personne ne dirait pour autant qu'il en découle que conduire en état d'ébriété n'est pas grave, ne serait-ce qu'une fois…

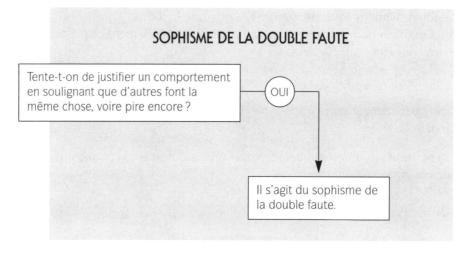

SOPHISME DE LA DOUBLE FAUTE

Tente-t-on de justifier un comportement en soulignant que d'autres font la même chose, voire pire encore ?

OUI

Il s'agit du sophisme de la double faute.

Que faire face au sophisme de la double faute ?

Il faut souligner à notre interlocuteur que ce type d'argumentation est incorrect en l'illustrant par un exemple du genre « on ne justifie pas un meurtre en disant que d'autres en commettent ».

EXERCICES

Les argumentations suivantes sont incorrectes. Indiquez le critère qui, de façon évidente, n'est pas respecté (n'ajoutez pas de prémisses implicites). Soyez en mesure de justifier vos réponses.

1. « Il n'y a pas vraiment de problèmes, aux États-Unis, entre les policiers et les gens des minorités visibles. On n'a qu'à regarder ce qui se passe en Afrique du Sud. »

   ☐ Il est clair que le critère d'acceptabilité n'est pas respecté.

   ☐ Il est clair que le critère de suffisance n'est pas respecté.

2. « On devrait laisser les gens fumer en paix où ils veulent ; après tout, on laisse bien les gens conduire leur automobile et on laisse même les compagnies polluer ! »

   ☐ Il est clair que le critère d'acceptabilité n'est pas respecté.

   ☐ Il est clair que le critère de suffisance n'est pas respecté.

7.8 Le sophisme de l'incohérence entre les gestes et les paroles

Nous avons une tendance naturelle à attendre des autres qu'ils fassent ce qu'ils nous conseillent de faire. Cependant, il faut être prudent. Si un fumeur mentionne plusieurs bonnes raisons d'arrêter de fumer, le fait que cette personne fume n'enlève rien à la valeur de ses raisons[25].

EXEMPLE 14

— Tu devrais donner de l'argent pour parrainer un enfant du tiers monde.

— Pourquoi ?

— Parce que cette agence de parrainage est fiable et qu'avec un peu d'argent, dont tu te servirais pour acheter des objets qui ne te seraient pas d'une grande utilité, tu améliorerais grandement la vie de quelqu'un d'autre.

— Je n'ai pas à le faire, tu ne le fais pas toi !

— Ce n'est pas parce que je ne le fais pas que mes raisons ne sont pas bonnes : tu commets un sophisme !

— D'accord, ce n'est pas parce que tu ne fais pas ce que tu préconises que tes raisons ne sont pas valables, mais je suis tout de même curieux de savoir pourquoi tu ne fais pas ce que tu dis qu'on devrait faire !

— C'est parce que je n'ai pas la force de le faire, je suis un salaud qui préfère manger au restaurant une fois par semaine plutôt qu'aider un enfant du tiers monde à mener une vie plus décente. Ce n'est pas parce que je suis un salaud que tu es obligé d'en être un aussi.

— Oui, c'est bien vrai.

Dans cet exemple, celui dont les actions entraient en conflit avec son discours a été amené à expliquer ce conflit de manière à montrer que son comportement ne remet pas en cause son argumentation.

---

25. Cela peut évidemment nous amener à douter de la sincérité de la personne ou de la force de sa volonté.

EXEMPLE 15

— *Un héroïnomane* : Tu ne devrais pas prendre d'héroïne.

— *Nathalie* : Fais ce que je te dis, ne fais pas ce que je fais ! Tu es bien mal placé pour donner des conseils aux autres !

— *L'héroïnomane* : Au contraire, je suis bien placé pour donner des conseils parce que je connais toutes les conséquences négatives de la consommation d'héroïne.

Résumé :

Le sophisme de l'incohérence entre les gestes et les paroles consiste à discréditer une position en alléguant seulement que la personne qui la soutient agit de façon incompatible avec elle.

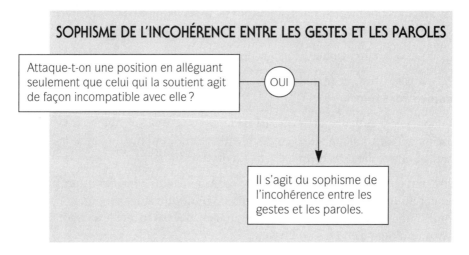

SOPHISME DE L'INCOHÉRENCE ENTRE LES GESTES ET LES PAROLES

Attaque-t-on une position en alléguant seulement que celui qui la soutient agit de façon incompatible avec elle ?

OUI

Il s'agit du sophisme de l'incohérence entre les gestes et les paroles.

Que faire face au sophisme de l'incohérence entre les gestes et les paroles ?

Il faut exiger de l'interlocuteur qu'il montre en quoi le fait que le comportement soit incompatible avec la position défendue permet vraiment de discréditer cette position.

EXERCICES

Les argumentations suivantes sont incorrectes. Indiquez le critère qui, de façon évidente, n'est pas respecté (n'ajoutez pas de prémisses implicites). Soyez en mesure de justifier vos réponses.

1. « Si ton argumentation était bonne et qu'il était vrai que l'automobile est très polluante, tu n'aurais pas d'automobile. Comme tu en possèdes une, ton argumentation est incorrecte. »

❐ Il est clair que le critère d'acceptabilité n'est pas respecté.

❐ Il est clair que le critère de suffisance n'est pas respecté.

2. « Une personne dont le comportement est contraire à ses positions montre par là que celles-ci sont erronées. Mon professeur dit qu'il faudrait que les différences entre les riches et les pauvres soient abolies. Comme il ne donnerait jamais une partie de son salaire à un de ses étudiants, sa position ne tient pas. »

❐ Il est clair que le critère d'acceptabilité n'est pas respecté.

❐ Il est clair que le critère de suffisance n'est pas respecté.

7.9 Le sophisme de l'appel à la popularité

Le sophisme de l'appel à la popularité consiste à justifier l'idée que quelque chose est vrai ou correct par le simple fait qu'un grand nombre de personnes l'affirme, sans que l'on ait de bonnes raisons de penser que les personnes invoquées ne peuvent pas se tromper.

La forme générale du sophisme de l'appel à la popularité est la suivante :

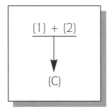

(1) Un grand nombre de personnes disent que A est vrai (ou faux) ou encore que A est correct (ou incorrect).

(2) Autant de personnes ne peuvent pas se tromper.

(C) A est donc vrai (ou faux) ou encore A est donc correct (ou incorrect).

Le problème vient de la prémisse (2), qui très souvent est implicite. Elle est fausse. L'histoire le démontre amplement. Pour ne prendre qu'un exemple, à l'époque de

Copernic (XVIe siècle), presque tous les humains pensaient que le soleil tournait autour de la terre. Malgré cela, c'était faux.

Lorsqu'on fait un appel à la popularité, on « déconnecte » en quelque sorte sa raison. Si on admettait l'appel à la popularité de façon générale, des argumentations comme les suivantes seraient valables.

EXEMPLE 16

En 1700, la majorité des gens pensaient que l'esclavage était moralement correct. Donc, en 1700, l'esclavage était correct.

EXEMPLE 17

En 1850, la plupart des gens qui habitaient le Québec pensaient qu'il était correct que les femmes n'aient pas le droit de vote. Par conséquent, au Québec, à cette époque, il était correct que les femmes n'aient pas le droit de vote.

Madsen Pirie fait une réflexion intéressante au sujet de la popularité des idées :

> Si l'on décidait de la valeur des idées par le nombre de gens qui les approuvent, on n'accepterait jamais d'idées nouvelles. Chaque nouvelle idée n'est acceptée, au départ, que par une minorité de gens. Elles ne se répandent que si elles remplacent les anciennes parce qu'elles sont plus convaincantes[26].

À ce sujet, on doit cependant apporter une précision. Si nous avons de bonnes raisons de penser qu'un grand nombre de personnes ne peut se tromper sur une question bien précise, nous pouvons nous fier sur elles, mais alors nous devons être en mesure de donner les raisons pour lesquelles nous pensons qu'elles ne peuvent se tromper.

Par exemple, il serait correct de soutenir que le club de hockey *Canadien* n'a pas gagné la coupe Stanley en 1994 parce que 500 Montréalais, sélectionnés au hasard, l'ont affirmé. Par contre, il serait incorrect de soutenir qu'il y a plus d'accouchements durant la pleine lune, simplement parce que 500 personnes, sélectionnées au hasard, l'ont affirmé. La différence entre ces deux cas vient de ce que, pour soutenir la dernière affirmation, on doit comprendre, entre autres, ce qu'est un

---

26. Madsen Pirie, *The Book of the Fallacy*, Londres, Routledge & Kegan Paul, 1985, p. 127.

seuil de signification statistique. Or, peu de gens sont en mesure de le faire, et les 500 personnes choisies au hasard ne le peuvent certes pas. Donc, cet appel à la popularité ne serait pas valable.

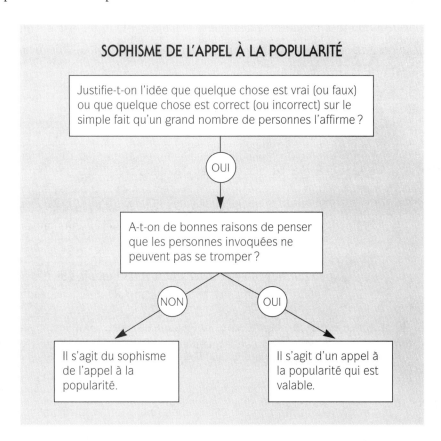

SOPHISME DE L'APPEL À LA POPULARITÉ

Justifie-t-on l'idée que quelque chose est vrai (ou faux) ou que quelque chose est correct (ou incorrect) sur le simple fait qu'un grand nombre de personnes l'affirme ?

OUI

A-t-on de bonnes raisons de penser que les personnes invoquées ne peuvent pas se tromper ?

NON — OUI

Il s'agit du sophisme de l'appel à la popularité.

Il s'agit d'un appel à la popularité qui est valable.

Que faire face au sophisme de l'appel à la popularité ?

Il faut expliquer à notre interlocuteur que son argumentation ne tient pas, à moins qu'il puisse nous montrer qu'il y a de bonnes raisons de penser qu'un grand nombre de personnes ne peut se tromper sur cette question.

EXERCICES

Les argumentations suivantes sont incorrectes. Indiquez le critère qui, de façon évidente, n'est pas respecté (n'ajoutez pas de prémisses implicites). Soyez en mesure de justifier vos réponses.

1. « La plupart des gens jugent que la peine de mort a un effet dissuasif. On peut donc en conclure que la peine de mort a un effet dissuasif. »

   ❏ Il est clair que le critère d'acceptabilité n'est pas respecté.

   ❏ Il est clair que le critère de suffisance n'est pas respecté.

2. « La majorité des gens, sur la terre, croient à l'existence de Dieu. Puisque autant de gens ne peuvent se tromper, Dieu existe. »

   ❏ Il est clair que le critère d'acceptabilité n'est pas respecté.

   ❏ Il est clair que le critère de suffisance n'est pas respecté.

7.10 Le sophisme de la fausse analogie

> *Il est ridicule que les gens votent pour élire leurs députés.*
> *Après tout, on ne permet pas aux enfants d'embaucher leurs professeurs.*

> *M. Snooks a vraiment été convaincant dans sa conférence hier.*
> *Il a dit que la pensée positive fait fuir les maladies de notre corps*
> *comme un policier fait fuir un voleur de notre maison* [27].

Une analogie est une ressemblance entre deux choses ou deux idées, envisagée sous un ou plusieurs aspects. On a souvent recours aux analogies dans les argumentations. Examinez l'argumentation suivante.

EXEMPLE 18

Il arrive qu'il faille sacrifier des cellules d'un organisme pour assurer la santé d'un être vivant. C'est la même chose avec les humains. Les humains sont les cellules du corps vivant qu'est la société. C'est pourquoi il ne faut pas hésiter à sacrifier des individus pour assurer la santé de la société.

Comme vous le voyez, la fausse analogie n'est pas à prendre à la légère [28]. L'utilisation d'analogies est un procédé qui peut être très utile parce qu'il permet

---

27. Exemples tirés de Robert H. Thouless, *Straight and Crooked Thinking*, London, Hodder and Stoughton, 1930, p. 166.

28. La doctrine nazie d'élimination des Juifs avait recours à l'analogie de l'exemple 18.

d'élaborer des hypothèses, qu'il s'agit d'étayer, de défendre par des argumentations[29], mais il est aussi potentiellement très dangereux.

EXEMPLE 19

Il est correct de forcer les gens à accepter notre croyance religieuse en une vie après la mort pour leur propre bien, comme il est correct d'utiliser la force pour empêcher une personne qui délire de sauter d'un balcon[30].

EXEMPLE 20

Pourquoi devrions-nous nous en faire à propos des quelques centaines de milliers d'Amérindiens dont nous avons détruit le mode de vie lorsque nous avons construit notre grande société ? Peut-être est-il vrai que nous avons été injustes avec eux, mais, après tout, on ne peut pas faire d'omelette sans casser des oeufs[31].

EXEMPLE 21

Pourquoi les travailleurs des mines se plaignent-ils de travailler dix heures par jour ? Certains professionnels le font régulièrement sans que cela ne nuise à leur santé[32].

EXEMPLE 22

Aucun corps ne peut être sain sans exercice, que ce soit un corps naturel ou un corps politique. Pour un royaume ou un pays, une guerre juste et honorable est

---

29. Charles Darwin et Niels Bohr se sont servis d'analogies pour élaborer leurs théories respectives. Darwin a développé la théorie de l'évolution par la sélection naturelle en considérant la ressemblance entre celle-ci et la sélection artificielle pratiquée par les éleveurs ainsi que la ressemblance entre la démographie humaine, étudiée entre autres par Thomas Malthus, et le développement des populations animales et végétales. Quant à Bohr, il a comparé la structure interne de l'atome au système solaire. Dans un cas comme dans l'autre, ces chercheurs ont pu trouver de bonnes argumentations à l'appui de leurs théories, qui ne reposaient pas simplement sur ces analogies.

30. S. Morris Engel, *With Good Reason*, New York, St. Martin's Press, 1986, p. 156.

31. *Id.*, p. 158.

32. *Id.*, p. 159.

un véritable exercice. Une guerre civile, il est vrai, est plutôt comme une fièvre ; mais une guerre avec l'étranger est comme la chaleur de l'exercice, et sert à garder le corps en santé.

— Francis Bacon[33]

EXEMPLE 23

Pour assurer le bon fonctionnement d'un individu, les ordres donnés par le cerveau doivent être exécutés parfaitement et sans délai par les différentes parties du corps. De la même façon, les citoyens doivent une soumission totale au gouvernement.

EXEMPLE 24

Lorsqu'une culture mûrit, il est normal, comme ce l'est pour une plante, qu'elle se reproduise en répandant ses graines au loin. C'est pourquoi le colonialisme est une bonne chose.

EXEMPLE 25

— Vous êtes un salaud ! Vous mettiez la vie de personnes innocentes en danger ! J'ai déjà demandé à mon enfant de porter une lettre dans une boîte aux lettres près de chez moi. Eh bien, cette boîte aux lettres, le lendemain, vous la faisiez exploser. Vous auriez bien pu le tuer !

— Madame, dans la vie on prend toujours des risques. Quand on conduit une automobile, on risque de se faire tuer par un conducteur en état d'ébriété. C'est la même chose quand on va poster une lettre[34].

Dans ce dernier exemple, on tente de justifier un acte qui met en danger la vie d'autrui en établissant un parallèle avec les risques qu'une personne accepte de courir. L'analogie est incorrecte parce qu'il s'agit de deux catégories de risques bien différents. Dans le premier cas, une personne accepte volontairement de

---

33. *The True Greatness of Kingdoms,* cité dans Susan Stebbing, *Thinking to Some Purpose,* Harmondsworth, Pelican, 1939, p. 123.

34. Conversation entendue, vers 1978, à une émission radiophonique entre une auditrice et un ex-membre du FLQ (le Front de libération du Québec, un groupe d'extrémistes québécois responsable de l'assassinat d'un ministre en 1970).

courir certains risques. Dans le second cas, une personne *impose* à d'autres de courir certains risques. De toute évidence, nous réagissons différemment à ces deux types de situations. Pour bien le voir, nous pouvons penser d'une part à la personne qui décide de pratiquer le parachutisme et, d'autre part, à l'industriel qui lance sur le marché un produit dangereux sans en informer le public.

L'argumentation à caractère antidémocratique citée au tout début de cette section contient évidemment une fausse analogie. Quoique son caractère incorrect saute aux yeux de nos jours, il n'en a probablement pas toujours été ainsi et, dans les années 30, le logicien Robert Thouless avait pris la peine d'en montrer la faiblesse de la façon suivante :

> J'ai déjà entendu des gens s'attaquer à l'élection démocratique des membres d'un parlement ou d'un congrès en invoquant le fait qu'on ne considère pas que les enfants sont capables d'élire leurs propres professeurs. Cette analogie est évidemment imparfaite. On peut présumer que les adultes, hommes et femmes, en savent plus sur les qualités requises pour bien gouverner que les enfants n'en savent sur les qualités requises pour bien enseigner. De plus, gouverner et enseigner sont des occupations tellement différentes qu'une méthode de sélection utile dans un cas pourrait ne pas l'être dans l'autre. Finalement, le choix démocratique de la classe qui gouverne permet notamment de s'assurer que ceux qui gouvernent ne le fassent pas dans leur propre intérêt ; or aucun problème similaire ne se pose avec les enseignants. En fait, il y a tellement peu de ressemblances entre le choix des enseignants et le choix des gouvernants qu'on ne peut tirer de conclusion sûre ou solide concernant l'une sur la base d'une analogie avec l'autre [35].

Souvent, les analogies sont tellement grossières qu'on peut utiliser la même image, la même comparaison, pour affirmer des choses opposées, comme en témoignent les trois analogies qui suivent [36].

> Conduire un gouvernement c'est comme conduire un bateau, le capitaine doit avoir une main de fer.
> — Thomas Carlyle

> La société c'est comme un bateau, chaque personne doit être en mesure de prendre la gouverne.
> — Henrik Ibsen

> Comme le capitaine, celui qui gouverne peut diriger le vaisseau qui le porte, mais il ne peut changer sa structure ni manipuler le vent ou les vagues.
> — Alexis de Tocqueville

---

35. Robert H. Thouless, *Straight and Crooked Thinking*, London, Hodder and Stoughton, 1930, p. 166.

36. Citées par Nicholas Capaldi, *The Art of Deception*, Buffalo, Prometheus, 1971, p. 53.

Résumé :

Le sophisme de la fausse analogie consiste à tenter de justifier une conclusion sur la base d'une analogie établie entre deux phénomènes qui ne s'avèrent pas *suffisamment* semblables pour justifier ce procédé.

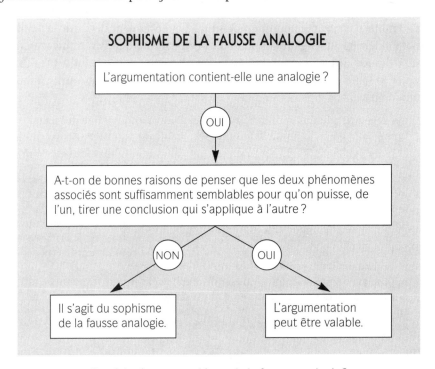

Que faire face au sophisme de la fausse analogie ?

Il faut expliquer à notre interlocuteur que son argumentation est incorrecte : en quoi la ressemblance en question permettrait-elle de tirer des conclusions semblables ?

Bien que cela ne soit pas toujours possible, la meilleure façon de montrer le caractère forcé d'une analogie consiste sans doute à se servir de la même analogie pour en tirer une conclusion contraire. Si quelqu'un vous dit, par exemple, que la raison pour laquelle le Québec devrait se séparer du Canada tient à ce que le Québec est comme une personne qui sort de l'adolescence et qui peut maintenant voler de ses propres ailes — ce qui n'est pas un bon argument, quoi qu'on pense de l'indépendance du Québec — vous pourriez rétorquer qu'au contraire, puisque le Québec est comme un jeune adulte, il serait temps qu'il apprenne à vivre avec les gens qui l'entourent. Évidemment, ce n'est pas une bonne argumentation non plus, mais c'est peut-être la meilleure façon de mettre en évidence la fausse analogie. Une fois cela fait, il faut évidemment dire à notre interlocuteur que nous ne prenons pas davantage au sérieux cette nouvelle analogie.

EXERCICES

Les argumentations suivantes sont incorrectes. Indiquez le critère qui, de façon évidente, n'est pas respecté (n'ajoutez pas de prémisses implicites). Soyez en mesure de justifier vos réponses.

1. « L'héroïne, c'est comme le tabac. Par conséquent, on devrait permettre la consommation de l'héroïne tout en en limitant l'usage à des lieux où les consommateurs ne nuiraient pas à ceux qui en désapprouvent la consommation. »

❐ Il est clair que le critère d'acceptabilité n'est pas respecté.

❐ Il est clair que le critère de suffisance n'est pas respecté.

2. « Consommer beaucoup de matières grasses est mauvais pour la santé. Fumer aussi. Comme nous sommes tous d'accord pour dire qu'interdire aux gens de consommer des matières grasses serait une intrusion dans la vie privée, on ne devrait pas non plus limiter la consommation du tabac. »

❐ Il est clair que le critère d'acceptabilité n'est pas respecté.

❐ Il est clair que le critère de suffisance n'est pas respecté.

7.11 Le sophisme du complot

Le sophisme du complot est fréquent dans les argumentations où l'on analyse le comportement humain ou la société, tant sur le plan sociologique ou économique que politique. Il consiste à imputer une action, un événement ou un phénomène à une personne ou un groupe de personnes, simplement parce que cette personne ou ce groupe profite de l'action, de l'événement ou du phénomène en question.

EXEMPLE 26

Six hommes, dont deux cardinaux, avaient énormément à redouter du pape Jean-Paul 1er et avaient quelque chose à gagner s'il mourait subitement. On peut en conclure que le pape Jean-Paul 1er n'est pas mort de cause naturelle, mais a été assassiné par une ou plusieurs de ces personnes, ou, tout au moins, qu'une ou plusieurs de ces personnes ont été complices de son assassinat.

Cette argumentation peut se schématiser ainsi :

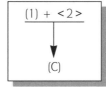

(1) Six hommes, dont deux cardinaux, avaient énormément à redouter du pape Jean-Paul 1er et avaient quelque chose à gagner s'il mourait subitement.

<2> Lorsqu'une ou plusieurs personnes profitent d'un événement, on peut légitimement affirmer qu'ils en sont responsables.

(C) Le pape Jean-Paul 1er n'est pas mort de cause naturelle, mais a été assassiné par une ou plusieurs de ces personnes, ou, tout au moins, une ou plusieurs de ces personnes ont été complices de son assassinat.

Que penser de cette argumentation ? D'abord, la prémisse (1) est-elle acceptable ? Cela dépend des informations sûres dont on dispose concernant les intrigues et les luttes de pouvoir du Vatican. La plupart d'entre nous, qui ne connaissent pas ces intrigues, exigeraient que la prémisse (1) soit justifiée. Mais il y a évidemment autre chose dans cette argumentation. Notamment, on y trouve la prémisse implicite voulant que, lorsqu'une ou plusieurs personnes profitent d'un événement, on peut légitimement affirmer qu'ils en sont responsables.

Voici un autre exemple où on trouve la même prémisse implicite. Lors d'une discussion entre deux personnes, il y a quelques années [37], l'une d'elles défendait l'argumentation suivante :

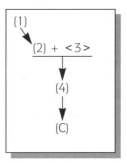

(1) Trudeau est millionnaire.

(2) Trudeau profite de la hausse des taux d'intérêt.

<3> Lorsqu'une ou plusieurs personnes profitent d'un phénomène, on peut légitimement affirmer qu'elles en sont responsables.

(4) Trudeau cause la hausse des taux d'intérêt.

(C) Trudeau est responsable de la crise économique.

Cette argumentation est critiquable à plusieurs égards. Par exemple, il faudrait vérifier si la prémisse (1) est bien vraie. Par ailleurs, le lien entre (1) et (2) n'est

37. Pierre Elliot Trudeau était alors premier ministre du Canada.

pas des plus solides, il dépend de bien des facteurs. Mais, pour notre propos, l'important est la prémisse implicite <3>, qui se trouvait également dans l'exemple précédent. Examinons-la attentivement. Est-elle acceptable ? Comment pourrions-nous la défendre ? Le dialogue qui suit porte sur la valeur de cette prémisse.

Dialogue sur la valeur de la prémisse : « Lorsqu'une ou plusieurs personnes profitent d'un phénomène, on peut légitimement affirmer qu'elles en sont responsables. »

« — *Pierre* : Cette prémisse implicite est inacceptable.

— *Robert* : Pourquoi ?

— *Pierre* : Parce que je peux en donner des contre-exemples.

— *Robert* : Lesquels ?

— *Pierre* : Je suis professeur de philosophie depuis quatre ans, n'est-ce pas ?

— *Robert* : Oui, et cela fait cinq ans que tu es diplômé.

— *Pierre* : Je travaille dans mon domaine depuis quatre ans puisque cela ne fait que quatre ans que les cégeps engagent beaucoup de nouveaux professeurs.

— *Robert* : Pourquoi ?

— *Pierre* : Parce que cela ne fait que quatre ans que la clientèle étudiante augmente dans les cégeps.

— *Robert* : Connaît-on les causes de cette hausse de clientèle ?

— *Pierre* : Il y en a plusieurs, mais la principale est sans doute que la crise économique et la hausse du taux de chômage qu'elle entraîne a poussé les gens à revenir aux études ou à y rester plus longtemps.

— *Robert* : Ça a du bon sens.

— *Pierre* : On peut donc dire que je profite, en un sens, de la crise économique. S'il n'y avait pas eu de crise économique, je n'aurais pas été engagé comme professeur et j'aurais eu un emploi moins bien adapté à mes qualifications. Tu n'irais tout de même pas jusqu'à dire que je suis la cause ou que je suis responsable de quelque manière que ce soit de la crise économique même si, en un sens, j'en profite ?

— *Robert* : Évidemment non.

— *Pierre* : Je viens donc de te fournir un contre-exemple de ta prémisse initiale.

— *Robert* : C'est peut-être l'exception qui confirme la règle !

— *Pierre* : Ton proverbe est bien beau mais il est vide. Citer un proverbe pour détourner l'attention d'un contre-exemple n'est pas un procédé valable. D'ailleurs, mon exemple n'est pas un cas particulier, je peux le décrire de façon plus générale.

— *Robert* : Comment ?

— *Pierre* : Lorsque le phénomène ou l'événement en question (appelons-le Y) profite à X, mais que X n'est pas en mesure d'influencer Y, il n'est pas légitime d'attribuer Y à X.

— *Robert* : Hum…

— *Pierre* : En fait, lorsque le phénomène ou l'événement Y profite à X, mais que X n'est pas le seul (ou le seul groupe) qui soit en mesure d'influencer Y ou de produire le phénomène Y, il n'est pas légitime d'attribuer Y à X sans avoir examiné plus attentivement le déroulement de l'événement ou du phénomène.

— *Robert* : C'est vrai qu'il faut être prudent.

— *Pierre* : Oui, et il y a encore autre chose. Lorsque le phénomène ou l'événement Y profite à X, mais que Y peut se produire sans que personne ne le planifie ou pour d'autres raisons, il n'est pas légitime d'attribuer Y à X sans avoir examiné plus attentivement comment le phénomène ou l'événement s'est réellement produit.

— *Robert* : Je ne vois pas très bien.

— *Pierre* : Si une personne est assassinée, tu vas évidemment en déduire que c'est quelqu'un qui en est la cause. Par contre, si l'inflation augmente, il n'est pas du tout évident que quelqu'un en soit la cause. Un tel phénomène économique peut se produire sans que personne ne le planifie, par les seules lois du marché. Dans un tel cas, il faut être prudent et ne pas attribuer à quelqu'un ou à un groupe la responsabilité d'un phénomène qui peut n'être que le fruit d'un accident ou la conséquence non planifiée de l'activité de nombreuses personnes isolées.

— *Robert* : Ouf ! Je vois que mon principe ne valait pas grand-chose. Cependant, à première vue, il semblait valable. Bien souvent, c'est une bonne idée, pour expliquer un événement, de se demander qui aurait pu en profiter. Il me semble que les historiens et les analystes politiques utilisent souvent ce procédé. Dans une enquête policière, c'est d'ailleurs aussi ce que l'on fait : on cherche des gens qui ont des motifs de commettre, par exemple, un meurtre. Il me semble qu'il est vrai que « Si on veut expliquer Y et que l'on sait que Y profite à X, il vaut la peine d'aller examiner si X est vraiment la cause de Y ».

— *Pierre* : Je serais d'accord avec ce principe, mais il est bien différent de ce que tu disais au départ. Tu dis que ton nouveau principe suggère une bonne stratégie pour déceler les causes réelles des phénomènes. Je suis d'accord avec toi là-dessus. Cependant, initialement, le problème était de savoir si on pouvait dire que X était responsable de Y à partir du seul fait que X profitait de Y. On a vu qu'on ne pouvait pas le faire sans avoir examiné avec plus d'attention le phénomène en question. Ce serait comme si, pour reprendre ta comparaison, un tribunal condamnait quelqu'un pour meurtre sur la seule base du fait qu'il avait un motif de tuer la victime.

— *Robert* : On peut donc en conclure que cette prémisse ne doit jamais être utilisée sans qu'on ne l'ait justifiée adéquatement dans le contexte précis auquel on a affaire. »

Résumé :

Lorsqu'un phénomène ou un événement profite à un individu (ou à un groupe) mais que

a) l'individu (le groupe) n'a pas pu influencer ou produire le phénomène ou l'événement ; ou que

b) l'individu (le groupe) n'était pas *le seul* pouvant influencer ou produire le phénomène ou l'événement ; ou que

c) le phénomène a pu se produire de lui même, sans l'intervention de personne ;

alors, il est incorrect de considérer l'individu (le groupe) comme étant la cause du phénomène ou de l'événement sans avoir examiné plus attentivement l'événement ou le phénomène sous toutes ses facettes.

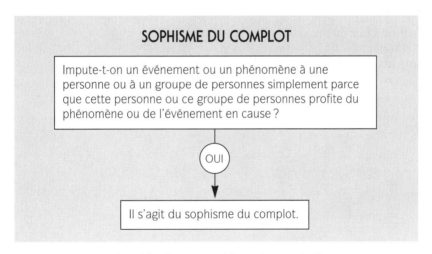

SOPHISME DU COMPLOT

Impute-t-on un événement ou un phénomène à une personne ou à un groupe de personnes simplement parce que cette personne ou ce groupe de personnes profite du phénomène ou de l'événement en cause ?

OUI

Il s'agit du sophisme du complot.

Que faire face au sophisme du complot ?

Il faut montrer à notre interlocuteur que son argumentation est incorrecte. Il devrait étoffer son argumentation. Il pourrait le faire en montrant plus concrètement pourquoi il soutient que c'est cette personne ou ce groupe de personnes qui est responsable de l'action, de l'événement ou du phénomène en cause. Pour ce faire, il devrait écarter la possibilité que d'autres personnes ou groupes de personnes en soient responsables ainsi que la possibilité que l'action, l'événement ou le phénomène se soit produit de lui-même.

EXERCICES

Les argumentations suivantes sont incorrectes. Indiquez le critère qui, de façon évidente, n'est pas respecté (n'ajoutez pas de prémisses implicites). Soyez en mesure de justifier vos réponses.

1. « Les gens d'affaires profitent du fait que le taux de chômage est élevé parce que cela réduit les demandes de hausses salariales et que cela nuit à la syndicalisation. On peut en conclure que les gens d'affaires sont responsables du taux élevé actuel de chômage. »

   ❐ Il est clair que le critère d'acceptabilité n'est pas respecté.

   ❐ Il est clair que le critère de suffisance n'est pas respecté.

2. « En 1980, le référendum sur l'indépendance du Québec eut lieu dans un contexte de crise économique. Comme dans ces circonstances les gens sont portés à être plus prudents parce qu'ils ont peur de perdre ce qu'ils ont, il est certain que ce contexte de crise a profité à ceux qui étaient contre l'indépendance. Le camp anti-indépendantiste, composé notamment de plusieurs anglophones aisés, est donc responsable de la piètre situation économique de 1980. »

   ❐ Il est clair que le critère d'acceptabilité n'est pas respecté.

   ❐ Il est clair que le critère de suffisance n'est pas respecté.

CONCLUSION

> *Dans la discussion en commun, celui qui est vaincu obtient le plus grand profit parce qu'il apprend ce qu'il ne savait pas encore.*
>
> — Épicure, *Maximes.*

- Avoir réponse à tout, est-ce bon signe?

- Est-ce que toutes les opinions se valent?

- Une argumentation bien faite nous conduit-elle à des conclusions qui sont vraies?

- Si une bonne argumentation ne conduit pas nécessairement à une conclusion vraie, pourquoi tant insister sur l'importance des bonnes argumentations?

- Avec de bonnes argumentations, on arrive à des «croyances rationnellement justifiées», mais est-ce utile?

- Trois attitudes face aux croyances

Conclusion

Avoir réponse à tout, est-ce bon signe ?

Au début de ce livre, nous avons examiné ce qu'est une croyance puis nous avons étudié l'argumentation afin de déterminer dans quelle mesure nos croyances sont rationnellement justifiées. Peut-être vous êtes-vous aperçu que certaines de vos croyances n'étaient pas rationnellement justifiées ou pas aussi rationnellement justifiées que vous ne le pensiez. Si tel est le cas, vous avez atteint l'un des objectifs de la philosophie, qui consiste, comme nous l'avons vu au chapitre 1, à examiner d'une façon critique nos croyances. Rappelons aussi, comme le soulignait le texte de Susan Stebbing cité dans le même chapitre, que l'on peut progresser en adoptant de nouvelles croyances qui sont rationnellement justifiées ou *en se débarrassant de croyances qui ne le sont pas.*

Certaines de nos croyances personnelles sont erronées : il est important de le réaliser. D'autres sont douteuses au sens où on ne peut pas fournir de bonnes raisons (suffisantes et acceptables) pour les défendre. Dans un tel cas, que doit-on faire ? On doit suspendre son jugement. Il faut être assez honnête envers soi-même et autrui pour dire « je ne le sais pas ». Il peut parfois sembler peu « brillant » de suspendre son jugement. On peut avoir tendance à être impressionné par quelqu'un qui semble avoir réponse à tout. Mais il ne faut pas oublier qu'il y a deux types de personnes qui semblent avoir réponse à tout. Premièrement, il y a celles chez qui l'attitude dogmatique est dominante, qui sont persuadées qu'elles ont toujours raison parce qu'elles sont centrées sur elles-mêmes et qu'elles ne s'aperçoivent pas que le meilleur moyen d'établir des croyances rationnellement justifiées est de confronter nos raisons et de mettre en commun nos intelligences. Ces personnes ne font pas montre de force intellectuelle mais bien d'*étroitesse d'esprit*. Deuxièmement, il y a celles chez qui l'attitude d'ouverture d'esprit est dominante, qui nous ébahissent par leur force d'esprit, par la profondeur de leurs argumentations[1] et par la connaissance qu'elles ont d'un domaine en particulier. Ces personnes, on le remarque souvent, sont particulièrement prudentes dans leurs conclusions. *Elles sont habituellement nuancées, parce qu'elles sont conscientes de la complexité des argumentations qui sous-tendent leurs conclusions.* Elles comprennent bien que certaines des prémisses utilisées peuvent être fragiles et qu'il est même possible qu'elles se révèlent fausses dans le futur. Ainsi, être prudent, nuancer ses conclusions, bien voir d'où elles proviennent, ne pas craindre de

---

1. Leurs argumentations sont complexes et, pendant une discussion, ils ne se laissent pas entraîner dans des digressions sans fin mais cherchent à régler les questions une par une.

suspendre son jugement, peuvent bien être des indices de force d'esprit[2]. À l'opposé, l'assurance, le dogmatisme et la prétention d'avoir réponse à tout peuvent bien être des indices d'étroitesse d'esprit.

Cela étant dit, il faut examiner le point de vue selon lequel les croyances sont si difficiles à justifier rationnellement que personne ne peut prétendre y arriver et que, par conséquent, toutes les opinions se valent.

Est-ce que toutes les opinions se valent?

Toutes les opinions se valent, c'est ce que peut laisser entendre une interprétation de l'idée répandue selon laquelle « chacun a droit à son opinion ». À la fin d'une discussion où vous avez montré à votre interlocuteur que son argumentation n'était pas solide, il peut arriver qu'il vous dise : « De toute façon, chacun a droit à son opinion. » Examinons ce qu'il entend par là.

Probablement veut-il dire : « Même si tu as montré que ma position n'est pas justifiée, je la conserve quand même. Ce n'est pas parce qu'une discussion me montre que j'ai tort de défendre une position que je vais changer d'idée ou nuancer ma position. » Dans un tel cas, la discussion n'aura pas servi à grand-chose ! Si cette personne affirme vraiment qu'elle ne se soucie pas du tout que ses opinions soient rationnellement justifiées, elle n'accepte pas une des règles de base du « jeu de l'argumentation ». Donc, l'idée que « chacun a droit à son opinion », servie à la fin d'une discussion pour indiquer qu'on n'a pas à changer d'idée, peu importe quelle a été l'issue de la discussion, est peu valable. Cependant, la plupart des gens seraient prêts à admettre le principe que « chacun a droit à son opinion ». Pourquoi ? La raison en est que cette expression a d'autres sens, dont certains sont tout à fait acceptables[3].

Une argumentation bien faite nous conduit-elle à des conclusions qui sont vraies?

Pas nécessairement ! Supposons que les prémisses d'une argumentation sont suffisantes pour entraîner la conclusion. Cela voudrait dire, à première vue, que si les prémisses sont acceptables, la conclusion est vraie. *Mais il y a une différence fondamentale entre une prémisse vraie et une prémisse acceptable.* Le fait qu'une prémisse

---

2. C'est l'une des leçons de Socrate (470-399 av. J.-C.), qui disait, entre autres, que sa force était de savoir qu'il ne savait rien... Il prenait d'ailleurs plaisir à montrer aux autres que plusieurs de leurs croyances n'étaient pas rationnellement justifiées.

3. Voir la section 2.4.

soit considérée comme acceptable signifie que, pour les fins d'une discussion ou d'une réflexion, on ne la remet pas en question. Nous avons vu au chapitre 3 (sections 3.3 à 3.5) qu'on peut accepter une prémisse pour plusieurs raisons différentes. L'important est de bien se rendre compte que ce n'est pas parce qu'on accepte une prémisse qu'elle est nécessairement vraie ! Pour vous en convaincre, mettez-vous dans la peau d'une personne du IVe siècle qui croyait que la terre était plate. Son expérience personnelle directe ainsi que celle des autres l'amenait à accepter sans réserves la prémisse « la terre est plate ». Or, nous savons aujourd'hui que cette prémisse ne tient plus.

Mais, pour nous aussi au XXe siècle, il existe des jugements que nous considérons acceptables et qui, plus tard, se révéleront faux. Une *prémisse* est *acceptable* si elle passe le test de l'examen critique, si on juge qu'on peut la tenir pour acquise. Une *prémisse vraie* est tout autre chose : pour qu'une prémisse soit vraie, il faut qu'elle corresponde à la réalité[4]. Il faudrait être extrêmement prétentieux pour penser que les prémisses que nous acceptons correspondent toutes à la réalité, même si c'est le but que nous visons.

Si une bonne argumentation ne mène pas nécessairement à une conclusion vraie, pourquoi tant insister sur l'importance des bonnes argumentations ?

Il est possible d'arriver à une conclusion vraie avec une argumentation qui ne tient pas : « J'ai faim, donc la terre est sphérique. » La raison peut donc ne pas sembler être un très bon guide, puisque, sans elle, on peut arriver à des conclusions qui sont vraies. Mais on doit se rendre compte que si nous obtenons une conclusion valable à partir d'une mauvaise argumentation, ce n'est que parce que nous avons été chanceux ! Et d'ailleurs, dans cette situation nous risquons de ne pas être en mesure de convaincre qui que ce soit de la valeur de notre conclusion, puisque notre argumentation contient une ou plusieurs erreurs. Ainsi, même s'il peut arriver que l'on obtienne une conclusion valable en commettant une erreur d'argumentation, on ne peut raisonnablement s'en remettre au hasard si l'on désire bien argumenter et obtenir des conclusions valables.

Si une bonne argumentation conduit parfois à des conclusions qui peuvent s'avérer fausses, il reste qu'elle mène à ce que nous avons appelé une « croyance rationnellement justifiée ». Même si une croyance rationnellement justifiée n'est pas nécessairement vraie, elle demeure quand même la croyance la plus justifiée. Ainsi, une

---

4. Il n'est question ici que des jugements d'observateur.

personne dont les croyances sont rationnellement justifiées est sans doute moins souvent dans l'erreur qu'une personne dont les croyances ne sont pas rationnellement justifiées.

Avec de bonnes argumentations, on arrive à des croyances rationnellement justifiées, mais est-ce utile?

Les croyances rationnellement justifiées sont utiles, et ce pour plusieurs raisons.

1. Elles permettent d'avoir une vision plus exacte du monde, ce que beaucoup de personnes valorisent en soi.

2. Elles servent à accomplir des actions qui sont mieux adaptées à nos buts. Une personne qui a une vision du monde erronée aura du mal à atteindre ses buts parce qu'elle ne pourra pas juger des meilleurs moyens pour y parvenir. Elle ne pourra pas non plus évaluer correctement les conséquences de ses actions. Ainsi, bien raisonner n'a pas seulement de l'importance pour les théoriciens ou les chercheurs mais aussi pour chacun d'entre nous, tant dans notre vie personnelle que sociale.

La citation qui suit illustre l'importance des croyances rationnellement justifiées en soulignant le fait que nous agissons toujours à partir de croyances et que celles-ci peuvent déterminer, en grande partie, notre comportement.

> Certains disent qu'ils n'ont pas de philosophie ou tout simplement que les théories en général sont inutiles et stériles parce que c'est l'action qui compte. L'erreur qu'ils font est de penser que les gens agissent toujours par réflexe. Ces gens qui méprisent les théories (et les théoriciens) ont évidemment eux-mêmes des théories, mais ils n'en sont pas conscients. Puisqu'ils n'en sont pas conscients, ils n'ont pas pu les examiner d'un oeil critique, et il y a de bonnes chances que ce soit des théories qui ne valent pas cher.
>
> — Philipp Frank[5]

Évidemment, bien utiliser sa raison n'est pas seulement l'affaire de la philosophie. Que fait-on dans les cours d'administration? On enseigne à bien *raisonner* dans un contexte où il faut prendre des décisions éclairées en ce qui concerne le niveau de production d'une usine, l'embauche de personnel ou les politiques d'investissement. Les décisions prises par le conseil d'administration d'une entreprise privée ou publique reposent sur des jugements d'observateur, des jugements d'évaluateur, des jugements de prescripteur et sur la mise en commun des

5. *Modern Science and its Philosophy*, New York, George Braziller, 1955, chap. 15.

intelligences des différents membres. Former un bon administrateur c'est donc former quelqu'un qui, dans un contexte bien précis, sera en mesure d'évaluer l'acceptabilité de jugements relevant de l'observation[6], de l'évaluation[7] et de la prescription[8] et qui pourra lier ces jugements de façon à établir des conclusions en respectant le critère de suffisance. En droit, en physique, en anthropologie, en géologie, en sciences politiques, c'est la même chose. On peut donc dire que former une personne intellectuellement autonome, c'est former quelqu'un qui, de manière générale, sera en mesure d'évaluer l'acceptabilité de jugements qui relèvent de l'observation, de l'évaluation et de la prescription et qui pourra lier ces jugements de façon à établir des conclusions en respectant le critère de suffisance.

Portons maintenant notre attention sur l'aspect politique de nos vies. Nous sommes à la fois les acteurs et les spectateurs du système politique dans lequel nous vivons. Dans quelle mesure la raison joue-t-elle un rôle en politique ? Il est vrai, comme les étudiants se plaisent à le souligner, que la politique semble un domaine où la raison ne joue pas un très grand rôle. Par exemple, les gens semblent voter sans trop savoir pourquoi, en se fiant à l'impression générale que leur donne un candidat plutôt qu'à son programme. C'est certainement vrai, mais c'est quelque chose que l'on doit déplorer ! Il faut être conscient de l'envers de la médaille. L'opinion d'un seul est remplacée, dans une démocratie, par l'avis de la majorité. Si on examine les changements survenus dans les moeurs politiques, on s'aperçoit que, lentement, il se produit certaines améliorations substantielles. N'oublions pas qu'il y a peu de temps les femmes n'avaient pas le droit de voter ! Les différentes chartes des droits et libertés, même si leur application est lente et crée parfois des problèmes, constituent un signe prometteur. Il semble presque impossible de revenir en arrière sur ces questions. Il est raisonnable de penser que c'est la discussion et la confrontation des idées qui nous a permis d'en arriver là. Il semble donc que la politique ne soit pas un domaine où les gens sont uniquement mus par des modes ou des mouvements de masse qui mènent n'importe où. Dans ce domaine, il semble se produire des progrès substantiels. *Mais surtout, on doit être conscient que plus les gens se désintéresseront de la politique parce qu'elle n'est pas à la hauteur de leurs aspirations, moins elle le sera…*

3. La recherche de croyances rationnellement justifiées nous permet également de porter un regard critique sur nos buts. Un animal est programmé et agit en fonction de certains « buts » qui sont fixés génétiquement et qui n'évoluent

---

6. Par exemple : « Est-il vrai que l'entreprise a vu diminuer sa part de marché ? »

7. Par exemple : « Est-il vrai que ce procédé de fabrication est le meilleur ? »

8. Par exemple : « Doit-on viser, à court terme, un profit maximal ou une plus grande part de marché ? » ou : « Doit-on chercher à faire plus de profits en répondant mieux aux besoins des consommateurs, en fraudant les consommateurs ou en fraudant l'État ? »

que très lentement. Les animaux qui vivent en société (les loups, certaines espèces de singes, les abeilles, les fourmis, les termites, etc.) ne peuvent décider d'apporter des modifications à leur mode de vie et à leur organisation sociale. L'humain, lui, peut modifier substantiellement son mode de vie et ses buts. Pour que cette aptitude soit utilisée à notre avantage, il faut l'exercer intelligemment.

4. Finalement, bien raisonner aide aussi à la communication et à la compréhension entre individus. Nous avons vu, à plusieurs reprises, combien il peut y avoir de confusion et d'ambiguïté dans nos pensées et dans les textes ou les exposés qui expriment nos pensées. Comme certains problèmes sont directement liés au fait que les gens n'arrivent pas à se comprendre (peut-être parce qu'ils sont de cultures différentes et évaluent différemment les mêmes choses ou parce qu'ils ne possèdent pas les mêmes informations), les croyances rationnellement justifiées et les habiletés que nous développons en les recherchant peuvent nous aider.

Trois attitudes face aux croyances

La première attitude possible à l'égard des croyances est celle de l'individu centré sur lui-même, qui considère ses opinions comme définitives et comme étant les seules valables. Cette attitude n'en est pas une de force d'esprit mais d'étroitesse d'esprit.

La deuxième attitude est son contraire : toutes les opinions se valent, chaque opinion est vraie pour la personne qui la défend, etc. Comme nous l'avons vu, une partie de l'attrait de cette attitude vient de ce que, à tort, on l'associe souvent à l'idée qu'il faut être tolérant[9].

Ces deux premières attitudes ne respectent pas l'une des règles du « jeu de l'argumentation », d'après laquelle il vaut la peine de mettre les intelligences en commun afin d'arriver à des croyances mieux justifiées. La première attitude ne respecte pas cette règle parce qu'elle nie la valeur de la mise en commun des intelligences, la deuxième attitude ne respecte pas cette règle parce qu'elle nie qu'il y ait des croyances mieux justifiées que d'autres.

▶ **Illustration philosophique 12** (p. 407) :

Dans son article intitulé « L'indispensable opposition », Walter Lippmann établit un lien entre la démocratie et le refus de la première attitude. Cette position l'amène à défendre la liberté d'expression d'une manière originale.

---

9. Voir la section 2.4.

La troisième attitude, quant à elle, respecte pleinement cette règle. On peut la décrire comme suit. Il y a de grands avantages à mettre en commun nos intelligences car c'est ainsi que nous pouvons obtenir de meilleures informations et former des jugements mieux éclairés. Cette idée repose sur le fait que nous sommes limités intellectuellement sur le plan de la mémoire et de la capacité à traiter l'information[10]. De plus, nous savons que chaque personne est sujette à la partialité en raison de facteurs personnels ou culturels. Cela étant, la mise en commun de plusieurs intelligences peut nous aider à surmonter ces deux types de limites, l'insuffisance intellectuelle et la partialité. Il est vrai qu'à plusieurs, on arrive à de meilleurs résultats si l'on se trouve dans un contexte où l'on cherche à faire avancer, de façon critique, notre compréhension des choses[11]. Soulignons enfin que la troisième attitude sous-tend l'idée que notre raison est notre outil le plus important.

Si ce livre a rempli son but, il vous aura permis de développer votre habileté à utiliser certains outils intellectuels qui renforcent le bon usage de la raison. Ces outils peuvent constituer en quelque sorte une technique d'autodéfense contre les idées véhiculées dans votre milieu. Ils peuvent aussi vous servir à évaluer vos propres raisonnements, vos propres argumentations, pour vous aider à mieux comprendre le monde et à poser des actions mûrement réfléchies.

Reprenons l'image que nous avons souvent utilisée du « mode automatique » et du « mode réflexif ». Si le « mode automatique » nous permet de fonctionner dans la vie de tous les jours, il a ses imperfections, nous l'avons bien vu. Le passage en « mode réflexif » nous rend moins rapides à juger les argumentations que l'on rencontre. L'idéal serait d'intégrer autant que possible les habiletés acquises en « mode réflexif » au « mode automatique ». De cette façon, nos « stratégies intellectuelles » deviendraient meilleures. Évidemment, certains préfèrent demeurer en « mode automatique » tout le temps. C'est leur affaire, mais ils passent à côté de bien des choses… On met beaucoup l'accent dans nos sociétés sur l'exercice physique, l'entretien et le développement du corps, mais notre personne ne se limite pas qu'aux muscles qu'on peut faire travailler dans un gymnase…

---

10. Pensons par exemple au fait que les argumentations longues et complexes exigent beaucoup d'attention. Pensons aussi au fait que souvent nous oublions pourquoi nous croyons en telle ou telle chose. En fait, il n'est pas possible de garder en mémoire toutes les raisons pour lesquelles nous croyons à telle ou telle chose : c'est, nous l'avons vu à la section 2.2, l'une des raisons pour lesquelles nous devons souvent nous appuyer sur des appels à l'autorité pour justifier nos croyances.

11. Rappelez-vous des avantages associés au travail en équipe, à la mise en commun des intelligences, lorsque vous avez construit des schémas en arbre.

ILLUSTRATIONS PHILOSOPHIQUES

Introduction

1. Platon :
Le *Criton*

2. Siddhārta Gautama (Bouddha) :
Le *Kālāma-sutta*

3. Mo-tseu :
Contre la guerre d'agression
De la modération dans les funérailles

4. Épicure :
Lettre à Ménécée

5. Épictète :
Entretiens

6. Sextus Empiricus :
Les raisons de douter d'un sceptique

7. René Descartes :
Discours de la méthode

8. Beccaria :
De la question ou torture

9. Condorcet :
Sur l'admission des femmes au droit de cité
Réflexions sur l'esclavage

10. William K. Clifford :
L'éthique de la croyance

11. John Dewey :
La pensée critique
La nature humaine peut-elle changer ?

12. Walter Lippmann :
De la nécessité de l'opposition

INTRODUCTION

Cette section réunit des textes philosophiques provenant de diverses époques et de diverses cultures, notamment de la Grèce, de l'Inde et de la Chine antiques, du Siècle des lumières ainsi que du XXᵉ siècle. Tous ces textes font preuve diversement d'esprit critique. Certains consistent en argumentations bien menées portant sur des questions proches de l'expérience personnelle ou suscitées par une crise de conscience[1]. D'autres traitent plus directement de points théoriques dont il a été question dans cet ouvrage[2]. D'autres, enfin, sont des analyses critiques de croyances communément admises à une époque concernant des pratiques ou des institutions sociales[3].

Bien entendu, vous trouverez ici et là, en raison de l'âge de ces textes, des affirmations erronées. Il serait alors intéressant que vous vous demandiez quelles en sont les conséquences sur l'ensemble de l'argumentation de l'auteur. Bien souvent, ces erreurs sont secondaires et n'affectent en rien l'essentiel de l'argumentation. Vous constaterez aussi de légères, ou même d'importantes différences entre certaines des idées que nous avons défendues jusqu'ici dans ce livre et les propos des divers philosophes cités. Tentez alors de déterminer si la différence n'est qu'une affaire de nuance ou si elle est fondamentale. Si vous jugez qu'il s'agit d'une différence importante, faites l'évaluation des argumentations respectives et adoptez la position qui vous semble la meilleure.

La lecture des textes qui suivent vous fera faire un voyage à travers les époques et les continents. Vous constaterez comment l'attitude critique se manifeste dans l'examen de questions variées qui ont suscité l'intérêt de philosophes de tous les temps.

---

1. Voir les textes de Platon, de Siddhārta Gautama, d'Épicure et de Descartes.
2. Voir les textes d'Épictète, de Clifford, de Lippmann et, dans une moindre mesure, de Sextus Empiricus.
3. Voir les textes de Mo-tseu, de Beccaria, de Condorcet et, dans une moindre mesure, de Dewey.

$\mathscr{P}$LATON 1

Le monde de Platon

$\mathbf{L}$a Grèce de l'époque de Platon (428-348 av. J.-C.) ne correspond en rien à la Grèce d'aujourd'hui. Elle incluait la Grèce actuelle mais aussi, notamment, toute la côte ouest de la Turquie. Sparte, Corinthe, Thèbes, Syracuse et Athènes furent certaines des cités les plus importantes de la Grèce antique[1]. Dans ces cités, on trouvait une diversité de régimes politiques : des dictatures, des aristocraties et des démocraties qui connaissaient des épisodes révolutionnaires. On y trouvait aussi une variété de formes d'organisation sociale. Ainsi, à Sparte, la famille était presque abolie. Des dialogues de Platon, qui comptent parmi les ouvrages de cette époque les plus lus de nos jours, se dégage l'image d'une cité d'Athènes ensoleillée où les gens prennent plaisir à discuter sans avoir trop de soucis matériels. Les historiens soulignent toutefois que la vie d'alors était dure. À titre d'illustration, durant la période où vécut Platon, Athènes fut la plupart du temps en guerre : ce facteur, associé à une importante épidémie, causa la mort de la moitié des habitants de la ville.

Sur le plan culturel, la Grèce antique se distingue notamment par sa littérature (Eschyle, Sophocle, Euripide, Aristophane), sa science (Hippocrate de Chios, Hippocrate de Cos, Euclide), son architecture (Phidias) et sa sculpture (Myron, Polyclète). Durant longtemps, en partie semble-t-il parce qu'on n'arrivait pas à déchiffrer les hiéroglyphes[2], on crut qu'il y avait eu un « saut » considérable et unique dans la pensée humaine à cette époque en Grèce. Aujourd'hui, les historiens sont plus nuancés : d'une part, ils reconnaissent l'apport des civilisations égyptienne, sumérienne et phénicienne à la culture grecque, apport que les Grecs reconnaissaient d'ailleurs eux-mêmes[3]; d'autre part,

---

1. Sous Alexandre le Grand, de 336 à 323 av. J.-C., l'empire grec en vint à inclure l'Égypte, la Perse et une partie de l'Inde.

2. Le mystère des hiéroglyphes ne fut percé que dans les années 1830, à la suite des travaux de l'égyptologue Jean-François Champollion, et plusieurs textes égyptiens importants ne furent traduits que récemment.

3. Voir les textes d'Hippocrate, de Platon, d'Aristote, d'Hérodote, de Diodore et d'autres cités dans Heinrich von Staden, « Affinities and Elisions : Helen and Hellenocentrism », *Isis*, vol. 83, n° 12, décembre 1992, p. 578-595.

ils reconnaissent que la philosophie, les sciences et les arts s'étaient également développés en Inde et en Chine à la même époque[4]. Cela dit, ce débat entre scientifiques relève davantage de l'histoire que de la philosophie. Une chose est sûre, c'est que les écrits des philosophes grecs sont souvent passablement étonnants et stimulants. En effet, même si les solutions qu'ils proposent à divers problèmes nous semblent aujourd'hui parfois dépassées, les questions qu'ils soulèvent, la manière dont ils esquissent des solutions et la façon dont ils orientent la réflexion sont encore pour nous une source d'étonnement et d'admiration. En un sens, tout le présent ouvrage constitue l'exposition d'un problème mis en valeur par la philosophie de la Grèce antique, celui de la nature de la rationalité.

Le tableau qui suit permet de situer les uns par rapport aux autres les plus importants des philosophes grecs qui s'illustrèrent en Grèce à partir de l'époque de Socrate et de Platon. Plusieurs sont regroupés dans des écoles de pensée, en raison des idées ou de l'approche qu'ils partagent. Dans des sections ultérieures des *Illustrations philosophiques*, nous aurons l'occasion d'aborder l'épicurisme (Épicure), le stoïcisme (Épictète) et le scepticisme (Sextus Empiricus). Quant à Platon, nous

en traitons ci-dessous. Mais d'abord, disons quelques mots d'Aristote et de l'école cynique.

Aristote (384-322 av. J.-C.) venait de Stagire, ville de Macédoine située au nord de la Grèce. Il vécut à Athènes, où il fut l'élève de Platon, puis à la cour d'Assos en Asie mineure et à Mytilène sur l'île de Lesbos. En 342, il accepta de devenir le

Statue antique d'Aristote (384-322 av. J.-C.).

---

4. Sur la question de l'hellénocentrisme, on pourra consulter les auteurs suivants: David Pingree, « Hellenophilia versus the History of Science », *Isis*, vol. 83, n° 12, décembre 1992, p. 554-563; G. E. R. Lloyd, « Methods and Problems in the History of Ancient Science: The Greek Case », *ibid.*, p. 564-577; Heinrich von Staden, « Affinities and Elisions: Helen and Hellenocentrism », *ibid.*, p. 578-595; Martin Bernal, « Animadversions on the Origins of Western Science », *ibid.*, p. 596-607; Fritz Staals, *Universals: Studies in Indian Logic and Linguistics*, Chicago, University of Chicago Press, 1988; Théophile Obenga, *La philosophie africaine de la période pharaonique: 2780-330 avant notre ère*, Paris, L'Harmattan, 1990.

QUELQUES PHILOSOPHES DE L'ÉPOQUE DE PLATON ET LEURS SUCCESSEURS*

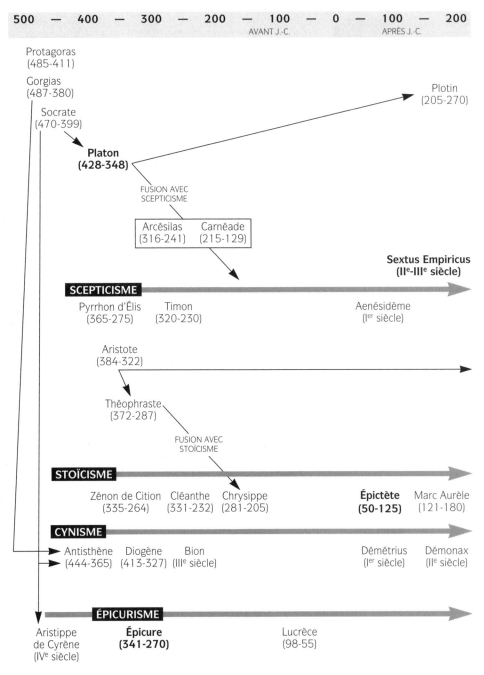

* Les philosophes dont le nom est en caractères gras font l'objet d'une *Illustration philosophique*.

précepteur de celui qui allait devenir Alexandre le Grand. Vers 335, il retourna à Athènes et fonda sa propre école, le Lycée. En 323, il s'enfuit dans la crainte de réactions hostiles contre les macédoniens à la suite de la mort d'Alexandre le Grand. Il mourut l'année suivante à Eubée. Une bonne partie des écrits d'Aristote — et les plus accessibles semble-t-il — ne nous sont pas parvenus. Néanmoins, les ouvrages d'Aristote que nous possédons sont importants tant par leur nombre que par leur influence. Esprit encyclopédique, Aristote s'est intéressé à la logique[5], à l'esthétique, à la politique, à l'éthique, à la psychologie, à la physique, à la chimie, à la biologie, à la météorologie, à l'étude des rêves, etc.

Les éléments centraux de sa pensée ont été enseignés durant des siècles, après qu'ils eurent réapparu dans le monde occidental au XIIIe siècle (ils avaient été préservés dans le monde arabe) et qu'ils eurent été adaptés à la perspective chrétienne par Thomas d'Aquin (1224-1274).

Le **cynisme** est une école de pensée qui dura environ 1000 ans (du IVe siècle av. J.-C. au VIe siècle de notre ère), mais dont les écrits se sont malheureusement presque tous perdus. Les cyniques, dont le plus illustre représentant fut Diogène, considéraient que pour vivre une vie qui soit satisfaisante il fallait désapprendre le mal, ce qui consistait avant tout à «faire table rase de toutes ces coutumes et de toutes ces conventions que la société, pour se maintenir, s'ingénie à inculquer à chacun de ses membres[6]». Pour eux, «si l'homme est malheureux, c'est essentiellement pour deux raisons; d'une part il est cet être de tous les désirs, qui sans cesse part en quête de ce qu'il n'a pas; de l'autre il est cet être de toutes les angoisses, qui traverse l'existence en compagnie de la peur [...][7]». Ce à quoi il faut viser, c'est le rejet des conventions, l'autosuffisance et l'état d'apathie. En outre, les Cyniques dévalorisaient la raison et valorisaient l'animalité: «Il suffit de regarder un chien, une souris ou encore l'animal du troupeau qui sait boire l'eau de la source; ils sont heureux; en revanche à l'homme stupide il faut un vin fin de Chios ou de Lesbos, il faut la couronne de lauriers qui sanctionne la victoire aux Jeux, il faut la richesse, la gloire, la renommée! Et Diogène de s'employer sans relâche à dénoncer les efforts inutiles dans lesquels l'homme épuise son énergie, à dénoncer la vaine gloire que l'on obtient à force de posséder des richesses, de remporter des victoires olympiques ou d'étaler ses connaissances devant des auditoires savants, autrement dit à dénoncer notre pauvre petit bonheur humain[8]. »

Ennemi de la vaine poursuite de la connaissance, Diogène se plaisait à attaquer Platon, dont il considérait l'enseignement

---

5. Son étude des syllogismes, notamment, a eu une influence considérable. Nous traitons des syllogismes au chapitre 5 (p. 192).

6. Marie-Odile Goulet-Cazé, avant-propos de *Les Cyniques grecs*, choix, traduction, introduction et notes par Léonce Paquet, Paris, Librairie Générale Française, 1992, p. 6.

7. *Loc. cit.*

8. *Ibid.*, p. 12

sur les rapports entre la démocratie et la philosophie. Dans une démocratie on favorise, en principe, la discussion et la libre diffusion des idées. Il n'est donc pas étonnant qu'une société démocratique, ouverte, soit particulièrement propice au développement des idées philosophiques et notamment de la philosophie politique. Les sociétés fermées, par contre, tolèrent mal les remises en question, et il n'est pas surprenant que le pouvoir d'une autorité politique ou religieuse, ou que le poids de la tradition d'une société conservatrice soit moins propice au développement de la philosophie, des sciences et des arts [9]. On comprend donc aisément que la philosophie ait connu un développement considérable à Athènes, dans sa période démocratique [10]. Cela dit, des dictatures ou des oligarchies donnèrent naissance à des philosophes très importants tandis que, dans l'Athènes démocratique, on poursuivit des savants à cause de leurs théories, on exila des intellectuels et on brûla des livres [11]. Ainsi, certains philosophes comme Protagoras, durent fuir Athènes, et Socrate connut le sort que l'on sait [12]. Par ailleurs, la démocratie n'était pas nécessairement

Buste de Diogène le Cynique (413-327 av. J.-C.).

comme inutile et dont il prenait à parti le projet de société dans sa propre *République*, un ouvrage aujourd'hui perdu.

Pour terminer cette section sur le monde de Platon, nous ferons une brève remarque

---

9. Des événements plus récents nous fournissent des exemples de réactions de sociétés fermées aux critiques. Nous pensons aux réactions à la publication du *Refus global*, de Paul Émile Borduas, dans le Québec des années 40 et à celles provoquées dans le monde islamiste par le roman de Salman Rushdie, *Les versets sataniques*, dans les années 80.

10. La démocratie athénienne différait sur bien des points de nos démocraties modernes. Ainsi, pour n'en relever que deux, l'assemblée des citoyens prenait directement les décisions, sans représentants (c'est-à-dire sans députés) et des catégories entières d'individus étaient exclues du processus, notamment les femmes et les esclaves. Or les esclaves étaient très nombreux : à Athènes, on comptait au moins autant d'esclaves que d'hommes libres. (Voir Jacqueline de Romilly, *Problèmes de la démocratie grecque*, Paris, Hermann, 1975, p. 4.)

11. Voir Heinrich von Staden, *op. cit.*, p. 592.

12. Voir ci-dessous, p. 289 et la note 23 de la page 302.

bien vue par les philosophes eux-mêmes : Platon s'y opposait et Aristote était pour le moins ambivalent à son endroit[13].

Platon

Platon (428-348 av. J.-C.) vécut à Athènes. Il était issu d'une famille riche de tradition plutôt antidémocratique. Il aurait été soldat pendant une guerre contre la cité de Sparte. Il avait 29 ans lorsque son maître Socrate fut condamné à boire la ciguë. Par la suite, il serait allé à Mégare, à Syracuse ainsi qu'en Égypte et il revint à Athènes puis fonda une école, l'Académie, tout en continuant de voyager occasionnellement.

Contrairement aux philosophes qui le précédèrent en Grèce et qui écrivirent peu ou pas du tout, ou encore dont les ouvrages furent en grande partie perdus, les œuvres de Platon qui nous sont parvenues sont nombreuses. Pour la plupart sous forme de dialogues, elles mettent en scène des débats, complètement ou partiellement fictifs, qui réunissent des contemporains du philosophe. Parmi ceux-ci, Socrate (470-399 av. J.-C.), maître de Platon, qui n'a rien écrit mais que son disciple a immortalisé dans ses œuvres dont il est le personnage principal. Socrate se considérait comme un « taon » dont les questions apparemment naïves, telles « Qu'est-ce que la justice ? » ou « Qu'est-ce que la beauté ? », « piquaient » ses interlocuteurs en les amenant

progressivement à admettre que leurs idées sur ces questions étaient confuses et loin d'être rationnellement justifiées. Le Socrate que nous dépeint Platon est réputé aussi pour sa façon d'argumenter, la « méthode socratique ». Celle-ci consiste dans l'examen en commun d'un problème : au départ, les participants envisagent une solution communément admise ou suggérée par l'un d'eux, puis ils l'examinent d'un regard critique en la soumettant successivement à des objections diverses et en formulant diverses autres solutions hypothétiques, celles-ci étant à leur tour soumises à l'examen critique. Platon et, par son intermédiaire, Socrate comptèrent, avec Aristote, Diogène et Épicure, parmi les plus grands philosophes de la Grèce antique. Les écrits de Platon et ceux d'Aristote sont demeurés pendant des siècles au cœur de la culture classique occidentale. On y trouve des analyses d'une grande finesse aussi bien en éthique, en logique et en épistémologie, qu'en esthétique ou en philosophie politique[14]. De nos jours, les dialogues de Platon demeurent importants non seulement parce qu'il s'agit d'œuvres d'art exceptionnelles, mais aussi parce que, comme nous le soulignions plus haut à propos de l'ensemble de la philosophie grecque, même si les solutions qu'ils proposent à divers problèmes nous semblent parfois dépassées, les questions qu'ils soulèvent, la manière dont y sont

---

13. Plusieurs des *Illustrations philosophiques* traiteront, directement ou indirectement, de la démocratie. Ce sera le cas, notamment, des sections portant sur Condorcet, Dewey et Lippmann.

14. En éthique, mentionnons *La République* de Platon et *L'éthique à Nicomaque* d'Aristote ; en logique, les *Réfutations sophistiques* d'Aristote ; en épistémologie, le *Ménon* de Platon et les *Seconds analytiques* d'Aristote ; en esthétique, l'*Hippias majeur* de Platon et la *Poétique* d'Aristote ; en philosophie politique, *La République* de Platon et la *Politique* d'Aristote.

esquissées les solutions et la façon dont on y oriente la réflexion sont encore une source d'étonnement et d'admiration.

Le dialogue de Platon que nous avons retenu, le *Criton,* met en scène Socrate. Celui-ci est en prison. Peu de temps auparavant, il a été condamné à mort après avoir été reconnu coupable d'avoir corrompu la jeunesse en encourageant une attitude critique, en ne reconnaissant pas les dieux des Athéniens[15] et en introduisant de nouveaux dieux[16]. Un de ses amis, Criton, vient le voir en prison pour lui offrir de s'évader. Après avoir écouté l'argumentation de son ami, Socrate en fait l'examen critique, avec sa collaboration, avant de prendre une décision. Il s'agit d'un dialogue tout simple qui témoigne du talent de Platon à dépeindre l'attitude et la pensée de Socrate à travers l'examen d'un problème bien concret.

---

15. Socrate ne fut pas le premier philosophe grec à être accusé de la sorte : quelques décennies auparavant, les philosophes Protagoras et Anaxagore avaient eux aussi été accusés d'impiété et avaient dû s'exiler d'Athènes.

16. Socrate disait parfois qu'une voix divine se faisait entendre à lui pour lui donner des avertissements.
   N. B. : Certains historiens soutiennent qu'en réalité on avait porté ces accusations contre Socrate pour des raisons d'un autre ordre. En effet, des concitoyens lui auraient reproché certaines de ses prises de positions politiques de type autoritariste.

LE CRITON[17]
par Platon

1   — *Socrate* : Pourquoi viens-tu de si bonne heure ? N'est-il pas encore bien matin ? — *Criton* : Oui, sans doute. — *Socrate* : Quelle heure est-il précisément ? — *Criton* : Le jour commence à poindre. — *Socrate* : Je m'étonne que le gardien de la prison ait voulu t'écouter. — *Criton* : Il me connaît déjà, Socrate, parce que je viens souvent ici ; d'ailleurs il m'a quelque obligation. — *Socrate* : Ne fais-tu que d'arriver, ou y a-t-il longtemps que tu es là ? — *Criton* : Il y a déjà assez longtemps. — *Socrate* : Pourquoi donc ne m'as-tu pas éveillé aussitôt, au lieu de t'asseoir auprès de moi sans rien dire ? — *Criton* : Je ne voudrais pas moi-même qu'on m'éveillât, si j'étais dans une si triste position. Voilà longtemps que j'admire la douceur et la tranquillité de ton sommeil ; je me suis bien gardé de t'éveiller pour te laisser jouir en paix d'un calme si profond. Dans le cours de ta vie, j'ai souvent admiré ton caractère, mais c'est aujourd'hui surtout que j'admire avec quelle douceur et quelle facilité tu supportes ton malheur. — *Socrate* : C'est qu'à mon âge, Criton, il ne conviendrait guère de se plaindre de ce qu'il faut déjà mourir. — *Criton* : D'autres à ton âge, Socrate, se trouvent dans de pareils malheurs, sans que la vieillesse les empêche de s'irriter contre leur sort. — *Socrate* : Cela est vrai. Mais enfin pourquoi viens-tu si matin ? — *Criton* : Pour t'apporter une nouvelle fâcheuse, non pas pour toi, Socrate, à ce qu'il me semble, mais pour moi et pour tous les disciples, une nouvelle fâcheuse et accablante, que je ne pourrai supporter qu'avec la plus grande peine. — *Socrate* : Quelle est donc cette nouvelle ? Est-il arrivé de Délos, le vaisseau dont le retour doit être suivi de ma mort ? — *Criton* : Non, pas encore, mais il paraît qu'il doit arriver aujourd'hui, suivant le rapport de quelques personnes qui viennent de Sunium, et qui l'ont quitté là. Il est donc évident d'après ces nouvelles qu'il arrivera aujourd'hui, et demain, Socrate, il te faudra quitter la vie.

2   — *Socrate* : À la bonne heure, Criton ! Si telle est la volonté des dieux, qu'elle s'accomplisse. Cependant je ne pense pas que le vaisseau arrive aujourd'hui. — *Criton* : D'où tires-tu cette conjecture ? — *Socrate* : Je vais te le dire. C'est qu'il faut que je meure le lendemain du jour où le vaisseau sera arrivé. — *Criton* : Voilà du moins ce que disent ceux de qui cela dépend. — *Socrate* : Eh bien, je ne pense pas qu'il arrive aujourd'hui, mais demain. Ce qui me le fait croire, c'est un songe que j'ai eu cette nuit peu de temps avant ton arrivée : aussi me semble-t-il que tu as bien fait de ne pas m'éveiller. —

---

17. Dans *Œuvres de Platon*, traduction de A. Bastien, Paris, Garnier Frères, 1880, p. 62-82.

Criton : Quel était donc ce songe ? — *Socrate* : Il m'a semblé voir une femme belle, bien faite et vêtue de blanc s'approcher, m'appeler et me dire : « Dans trois jours tu arriveras à Phthie et à ses champs fertiles. » — *Criton* : Quel étrange songe, Socrate ! — *Socrate* : Le sens m'en paraît très clair, Criton.

3   — *Criton* : Beaucoup trop, sans doute. Mais, ô mon cher Socrate ! encore une fois, suis mes conseils, laisse-moi te sauver. Ta mort serait un grand malheur pour moi à plus d'un titre : non seulement je serais privé d'un ami tel que je n'en retrouverai jamais un pareil, mais encore le vulgaire, qui ne nous connaît bien ni l'un ni l'autre, croirait que, pouvant te sauver, si j'avais voulu sacrifier quelque argent, j'ai négligé de le faire. Or, y a-t-il une réputation plus honteuse que de paraître aimer mieux l'argent que ses amis ? Car on ne croira jamais que c'est toi qui n'as pas voulu sortir d'ici malgré nos instances. — *Socrate* : Mon cher Criton, pourquoi tant nous mettre en peine de l'opinion du vulgaire ? Les hommes sensés, dont il faut bien plutôt nous inquiéter, ne se tromperont pas sur la véritable manière dont les choses se seront passées. — *Criton* : Tu vois pourtant, Socrate, qu'il faut aussi s'inquiéter de l'opinion du peuple. Ce qui arrive aujourd'hui fait assez voir qu'il est capable de faire, je ne dis pas un peu de mal, mais les plus grands maux à l'homme qui est poursuivi par la calomnie. — *Socrate* : Plût aux dieux, Criton, que le peuple fût capable de faire les plus grands maux, si en retour il pouvait aussi faire les plus grands biens ! Ce serait une chose fort heureuse. Mais il ne peut faire ni l'un ni l'autre ; car il ne dépend pas de lui de rendre les hommes sages ou insensés, il agit au hasard.

4   — *Criton* : Eh bien, soit. Mais réponds à cette question, Socrate. N'est-ce pas pour moi et pour tes autres amis que tu t'inquiètes, dans la crainte que, si tu t'enfuis de la prison, les délateurs ne nous fassent des affaires pour t'avoir enlevé d'ici, et que nous ne soyons forcés de perdre toute notre fortune, ou du moins une somme considérable, et de souffrir encore quelque chose de pis ? Si c'est là ce que tu crains, rassure-toi : il est bien juste que, pour te sauver, nous courrions ce danger, et s'il le faut, quelque autre danger encore plus grand. Ainsi laisse-toi persuader, et suis mes conseils. — *Socrate* : Toutes ces craintes, je les éprouve, et bien d'autres encore. — *Criton* : Eh bien, sois désormais sans inquiétude, car d'abord la somme que l'on demande pour te tirer d'ici n'est pas fort considérable ; ensuite ne vois-tu pas à quel bon marché sont tous ces délateurs, et qu'il ne nous faudra pas beaucoup d'argent pour les acheter ? Ma fortune est à ta disposition, et je crois qu'elle suffira. Ensuite, si, par intérêt pour moi, tu ne crois pas que je doive sacrifier tout mon bien, les étrangers qui habitent Athènes sont tout prêts à sacrifier le leur. L'un d'eux, Simmias de Thèbes, a apporté, dans cette intention, tout l'argent nécessaire. Cébès aussi est tout prêt, ainsi que bien d'autres.

Ainsi donc, je te le répète, sois sans inquiétude, et par découragement ne renonce pas à l'idée de te sauver. Quant à ce que tu disais devant le tribunal, que, si tu sortais d'ici, tu ne saurais que devenir, ne te tourmente pas non plus. Partout, quelque part que tu ailles, tu seras aimé. Si tu veux aller en Thessalie, j'y ai des hôtes qui sauront t'apprécier, et qui veilleront si bien à ta sûreté, que tu seras à l'abri de toute inquiétude du côté des Thessaliens.

Reconstitution de l'Athènes du temps de Platon, dominée par l'Acropole.

5   — Ensuite, Socrate, il ne me semble pas bien juste de ta part de vouloir te livrer toi-même, lorsque tu peux te laisser sauver. Tu secondes les désirs que les ennemis pourraient former contre toi, et qu'ils ont formés en effet ; tu conspires avec eux à ta perte. Il me semble aussi que tu trahis tes propres enfants ; tandis que tu peux les nourrir et achever leur éducation, tu vas les abandonner et les livrer autant qu'il est en toi à la merci du sort, et probablement à tous les malheurs qui ne manquent pas d'arriver à des orphelins dénués de tout. Car enfin il fallait ou n'avoir pas d'enfants, ou les nourrir et les élever en partageant leur destinée ; mais tu me parais prendre le parti le plus facile. Or, il faut prendre le parti que choisirait un homme de cœur et de courage, surtout quand tu fais profession d'avoir cultivé la vertu pendant toute ta vie. Aussi je rougis pour toi et pour nous qui sommes tes amis ; je crains qu'on ne s'imagine que toute cette affaire a été conduite par nous avec une certaine lâcheté : d'abord cette accusation portée au tribunal, tandis qu'elle aurait pu ne pas y être portée ; ensuite la manière même dont le procès a eu lieu ; enfin ton refus de t'échapper, qui forme comme le dénouement

ridicule du drame ; oui, je crains que l'on ne nous accuse de faiblesse et de lâcheté, nous, pour ne t'avoir pas sauvé, toi, pour n'y avoir pas consenti, tandis que la chose était possible et même facile, pour peu que nous eussions voulu, les uns et les autres, nous aider nous-mêmes. Penses-y donc, Socrate ; avec le mal la honte arrivera pour toi et pour nous. Prends donc un parti, ou plutôt, ce n'est plus le moment de délibérer ; il faut avoir pris une résolution. Or, il n'y en a qu'une à prendre ; il faut que tout soit fait la nuit prochaine. Si nous tardons, l'affaire ne sera plus possible, elle nous aura échappé. Ainsi de toute manière, Socrate, crois-moi et fais ce que je te dis.

6   — *Socrate* : Ton zèle, mon cher Criton, est bien louable, s'il est d'accord avec la droiture ; sinon, plus il est ardent, plus il est fâcheux. Il faut donc examiner s'il est permis de faire ce que tu me proposes, ou si le devoir le défend ; car ce n'est pas d'aujourd'hui seulement, mais c'est de tout temps que, pour les affaires qui me regardent, je ne me laisse persuader par aucune autre raison que par celle qui me paraît la plus juste dans mes réflexions. Les principes que j'ai professés toute ma vie, je ne puis les abandonner aujourd'hui parce que ma position a changé : je les vois toujours du même œil, j'ai toujours pour eux le même respect et la même vénération qu'auparavant ; et si nous n'en avons pas de meilleurs à leur substituer, sache bien que je ne te céderai pas, quand même la multitude, pour m'épouvanter comme un enfant, pourrait me mettre sous les yeux des images encore plus affreuses, la confiscation de mes biens, la prison, la mort. Comment donc faire cet examen de la manière la plus convenable ? En reprenant ce que nous disions tout à l'heure sur les opinions, et en cherchant si nous avions raison de dire en toute occasion qu'il y a des opinions auxquelles il faut avoir égard, et d'autres dont il ne faut pas se mettre en peine, ou si c'était seulement avant ma condamnation que nous avions raison de le dire, et si maintenant il est devenu manifeste que nous ne parlions ainsi que pour parler, et que ce n'était au fond qu'un jeu et qu'un badinage. Voici donc, Criton, ce que je veux examiner avec toi : si nos principes d'alors me sembleront changés avec la nouvelle situation où je me trouve, ou s'ils me paraîtront toujours les mêmes ; si nous les abandonnerons ou si nous continuerons à les suivre. Or, ce me semble, nous avons souvent dit, et nous entendions bien parler sérieusement, ce que je disais tout à l'heure, savoir, que parmi les opinions des hommes il en est auxquelles on doit attacher la plus haute importance, et d'autres qui ne méritent aucune considération. Criton, au nom des dieux, cela ne te semble-t-il pas bien dit ? Car, selon toutes les apparences humaines, tu n'es pas en danger de mourir demain, et la crainte d'un malheur imminent ne troublera point ton jugement. Réfléchis donc à ceci : n'avions-nous pas raison de dire qu'il ne faut pas respecter toutes les opinions, mais seulement les unes et non les autres, celles de certains hommes et non de tout le

monde ? Que dis-tu ? N'est-ce pas juste ? — *Criton* : Très juste. — *Socrate* : À ce compte, ne faut-il pas estimer les bonnes opinions, et mépriser les mauvaises ? — *Criton* : Oui. — *Socrate* : Mais les bonnes opinions ne sont-elles pas celles des hommes instruits ; et les mauvaises, celles des ignorants ? — *Criton* : Qui pourrait le nier ?

7   — *Socrate* : Voyons, comment établissions-nous ces principes ? Un homme qui s'exerce à la gymnastique, et qui s'y applique sérieusement, fait-il attention à l'éloge, au blâme, à l'opinion du premier venu, ou seulement de celui qui est médecin ou bien maître de gymnastique ? — *Criton* : Du médecin ou du gymnaste seulement. — *Socrate* : C'est donc de chacun d'eux seulement qu'il doit craindre le blâme, et rechercher l'éloge, sans s'inquiéter de la multitude. — *Criton* : Évidemment. — *Socrate* : Ainsi, dans sa conduite et dans ses exercices, dans ses aliments et dans sa boisson, il doit se conformer seulement à l'avis du maître qui s'y entend, plutôt qu'à celui de tous les autres ensemble. — *Criton* : Sans doute. — *Socrate* : Mais, s'il désobéit au maître au lieu de n'écouter que lui, s'il dédaigne son avis et ses éloges pour écouter la foule qui n'y entend rien, ne lui en arrivera-t-il pas quelque mal ? — *Criton* : Comment ne lui en arriverait-il point ? — *Socrate* : Mais ce mal, quelle en est la nature ? Quels en sont les effets ? Où frappera-t-il l'homme qui désobéit ? — *Criton* : Il est évident que c'est sur le corps, puisqu'il tend à le détruire. — *Socrate* : Tu as raison. Ainsi, pour éviter d'entrer dans tous les détails, il en est de même de tout le reste, et particulièrement du juste et de l'injuste, du beau et du laid, du bien et du mal, qui sont en ce moment le sujet de notre examen. Devons-nous suivre et redouter l'opinion de la multitude ou celle du seul homme (s'il en est un) qui s'y connaisse parfaitement, le seul qu'il faut respecter et craindre plus que tous les autres ensemble ? Si nous négligeons de nous conformer à son jugement, nous corromprons et nous dégraderons cette partie de notre être qui se perfectionne par la justice et qui périt par l'injustice. Ou bien dirons-nous que cela n'est rien ? — *Criton* : Je crois que cela importe beaucoup, Socrate.

8   — *Socrate* : Voyons encore : si nous ruinons cette partie de notre être, qui se perfectionne par un régime sain, et qu'un régime malsain dégrade, pour suivre l'avis de ceux qui ne s'y connaissent pas, est-il possible que nous vivions lorsque cette partie sera ainsi corrompue ? Et cette partie, c'est le corps, n'est-ce pas ? — *Criton* : Oui. — *Socrate* : Pouvons-nous vivre avec un corps malade et ruiné ? — *Criton* : Nullement. — *Socrate* : Et d'un autre côté, pouvons-nous vivre, si nous avons laissé se corrompre cette autre partie que flétrit l'injustice, et que la justice fortifie ? Ou bien regardons-nous comme moins noble que le corps cette partie, quelle qu'elle soit, à laquelle se rapportent le juste et l'injuste ? — *Criton* : Nullement. — *Socrate* : N'est-elle pas

au contraire plus précieuse ? — *Criton* : Beaucoup plus. — *Socrate* : Il ne faut donc pas, mon cher Criton, nous mettre si fort en peine de ce que dira de nous la multitude, mais bien de ce qu'en dira celui qui connaît le juste et l'injuste ; et celui-là, ce juge unique, c'est la vérité. Tu vois donc bien que tu n'avais pas raison de prétendre d'abord que nous devons nous inquiéter de l'opinion de la multitude sur le juste, le beau, le bien et leurs contraires. Mais enfin, dira-t-on peut-être, la multitude a le pouvoir de nous faire mourir. — *Criton* : Assurément, Socrate, voilà ce qu'on dira. — *Socrate* : Et avec raison ; mais, mon cher Criton, cela ne détruit pas le raisonnement que nous avons établi. Examine encore ceci : Le principe, que l'important n'est pas de vivre, mais de bien vivre, subsiste-t-il encore ou est-il changé ? — *Criton* : Il subsiste. — *Socrate* : Et celui-ci, que bien vivre, c'est vivre selon les lois de l'honnêteté et de la justice, subsiste-t-il ou est-il changé ? — *Criton* : Il subsiste.

9 — *Socrate* : D'après ces principes dont nous convenons tous deux, voici ce qu'il faut examiner : est-il juste ou non que je tente de sortir d'ici sans le consentement des Athéniens ? Si cela nous paraît juste, cherchons-en les moyens ; sinon, il faut y renoncer. Quant à ces considérations que tu fais valoir, d'argent à dépenser, de réputation, d'enfants à élever, prends-y garde, Criton, c'est précisément ainsi que raisonne cette multitude insensée, qui condamne légèrement un homme à la mort, et qui ensuite, avec aussi peu de raison, le rendrait à la vie, si cela était en son pouvoir. Mais pour nous, puisque le raisonnement nous le démontre, nous n'avons pas autre chose à considérer que ce que nous disions tout à l'heure, savoir si, en payant de notre argent le service que nous aurons reçu, nous ferons une action juste : eux en me faisant sortir d'ici, et moi en y consentant, ou si, en agissant ainsi, nous commettrons véritablement une injustice ; et si nous trouvons qu'une telle conduite est injuste, n'allons point mettre en question s'il faut attendre la mort avec tranquillité et souffrir tout au monde plutôt que de commettre une injustice. — *Criton* : Il me semble, Socrate, que tu as raison. Vois donc ce qu'il faut que nous fassions. — *Socrate* : Examinons-le ensemble, cher ami, et si tu as quelque objection à me faire, expose tes raisons ; je m'y rendrai volontiers, mais autrement cesse, mon cher Criton, de me répéter à tout propos que je dois sortir d'ici malgré les Athéniens. J'attache une grande importance à ce que tu me persuades de le faire, mais sans m'y contraindre. Vois donc si le principe sur lequel je me fonde dans cet examen est suffisamment démontré, et tâche de répondre à mes questions avec la plus grande sincérité. — *Criton* : Je tâcherai.

10 — *Socrate* : Ne disons-nous pas qu'il ne faut jamais commettre volontairement une injustice ? Ou bien disons-nous qu'il est permis dans certaines circonstances de commettre l'injustice et qu'il ne l'est pas dans quelques

autres ? ou n'est-elle jamais ni bonne ni honnête, comme nous en sommes souvent convenus autrefois, et il n'y a pas longtemps encore ? ou bien cet accord de principes qui nous unissait a-t-il été détruit dans ce peu de jours ? Et se pourrait-il, Criton, qu'à notre âge nos entretiens les plus sérieux n'eussent été depuis longtemps, à notre insu, que des propos d'enfants ? Ou plutôt la chose n'est-elle pas comme nous le disions alors ? Soit que la foule le reconnaisse ou non, soit qu'un sort plus rigoureux ou plus doux nous soit réservé par la nécessité, n'en est-il pas moins vrai qu'en toute occasion l'injustice est pour celui qui la commet un mal et une honte ? Admettons-nous ce principe ou faut-il le rejeter ? — *Criton* : Nous l'admettons. — *Socrate* : Il ne faut donc admettre l'injustice en aucune manière. — *Criton* : Non sans doute. — *Socrate* : Et quand on a éprouvé une injustice, il ne faut pas la rendre, comme le pense le vulgaire, puisqu'on ne doit jamais commettre l'injustice. — *Criton* : Évidemment. — *Socrate* : Mais quoi, Criton, est-il permis de faire du mal à quelqu'un ou ne l'est-il pas ? — *Criton* : Il ne l'est en aucune manière, Socrate. — *Socrate* : Mais rendre le mal pour le mal, est-ce juste, comme le prétend le peuple, ou est-ce injuste ? — *Criton* : C'est injuste. — *Socrate* : Car il n'y a aucune différence entre faire du mal à quelqu'un et être injuste. — *Criton* : Tu dis vrai. — *Socrate* : Il ne faut donc pas rendre injustice pour injustice, ni faire de mal à personne, quel que soit le tort qu'on nous ait fait. Mais ici, Criton, prends garde, en m'accordant ce principe, d'aller contre ton opinion, car je sais qu'il y a peu de personnes qui admettent ce principe, et qui l'admettront. Il est donc impossible qu'il y ait entre ceux qui l'admettent et ceux qui ne l'admettent pas quelque communauté de sentiments, mais il faut nécessairement qu'ils se méprisent les uns les autres, en voyant la diversité de leurs opinions. Réfléchis donc bien sur ce point ; vois si tu es de mon avis, et en parfait accord avec moi. Alors commençons la discussion en partant de ce principe qu'il n'est jamais permis d'être injuste, ni de rendre injustice pour injustice, ni de se venger du mal par le mal. Mais peut-être te sépares-tu de moi, et n'accordes-tu pas ce principe ? Pour moi, il y a longtemps que je l'ai adopté, et j'y tiens encore aujourd'hui. Mais, si tu es d'un autre avis, dis-le, et fais-moi connaître tes motifs ; si, au contraire, tu persistes dans les mêmes sentiments qu'auparavant, écoute ce qui en résulte. — *Criton* : Je persiste dans les mêmes sentiments, et je pense toujours comme toi ; ainsi parle. — *Socrate* : Je vais donc te dire quelles sont les conséquences qui résultent de ce principe, ou plutôt je vais t'interroger ; un homme qui a pris un engagement juste doit-il le tenir ou y manquer ? — *Criton* : Il doit le tenir.

11   — *Socrate* : Cela posé, examine maintenant cette autre question : En sortant d'ici sans le consentement de la république, faisons-nous du tort à

quelques personnes, et précisément à celles qui le méritent le moins, ou n'en faisons-nous pas ? Restons-nous fidèles aux justes engagements que nous avons contractés, oui ou non ? — *Criton* : Je ne puis, Socrate, répondre à cette question, car je ne la comprends pas. — *Socrate* : Vois si tu l'entendras de cette autre manière : Au moment de nous enfuir ou de sortir d'ici, quel que soit le mot qu'il te plaira de choisir, si les Lois et la République venaient se présenter devant nous, et nous disaient : « Réponds-moi, Socrate, que vas-tu faire ? L'action que tu entreprends a-t-elle d'autre but que de nous détruire, nous qui sommes les Lois, et avec nous la République tout entière, autant qu'il dépend de toi ? Ou te semble-t-il possible que l'État subsiste et ne soit pas renversé, lorsque les arrêts rendus restent sans force et que de simples particuliers leur enlèvent l'effet et la sanction qu'ils doivent avoir ? » Que répondrons-nous, Criton, à ce reproche et à d'autres semblables ? Car on aurait beaucoup à dire, surtout un orateur, sur cette infraction de la loi qui ordonne que les jugements rendus aient tout leur effet. Ou bien dirons-nous aux Lois que la République a été injuste envers nous et qu'elle n'a pas bien jugé ? Est-ce là ce que nous leur dirons ? ou que pourrons-nous leur dire ? — *Criton* : Rien de plus, Socrate, absolument rien.

12   — *Socrate* : « Eh quoi ! Socrate, diraient les Lois, est-ce là ce dont nous étions convenues avec toi ? Ou plutôt n'étions-nous pas convenues avec toi que les jugements rendus par la République seraient exécutés ? » Et si nous paraissions surpris de les entendre parler ainsi, elles nous diraient peut-être : « Socrate, ne t'étonne pas de ce langage, mais réponds-nous, puisque tu as coutume de procéder par questions et par réponses. Voyons : quel sujet de plainte as-tu contre nous et contre la République pour entreprendre ainsi de nous renverser ? Et d'abord, n'est-ce pas nous qui t'avons donné la vie ? N'est-ce pas nous qui avons présidé à l'union de ton père et de ta mère, ainsi qu'à ta naissance ? Déclare-le hautement : as-tu à te plaindre de celles d'entre nous qui règlent les mariages et les trouves-tu mauvaises ? » — *Criton* : Je ne m'en plains pas, dirais-je. — *Socrate* : « Est-ce de celles qui déterminent la nourriture de l'enfant et l'éducation selon laquelle tu as été élevé toi-même ? Celles qui ont été instituées pour cet objet n'ont-elles pas bien fait d'ordonner à ton père de t'élever dans les exercices de la musique et de la gymnastique[18] ? » — *Criton* : Très bien, répondrais-je. — *Socrate* : « À la bonne heure. Mais, puisque c'est à nous que tu dois ta naissance, ta nourriture et ton éducation, peux-tu nier que tu sois notre enfant, notre esclave même, toi et tes ancêtres ? Et s'il en est ainsi, crois-tu que tu aies contre nous les mêmes droits que nous

---

18. La musique comprenait l'étude des lettres, des sciences et des arts ; la gymnastique ne s'occupait que des exercices du corps.

avons contre toi, et que tout ce que nous pourrions entreprendre contre toi, tu puisses à ton tour l'entreprendre justement contre nous ? Eh quoi ! tandis qu'à l'égard d'un père ou d'un maître, si tu en avais un, tu n'aurais pas des droits égaux, comme de leur rendre injures pour injures, coups pour coups, ni rien de semblable, tu aurais tous ces droits envers les lois et la patrie, en sorte que, si nous avons prononcé ta mort, croyant qu'elle est juste, tu entreprendras à ton tour de nous détruire, nous qui sommes les Lois, et la patrie avec nous, autant qu'il est en toi, et tu diras que tu es en droit d'agir ainsi, toi qui te consacres en réalité au culte de la vertu ? Ta sagesse va-t-elle jusqu'à ignorer que la patrie est, aux yeux des dieux et des hommes sensés, quelque chose de plus cher, plus respectable, plus auguste et plus saint qu'une mère, un père et tous les aïeux ? qu'il faut avoir pour la patrie, même irritée, plus de respect, de soumission et d'égard, que pour un père ? qu'il faut l'adoucir par la persuasion ou faire tout ce qu'elle ordonne, et souffrir sans murmure ce qu'elle commande, soit qu'elle nous condamne aux verges ou aux fers, soit qu'elle nous envoie à la guerre pour être blessés et tués ? que notre devoir est de lui obéir, que la justice le veut ainsi, qu'il ne faut jamais ni reculer, ni lâcher pied, ni quitter son poste ? que dans les combats, devant les tribunaux et partout, il faut faire ce qu'ordonnent l'État et la patrie, ou employer les moyens de persuasion que la justice avoue ? qu'enfin, si c'est une impiété de faire violence à son père ou à sa mère, c'est une impiété bien plus grande encore de faire violence à sa patrie ? » Que répondrons-nous à cela, Criton ? Reconnaîtrons-nous que les lois disent la vérité, ou non ? — *Criton* : Il me semble qu'elles disent la vérité.

13   — *Socrate* : « Considère donc, Socrate, ajouteraient les Lois, que, si nous disons la vérité, ce que tu entreprends contre nous n'est pas juste. En effet, ce n'est pas assez pour nous de t'avoir donné la vie, de t'avoir nourri et élevé, de t'avoir admis au partage de tous les biens qui étaient en notre pouvoir, toi et tous les autres citoyens, nous déclarons encore, et c'est un droit que nous reconnaissons à tout Athénien qui veut en user, qu'aussitôt qu'il a été reçu dans la classe des éphèbes, qu'il a vu ce qui se passe dans la République, et qu'il nous a vues aussi, nous qui sommes les Lois, il est libre, si nous ne lui plaisons pas, d'emporter ce qu'il possède et de se retirer où il voudra. Et si quelqu'un d'entre vous veut aller dans une colonie, parce que nous lui déplaisons, nous et la République, si même il veut aller s'établir quelque part à l'étranger, aucune de nous ne s'y oppose et ne le défend : il peut aller partout où il voudra avec tous ses biens. Mais quant à celui de vous qui persiste à demeurer ici, en voyant de quelle manière nous rendons la justice et nous administrons toutes les affaires de la république, nous déclarons dès lors que par le fait il s'est engagé envers nous à faire tout ce

que nous lui ordonnerions, et s'il n'obéit pas, nous le déclarons trois fois coupable : d'abord, parce qu'il nous désobéit à nous qui lui avons donné la vie, ensuite parce que c'est nous qui l'avons élevé, enfin parce qu'ayant pris l'engagement d'être soumis, il ne veut ni obéir ni employer la persuasion à notre égard, si nous faisons quelque chose qui ne soit pas bien ; et tandis que nous lui proposons à titre de simple proposition, et non comme un ordre tyrannique, de faire ce que nous lui commandons, lui laissant même le choix d'en appeler à la persuasion ou d'obéir, il ne fait ni l'un ni l'autre. Voilà, Socrate, les accusations que tu vas encourir, si tu accomplis ton projet, et tu les encourras plus que tout autre Athénien. »

14   — *Socrate* : Si je leur demandais pour quelle raison elles me traiteraient comme je le mérite, en me disant que je me suis engagé avec elles plus formellement que tout autre Athénien, elles me diraient : « Socrate, tu nous as donné de grandes preuves que nous te plaisions, Nous et la République. Tu n'aurais pas habité Athènes avec plus de constance que tout autre, si elle n'avait pas eu pour toi un attrait particulier. Jamais aucune des solennités de la Grèce n'a pu te faire quitter cette ville, si ce n'est une seule fois, lorsque tu es allé à l'Isthme [19] de Corinthe ; tu n'es sorti d'ici que pour aller à la guerre ; jamais tu n'as entrepris aucun de ces voyages que font tous les hommes ; jamais tu n'as eu le désir de connaître une autre ville ni d'autres lois ; mais toujours nous t'avons suffi, nous et notre ville ; telle était ta prédilection pour nous, tu consentais si bien à vivre sous notre gouvernement, que c'est dans notre ville que tu as voulu entre autres choses devenir père de famille, témoignage assuré qu'elle te plaisait. Enfin, pendant ton procès, tu aurais pu te condamner à l'exil, si tu l'avais voulu, et faire avec notre consentement ce que tu entreprends aujourd'hui malgré nous. Alors tu affectais de ne pas craindre la nécessité de mourir, mais, comme tu disais, tu préférais la mort à l'exil. Et maintenant, sans égard pour ces belles paroles, sans respect pour nous, qui sommes les Lois, tu médites notre ruine, tu fais ce que ferait l'esclave le plus vil, tu vas t'enfuir au mépris des traités et des engagements que tu as pris de te laisser gouverner par nous. D'abord réponds-nous sur cette question : avons-nous raison de dire que tu as pris l'engagement, de fait, et non de parole, de te soumettre à notre empire ? Est-ce vrai, ou non ? » Que dirons-nous à cela, Criton ? Y a-t-il autre chose à faire que d'en convenir ? — *Criton* : Il le faut de toute nécessité, Socrate. — *Socrate* : « Eh bien, diraient-elles encore, ne violes-tu pas les conventions et les engagements qui te lient à nous ? Et pourtant tu ne les as contractés ni par force, ni par surprise, ni sans avoir le temps de prendre un parti, mais tu as eu, pour y penser,

---

19. C'est là qu'on célébrait les jeux Isthmiques, en l'honneur de Neptune.

soixante-dix années, pendant lesquelles tu avais la faculté de te retirer, si tu n'étais pas satisfait de nous, et si nos conventions ne te paraissaient pas justes. Or, tu n'as préféré le séjour ni de Lacédémone[20], ni de la Crète, dont tu vantes sans cesse le gouvernement, ni d'aucune ville grecque ou barbare, mais tu es sorti d'Athènes moins souvent que les boiteux, les aveugles et les autres infirmes : preuve évidente que tu avais plus d'amour que les autres Athéniens pour cette ville et pour nous-mêmes qui sommes les Lois de cette ville : car peut-on aimer une cité sans en aimer les lois ? Et maintenant seras-tu infidèle à tes engagements ? Non, Socrate, si du moins tu t'en rapportes à nous, et tu ne t'exposeras pas au ridicule en sortant de la ville. »

15 « Considère, si tu es infidèle à tes engagements et que tu viennes à en violer un seul, quel bien tu te feras à toi-même et à tes amis. Il est à peu près certain que tes amis seront bannis et privés de leur patrie, ou dépouillés de leurs biens ; et toi, si tu vas te retirer dans quelle ville voisine, à Thèbes[21] ou à Mégare, qui sont régies par de bonnes lois, tu y seras reçu, Socrate, comme un ennemi de leur constitution ; tous ceux qui sont attachés à leur pays verront en toi un homme suspect, un corrupteur des lois, et tu confirmeras toi-même l'opinion que tes juges t'ont justement condamné ; car tout corrupteur des lois passera aussi pour corrupteur des jeunes gens et des hommes faibles. Fuirais-tu les villes les plus policées et la société des hommes les plus honnêtes ? Mais, à cette condition, sera-ce la peine de vivre ? Ou bien, si tu les approches, quels discours leur tiendras-tu, Socrate ? Auras-tu le front de leur répéter ce que tu disais ici, que l'homme doit préférer à tout la vertu, la justice, les lois et l'obéissance aux lois ? Ne penses-tu pas qu'ils trouveront bien honteuse la conduite de Socrate ? Il faut bien que tu le penses. Tu t'éloigneras donc de ces villes bien policées, et tu iras en Thessalie chez les amis de Criton ; car le désordre et la licence règnent dans ce pays, et peut-être prendrait-on plaisir à t'entendre raconter la manière plaisante dont tu te serais échappé de prison, enveloppé d'un manteau, affublé d'une peau de bête ou de tout autre déguisement comme font tous les fugitifs, et tout à fait méconnaissable. N'y aura-t-il personne pour s'étonner que dans un âge avancé, lorsque tu n'avais plus, selon toutes les apparences, que peu de jours à vivre, tu aies eu le courage de transgresser les lois les plus saintes pour conserver une existence si misérable ? Non, peut-être, si tu

---

20. Dans la *République,* livre VIII, l'*Alcibiade,* le *Minos* et le premier livre des *Lois,* Socrate et Platon font un grand éloge du gouvernement, ainsi que des lois de la Crète et de Lacédomone.

21. Socrate devait penser à ces deux villes avant toutes les autres, à cause de Simmias, de Cébès et d'Euclide, qui étaient alors auprès de lui.

n'offenses personne : autrement, Socrate, tu entendras bien des propos humiliants et indignes de toi. Tu passeras ta vie à t'insinuer auprès de tout le monde par des flatteries et des bassesses serviles ; et que feras-tu en Thessalie que de quêter des festins, comme si tu n'étais allé en Thessalie que pour un souper ? Et tous ces discours sur la justice et les autres parties de la justice, où seront-ils pour nous ? Mais c'est pour tes enfants que tu veux vivre, afin de les nourrir et de les élever ? Quoi donc ! Faut-il les emmener en Thessalie pour les nourrir et les élever ? Faut-il en faire des étrangers, afin qu'ils aient encore cette obligation à leur père ? Supposons que tu ne le fasses pas : s'ils restent ici loin de toi, seront-ils mieux nourris et mieux élevés quand tu ne seras pas avec eux ? Tes amis sans doute en prendront soin pour toi. Mais est-il nécessaire que tu t'exiles en Thessalie, pour qu'ils en prennent soin ? Et si tu vas chez Pluton, les abandonneront-ils ? Non, Socrate, si du moins ceux qui se disent tes amis valent quelque chose ; et il faut le croire. »

16 « Rends-toi donc, Socrate, aux conseils de celles qui t'ont nourri : ne mets ni tes enfants, ni ta vie, ni quoi que ce soit, au-dessus de la justice, afin qu'en arrivant dans les enfers tu puisses alléguer toutes ces raisons pour ta défense devant ceux qui y commandent ; car ici-bas, si tu fais ce qu'on te propose, tu ne rends pas ta cause meilleure, plus juste, plus sainte, ni pour toi, ni pour aucun des tiens, et, quand tu seras arrivé dans l'autre monde, tu ne pourras pas non plus la rendre meilleure. Maintenant, au contraire, si tu meurs, tu meurs victime de l'injustice, non des lois, mais des hommes, au lieu que, si tu sors de la ville, après avoir si honteusement commis l'injustice à ton tour, rendu le mal pour le mal, violé toutes les conventions, tous les engagements que tu as contractés envers nous, maltraité ceux que tu devrais le plus ménager, toi-même, tes amis, ta patrie et nous, alors nous te poursuivrons de notre inimitié pendant ta vie, et après ta mort nos sœurs, les lois des enfers, ne te feront pas un accueil favorable, sachant que tu as fait tous les efforts qui dépendaient de toi pour nous renverser. Ne suis donc pas les conseils de Criton, mais les nôtres. »

17 — *Socrate* : Voilà, sache-le bien, mon cher Criton, les discours que je crois entendre, comme les Corybantes[22] croient entendre les flûtes sacrées ; le son de ces paroles retentit dans mon âme et me rend insensible à tout autre langage. Sois donc certain, telle est du moins ma conviction présente,

---

22. Les Corybantes, prêtres de Cybèle, avec des cymbales, et surtout avec des flûtes, troublaient la raison de ceux qui prenaient part à leurs fêtes, et les rendaient insensibles à toute autre impression que celle de la flûte.

que tout ce que tu dirais pour les combattre serait inutile. Cependant, si tu crois avoir quelque chose de plus à faire, dis-le. — *Criton* : Non, je n'ai rien à dire, Socrate. — *Socrate* : Laisse donc là cette discussion, Criton, et suivons la route où Dieu nous conduit[23].

La mort de Socrate. *Tableau de Jacques Louis David (1748-1825).*

---

23. Le déroulement du procès de Socrate est décrit dans le dialogue de Platon intitulé *L'apologie de Socrate* ainsi que dans les *Mémorables* et dans *L'apologie de Socrate* de Xénophon. La mort de Socrate, consécutive à l'ingestion de ciguë, est décrite dans le dialogue de Platon intitulé le *Phédon*.

E X E R C I C E S

1. Dans le *Criton*, Socrate témoigne à plusieurs reprises d'esprit critique. Donnez-en quelques exemples.

2. Faites le schéma en arbre de l'argumentation que Criton développe aux paragraphes 3 à 5.

3. Dans sa réplique (paragraphes 10 à 17), Socrate tient-il compte d'autres dimensions de la question débattue que celles qui ont été soulevées par Criton ou se contente-t-il plutôt de réfuter chacune des branches de l'argumentation de celui-ci ? Expliquez votre réponse.

4. Si vous aviez été Criton, auriez-vous été en mesure de critiquer l'argumentation de Socrate ou d'apporter des arguments additionnels qui auraient pu le faire changer d'avis ? Si oui, lesquels ? Si non, pourquoi ?

5. Quel argument de Socrate vous semble le meilleur ? Le plus faible ? Expliquez votre réponse.

6. Dans les paragraphes 3 et 5, Criton fait valoir à Socrate qu'il devrait s'évader pour éviter notamment que les gens pensent que lui, Criton, n'a pas voulu sacrifier l'argent nécessaire à son évasion ou que Socrate n'a pas eu le courage de s'évader. Expliquez comment Socrate réfute ces arguments de Criton.

7. Expliquez pourquoi on peut dire que Socrate discute avec Criton avant tout pour déterminer ce qu'il doit faire plutôt que pour simplement le convaincre de son propre point de vue ?

8. Est-il vrai, comme le pense Socrate, qu'en acceptant librement de vivre et de rester à un endroit on signe implicitement un contrat par lequel on entend respecter les lois qui y prévalent ? Justifiez votre position par une argumentation.

9. Y a-t-il des situations où la désobéissance à la loi d'un État démocratique vous semble justifiée ? Justifiez votre position par une argumentation.

10. Schématisez l'argumentation de Socrate. Comme elle est passablement complexe, vous pouvez procéder par étapes. Dans un premier temps, faites un schéma grossier dans lequel vous résumerez à grands traits, mais fidèlement, les diverses branches de l'argumentation de Socrate. Puis, graduellement, étoffez ce schéma de base[24].

---

24. Il est normal que la rédaction d'un tel schéma exige plusieurs relectures du texte et de nombreuses heures de travail.

ʃIDDHĀRTA GAUTAMA
(BOUDDHA)

La vie de Siddhārta Gautama (v. 536-480 av. J.-C.), mieux connu sous le nom de Bouddha, est entourée de légende. Il était prince et on raconte qu'on lui aurait dissimulé l'existence de la souffrance et de la mort. Vers l'âge de vingt-neuf ans, alors qu'il circulait à l'extérieur de son palais, il vit un vieillard qui avait de la difficulté à marcher. Il demanda ce qu'il avait, et on lui apprit ce qu'était la vieillesse. Par après, lors d'une autre sortie, il vit un lépreux. Il demanda ce qu'il avait, et on lui apprit ce qu'étaient les maladies. Peu de temps après, lors d'une autre sortie, il vit un homme que l'on transportait dans un cercueil. Il demanda ce qu'il avait, et on lui apprit ce qu'était la mort. Finalement, il vit un moine itinérant, ce qui le décida à abandonner son palais et la vie luxueuse qu'il y avait menée pour une vie simple consacrée à la recherche de l'explication de la souffrance humaine et de la manière de s'en délivrer. Ses réflexions et ses discours publics, qui furent transmis oralement avant d'être fixés par écrit donnèrent naissance à une tradition tantôt philosophique, et même logique[1], tantôt à tendance religieuse.

Tout comme son contemporain Vardhamāna (v. 599-527 av. J.-C.), le fondateur du jaïnisme, et les défenseurs de l'école Cārvāka, Siddhārta Gautama remit en question la valeur de la vision de l'univers et des rapports humains contenue dans les *Veda,* des textes considérés comme sacrés dont l'origine remontait au moins à mille ans plus tôt et qui exerçaient une influence considérable sur les Indiens de l'époque.

Dans le texte que nous avons retenu, Siddhārta Gautama répond aux interrogations des Kālāmas . Parce qu'ils habitaient près d'une grande route, Les Kālāmas étaient souvent visités par des chefs religieux professant diverses religions, chacun croyant posséder le monopole de la vérité. Cette diversité de croyances laissait évidemment les Kālāmas perplexes et les amenait à s'interroger sur la façon dont on peut départager la vérité de l'erreur. Siddhārta Gautama leur recommandera de faire preuve d'esprit critique et il leur prodiguera quelques conseils sur la façon de régler leurs croyances. Ses argumentations simples nous donnent un aperçu de la façon dont il concevait la source des souffrances humaines.

---

1. Sur cet aspect, voir T. Stcherbatsky, *Buddhist Logic*, 2 tomes, New York, Dover, 1962.

LE KĀLĀMA-SUTTA[2]
par Siddhārta Gautama

1   [...] Les Kālāmas, habitants de Kesaputta, rendirent [...] visite au Bienheureux. En y arrivant, certains parmi eux rendirent hommage au Bienheureux et s'assirent à l'écart sur un côté. D'autres échangèrent avec lui des compliments de politesse et des paroles de courtoisie et s'assirent ensuite à l'écart sur un côté. Certains, les mains jointes, rendirent hommage dans la direction où se trouvait le Bienheureux, puis s'assirent à l'écart sur un côté. D'autres encore, ayant énoncé leurs noms et leurs noms de famille, s'assirent à l'écart sur côté. D'autres s'assirent à l'écart sur un côté sans rien dire.

2   S'étant assis ainsi à l'écart sur un côté, ils s'adressèrent au Bienheureux et dirent : « Ô vénérable Gautama, il y a des religieux et des brahmanes qui arrivent à Kesaputta. Ils exposent et exaltent seulement leur propre doctrine, mais ils condamnent et méprisent les doctrines des autres[...] Ô Vénérable, il y a un doute, il y a une perplexité chez nous à propos de ces diverses opinions religieuses. Parmi ces religieux et ces brahmanes, qui dit la vérité et qui des mensonges ? »

3   Le Bienheureux s'adressa aux Kālāmas et dit : « Il est juste pour vous, ô Kālāmas, d'avoir un doute et d'être dans la perplexité. Car le doute est né chez vous à propos d'une matière douteuse. Venez, ô Kālāmas, ne vous laissez pas guider par des rapports, ni par la tradition religieuse, ni par ce que vous avez entendu dire. Ne vous laissez pas guider par l'autorité des textes religieux, ni par la simple logique ou les allégations, ni par les apparences, ni par la spéculation sur des opinions, ni par des vraisemblances probables, ni par la pensée que " ce religieux est notre maître spirituel ". Cependant, ô Kālāmas, lorsque vous savez vous-mêmes que certaines choses sont défavorables, que telles choses blâmables sont condamnées par les sages et que, lorsqu'on les met en pratique, ces choses conduisent au mal et au malheur, abandonnez-les.

4   Maintenant, je vous demande : Qu'en pensez-vous, ô Kālāmas ? Lorsque l'avidité apparaît chez quelqu'un, cette avidité apparaît-elle pour le bien de cet individu ou pour son mal ? » Les Kālāmas répondirent : « Ô Vénérable, l'avidité apparaît pour le mal de cet individu.

---

2. Môhan Wijayaratna, *Sermons du Bouddha — Traduction intégrale de vingt-cinq sermons du Canon bouddhique,* Paris, Éditions du Cerf, 1988, p. 25 à 30.

5 — Ô Kālāmas, en se donnant à l'avidité, étant vaincu par l'avidité, étant enveloppé mentalement par l'avidité, un tel individu tue des êtres vivants, commet des vols, s'engage dans l'adultère et profère des paroles mensongères. Il pousse un autre à accomplir aussi de tels actes. De tels actes entraînent-ils son mal et son malheur pendant longtemps ?

— Certainement, oui, ô Vénérable.

— Qu'en pensez-vous, ô Kālāmas ? Lorsque la haine apparaît chez quelqu'un, cette haine apparaît-elle pour le bien de cet individu ou pour le mal ?

— Ô Vénérable, la haine apparaît pour le mal de cet individu.

— Ô Kālāmas, en se donnant à la haine, étant vaincu par la haine, étant enveloppé mentalement par la haine, un tel individu tue des êtres vivants, commet des vols, s'engage dans l'adultère et profère des paroles mensongères. Il pousse un autre à accomplir aussi de tels actes. De tels actes entraînent-ils son mal et son malheur pendant longtemps ?

— Certainement oui, ô Vénérable.

— Qu'en pensez-vous, ô Kālāmas ? Lorsque l'illusion apparaît chez quelqu'un, cette illusion apparaît-elle pour le bien-être de cet individu ou pour son mal ?

— Ô Vénérable, l'illusion apparaît pour le mal de cet individu.

— Ô Kālāmas, en se donnant à l'illusion, étant vaincu par l'illusion, étant enveloppé mentalement par l'illusion, un tel individu tue des êtres vivants, commet des vols, s'engage dans l'adultère et profère des paroles mensongères. Il pousse un autre à accomplir aussi de tels actes. De tels actes entraînent-ils son mal et son malheur pendant longtemps ?

— Certainement oui, ô Vénérable.

— Maintenant, qu'en pensez-vous, ô Kālāmas ? Ces choses sont-elles bonnes ou mauvaises ?

— Ô Vénérable, ces choses sont mauvaises.

— Ces choses sont-elles blâmables ou louables ?

— Ô Vénérable, ces choses sont blâmables.

— Est-ce que ces choses sont censurées ou pratiquées par les sages ?

— Ô Vénérable, ces choses sont censurées par les sages.

— Qu'en pensez-vous, ô Kālāmas ? Lorsqu'on les met en pratique, ces choses conduisent-elles au mal et au malheur ?

— Lorsqu'on les met en pratique, ô Vénérable, ces choses conduisent au malheur. C'est ce qui est généralement accepté. C'est ce que nous en pensons. »

6   Le Bienheureux dit : « C'est pourquoi, ô Kālāmas, nous avons déjà dit : Il est juste pour vous, ô Kālāmas, d'avoir un doute et d'être dans la perplexité. Car le doute est né chez vous à propos d'une matière douteuse. Venez, ô Kālāmas, ne vous laissez pas guider par des rapports, ni par la tradition religieuse, ni par ce que vous avez entendu dire. Ne vous laissez pas guider par l'autorité des textes religieux, ni par la simple logique[3] ou les allégations, ni par les apparences, ni par la spéculation sur des opinions, ni par des vraisemblances probables, ni par la pensée que "ce religieux est notre maître spirituel". Cependant, ô Kālāmas, lorsque vous savez vous-mêmes que certaines choses sont défavorables, que telles choses blâmables sont condamnées par les sages et que, lorsqu'on les met en pratique, ces choses conduisent au mal et au malheur, abandonnez-les. » […]

7   « Ô Kālāmas, le disciple noble, qui a une pensée ainsi libérée de la haine, de la malveillance, qui a une pensée non souillée et une pensée pure, est quelqu'un qui trouve les quatre soulagements, ici et maintenant, en pensant : "Supposons qu'il y ait, après la mort, des résultats pour les actes bons et mauvais (accomplis avant la mort). En ce cas, il est possible pour moi de naître après la dissolution du corps, après la mort, dans un des cieux où se trouvent des bonheurs célestes." Cela est le premier soulagement.

8   "Supposons qu'il n'y ait pas, après la mort, de résultats pour les actes bons et mauvais (accomplis avant la mort). Tout de même, ici et maintenant, dans cette vie, je demeure sain et sauf avec une pensée heureuse, libérée de la haine, de la malveillance." Cela est le deuxième soulagement.

9   "Supposons que de mauvais résultats tombent sur l'individu qui a accompli des mauvaises actions. Quant à moi, je ne souhaite aucun mal à personne. Alors comment se pourrait-il qu'un mauvais résultat tombe sur moi qui ne fais aucune action mauvaise ?" Cela est le troisième soulagement.

---

3. Ici, un problème d'interprétation se pose. Gautama, lorsqu'il affirme qu'il ne faut pas se laisser guider par « la simple logique », recommande-t-il par là d'être illogique ou de ne pas se préoccuper de la logique ? Comme vous pouvez le constater, Gautama donne dans ce texte des exemples de raisonnements qui témoignent avec évidence d'un souci de la logique et dont il recommande d'accepter les conclusions ; il ne se comporte donc pas en ennemi de la logique. Comment résoudre cette contradiction ? On emploie parfois le mot logique, comme dans l'expression « c'est logique », au sens de « c'est cohérent » : lorsque Gautama recommande de ne pas se laisser guider par la simple logique, il veut sans doute dire simplement qu'il ne faut pas se laisser guider par des argumentations qui sont cohérentes, qui se tiennent, mais dont les points de départ, les prémisses, ne sont pas solides.

10 " Supposons que des mauvais résultats ne tombent pas sur l'individu qui fait des actions mauvaises. Alors, [encore une fois] je trouve que je suis pur. " Cela est le quatrième soulagement. [...] »

11 Ayant entendu [les paroles] du Bienheureux, les Kālāmas s'écrièrent : « Merveilleux, ô Bienheureux, merveilleux. C'est comme si l'on redressait ce qui a été renversé, ou découvrait ce qui a été caché, ou montrait le chemin à celui qui s'est égaré, ou apportait une lampe dans l'obscurité pour que ceux qui ont des yeux puissent voir.[...] »

EXERCICES

1. En quoi Siddhārta Gautama témoigne-t-il d'esprit critique dans ce texte ?

2. L'avidité, la haine et l'illusion sont considérées par Siddhārta Gautama comme nuisibles. Sont-elles nuisibles avant tout pour autrui ou pour celui en qui elles se trouvent ?

3. Sur la base des éléments contenus dans le Kālāma-sutta, pensez-vous que Siddhārta Gautama croyait à l'existence d'un dieu ?

On ne sait presque rien de la vie de Mo-tseu, qui vécut entre 479 et 381 environ avant notre ère. Cette période est comprise dans l'époque dite des «Royaumes combattants» (481-221 av. J.-C.), qui fut marquée par des changements politiques importants et des guerres nombreuses entre les diverses principautés de la Chine. Ces événements finirent par donner naissance à un empire unifié, divisé en 36 provinces et gouverné par Ts'in Che Houang-ti. Ce fut également une époque fertile sur le plan philosophique, que l'on surnomme la période des «Cent écoles», tellement étaient nombreux les philosophes et variées les théories qu'ils défendaient. Les plus célèbres de ces philosophes furent Confucius, Lao-tseu, Mo-tseu, Mencius et Tchouang-tseu[1]. À l'époque de Mo-tseu, les deux écoles philosophiques les plus importantes étaient celle de Confucius et la sienne. Elles s'opposaient sur plusieurs points. Confucius était traditionnaliste et conservateur, tandis que Mo-tseu, dont les préoccupations étaient avant tout tournées vers la politique et l'éthique, comme celles de Confucius, proposait au contraire des changements importants dans divers domaines de la vie politique et du comportement humain.

La méthode que Mo-tseu préconisait consistait à soumettre les institutions et les comportements à l'examen critique au moyen, fondamentalement, de la question suivante : «Cette institution ou ce comportement est-il avantageux pour le bien-être global de la population ?» Si la réponse était positive, l'institution ou le comportement pouvait être considéré comme bon. Sinon, il était tenu pour mauvais, et il fallait apporter les changements nécessaires pour accroître le bien-être global de la population. En soutenant qu'il fallait tenir compte du bien-être de tous, Mo-tseu se distinguait de ceux qui ne considéraient que l'intérêt des riches ou des puissants ou encore qui excluaient des catégories entières de la population. D'ailleurs, il

1. Le nom de chacun de ces philosophes revêt plusieurs graphies, à cause de l'existence de différents systèmes de transcription phonétique de la langue chinoise et de l'habitude, dans certains cas, d'utiliser la forme latinisée de leurs noms. Ainsi, par exemple, Confucius (forme latinisée) se retrouve également sous le nom de K'ung-tzu et Mo-tseu sous ceux de Mo-tzu, Mozi, Mo Ti, etc.

condamnait avec véhémence ceux qui, par ambition personnelle ou pour l'honneur de la patrie, approuvaient la conquête des royaumes avoisinants et causaient les souffrances associées à la guerre. Plusieurs de ses élèves devinrent conseillers politiques et il se mêla lui-même d'affaires publiques. On raconte qu'ayant entendu dire que Kong-chou Pan, l'ingénieur en chef de l'État de Tch'ou, avait découvert une nouvelle arme permettant d'attaquer les villes protégées par des remparts et que le roi de Tch'ou se préparait à attaquer l'État de Song, il partit à pied et marcha dix jours et dix nuits et arriva enfin, le visage brûlé par le soleil et les pieds ensanglantés, à la capitale de Tch'ou. Il obtint une audience avec l'ingénieur en chef, puis avec le roi, et les convainquit tous deux que leur projet devait être abandonné!

Les successeurs de Mo-tseu approfondirent ses thèses et publièrent, notamment, un traité de logique dans lequel sont exposés des sophismes. Au troisième siècle avant notre ère, le moïsme fut éclipsé de la vie intellectuelle et politique chinoise. Anciennement, Mo-tseu était aussi respecté que Confucius. Tchouang-tseu, bien qu'il fût l'un des ses adversaires sur le plan intellectuel, admettait qu'il avait été un génie, une merveille du monde.

Mo-tseu traite, dans le premier des textes que nous reprenons ici, de l'attitude des gens face à la guerre. Dans le second, il s'attaque à une coutume bien établie à l'époque, qui consistait à respecter des périodes de deuil prolongées et rigoureuses[2].

---

2. Sur Mo-tseu, on pourra consulter les ouvrages suivants: Jean-Paul Reding, *Les fondements philosophiques de la rhétorique chez les sophistes grecs et les sophistes chinois*, Peter Lang, Berne, 1985, p. 256-450 ; Hu Shih, *The Development of Logical Method in Ancient China*, Paragon Book Reprint, New York, 1968, p. 63-131 ; Yi Pao Mei, *Motse*, Hyperion, Westport, 1973.

CONTRE LA GUERRE D'AGRESSION[3]
par Mo-tseu

1 Si un homme s'introduit dans un verger et y vole des pêches et des prunes, tous ceux qui apprendront la chose le condamneront et, si les autorités gouvernementales l'attrapent, elles le puniront. Pourquoi ? Parce qu'il a fait du tort à autrui pour son profit personnel. S'il s'empare maintenant de chiens, de porcs, de poulets et de porcelets, la faute sera beaucoup plus grave que celle de s'introduire dans un verger pour y voler des pêches et des prunes. Pourquoi ? Parce que la perte subie par autrui sera plus grande. Il s'agit d'un manquement plus grave à la bienveillance, et le crime est plus sérieux. S'il entre par effraction dans l'étable d'un autre homme et lui prend ses chevaux et ses vaches, la faute sera encore plus grave que celle de s'emparer de chiens, de porcs, de poulets et de porcelets. Pourquoi ? Parce que la perte subie par autrui sera beaucoup plus grande ; et si la perte est plus grande, il s'agit d'un manquement plus grave à la bienveillance, et le crime est plus sérieux. Et s'il va jusqu'à assassiner un homme innocent, le dépouiller de ses vêtements et s'approprier sa lance et son épée, la faute sera encore plus grave que celle d'entrer par effraction dans l'étable d'un autre homme et de lui prendre ses chevaux et ses vaches. Pourquoi ? Parce que le tort fait à autrui sera beaucoup plus grand ; et si le tort est plus grand, cela témoigne d'un manquement plus grave à la bienveillance, et le crime est plus sérieux.

2 Tous les hommes de qualité de par le monde ont assez de discernement pour condamner de tels actes et les dénoncer comme quelque chose de mal. Pourtant, lorsqu'il s'agit de la guerre d'agression contre d'autres États, un crime beaucoup plus grave, ils n'ont pas assez de discernement pour la condamner. Au contraire, ils en font l'éloge et la prétendent vertueuse. Est-ce là connaître la différence entre le bien et le mal ?

3 Si quelqu'un tue un homme, on l'accuse d'avoir mal agi et il doit payer de sa vie pour son crime. Selon ce raisonnement, si quelqu'un tue dix hommes, il agit dix fois plus mal et devrait payer dix fois de sa vie pour son crime ; de même, s'il tue cent hommes, il agit cent fois plus mal et devrait payer cent fois de sa vie pour son crime.

4 Tous les hommes de qualité ont assez de discernement pour condamner de tels actes et les dénoncer comme impies. Pourtant, lorsqu'il s'agit de la

---

3. Traduction faite à partir de Mo Tzu, *Basic Writings*, traduction de Burton Watson, New York et Londres, Columbia University Press, 1963.

guerre d'agression contre d'autres États, un crime beaucoup plus grave, ils n'ont pas assez de discernement pour la condamner. Au contraire, ils en font l'éloge et la prétendent vertueuse. En vérité, ils ne savent pas ce qui est mal. Aussi font-ils la chronique de leurs guerres pour la transmettre à la postérité. S'ils savaient que ces guerres sont impies, quelles raisons pourraient-ils avoir de conserver pour la postérité une chronique de leurs mauvaises actions ?

5   S'il existait un homme qui, voyant une petite quantité de noir, affirme que c'est noir mais qui, voyant une grande quantité de noir, affirme que c'est blanc, nous en conclurions qu'il ne peut faire la différence entre le noir et le blanc. Et s'il existait un homme qui, goûtant quelque chose d'amer en petite quantité, affirme que c'est amer mais qui, goûtant quelque chose d'amer en grande quantité, affirme que c'est doux, nous en conclurions qu'il ne peut faire la distinction entre l'amer et le doux. Or, lorsqu'une grave injustice est commise et qu'un État est attaqué, les hommes n'ont pas assez de discernement pour condamner cette agression, mais au contraire en font l'éloge et la prétendent vertueuse. Est-ce là savoir faire la distinction entre le bien et le mal ? Il nous faut donc conclure que les hommes de qualité de par le monde sont incapables de discerner le bien du mal.

DE LA MODÉRATION DANS LES FUNÉRAILLES[4]
par Mo-tseu

6   Mo-tseu dit : Lorsqu'il s'efforce d'assurer la prospérité de l'empire, l'homme de bien n'est-il pas semblable à un fils respectueux qui s'efforce d'assurer le bien-être de ses parents ? Or, quels sont les objectifs d'un fils respectueux qui s'efforce d'assurer le bien-être de ses parents ? Si ses parents sont pauvres, il cherche à les enrichir ; si sa famille est peu nombreuse, il cherche à en assurer la croissance ; si le désordre règne dans sa famille, il cherche à y rétablir l'ordre. Malgré ses efforts, il peut s'apercevoir avec le temps qu'il manque de forces, de ressources financières et de sagesse pour mener sa tâche à bien. Mais, tant qu'il lui restera des forces, qu'il aura des projets en tête et l'espoir de les réaliser, il ne manquera pas de contribuer à travailler au bien-être de ses parents. C'est en cherchant à atteindre ces trois objectifs que le fils respectueux s'efforce d'assurer le bien-être de ses parents. Les

---

4. *Ibid.*

mêmes principes s'appliquent à l'homme de bien qui s'efforce d'assurer la prospérité du monde. Si les gens sont pauvres, il cherche à les enrichir ; si la population est peu nombreuse, il cherche à en favoriser la croissance ; et si le désordre règne, il cherche à rétablir l'ordre. Malgré ses efforts, il peut s'apercevoir avec le temps qu'il manque de forces, de ressources financières et de sagesse pour mener sa tâche à bien. Mais, tant qu'il lui restera des forces, qu'il aura des projets en tête et l'espoir de les réaliser, il ne manquera pas de continuer à travailler à la prospérité du monde. C'est en cherchant à atteindre ces trois objectifs que l'homme de bien s'efforce d'assurer la prospérité du monde.

7   Depuis que les sages rois des Trois Dynasties de l'Antiquité ont disparu et que le monde a oublié leurs principes, certains soutiennent que des funérailles

La première page en chinois du texte de Mo-tseu intitulé De la modération dans les funérailles.

solennelles et un deuil de longue durée constituent un témoignage de bienveillance et de vertu, et qu'il en va du devoir d'un fils respectueux. D'autres prétendent au contraire que des funérailles solennelles et un deuil de longue durée vont à l'encontre de la bienveillance et de la vertu, et que cette coutume ne devrait pas être suivie par les fils respectueux. Or, ceux qui, tant par leurs paroles que par leurs actes, prônent ces deux visions diamétralement opposées des choses prétendent, les uns et les autres, suivre les coutumes qui leur ont été transmises depuis l'Antiquité par Yao, Chouen, Yu, T'ang, Wen et Wou. Et, comme leurs paroles et leurs actes sont en contradiction flagrante, le peuple ne sait qui suivre. Puisque le peuple ne sait qui suivre, essayons d'examiner comment doivent être gouvernés l'État et le peuple afin de déterminer dans quelle mesure des funérailles solennelles et un deuil de longue durée permettent à l'homme de bien d'atteindre les trois objectifs déjà mentionnés.

8   À mon avis, si, en adoptant les principes et en suivant les règles de ceux qui préconisent des funérailles solennelles et un deuil de longue durée, et en se conformant à leurs directives, on peut effectivement enrichir les pauvres, favoriser la croissance de la population et assurer la stabilité et l'ordre au sein de l'État, en ce cas l'on peut dire que ces principes sont conformes à la bienveillance et à la vertu, et constituent le devoir d'un fils respectueux. […]

9   […] Si nous suivons les règles de ceux qui préconisent des funérailles solennelles et un deuil de longue durée et que nous les appliquions à l'État, alors pour les funérailles d'un roi ou d'un ministre important, il faudra nous dit-on plusieurs cercueils intérieurs et extérieurs, un tombeau profond, de nombreux vêtements pour l'enterrement, une abondance d'étoffes brodées pour tapisser les cercueils et un imposant tumulus. Si les membres de la famille du défunt sont d'humbles roturiers, leur fortune s'en trouvera ruinée ; et s'ils appartiennent à la noblesse, leurs coffres seront vides. En plus de ce qui précède, il faudra encore de l'or, des bijoux et des perles afin de parer le corps, et des ballots de soie, des voitures et des chevaux, qui seront ensevelis dans le tombeau. Et on n'aura satisfait toutes les exigences qu'après avoir également placé dans le tombeau des tentures et des tapisseries, des trépieds, des paniers, des tables, des tapis, des vases, des vasques, des lances, des épées, des étendards, des objets en ivoire et des peaux qui seront ensevelis avec le défunt. Enfin, en ce qui concerne ceux qui sont choisis pour accompagner le défunt, il faudra sacrifier plusieurs dizaines à plusieurs centaines de personnes dans le cas d'un Fils du Ciel, cependant que leur nombre ira de quelques-unes à plusieurs dizaines, dans le cas d'un général ou d'un ministre important.

10   Et quelles sont les règles que doit observer celui qui est en deuil ? Il doit, nous dit-on, pousser des gémissements et pleurer en sanglotant à intervalles irréguliers, les larmes lui coulant sur le visage, et vêtu de vêtements de chanvre. Il doit vivre dans une hutte de deuil, dormir sur une natte de paille et utiliser une motte de terre comme oreiller. De plus, on lui conseille de ne pas manger afin de paraître affamé, de porter des habits légers afin de paraître souffrir du froid, d'avoir l'air maigre et malade, et d'avoir le teint sombre. Il doit sembler être dur d'oreille et avoir la vue faible, manquer de force dans les mains et les pieds, comme s'il en avait perdu l'usage. Et, dans le cas d'un deuil suivant le décès d'un dignitaire, il ne devrait pas pouvoir se lever sans s'appuyer sur quelqu'un ni marcher sans canne. Et tout cela devrait durer trois ans.

11   Or, si les souverains et les dignitaires adoptent de telles pratiques, ils ne seront plus en mesure de se présenter en cour de bonne heure et de se retirer tard, ni de s'occuper des cinq ministères et des six services, ni d'encourager l'agriculture et la sylviculture, ni de veiller à ce que les greniers soient remplis. Si les fermiers adoptent de telles pratiques, ils seront incapables de quitter leur maison à l'aube et d'y rentrer au couchant afin d'ensemencer et de cultiver leurs champs. Si les artisans adoptent de telles pratiques, ils ne pourront plus construire de bateaux ni de charrettes, ni fabriquer de vaisselle ou d'ustensiles ; de même, si les femmes adoptent de telles pratiques, elles ne pourront plus filer et tisser nuit et jour.

12   Ainsi, nous constatons qu'avec des funérailles solennelles, de grandes fortunes sont ensevelies, tandis qu'un deuil de longue durée empêche les gens de vaquer à leurs occupations pendant de longues périodes de temps. Mais, emballer et enterrer les richesses et les marchandises déjà produites et se priver pendant de longues périodes de temps de tout ce qui est nécessaire à la production future, tout en espérant de cette façon enrichir l'État, c'est comme interdire à un paysan de semer tout en lui souhaitant une bonne récolte. Personne ne s'est jamais enrichi de cette façon !

13   Par conséquent, si l'on espère enrichir l'État, ce n'est évidemment pas la meilleure manière de s'y prendre. Mais si l'on espère favoriser la croissance de la population, peut-être en ce cas des funérailles solennelles et un deuil de longue durée pourraient-ils être utiles ? Encore une fois, nous constatons que la réponse est non.

14   Supposons que nous suivions les règles de ceux qui préconisent des funérailles solennelles et un deuil de longue durée et que nous les appliquions au gouvernement. Nous devrons, nous dit-on, porter le deuil durant trois ans à la mort d'un souverain, trois ans à la mort d'un parent, trois ans pour une épouse ou un fils aîné, un an pour les oncles paternels, les frères et les fils cadets, cinq mois pour les autres proches parents, et plusieurs mois pour les tantes, les sœurs et les cousins du côté maternel. Selon les règles, une personne en deuil devra paraître affamée, avoir l'air maigre et malade et le teint sombre ; elle devra sembler être dure d'oreille et avoir la vue faible, manquer de force dans les mains et les pieds, comme si elle en avait perdu l'usage. Et dans le cas d'un deuil suivant le décès d'un dignitaire elle ne devrait pas pouvoir se lever sans s'appuyer sur quelqu'un ni marcher sans canne. Et, dans la plupart des cas, cela devrait durer trois ans. Pourtant, si de telles pratiques sont adoptées et que les gens soient vraiment réduits à l'inanition, les gens du peuple ne pourront supporter le froid de l'hiver ni la chaleur de

l'été, et d'innombrables personnes tomberont malades et mourront. De plus, les relations entre hommes et femmes seront, dans bien des cas, interrompues. Espérer, de cette façon, favoriser la croissance de la population, c'est comme ordonner à un homme de se jeter sur son épée tout en lui souhaitant de vivre longtemps.

15 Par conséquent, si l'on espère favoriser la croissance de la population, ce n'est évidemment pas la meilleure manière de s'y prendre. Mais si l'on espère rétablir l'ordre au sein du gouvernement, peut-être en ce cas des funérailles solennelles et un deuil de longue durée pourraient-ils être utiles? Encore une fois, on constate que la réponse est non.

16 Si nous suivons les règles de ceux qui préconisent des funérailles solennelles et un deuil de longue période et que nous les appliquions au gouvernement, alors l'État s'appauvrira, la population déclinera et le désordre s'installera au sein du gouvernement. En effet, si l'on applique ces règles, ceux qui occupent des postes importants seront incapables de mener à bien les affaires de l'État, tandis que ceux qui occupent des positions inférieures seront incapables de poursuivre leurs tâches. Si ceux qui occupent des postes importants ne peuvent mener à bien les affaires de l'État, et que ceux qui occupent des positions inférieures ne peuvent poursuivre leurs tâches, il y aura alors pénurie de vivres et de vêtements. Et s'il n'y a pas suffisamment de vivres et de vêtements, le frère cadet, demandant l'aide de son frère aîné et n'en recevant aucune, finira par n'avoir plus d'amour pour son frère aîné mais de la haine. De même, le fils, demandant l'aide de son père et n'en recevant aucune, deviendra irrespectueux envers celui-ci et le haïra. Et le ministre, demandant l'aide de son seigneur et n'en recevant aucune, deviendra déloyal à l'égard de son souverain et se retournera contre lui. C'est alors que des gens malveillants et immoraux, n'ayant plus rien à se mettre pour sortir ni rien à manger à la maison, poussés par la honte, répandront la fureur et la violence. Ainsi, le nombre des voleurs et des bandits augmentera et celui des personnes respectant la loi diminuera. Mais prétendre, alors que le nombre des voleurs et des bandits augmente et que celui des personnes respectant la loi diminue, assurer l'ordre de cette manière, c'est comme ordonner à un homme de se tourner trois fois sur lui-même tout en lui demandant de ne pas montrer son dos.

17 Par conséquent, si l'on espère rétablir l'ordre, ce n'est évidemment pas la meilleure manière de s'y prendre. Mais si l'on espère empêcher les grands États d'attaquer les petits, peut-être des funérailles solennelles et un deuil de longue durée pourraient-ils être utiles? Encore une fois, on constate que la réponse est non.

18   Depuis que les sages rois de l'Antiquité ont disparu et que le monde a oublié leurs principes, les seigneurs féodaux s'en remettent à la force des armes pour s'attaquer les uns les autres. Au sud du pays, les rois de Tch'ou et de Yue et, au nord du pays, les seigneurs de K'i et de Kin, forment et entraînent leurs soldats, pour attaquer leurs voisins et annexer leurs territoires, dans l'ambition de dominer le monde entier. Or, il n'y a qu'une manière de dissuader un grand État d'en attaquer un petit, c'est que ce petit État possède des réserves en abondance, que ses murailles et fortifications soient bien entretenues et que ses dirigeants et leurs subordonnés y travaillent ensemble dans l'harmonie. Dans ce cas, les grands États n'auront aucun désir de les attaquer.

19   Or, si nous suivons les règles de ceux qui préconisent des funérailles solennelles et un deuil de longue durée et que nous les appliquions au gouvernement, l'État s'appauvrira, la population déclinera et le désordre s'installera au sein du gouvernement. Et, si l'État est pauvre, il ne pourra faire de réserves. Si la population est peu nombreuse, il n'y aura pas assez d'hommes pour entretenir les fortifications et les douves. Et si le désordre règne au sein du gouvernement, l'État sera incapable de remporter des victoires à l'étranger ou de défendre ses positions à l'intérieur de ses propres frontières. […]

20   […] Les sages rois de l'Antiquité prescrivirent les règles suivantes pour les funérailles et le deuil : un cercueil de trois pouces d'épaisseur suffit pour ensevelir un cadavre en décomposition ; trois pièces d'habillement suffisent pour envelopper un corps nauséabond. Le cercueil ne devrait pas être enterré si profondément qu'il atteigne l'eau, ni si près de la surface que les odeurs puissent s'en échapper. Un tumulus de trois pieds de hauteur est amplement suffisant. Après l'inhumation du défunt, les vivants ne s'emploieront pas à porter le deuil pendant une longue période, mais retourneront promptement à leurs occupations, travaillant chacun selon ses aptitudes et pour le bien d'autrui. Voilà les règles que les sages rois établirent.

21   Ceux qui préconisent des funérailles solennelles et un deuil de longue durée déclarent : « Même si des funérailles solennelles et un deuil de longue durée ne peuvent enrichir les pauvres, favoriser la croissance de la population et assurer la stabilité et l'ordre, ils sont conformes aux coutumes établies par les sages rois. »

22   Mo-tseu dit : C'est faux. Dans les temps anciens, lorsque Yao partit vers le nord afin de prodiguer ses enseignements aux huit tribus Ti, il perdit la vie en chemin et fut enseveli sur le versant nord du mont K'iong. Trois vêtements furent utilisés pour envelopper son corps, le cercueil était fabriqué

d'un bois de qualité médiocre et des sarments de vigne le tenaient fermé. Il n'y eut aucun gémissement jusqu'à ce que le cercueil fût enterré. La fosse fut comblée, mais on n'éleva pas de tumulus et, après l'inhumation, les chevaux et les bœufs piétinèrent le site comme avant.

23   Lorsque Chouen partit vers l'ouest afin de prodiguer ses enseignements aux sept tribus Jong, il perdit la vie en chemin et fut enseveli sous la place du marché de Nanki. Trois vêtements furent utilisés pour envelopper son corps, le cercueil était fabriqué d'un bois de qualité médiocre et des sarments de vigne le tenaient fermé. Après l'inhumation, les gens continuèrent de piétiner la place du marché comme avant. […]

24   Si nous examinons le cas de ces […] rois, nous constatons donc qu'en réalité ni funérailles solennelles ni deuil de longue durée ne correspondent aux coutumes des sages rois. On donna pourtant à ces […] rois le titre de Fils du Ciel afin de les honorer, et les richesses du monde entier leur appartenaient. Ce n'est donc pas par souci d'économie qu'ils choisirent d'être ensevelis de cette façon !

25   Mais les funérailles des souverains et des dignitaires actuels sont très différentes. Ils doivent avoir des cercueils intérieurs et extérieurs, dans lesquels sont déposées trois épaisseurs de peau brodée, des pierres de jade et des bijoux ; à ces objets, il faut encore ajouter des lances, des épées, des trépieds, des paniers, des vases, des vasques, des broderies, de la soie, d'innombrables brides pour les chevaux, des voitures, des chevaux, des servantes et des musiciens. En outre, il faut construire des routes et des chemins d'accès au tombeau dans toutes les directions, et ériger un tumulus rond et haut comme une colline. Toutes ces cérémonies empiètent sur le temps réservé aux travaux quotidiens et constituent un gaspillage de richesses inconsidéré. Telle est l'inutilité des funérailles solennelles !

26   En conséquence, Mo-tseu dit : Si, comme je l'ai mentionné plus haut, en suivant les règles de ceux qui préconisent des funérailles solennelles et un deuil de longue durée, on peut réellement enrichir les pauvres, favoriser la croissance de la population et assurer la stabilité et l'ordre au sein du gouvernement, on devra dire que ces principes sont conformes à la bienveillance et à la vertu, et constituent le devoir d'un fils respectueux. […]

27   Ceux qui préconisent des funérailles solennelles et une longue période de deuil affirment : « Si des funérailles solennelles et une longue période de deuil sont, effectivement, contraires aux principes des sages rois, alors pourquoi les seigneurs de Chine conservent-ils ces pratiques au lieu de les abandonner ? »

28   Mo-tseu dit : C'est parce qu'ils ne font pas la distinction entre ce qui est habituel et ce qui est approprié, entre la coutume et le bien. Dans les temps anciens, à l'est de l'État de Yue, vivaient les gens du pays de K'ai-chou. Lorsque naissait leur premier fils, ils le découpaient et le mangeaient, affirmant que ce geste serait bénéfique à leur prochain fils. Quand leur père mourait, ils chargeaient leur mère sur leurs épaules, l'emportaient au loin et l'abandonnaient, disant : « On ne peut vivre dans la même maison que l'épouse d'un fantôme ! » Les dirigeants considéraient ces coutumes comme des principes de gouvernement, et les gens croyaient que c'était là la bonne façon d'agir. Ils continuaient donc de se conformer à ces coutumes au lieu d'y renoncer, de les respecter au lieu de les abandonner. Et cependant, pouvons-nous vraiment dire qu'elles sont conformes à la bienveillance et à la vertu ? Voilà ce qui arrive quand on confond ce qui est habituel avec ce qui est approprié, la coutume avec le bien.

29   Au sud de Tch'ou vivent les gens du pays de Yen. Lorsque leurs parents meurent, ils raclent la chair sur les os du défunt et la jettent. Ensuite ils enterrent les ossements et considèrent avoir ainsi accompli leur devoir de fils respectueux.

30   À l'ouest de K'in vivent les gens du pays de Yi-K'iu. Lorsque leurs parents meurent, ils ramassent des broussailles et brûlent le corps et, quand la fumée s'élève, ils disent que leurs parents sont « montés au ciel ». Ils croient accomplir ainsi leur devoir de fils respectueux. Dans ces pays, les dirigeants considèrent ces coutumes comme des principes de gouvernement, et les gens croient que c'est là la bonne façon d'agir. Ils continuent donc de se conformer à ces coutumes au lieu d'y renoncer, de les respecter au lieu de les abandonner. Et cependant, pouvons-nous vraiment dire qu'elles sont conformes à la bienveillance et la vertu ? Voilà ce qui arrive quand on confond ce qui est habituel avec ce qui est approprié, la coutume avec le bien.

31   Quand nous examinons les pratiques de ces trois pays, nous les trouvons désinvoltes et cruelles ; cependant, si nous examinons celles de la Chine, nous les trouvons trop cérémonieuses. Si certaines pratiques sont trop cérémonieuses et d'autres trop désinvoltes, nous devons donc rechercher la modération en ce qui concerne les funérailles et les inhumations. La nourriture et les vêtements sont de la plus grande utilité aux vivants, et pourtant ceux-ci doivent en user avec modération. Si les funérailles et les inhumations sont de la plus grande utilité aux défunts, ne devrait-on pas, là aussi, faire preuve de modération ?

32   Par conséquent, Mo-tseu prescrit les règles suivantes pour les funérailles et les inhumations : un cercueil de trois pouces d'épaisseur suffit pour

ensevelir les carcasses pourrissantes ; trois pièces d'habillement suffisent pour envelopper la chair en décomposition. La fosse ne devrait pas être si profonde qu'elle atteigne les couches humides du sol, ni si peu que les émanations puissent s'échapper à la surface. Un tumulus assez haut pour marquer l'endroit de la sépulture est tout ce qui est nécessaire. Les membres de la famille peuvent pleurer en se rendant à l'inhumation et en en revenant, mais ensuite ils devraient s'occuper de gagner leur vie. Afin de remplir leur devoir filial, ils devraient offrir des sacrifices à des intervalles appropriés. De cette façon, les règles prescrites par Mo-tseu ne lèsent ni les vivants ni les défunts.

33   Ainsi parla Mo-tseu : Si les dignitaires et les hommes de qualité de notre époque désirent sincèrement faire preuve de bienveillance et de vertu et devenir meilleurs, s'ils désirent agir selon les principes des sages rois et pour le plus grand bien du peuple chinois, ils devraient adopter la modération comme principe de gouvernement en ce qui a trait aux funérailles. Ils devraient examiner la question soigneusement.

EXERCICES

Contre la guerre d'agression

1. Faites le schéma en arbre de l'argumentation centrale de Mo-tseu dans ce texte.

2. Peut-on dire que Mo-tseu commet un sophisme par fausse analogie dans ce texte ? Pourquoi ?

De la modération dans les funérailles

3. Mo-tseu, dans ce texte, suggère d'évaluer les mesures et les institutions sociales à l'aide de trois critères. Ceux-ci correspondent aux trois fonctions qu'il leur attribue. Quelles sont ces trois fonctions ? Que pensez-vous de la suggestion de Mo-tseu ?

4. Selon Mo-tseu, quel est l'effet des pratiques funéraires immodérées et prolongées sur la pauvreté des gens ? Pourquoi l'auteur affirme-t-il cela ?

5. Selon Mo-tseu, quel est l'effet des pratiques funéraires immodérées et prolongées sur l'accroissement de la population ? Pourquoi l'auteur affirme-t-il cela ?

6. Selon Mo-tseu, quel est l'effet des pratiques funéraires immodérées et prolongées sur l'ordre social, dans le domaine de la politique tant intérieure qu'extérieure ? Pourquoi l'auteur affirme-t-il cela ?

7. À partir de vos réponses aux trois questions précédentes, faites le schéma en arbre de l'essentiel de l'argumentation de Mo-tseu. (*Indice* : Après avoir fait l'examen des conséquences du rituel funéraire sur les trois fonctions qu'il a précédemment énumérées, Mo-tseu en arrive à une conclusion précise concernant la valeur des pratiques funéraires immodérées et prolongées qui avaient cours à son époque.)

8. Faites l'évaluation de l'argumentation schématisée dans l'exercice précédent.

9. Mo-tseu, dans une réponse à une question qu'il a supposé que son lecteur voudrait lui poser, distingue ce qui est habituel et ce à quoi on est accoutumé de ce qui est bien et correct. Comment s'y prend-il ? Est-ce astucieux de sa part ?

10. À partir des idées centrales que l'on trouve dans ce deuxième texte de Mo-tseu, expliquez pourquoi il est bien compréhensible que l'auteur ait milité contre les guerres.

*É*PICURE

4

Épicure (v. 341-270 av. J.-C.) est né sur l'île de Samos, une île grecque située au large de l'actuelle Turquie. Il enseigna à Mytilène, à Lampsaque, puis à Athènes, où il fonda une école, le Jardin, vers 306. De tous ses écrits, il ne nous est parvenu que trois lettres et quelques maximes préservées par Diogène Laërce dans l'histoire de la philosophie ancienne qu'il publia au IIIe siècle de notre ère, quelques maximes trouvées en 1888 à la bibliothèque du Vatican et des extraits d'ouvrages découverts au cours de fouilles archéologiques dans les restes calcinés d'une bibliothèque d'Herculanum détruite par l'éruption du Vésuve en 79 de notre ère.

Dans la lettre que nous reproduisons ici, Épicure traite de ce qu'est selon lui une vie heureuse et s'attaque, notamment, à une croyance qui est génératrice d'angoisse.

LETTRE À MÉNÉCÉE[1]
par Épicure

1   Quand on est jeune, il ne faut pas hésiter à s'adonner à la philosophie, et quand on est vieux il ne faut pas se lasser d'en poursuivre l'étude. Car personne ne peut soutenir qu'il est trop jeune ou trop vieux pour acquérir la santé de l'âme. Celui qui prétendrait que l'heure de philosopher n'est pas encore venue ou qu'elle est déjà passée, ressemblerait à celui qui dirait que l'heure n'est pas encore arrivée d'être heureux ou qu'elle est déjà passée. Il faut donc que le jeune homme aussi bien que le vieillard cultivent la philosophie: celui-ci pour qu'il se sente rajeunir au souvenir des biens que la fortune[2] lui a accordés dans le passé, celui-là pour être, malgré sa jeunesse, aussi intrépide en face de l'avenir qu'un homme avancé en âge. Il convient aussi de s'appliquer assidûment à tout ce qui peut nous procurer la félicité, s'il est vrai que quand elle est en notre possession nous avons tout ce que nous pouvons avoir, et que quand elle nous manque nous faisons tout pour l'obtenir.

2   Tâche, par conséquent, de mettre à profit et d'appliquer les enseignements que je n'ai cessé de t'adresser, en te pénétrant de l'idée que ce sont là des principes nécessaires pour vivre comme il faut. […]

3   Familiarise-toi avec l'idée que la mort n'est rien pour nous, car tout bien et tout mal résident dans la sensation; or, la mort est la privation complète de cette dernière. Cette connaissance certaine que la mort n'est rien pour nous a pour conséquence que nous apprécions mieux les joies que nous offre la vie éphémère, parce qu'elle n'y ajoute pas une durée illimitée mais nous ôte au contraire le désir d'immortalité. En effet, il n'y a plus d'effroi dans la vie pour celui qui a réellement compris que la mort n'a rien d'effrayant. Il faut ainsi considérer comme un sot celui qui dit que nous craignons la mort, non pas parce qu'elle nous afflige quand elle arrive, mais parce que nous souffrons déjà à l'idée qu'elle arrivera un jour. Car si une chose ne nous cause aucun trouble par sa présence, l'inquiétude qui est attachée à son attente est sans fondement. Ainsi, celui des maux qui fait le plus frémir n'est rien pour nous puisque tant que nous existons la mort n'est pas, et que quand la mort est là nous ne sommes plus. La mort n'a, par conséquent, aucun rapport ni avec les vivants ni avec les morts, étant donné qu'elle n'est rien pour les premiers et que les derniers ne sont plus.

---

1. Épicure, *Doctrines et maximes,* traduction de Maurice Solovine, d'après le texte de Diogène Laërce, Hermann, Paris, 1965.

2. Ici, «fortune» signifie «hasard» ou «sort».

4   La foule tantôt fuit la mort comme le plus grand des maux, tantôt <la désire> comme le terme <des misères> de la vie. <Le sage, par contre, ne fait pas fi de la vie> et ne craint pas la mort, car la vie ne lui est pas à charge et il ne considère pas la non-existence comme un mal. En effet, de même qu'il ne choisit certainement pas la nourriture la plus abondante mais celle qui est la plus agréable, pareillement il ne tient pas à jouir de la durée la plus longue mais de la durée la plus agréable. Celui qui proclame qu'il appartient au jeune homme de bien vivre et au vieillard de bien mourir est passablement sot, non seulement parce que la vie est aimée [de l'un aussi bien que de l'autre], mais surtout parce que l'application à bien vivre ne se distingue pas de celle à bien mourir. Plus sot est encore celui qui dit que le mieux c'est de ne pas naître, «mais lorsqu'on est né, de franchir au plus vite les portes de l'Hadès[3]».

5   S'il parle ainsi par conviction, pourquoi alors ne sort-il pas de la vie? Car cela lui sera facile si vraiment il a fermement décidé de le faire. Mais s'il le dit par plaisanterie, il montre de la frivolité en un sujet qui n'en comporte point. Il convient de se rappeler que l'avenir n'est ni entièrement en notre pouvoir ni tout à fait hors de nos prises, de sorte que nous ne devons ni compter sur lui, comme s'il devait arriver sûrement, ni nous priver de tout espoir, comme s'il ne devait certainement pas arriver.

6   Il faut se rendre compte que parmi nos désirs les uns sont naturels, les autres vains, et que parmi les premiers il y en a qui sont nécessaires et d'autres qui sont seulement naturels[4]. Parmi les nécessaires, il y en a qui le sont pour le bonheur, d'autres pour la tranquillité continue du corps, d'autres enfin pour la vie même. Une théorie non erronée de ces désirs sait en effet rapporter toute préférence et toute aversion à la santé du corps et à la tranquillité <de l'âme> puisque c'est là la perfection même de la vie heureuse. Car tous nos actes visent à écarter de nous la souffrance et la peur. Lorsqu'une fois nous y sommes parvenus, la tempête de l'âme s'apaise, l'être vivant n'ayant plus besoin de s'acheminer vers quelque chose qui lui manque, ni de chercher autre chose pour parfaire le bien-être de l'âme et celui du corps. C'est alors en effet que nous éprouvons le besoin du plaisir quand, par suite de son absence, nous éprouvons de la douleur; <mais quand nous ne souffrons pas>, nous n'éprouvons plus le besoin du plaisir.

7   Et c'est pourquoi nous disons que le plaisir est le commencement et la fin de la vie heureuse. C'est lui en effet que nous avons reconnu comme bien

---

3. Propos de Théognis de Mégare qui vécut au VIe siècle avant l'ère chrétienne. «Franchir les portes de l'Hadès» signifie mourir.

4. «Seulement naturels» est ici entendu au sens de «naturels mais non essentiels».

principal et conforme à notre nature, c'est de lui que nous partons pour déterminer ce qu'il faut choisir et ce qu'il faut éviter, et c'est à lui que nous avons finalement recours lorsque nous nous servons de la sensation comme d'une règle pour apprécier tout bien qui s'offre. Or, précisément parce que le plaisir est notre bien principal et inné, nous ne cherchons pas tout plaisir; il y a des cas où nous passons par dessus beaucoup de plaisirs s'il en résulte pour nous de l'ennui. Et nous jugeons beaucoup de douleurs préférables aux plaisirs lorsque, des souffrances que nous avons endurées pendant longtemps, il résulte pour nous un plaisir plus élevé. Tout plaisir est ainsi, de par sa nature propre, un bien, mais tout plaisir ne doit pas être recherché; pareillement, toute douleur est un mal, mais toute douleur ne doit pas être évitée à tout prix. En tout cas, il convient de décider tout cela en comparant et en examinant attentivement ce qui est utile et ce qui est nuisible, car nous en usons parfois avec le bien comme s'il était le mal, et avec le mal comme s'il était le bien.

8   C'est un grand bien, à notre sens, de savoir se suffire à soi-même, non pas qu'il faille toujours vivre de peu, mais afin que, si nous ne possédons pas beaucoup, nous sachions nous contenter de peu, bien convaincus que ceux-là jouissent le plus de l'opulence qui ont le moins besoin d'elle. Tout ce qui est naturel est aisé à se procurer mais tout ce qui est vain est difficile à avoir. Les mets simples nous procurent autant de plaisir qu'une table somptueuse si toute souffrance causée par le besoin est supprimée[5]. Le pain d'orge et l'eau nous causent un plaisir extrême si le besoin de les prendre se fait vivement sentir.

9   L'habitude, par conséquent, de vivre d'une manière simple et peu coûteuse offre la meilleure garantie d'une bonne santé; elle permet à l'homme d'accomplir aisément les obligations nécessaires de la vie, le rend capable, quand il se trouve de temps en temps devant une table somptueuse, d'en mieux jouir et le met en état de ne pas craindre les coups du sort. Quand donc nous disons que le plaisir est notre but ultime, nous n'entendons pas par là les plaisirs des débauchés ni ceux qui se rattachent à la jouissance matérielle, ainsi que le disent les gens qui ignorent notre doctrine ou qui sont en désaccord avec elle, ou qui l'interprètent dans un mauvais sens. Le plaisir que nous avons en vue est caractérisé par l'absence de souffrances corporelles et de troubles de l'âme.

---

5. Dans les *Maximes* d'Épicure, on peut lire: «Tous les désirs qui ne provoquent pas de douleurs quand ils restent insatisfaits ne sont pas nécessaires mais peuvent être aisément refoulés s'ils nous paraissent difficiles à réaliser ou capables de nous causer du dommage.» On trouve des idées semblables chez Siddhārta Gautama et chez Descartes.

10   Ce ne sont pas les beuveries et les orgies continuelles, les jouissances des jeunes garçons et des femmes, les poissons et les autres mets qu'offre une table luxueuse, qui engendrent une vie heureuse, mais la raison vigilante qui recherche minutieusement les motifs de ce qu'il faut choisir et de ce qu'il faut éviter et qui rejette les vaines opinions grâce auxquelles le plus grand trouble s'empare des âmes.

11   De tout cela, la sagesse est le principe et le plus grand des biens. [...] Elle est la source de toutes les autres vertus puisqu'elle nous enseigne qu'on ne peut pas être heureux sans être sage, honnête et juste, <ni être sage, honnête et juste> sans être heureux. Les vertus, en effet, ne font qu'un avec la vie heureuse et celle-ci est inséparable d'elles.

12   Conçois-tu maintenant que quelqu'un puisse être supérieur au sage qui a sur les dieux des opinions pieuses, qui est toujours sans crainte à la pensée de la mort, qui est arrivé à comprendre quel est le but de la nature, qui sait pertinemment que le souverain bien est à notre portée et facile à se procurer et que le mal extrême, ou bien ne dure pas longtemps, ou bien ne nous cause qu'une peine légère. Quant au destin, que certains regardent comme le maître de tout, le sage en rit. En effet, mieux vaut encore accepter le mythe sur les dieux que de s'asservir au destin des physiciens[6]. Car le mythe nous laisse l'espoir de nous concilier les dieux par les honneurs que nous leur rendons, tandis que le destin a le caractère de nécessité inexorable.

13   En ce qui concerne le hasard, le sage ne le considère pas, à la manière de la foule, comme un dieu, car rien n'est accompli par un dieu d'une façon désordonnée, ni comme une cause instable. Il ne croit pas que le hasard distribue aux hommes, de manière à leur procurer la vie heureuse, le bien ou le mal, mais qu'il leur fournit les éléments des grands biens ou des grands maux. Il estime qu'il vaut mieux mauvaise chance en raisonnant bien que bonne chance en raisonnant mal. Certes, ce qu'on peut souhaiter de mieux dans nos actions, c'est que la réalisation du jugement sain soit favorisée par le hasard.

14   Médite, par conséquent, toutes ces choses et celles qui sont de même nature. Médites-les jour et nuit, à part toi et avec ton semblable. Jamais alors, ni en état de veille ni en songe, tu ne seras sérieusement troublé, mais tu vivras comme un dieu parmi les hommes. Car celui qui vit au milieu des biens impérissables ne ressemble en rien à un être mortel.

---

6. Épicure fait ici allusion à ceux pour qui le destin signifie que tout est déterminé d'avance.

EXERCICES

1. Selon Épicure, il est nécessaire de débarrasser les humains de la peur de la mort afin qu'ils apprécient mieux les joies que la vie leur offre. Au paragraphe 3, Épicure défend l'idée que nous ne devrions pas avoir peur de la mort. Schématisez son argumentation.

2. Au même paragraphe, Épicure répond à l'avance à l'argument voulant que la mort soit effrayante non pas parce qu'elle nous afflige quand elle arrive, mais parce que nous souffrons déjà de la pensée qu'elle arrivera un jour. Schématisez l'argumentation d'Épicure contre cette position.

3. Faites l'évaluation des deux argumentations schématisées dans les exercices précédents.

4. Pourquoi une vie simple et économe est-elle préférable selon Épicure?

5. Dans les paragraphes 8 à 11, Épicure présente sa conception d'une vie heureuse. Êtes-vous d'accord avec cette conception? Justifiez votre réponse.

ÉPICTÈTE

PICTÈTE 5

On sait peu de chose d'Épictète. Il est né vers l'an 50 de notre ère à Hiérapolis, dans l'actuelle Turquie. Sa mère était esclave et il fut esclave lui-même jusqu'à ce qu'on l'affranchisse, vers l'an 68. Il fut emmené assez jeune à Rome où il entra au service d'un affranchi de Néron, Épaphrodite, qui était peut-être un des gardes du corps de l'empereur. Vers l'an 90, il s'établit à Nicopolis, au nord de la Grèce, où il fonda une école qui connut un grand succès. On a dit que l'empereur Hadrien le tenait en haute estime et qu'il l'aurait même visité. Il fut

l'un des plus illustres représentants du stoïcisme, une école philosophique qui remontait à Zénon de Citium (v. 335-264 av. J.-C.) et qui a donné des théories sur la logique, la physique et l'art de vivre. Épictète vécut dans l'humilité, la douceur et le dénuement, comme il le recommandait. Il mourut en 125 ou en 130. Il ne laissa pas d'écrits mais il nous reste une partie de ses *Entretiens* et le *Manuel*, un résumé des *Entretiens*, tous deux rédigés par un de ses étudiants, Arrien.

Dans les extraits des *Entretiens* que nous avons retenus, Épictète traite du rôle et de l'importance de la pensée critique dans nos vies.

ENTRETIENS[1] (*extraits*)
par Épictète

La tâche du philosophe

1   […] La tâche du philosophe, la première et la principale, est de faire l'épreuve de ses représentations[2], de les distinguer, de n'en accepter aucune qui n'ait été mise à l'épreuve. Voyez, quand il s'agit de la monnaie, qui offre je m'imagine pour nous de l'intérêt, nous avons inventé un art, et que de procédés met en œuvre l'argyrognome[3] pour faire l'épreuve de la monnaie : la vue, le toucher, l'odorat, finalement l'ouïe : il jette à terre le denier et remarque le son qu'il rend ; il ne se contente pas de le faire sonner une seule fois, mais il s'y applique à différentes reprises, à se faire une oreille de musicien. Ainsi, dans les matières où nous pensons qu'il est important pour nous de nous tromper ou de ne pas nous tromper, nous apportons une grande attention pour juger des choses qui peuvent nous induire en erreur ; s'agit-il, au contraire, de cette malheureuse partie essentielle de notre âme, nous bâillons, nous dormons, et nous acceptons la première représentation venue : c'est que la pensée du dommage qui en résulte ne nous frappe pas[4].

···

Se contenter de l'apparence dans les choses essentielles ?

2   Voici pourquoi on ne peut s'étonner assez de la façon d'agir habituelle. Quand nous voulons juger de ce qui est pesant, nous ne jugeons pas au petit bonheur, ni non plus quand nous voulons juger de ce qui est droit ou tordu ; bref, quand il nous importe de connaître la vérité dans ce domaine, nul d'entre nous ne fera jamais rien au petit bonheur. Mais s'agit-il de la principale et unique cause du succès ou de l'erreur, de la prospérité ou de l'adversité, du malheur ou de la félicité, dans ce cas seulement nous nous livrons au petit bonheur et à l'irréflexion. Nulle part ici l'équivalent d'une balance, nulle part l'équivalent d'une règle, mais quelque chose m'a paru bon et aussitôt je le fais. Suis-je donc plus fort qu'Agamemnon ou Achille pour pouvoir seul me contenter de l'apparence, alors que ces derniers, pour avoir suivi les

---

1. Épictète, *Entretiens*, 2 tomes, traduction de Joseph Souilhé, Paris, Les Belles Lettres, 1962.
2. « Représentations », au sens de « idées ».
3. Spécialiste de l'argent, de la monnaie.
4. Épictète, *op. cit.*, tome I, 20, 7-12, p. 76-77.

apparences, ont causé et subi de telles calamités ? [...] Comment appelle-t-on ceux qui suivent la première apparence venue ?

— Des fous.

— Et nous, alors, faisons-nous autre chose[5] ?

Le point de départ de la philosophie

3   Le point de départ de la philosophie, pour ceux du moins qui s'adonnent à cette science comme il faut et entrent par la porte, c'est la conscience de sa propre faiblesse et de son impuissance dans les choses nécessaires. Nous sommes venus au monde, en effet, sans notion naturelle d'un triangle rectangle, d'un dièse ou d'un demi-ton, mais c'est grâce à un enseignement technique que nous acquérons chacune de ces connaissances, et pour cette raison, ceux qui ne les possèdent pas ne s'imaginent pas non plus les posséder. Du bien et du mal, au contraire, du beau et du laid, de ce qui est bienséant ou non, du bonheur, de ce qui nous convient et nous concerne, de ce que nous devons faire ou ne pas faire, qui est venu au monde sans avoir la notion innée ? C'est pourquoi tous nous nous servons de ces expressions et nous nous efforçons de les appliquer aux cas particuliers : il a bien agi, il a agi comme il devait, il n'a pas agi comme il devait, il a été malheureux, il a été heureux, il est injuste, il est juste. Qui d'entre nous ménage ces expressions ? Qui d'entre nous attend d'être instruit pour s'en servir, comme font pour les lignes ou les sons ceux qui en sont ignorants ? Et la cause en est que nous venons au monde déjà pourvus, pour ainsi dire, par la nature d'une certaine connaissance en cet ordre de choses : c'est pour nous un point de départ auquel nous ajoutons notre opinion.

4   — Mais pourquoi, dit-il, n'ai-je point, moi, la connaissance de ce qui est beau et de ce qui est laid ? N'en ai-je point une prénotion ?

— Si, tu l'as.

— Est-ce que je ne l'applique pas aux cas particuliers ?

— Si, tu l'appliques.

— Je ne l'applique donc pas bien ?

— C'est là toute la question et c'est ici que survient l'opinion. On part, en effet, de ces principes admis par tous et on aboutit à des controverses, parce qu'on ne les applique pas justement. Car si, outre ces principes, on possédait encore cet art de les appliquer, qu'est-ce qui empêcherait d'être

5. *Ibid.*, tome I, 28, 28-33, p. 103 -104.

parfaits ? Mais à présent, puisque tu crois aussi appliquer justement les prénotions aux cas particuliers, dis-moi d'où tu tires cette conclusion ?

— De ce que cela me paraît ainsi.

— Mais cela ne paraît pas ainsi à un autre et il croit lui aussi appliquer justement ces principes. Ne le croit-il pas ?

— Si, il le croit.

— Pouvez-vous donc tous deux appliquer justement vos prénotions à des matières où vos opinions sont en désaccord ?

— Nous ne le pouvons pas.

— Peux-tu donc nous montrer quelque chose de supérieur à ta propre opinion et qui te permette de mieux appliquer tes prénotions ? Mais le fou, fait-il autre chose que ce qui lui paraît bien à lui ? Et sera-ce donc pour lui aussi un critère suffisant ?

— Non, il n'est pas suffisant.

— Viens-en donc à quelque chose de supérieur à l'opinion. Qu'est-ce que cela peut être ?

LA VRAIE MÉTHODE PHILOSOPHIQUE

5   Voici le point de départ de la philosophie : la conscience du conflit qui met aux prises les hommes entre eux, la recherche de l'origine de ce conflit, la condamnation de la simple opinion et la défiance à son égard, une sorte de critique de l'opinion pour déterminer si on a raison de la soutenir, l'invention d'une norme, de même que nous avons inventé la balance pour la détermination du poids, ou le cordeau pour distinguer ce qui est droit de ce qui est tordu.

6   Est-ce là le point de départ de la philosophie ? Est juste tout ce qui paraît tel à chacun ? Et comment est-il possible que les opinions qui se contredisent soient justes ? Par conséquent, non pas toutes, mais celles qui nous paraissent à nous justes ? Pourquoi à nous plutôt qu'aux Syriens, plutôt qu'aux Égyptiens ? Plutôt que celles qui paraissent telles à moi ou à un tel ? Pas plus les unes que les autres. Donc l'opinion de chacun n'est pas suffisante pour déterminer la vérité.

L'EXISTENCE D'UNE MÉTHODE

7   Nous ne nous contentons pas non plus quand il s'agit de poids ou de mesures de la simple apparence, mais nous avons inventé une norme pour ces différents cas. Et dans le cas présent, n'y a-t-il donc aucune norme supérieure à l'opinion ? Et comment est-il possible qu'il n'y ait aucun moyen de déterminer et de découvrir ce qu'il y a pour les hommes de plus nécessaire ?

— Il y a donc une norme.

Alors pourquoi ne pas la chercher et ne pas la trouver, et après l'avoir trouvée, pourquoi ne pas nous en servir par la suite rigoureusement, sans nous en écarter d'un pouce ? Car voilà, à mon avis, ce qui, une fois trouvé, délivrera de leur folie les gens qui se servent en tout d'une seule mesure, l'opinion, et nous permettra désormais, partant de principes connus et clairement définis, de nous servir, pour juger des cas particuliers, d'un système de prénotions[6 et 7].

* * *

Manuscrit grec du XIIIᵉ siècle d'un texte d'Épictète.

Qu'il ne faut pas s'irriter des fautes

8   S'il est vrai, comme disent les philosophes, que pour les hommes une seule et même cause, d'une part provoque leur assentiment, à savoir la conviction d'une vérité ; les pousse à le refuser, à savoir la conviction d'une erreur ; et aussi, par Zeus, à le suspendre, à savoir la conviction d'une incertitude, —

---

6. Un « système de prénotions » c'est-à-dire un ensemble bien organisé de principes admis par tous.

7. *Ibid.*, tome II, 11, 1-17, p. 41-44.

et d'autre part, les incline semblablement vers un objet : la conviction qu'il est utile ; et qu'il est impossible de juger utile une chose et d'en désirer une autre, de juger que l'une me convient et d'être incliné vers une autre, pourquoi nous irriter encore contre tant de gens ?

9   — Ce sont des voleurs, dit-on, et des filous.

— Qu'est-ce que cela signifie : des voleurs et des filous ? Qu'ils ont erré sur les questions de bien et de mal. Faut-il donc s'irriter contre eux, ou les plaindre ? Mais montre-leur l'erreur et tu verras comme ils se détournent de leurs péchés. S'ils ne voient pas, ils n'ont rien à préférer à leur propre opinion.

10   — Alors ce voleur, cet adultère, ne devraient-ils pas être mis à mort ?

— Nullement, mais exprime-toi plutôt ainsi : « Cet homme qui est dans l'erreur, qui se trompe sur les matières les plus importantes, qui a perdu la vue, non pas la vue qui permet de distinguer le blanc et le noir, mais celle de l'intelligence qui permet de distinguer le bien et le mal, ne devrait-il pas être mis à mort ? » Si tu parles de la sorte, tu comprendras combien ce que tu dis est inhumain et cela revient en somme à ceci : « Mais cet aveugle, mais ce sourd ne devraient-ils pas être mis à mort ? » Si le plus grand dommage à subir c'est la perte des biens les plus importants, et si rien n'est plus important pour tout homme que la droiture de sa personne, quand quelqu'un en est privé, pourquoi donc s'irriter contre lui ? Homme, si, contrairement aux dispositions de la nature, tu as absolument besoin d'éprouver des sentiments à l'égard des maux d'autrui, plains-le plutôt que de le prendre en haine[8].

• • •

Comprendre la source des erreurs

11   Pour quelle raison donnons-nous notre assentiment à une proposition quelconque ? C'est qu'elle nous paraît être vraie. Donc à ce qui ne paraît pas être vrai, il est impossible de donner son assentiment. Pourquoi ? Parce que c'est la nature de notre pensée d'acquiescer au vrai et de ne pas agréer le faux, et en face de l'incertain, de suspendre le jugement. Quelle est la preuve de ceci ? « Aie l'impression, si tu le peux, qu'il fait nuit maintenant. » Ce n'est pas possible. « Écarte l'impression qu'il fait jour. » Ce n'est pas possible. « Aie ou écarte l'impression que les astres sont en nombre pair. » Ce n'est pas possible. Donc, lorsqu'on donne son assentiment à l'erreur, sache qu'on ne voulait pas le faire, car « c'est toujours contre son gré qu'une âme est privée de la

---

8. *Ibid.*, tome I, 18, 1-10, p. 68-69.

vérité », comme dit Platon, mais on a pris l'erreur pour la vérité. Eh bien ! dans le domaine de l'action, qu'avons-nous qui corresponde à ce qui est ici la vérité ou l'erreur ? Le devoir et le contraire du devoir, l'avantageux et le nuisible, ce qui me convient et ce qui ne me convient pas… et toutes choses semblables.

12   — On ne peut donc trouver une chose avantageuse sans la choisir ?

— On ne le peut.

— Comment [Médée[9]] peut-elle dire :

« Oui, je sais tout le mal que je vais accomplir ;

Mais mon courroux, plus fort, a vaincu ma raison ? »

— Parce que cela même, satisfaire son courroux et se venger de son époux, elle le regarde comme plus avantageux que de sauver ses enfants.

— Oui, mais elle s'est trompée.

— Montre clairement qu'elle s'est trompée et elle ne le fera pas. Tant que tu ne lui auras pas montré, que peut-elle suivre d'autre que l'apparence du vrai ? Rien. Pourquoi donc t'irriter contre elle parce qu'elle se trompe, la malheureuse, sur les sujets les plus graves, et que, d'être humain, elle s'est transformée en vipère ? Mais, s'il le faut absolument, ne dois-tu pas plutôt plaindre, comme nous plaignons les aveugles et les boiteux, ceux dont les facultés essentielles sont aveuglées ou mutilées ?

Quiconque a une claire conscience de ce fait que, pour l'homme, la mesure de toute action, c'est l'apparence (du reste, cette apparence est juste ou erronée. Si elle est juste, l'homme est irréprochable ; si elle est erronée, il en subit lui-même la peine, car il est impossible qu'un homme se trompe et qu'un autre en éprouve le dommage), qui donc a conscience de cela ne se mettra en colère contre personne, n'injuriera personne, ne blâmera personne, ne haïra, n'offensera personne.

— De sorte que des actions énormes et terrifiantes ont également cette origine, l'apparence ?

— Celle-là et pas d'autre. L'*Iliade* n'est rien de plus que représentation et usage de représentations. Une apparence a poussé Alexandros à enlever la femme de Ménélas, une apparence a poussé Hélène à le suivre. Si l'apparence avait produit en Ménélas l'impression que c'est un gain d'être privé d'une telle femme, que serait-il arrivé ? C'en était fait de l'*Iliade*, et non seulement de l'*Iliade*, mais aussi de l'*Odyssée*[10].

···

9. Personnage de la mythologie grecque. Magicienne célèbre pour ses crimes atroces.

10. *Ibid.*, tome I, 28, 1-13, p. 100-101.

Quel est le caractère propre à la faute ?

13   Toute faute implique une contradiction. Car puisque celui qui pèche ne veut pas pécher, mais réussir, il est évident qu'il ne fait pas ce qu'il veut. Le voleur, en effet que veut-il faire ? Ce qui lui est utile. Dès lors, si le vol est pour lui chose nuisible, il ne fait pas ce qu'il veut. Or, toute âme raisonnable a naturellement en horreur la contradiction. Tant qu'elle n'a pas conscience d'être engagée dans une contradiction, rien ne l'empêche de faire des choses contradictoires, mais dès qu'elle en a pris concience, elle doit de toute nécessité s'écarter de la contradiction et la fuir, absolument comme pour l'erreur ; une dure nécessité oblige à y renoncer celui qui s'aperçoit de cette erreur, mais aussi longtemps qu'elle n'apparaît pas, il y adhère comme au vrai.

14   Il est donc habile à raisonner et il sait en même temps réfuter et convaincre, celui qui est capable de montrer à chacun la contradiction qui est la cause de sa faute, et de lui faire voir clairement comment il ne fait pas ce qu'il veut et fait ce qu'il ne veut pas. Si, en effet, on peut montrer cela à un homme, de lui-même il battra retraite, mais tant qu'on ne lui montrera pas, ne sois pas surpris s'il persiste dans sa faute, car c'est parce que le succès de son acte s'impose à sa représentation qu'il agit. Voilà pourquoi Socrate, plein de confiance en cette faculté, disait : « Je n'ai pas l'habitude d'invoquer d'autre témoin de mes paroles, et je me contente toujours de celui qui discute avec moi, je réclame son suffrage, j'en appelle à son témoignage, et lui seul il remplace pour moi tous les autres. » C'est qu'il savait ce qui met en branle l'âme raisonnable : semblable à une balance, elle s'inclinera, qu'on le veuille ou non. Montre à la partie maîtresse de l'âme la contradiction et elle y renoncera. Mais si tu ne la montres pas, accuse-toi toi-même plutôt que celui que tu n'arrives pas à convaincre[11].

---

11. *Ibid.*, tome II, 26, 1-7, p. 117-118.

EXERCICES

1. Résumez brièvement l'essentiel de la position d'Épictète dans les deux premiers extraits intitulés « La tâche du philosophe » et « Se contenter de l'apparence dans les choses essentielles ? ».

2. Expliquez le rôle argumentatif des propos tenus par Épictète concernant les aveugles et les sourds dans l'extrait intitulé « Qu'il ne faut pas s'irriter des fautes ».

3. Êtes-vous d'accord avec la position défendue par Épictète dans les extraits intitulés « Comprendre la source des erreurs » et « Quel est le caractère propre à la faute ? » ? Justifiez votre réponse.

4. Après une relecture de l'ensemble des extraits, expliquez d'où proviennent, selon Épictète, nos erreurs.

5. Dans l'*Illustration philosophique 10,* William Clifford défend-il une position identique, semblable ou opposée à celle développée par Épictète dans les extraits intitulés « Qu'il ne faut pas s'irriter des fautes » et « Comprendre la source des erreurs » ? Justifiez votre réponse.

$\int$EXTUS EMPIRICUS

La vie de Sextus Empiricus nous est très peu connue. C'était un Grec, un Égyptien ou un Romain qui fit école à Athènes, à Alexandrie ou à Rome. Il vécut durant la seconde moitié du IIe siècle et le premier quart du IIIe siècle de l'ère chrétienne. Il reprit les idées défendues par les sceptiques, un groupe qui remontait à Pyrrhon, un contemporain d'Aristote, plus de 500 ans auparavant, et qui avait en outre attiré dans ses rangs plusieurs platoniciens importants [1]. Les ouvrages de Sextus Empiricus sont les seuls de cette école de pensée qui nous soient parvenus.

Sextus Empiricus présente le scepticisme comme suit. Face à la variété des opinions, on cherche le bien-être et la tranquillité d'esprit qu'assurerait la possession de la vérité. En cherchant, on s'aperçoit toute-fois qu'*il semble* qu'il ne soit pas possible de déterminer avec assurance ce qui est vrai et ce qui ne l'est pas comme préten-dent le faire les dogmatiques, ceux qui pré-tendent posséder la vérité. Par conséquent, on doit suspendre son jugement. Cela fait, on atteint la tranquillité d'esprit par une voie inattendue. En effet, celle-ci ne vient pas, comme on l'avait supposé, de ce que l'on a atteint la vérité mais plutôt de ce que l'on met de côté cette poursuite. En cela, les sceptiques se rapprochent des cyniques (voir p. 286), une autre école de pensée grecque très importante à l'époque, dont il ne nous reste malheureusement presque aucun écrit, pour qui la recherche de la vérité est, en un sens, un piège pour ceux qui aspirent au bonheur [2]. Le sceptique demeurera prêt à évaluer toute argumen-tation qu'on lui présentera, toutefois « il

---

1. Parmi ces derniers, on peut noter Arcésilas et Carnéade, dont il ne nous est pas parvenu d'écrits, mais qui, tout en étant proches des sceptiques, auraient soutenu qu'il est légitime de se fier à ce qui semble le plus probable après mûr examen, tout en conservant l'esprit ouvert et en ne per-dant pas de vue les facteurs qui peuvent brouiller notre vision des choses selon les sceptiques. Cette position est probablement celle qui se rapproche le plus de celle que nous avons exposée dans ce livre.
2. Voir *Les cyniques grecs*, choix, traduction, introduction et notes par Léonce Paquet, Librairie Générale Française, 1992.

abandonnera son but initial, qui était l'atteinte de la tranquillité d'esprit par la découverte de la vérité, parce qu'il a atteint cette tranquillité d'esprit d'une autre manière[3] ».

Dans le texte qui suit, constitué d'extraits de son ouvrage *Hypotyposes* (« esquisses ») *pyrrhoniennes*, Sextus Empiricus présente diverses raisons d'être sceptique qui jettent le doute sur notre prétention à détenir des croyances vraies. Le texte pourra paraître dépaysant et très curieux par endroits. Il contient des exagérations, des faussetés et des affirmations surprenantes qui nous donnent une bonne idée des croyances répandues à l'époque. Mais il constitue également un exemple frappant des conclusions auxquelles peut mener le constat du caractère faillible de la raison humaine.

---

3. Arne Naess, *Scepticism*, London, Routledge & Kegan Paul, 1968, p. 6. Sur ces questions, voir aussi *Sextus Empiricus: Selections from the Major Writings on Scepticism, Man, & God*, Philip P. Hallie (dir.), Indianapolis, Hackett, 1985.

LES RAISONS DE DOUTER D'UN SCEPTIQUE[4]

par Sextus Empiricus

L'argumentation fondée sur la diversité des animaux

I. — VARIÉTÉ DES MODES DE GÉNÉRATION

1 [La première argumentation], disions-nous, se fonde sur la diversité des animaux pour montrer que les mêmes objets ne produisent pas en eux les mêmes représentations. Nous l'inférons à partir de la différence propre à leur mode de génération, et de la variété de leur constitution corporelle.

2 La génération des animaux se fait sans union ou au contraire par accouplement. Naissent sans union[5] : les animalcules nés du feu, comme ceux qu'on voit dans les fours ; ou ceux nés de l'eau croupissante, comme les moustiques ; les petits vers, nés du vin aigri ; les [*mot manquant*], nés de la terre ; les grenouilles, nées du limon ; les vers de terre, nés de la boue ; les scarabées, nés des ânes ; les chenilles, nées des légumes ; ceux qui naissent des fruits, telles les mouches nées de la figue sauvage ; ceux qui naissent d'animaux en putréfaction, telles les abeilles nées du taureau et les guêpes du cheval. De ceux qui naissent par accouplement, les uns — dans les plus nombreux cas — sont de parents semblables, les autres — cas des mulets — de parents dissemblables. En outre, et c'est le plus fréquent, naissent d'animaux, soit les vivipares, comme les hommes, soit les ovipares, comme les oiseaux [...] Il est bien naturel qu'une telle dissemblance et une telle diversité dans la génération produisent des types contraires de sensibilité, entraînant divergence, disharmonie et conflit[6] de caractère.

---

4. Extraits des *Hypotyposes pyrrhoniennes* de Sextus Empiricus, tirés de *Les sceptiques grecs : textes choisis*, textes choisis et traduits par Paul Dumont, Paris, Presses Universitaires de France, 1966, p. 51-85. Nous n'avons pas repris les notes techniques du traducteur.

5. À l'époque, on croyait que de nombreux êtres vivants naissaient spontanément, sans parents d'aucune sorte. Voir l'argumentation de Francesco Redi, à l'annexe IV.

6. C'est-à-dire différences.

ΠΥΡΡΩΝΕΙΩΝ ΥΠΟΤΥΠΩΣΕΩΝ

ΤΩΝ ΕΙΣ ΤΡΙΑ ΤΟ ΠΡΩΤΟΝ.

*Τ*οῖς ζητοῦσί τι πρᾶγμα ἢ εὕρεσιν ἐπακολουθεῖν εἰκὸς ἢ ἄρνησιν εὑρέσεως καὶ ἀκαταληψίας ὁμολογίαν ἢ ἐπιμονὴν ζητήσεως. διόπερ ἴσως καὶ ἐπὶ τῶν κατὰ φιλοσοφίαν ζη- 2 τουμένων οἱ μὲν εὑρηκέναι τὸ ἀληθὲς ἔφασαν, οἱ δ' ἀπεφή- ναντο μὴ δυνατὸν εἶναι τοῦτο καταληφθῆναι, οἱ δὲ ἔτι 5 ζητοῦσιν. καὶ εὑρηκέναι μὲν δοκοῦσιν οἱ ἰδίως καλούμενοι 3 δογματικοί, οἷον οἱ περὶ Ἀριστοτέλην καὶ Ἐπίκουρον καὶ τοὺς στωικοὺς καὶ ἄλλοι τινές, ὡς δὲ περὶ ἀκαταλήπτων ἀπεφήναντο οἱ περὶ Κλειτόμαχον καὶ Καρνεάδην καὶ ἄλ- λοι Ἀκαδημαϊκοί, ζητοῦσι δὲ οἱ σκεπτικοί. ὅθεν εὐλόγως 4 δοκοῦσιν αἱ ἀνωτάτω ''' φιλοσοφίαι τρεῖς εἶναι, δογματικὴ Ἀκαδημαϊκὴ σκεπτική. περὶ μὲν οὖν τῶν ἄλλων ἑτέροις ἁρμόσει λέγειν, περὶ δὲ τῆς σκεπτικῆς ἀγωγῆς ὑποτυπω- τικῶς ἐπὶ τοῦ παρόντος ἡμεῖς ἐροῦμεν, ἐκεῖνο προειπόντες ὅτι περὶ οὐδενὸς τῶν λεχθησομένων διαβεβαιούμεθα ὡς 15 οὕτως ἔχοντος πάντως καθάπερ λέγομεν, ἀλλὰ κατὰ τὸ νῦν φαινόμενον ἡμῖν ἱστορικῶς ἀπαγγέλλομεν περὶ ἑκάστου.

*Τ*ῆς σκεπτικῆς οὖν φιλοσοφίας ὁ μὲν λέγεται καθόλου 5 λόγος ὁ δὲ εἰδικός, καὶ καθόλου μὲν ἐν ᾧ τὸν χαρακτῆρα τῆς σκέψεως ἐκτιθέμεθα, λέγοντες τίς ἔννοια αὐτῆς καὶ 20 τίνες ἀρχαὶ καὶ τίνες λόγοι τί τε κριτήριον καὶ τί τέλος, καὶ τίνες οἱ τρόποι τῆς ἐποχῆς, καὶ πῶς παραλαμβάνομεν τὰς σκεπτικὰς ἀποφάσεις, καὶ τὴν διάκρισιν τῆς σκέψεως ἀπὸ τῶν παρακειμένων αὐτῇ φιλοσοφιῶν, εἰδικὸς δὲ ἐν ᾧ 6 πρὸς ἕκαστον μέρος τῆς καλουμένης φιλοσοφίας ἀντιλέγο- 25

La première page en grec des Hypotyposes pyrrhoniennes.

II. — DIVERSITÉ DES ORGANES DES SENS

a) La vue

3   En outre, la différence des principales parties du corps, et surtout de celles dont la fonction naturelle est de juger et de sentir, peut susciter un important conflit des représentations.

4   Ainsi les ictériques[7] déclarent-ils jaune ce qui à nous apparaît blanc, et rouge sang ceux qui ont l'œil injecté. Puisque, parmi les animaux, les uns ont les yeux rouges, d'autres les yeux injectés de sang, d'autres albinos, d'autres d'une autre couleur encore, ils doivent, à mon avis, avoir une perception différente des couleurs.

---

7. Personnes atteintes de jaunisse.

5   De plus, il suffit d'avoir regardé attentivement le soleil pendant longtemps pour voir, nous semble-t-il, les lettres d'un livre devenir dorées et tourner en rond. Donc, puisque certains animaux ont naturellement dans l'œil une lueur, et émettent une lumière subtile et mobile qui leur donne une vision nocturne, nous devrions penser que les objets extérieurs ne les frappent pas comme nous[8]. Les magiciens qui enduisent de vert-de-gris ou de sépia les mèches de leurs chandelles font paraître les spectateurs dorés ou noirs, malgré le caractère infime de la dose employée. […] Chaque fois que nous appuyons sur notre œil, oblongues et étroites nous paraissent les formes, les figures et les grandeurs des choses que nous voyons. Il est donc vraisemblable que les animaux qui ont la pupille louche et allongée, comme les chèvres, les chats et autres animaux semblables, voient les objets leur apparaître différemment, et non comme les animaux qui ont la pupille ronde. Les miroirs, selon qu'ils sont différemment construits, nous montrent des images toutes petites des objets extérieurs, s'ils sont concaves, ou bien minces et allongées, s'ils sont convexes. Dans d'autres, on se voit la tête en bas et les pieds en l'air. Donc, puisque parmi les organes de la vue, les uns s'exorbitent en faisant saillir leur convexité, les autres sont on ne peut plus concaves, d'autres encore sont parfaitement plans, il est vraisemblable que pour cette raison les représentations diffèrent et que les mêmes objets n'apparaissent pas égaux de taille et semblables de forme aux chiens, aux poissons, aux lions, aux hommes, et aux sauterelles […]

b) Le toucher

6   Le même argument porte sur les autres sens. Comment en effet pourrait-on dire que le toucher est pareillement affecté chez des êtres enveloppés de coquilles, à chair apparente, couverts de piquants, emplumés, et à écailles ?

c) L'ouïe

7   Et comment pourrait-on dire, touchant l'ouïe, que des impressions semblables affectent des animaux au canal auditif étroit et d'autres au canal auditif très large, ou des oreilles velues et des oreilles sans poils ? Nous-mêmes ne sommes pas également frappés par un son quand nos oreilles sont bouchées ou quand elles jouent librement ?

[…]

e) Le goût

8   De même pour les sensations gustatives : certains animaux ont la langue rugueuse et sèche, d'autres la langue fortement humide. Nous-mêmes, lorsque

---

8. Une théorie répandue voulait que de la lumière soit émise par l'œil.

la fièvre nous dessèche la langue, trouvons terreux, fade ou acide ce qu'on nous présente, impression due à la différence de l'humeur[9] prépondérante en nous. Donc, puisque précisément les animaux ont des organes du goût différents et soumis à des différences d'humeur dominante, ils doivent recevoir des objets extérieurs des impressions gustatives différentes. [...] ainsi est-il probable que les objets extérieurs sont perçus différemment en fonction de la disposition différente des animaux qui reçoivent les impressions sensibles.

III. — DIVERSITÉ DES INSTINCTS

9   On le comprend plus nettement encore à partir des préférences et des aversions des animaux. Le parfum, par exemple, paraît très agréable aux hommes, mais intolérable aux scarabées et aux abeilles. L'huile est utile aux hommes, mais elle tue les guêpes et les abeilles sur lesquelles on la répand. L'eau de mer est désagréable à boire pour l'homme et même toxique, mais elle est agréable aux poissons et même les désaltère. Les porcs préfèrent se baigner dans une mare puante plutôt que dans l'eau claire et pure. Certains animaux sont herbivores, d'autres mangent de jeunes branches, d'autres vivent dans les bois, d'autres se nourrissent de graines, d'autres de viande, d'autres de lait ; certains aiment la pourriture, d'autres la nourriture fraîche, certains la mangent crue, d'autres l'accommodent à la cuisson ; et généralement ce qui est agréable aux uns est aux autres désagréable, repoussant et mortel. [...]

IV. — DU FAIT QU'ELLES SONT SUBJECTIVES NOS REPRÉSENTATIONS NE NOUS PERMETTENT PAS DE PARLER DE LA NATURE OBJECTIVE DES CHOSES

10   Si les mêmes réalités donnent lieu à des représentations dissemblables selon la diversité des animaux, nous serons en mesure de dire quelle vision de l'objet est la nôtre, mais nous devrons suspendre notre jugement sur ce qu'il est effectivement par nature. Nous ne sommes pas en effet en mesure d'établir une juste discrimination entre les représentations qui sont nôtres et celles qui sont propres aux autres animaux, car nous sommes nous-mêmes partie du procès et pour cette raison nous devrions recourir à meilleur juge que nous-mêmes. [...] Si donc il est impossible de porter un jugement sur la différence des représentations qu'entraîne la diversité des animaux, il est nécessaire de suspendre le jugement à l'égard des objets extérieurs [...]

---

9. Selon une théorie répandue à l'époque, l'équilibre entre les quatre « humeurs » du corps (le sang, le phlegme, la bile noire et la bile jaune) était responsable de la santé ou de la maladie. À une surabondance ou à un manque d'une des humeurs pouvait être associée une maladie précise. L'équilibre des humeurs était aussi responsable de la personnalité.

11   On ne peut à mon avis préférer à celles des animaux privés de raison nos représentations. Cependant si les animaux privés de raison sont des juges tout au moins aussi dignes de foi que nous en matière de représentations, et si des représentations différentes découlent de la diversité des animaux, je serai alors en mesure de dire quelle représentation engendre pour moi chacun des objets sensibles, mais sur la question de savoir ce qu'ils sont effectivement par nature, je serai forcé, pour les raisons que je viens de dire, de suspendre mon jugement.

V. — LES ANIMAUX RAISONNABLES

a) Le chien: qu'il dispose de la raison interne

12   Les sceptiques comparent habituellement à l'homme l'ensemble des animaux privés de raison. Mais puisque les dogmatiques[10] prétendent la comparaison inégale, alors, en manière de digression, moquons-nous d'eux d'avantage en n'accordant qu'à un seul animal l'avantage de la raison. Le chien vous convient-il ? il est des plus communs. Mais, même sur cet exemple, nous trouverons que les animaux, auxquels cette argumentation est consacrée, ne nous le cèdent en rien touchant la foi qu'il convient d'accorder à leurs représentations.

13   Que pourtant cet animal l'emporte sur nous par la sensation les dogmatiques nous l'accordent. Son odorat est bien plus sensible que le nôtre, il poursuit à la trace les bêtes qu'il ne voit pas, ses yeux sont plus prompts que les nôtres et son ouïe plus fine. Venons-en donc à sa raison. La raison est à la fois interne et externe. Considérons premièrement la raison interne. D'après nos plus farouches adversaires [...], la raison interne porte, semble-t-il, sur le choix de ce qui nous est conforme et la fuite de ce qui nous est contraire, sur la connaissance des arts qui y contribuent et enfin sur la possession des vertus conformes à notre nature propre et de celles relatives à nos passions.

14   Le chien donc, puisque c'est sur cet exemple que nous avons décidé de fonder notre argumentation, procède au choix de ce qui lui convient et évite ce qui lui est nuisible: il se met en quête de sa nourriture et détale devant le fouet qu'on brandit. En outre il possède un art qui lui fournit ce qui lui convient: l'art de la chasse. De vertu, il n'est pas non plus dépourvu; si celle de justice consiste à rendre à chacun ce qui lui est dû, le chien qui tantôt accueille de battements de queue ses familiers et monte la garde auprès de ses bienfaiteurs, et tantôt, au contraire, chasse les étrangers et les mauvaises

---

10. Dogmatiques: ceux auxquels s'opposent les sceptiques, ceux qui soutiennent posséder la vérité.

gens, ne peut pas passer pour manquer de justice. Or s'il possède cette vertu, puisque les vertus forment cortège, il possède aussi les autres vertus qui, au dire des sages, font défaut à la plupart des hommes : nous le voyons brave quand on l'attaque, intelligent aussi [...]

15 Selon Chrysippe, qui s'est beaucoup préoccupé des animaux dépourvus de raison, le chien participe à la fameuse dialectique. L'éminent philosophe dit que le chien applique le cinquième, entre tous, des arguments dits indémontrables[11].

16 Arrivant à un carrefour à trois branches dont il a déjà flairé deux voies que le gibier n'a pas empruntées, le chien se précipite directement, sans flairer davantage, dans la troisième. Ce vénérable philosophe dit que le chien a implicitement raisonné ainsi : « La bête est passée par là, par là, ou par ici ; or, elle n'est passée ni par là, ni par là ; donc c'est par ici qu'elle est passée. »

17 En outre il est capable de combattre ses affections et de s'en soulager : qu'une écharde se fiche dans sa patte, il s'efforce d'y remédier en frottant sa patte contre le sol, ou en l'ôtant avec les dents ; qu'il souffre d'une plaie, comme les plaies sales se ferment mal et les plaies propres guérissent facilement, il ôte doucement le pus qui s'y forme. Et puis il observe à merveille l'ordonnance d'Hippocrate : « Pour le pied, un remède : l'immobilité », car s'il souffre d'une blessure à la patte, il la tient levée et le plus possible à l'abri de toute fatigue. Incommodé par des sucs toxiques, il mange de l'herbe, grâce à quoi il vomit la substance nocive, et il guérit.

18 Donc, s'il est bien évident que l'animal que nous avons considéré à titre d'exemple, est capable de choisir ce qui lui convient et d'éviter ce qui lui est nuisible, possède en outre l'art de se procurer ce qui lui convient, est encore susceptible de combattre ses affections et de s'en soulager, et enfin ne manque pas de vertu, le chien, dans la mesure où ces facteurs concourent à produire la perfection de la raison interne, ne doit pas manquer à cet égard de perfection. [...]

b) La raison externe ou langage animal

19 Quant à la raison exprimée <ou langage>, il n'est pas nécessaire d'entreprendre à présent une recherche sur ce point. [...] Mais il est bien évident que ce n'est pas parce qu'un homme est muet qu'on le dira privé de raison. Mais laissons cela, et, revenant à notre sujet, considérons encore les animaux : ils profèrent des sons qui semblent humains, comme la pie et certains autres. Mais laissons cela : peu importe que nous ne comprenions pas

---

11. C'est-à-dire l'argument selon lequel : « Ou p ou q. Or non p. Donc q. »

le langage des animaux dits privés de raison, il n'est pas du tout absurde de dire qu'ils parlent et que nous ne comprenons pas. En effet, quand nous entendons des barbares parler leur langue, nous ne comprenons rien, et même elle n'est pour nous qu'indistinct bavardage. Mais nous entendons les chiens prendre une voix différente quand ils cherchent à éloigner les gens, quand ils hurlent, quand on les bat, et quand on les caresse. En y prêtant suffisamment attention, on trouverait une grande variété d'intonations chez le chien comme chez les autres animaux selon les différentes circonstances. Aussi apparaît-il juste de dire que les animaux dits privés de raison participent à la raison exprimée.

20   Si les animaux ne le cèdent en rien aux hommes quant à l'acuité des sens, ils ne le cèdent non plus en rien, tant en ce qui concerne la raison interne, qu'en ce qui touche, comme nous venons de le dire, à la raison exprimée ; aussi, sont-ils des juges non moins dignes de foi que nous-mêmes en matière de représentation. Il serait peut-être possible de le démontrer en considérant séparément chaque espèce d'animaux privés de raison. Qui irait prétendre en effet que les oiseaux ne l'emportent pas en intelligence et n'usent pas de la raison exprimée : non seulement ils connaissent les événements futurs, mais ils les révèlent à ceux qui savent les comprendre en les leur indiquant par des signes et en les leur prédisant par leur cri[12].

L'argumentation fondée sur la différence entre les hommes

I. — DIFFÉRENCES DE CONFORMATION ET DE COMPLEXION PHYSIQUES

21   [Cette argumentation] est [fondée] sur la différence des hommes entre eux. En effet, même si nous partons du principe que le témoignage humain est plus digne de foi que celui des animaux privés de raison, nous devons justement trouver dans les différences propres au genre humain un motif suffisant de suspension du jugement. Or, l'homme en effet est, dit-on, composé de deux principes, l'âme et le corps : double motif de différences.

22   En ce qui concerne le corps, nous différons à la fois par la conformation et par la complexion. La conformation d'un Scythe n'est pas celle d'un Indien : ce qui introduit une variation, c'est la différence de prédominance des humeurs[13]. Cette différence de prédominance des humeurs entraîne, comme nous l'avons déjà dit, à propos [de la première argumentation], des représentations différentes. Les humeurs précisément sont causes de

---

12. À l'époque, on croyait pouvoir lire l'avenir dans le vol des oiseaux.
13. Allusion à la théorie des humeurs. Voir note 9 de la p. 346.

différences dans la manière dont les hommes recherchent ou évitent les objets extérieurs. Telle chose plaît aux Indiens, tel objet à nous autres : cette différence du plaisir est l'indice d'une variation dans les représentations reçues à partir des objets extérieurs. Nos complexions diffèrent elles aussi : certains digèrent mieux la viande de bœuf que la friture de roche, et supportent mal le petit vin de Lesbos. [...]

II. — ÂMES ET ÉTATS D'ÂME

23   Il est vraisemblable aussi que les hommes diffèrent entre eux en ce qui concerne l'âme, car le corps est en quelque sorte la copie de l'âme, comme justement la physiognomonie[14] nous le montre. Mais la preuve la plus patente des différences multiples et infinies propres à l'intelligence humaine, est la discordance des propos tenus par les dogmatiques sur la plupart des questions et en particulier sur ce qu'il convient de choisir et d'éviter. Les poètes l'ont bien montré. Pindare d'abord :

De prix et de couronnes remportés par ces chevaux aux sabots impétueux,
                                                            [l'un se réjouit, dit-il,
D'autres, de vivre en des palais dorés,
Un autre prend plaisir à voyager, fendant les vagues sur un vaisseau rapide[15].

Puis Homère :

Tel héros s'adonne à telles tâches, tel autre à d'autres[16].

La tragédie est pleine de pareils échos :

Si tous s'accordaient à trouver la même chose naturellement belle et sage,
Les hommes ne connaîtraient ni disputes ni querelles[17].

et encore :

Étrange chose : le même objet qui réjouit le cœur de certains mortels
Est la haine des autres[18].

24   Mais puisque le choix et l'aversion dépendent du plaisir et du déplaisir, qui eux-mêmes trouvent leur siège dans l'imagination, chaque fois qu'on voit des hommes choisir ou éviter le même objet, nous sommes amenés à inférer qu'ils ne sont pas également touchés par les mêmes objets, sans quoi

---

14. Physiognomonie : théorie populaire à l'époque selon laquelle la physionomie d'une personne reflète son caractère.

15. Pindare, *Fragment 242* (Bœckh).

16. Homère, *Odyssée, XIV,* 228.

17. Euripide, *Phéniciennes,* v. 499.

18. Peut-être d'Euripide, 462 (Nauck).

ils choisiraient ou éviteraient également les mêmes objets. […] En effet nous devrons faire confiance ou bien à tous les hommes, ou bien à quelques-uns seulement. Or faire confiance à tous, c'est tenter l'impossible et rencontrer des contradictions ; mais, s'il ne faut en croire que quelques-uns, alors qu'on nous dise lesquels. Le platonicien dira « Platon ! », l'épicurien « Épicure ! », et ainsi de suite, et leur impuissance à trancher le débat nous conduira derechef à suspendre notre jugement. Dire qu'il faut se ranger à l'avis de la majorité, c'est de l'enfantillage : nul n'est en mesure d'aller trouver séparément tous les hommes, et de déduire de cette consultation ce qui plaît à la majorité, car il se peut que, chez certains peuples que nous ne connaissons pas, ce qui chez nous est rare soit chez eux le plus répandu, et que ce qui est le plus répandu chez nous soit chez eux plus rare. Ainsi est-il possible que chez eux la majorité ne souffre pas des morsures d'araignées et que seulement certains à de rares occasions aient à en souffrir, et qu'il en aille de même pour les autres complexions dont nous avons parlé plus haut[19]. Il est donc nécessaire, compte tenu de la diversité des hommes, d'en arriver à la suspension [du jugement].

L'argumentation fondée sur la différence de disposition des organes des sens

25   [Cette argumentation] se fonde sur la différence des sensations. Que les sensations diffèrent entre elles, c'est évident. Ainsi les tableaux semblent présenter à la vue des différences de relief dues à la perspective, mais qui échappent au toucher. De même le miel dont la sensation sur la langue est agréable pour certains, est désagréable aux yeux ; il est donc impossible de dire s'il est par essence absolument agréable ou désagréable. Il en va de même du parfum : il charme l'odorat, mais déplaît au goût. […]

L'argumentation fondée sur les circonstances

26   Afin d'en pouvoir arriver à la suspension [du jugement], en nous fondant sur l'analyse de chaque sens pris séparément ou encore en rejetant les sensations, nous recourons [à la quatrième argumentation en faveur] de la suspension. [Elle] se fonde sur ce que nous appelons la relativité des circonstances, désignant ainsi les dispositions (dans lesquelles peuvent se trouver les gens). Disons [qu'elle] considère : l'état normal ou l'état pathologique, la veille ou le sommeil, l'âge, le mouvement ou le repos, la haine ou l'amour, le manque ou la satiété, l'ivresse ou la sobriété, les prédispositions, la confiance ou la crainte, la tristesse ou la joie.

---

19. Cf. ci-dessus, p. 349 (Différences de conformation et de complexion).

a) Le normal et le pathologique

27   Selon que les dispositions des sujets sont conformes ou non à la normale, les objets leur procurent des impressions différentes. Les sujets en proie à la frénésie ou à l'extase croient entendre des voix surnaturelles, et nous nullement ; de même ils disent souvent sentir des exhalaisons de résine, d'encens ou autre, et mainte autre chose encore, alors que nous ne sentons rien. La même eau, versée sur des inflammations, paraît bouillante, alors qu'elle nous semble tiède. La même tunique qui apparaît pourpre à des yeux injectés de sang, je ne la vois pas telle. Le même miel qui m'est doux est acide aux ictériques.

[…]

c) L'âge

28   Les impressions varient aussi avec l'âge. Le même air, qui semble froid aux vieillards, paraît tempéré à ceux qui sont dans la fleur de l'âge. La même couleur, qui paraît sombre à des personnes âgées, paraît vive à ceux qui sont dans la fleur de l'âge ; et le même son, qui semble à peine perceptible aux uns, est parfaitement audible aux autres. Au regard des inclinations et des aversions l'âge introduit des différences : les enfants, par exemple s'adonnent à la balle et au cerceau, les adultes choisissent autre chose, et autre chose encore les vieillards. Ce qui nous amène à dire que les différences d'âge entraînent des différences dans les impressions issues des mêmes objets.

d) Le mouvement et le repos

29   Le mouvement et le repos entraînent aussi de la diversité dans les représentations sensibles : les objets que nous voyons immobiles lorsque nous ne bougeons pas, nous paraissent en mouvement lorsque nous les côtoyons en passant.

[…]

f) Le manque ou la satiété

30   Avec le manque ou la satiété : le même mets, qui semble agréable à l'affamé, provoque l'inappétence du rassasié.

g) L'ivresse et la sobriété

31   Avec l'ivresse et la sobriété : des actions qui à jeun nous semblent abominables, ne nous le paraissent pas si nous sommes ivres.

h) Les prédispositions

32 Avec les prédispositions : le même vin, qui par-dessus des dattes ou des figues sèches paraît aigre, semble doux après des noix ou des pois chiches ; et si l'atmosphère tiède de l'antichambre des bains réchauffe les arrivants, elle donne un coup de froid à ceux qui sortent, surtout s'ils s'y attardent à bavarder.

[...]

j) Conclusion : la considération des circonstances conduit à la suspension du jugement

33 Étant donné l'inconstance que provoquent les circonstances, dont le change-ment entraîne chez l'homme des changements, s'il est peut-être aisé de dire quelle représentation chacun tire de chacun des objets extérieurs, il n'est plus possible de dire ce que chacun est effectivement, car cette inconstance interdit tout jugement. Car le sujet qui juge est lui-même dans l'une de ces dispositions ou bien n'en connaît absolument aucune. Mais dire qu'il n'est lui-même le jouet d'aucune de ces circonstances, par exemple qu'il n'est ni bien portant ni malade, ni en mouvement ni immobile, qu'il n'a pas d'âge et qu'il échappe à toutes les autres circonstances, c'est complètement absurde. En revanche, s'il se trouve soumis, pour juger ses propres imaginations, à quelqu'une de ces circonstances, il sera partie du procès et de ce fait ne pourra être juge impartial des objets extérieurs, puisque les circonstances, dans lesquelles il est plongé, le troublent. [...]

L'argumentation fondée sur la diversité des morales, coutumes, lois, croyances légendaires et convictions dogmatiques

I. — DIVERSITÉ DES STYLES DE VIE

34 [Cette argumentation] porte principalement sur les problèmes éthiques : [elle] se fonde sur les morales, les coutumes, les lois, les croyances légendaires et les convictions dogmatiques.

35 Une morale est le choix d'un style de vie ou d'une action particulière, propre à un seul ou a plusieurs hommes, par exemple celle de Diogène ou celle des Lacédémoniens. Une loi est un contrat écrit passé entre les citoyens : son infraction entraîne punition. Une coutume ou habitude (les termes sont équivalents) est l'adoption commune à un certain nombre d'hommes d'une certaine pratique : qui l'enfreint n'est nullement puni ; par exemple, une loi interdit l'adultère, mais c'est une coutume que de ne pas avoir en public

commerce avec une femme. Une croyance légendaire est une opinion relative à des événements irréels et fictifs, par exemple, entre autres, celles de Kronos, auxquelles précisément beaucoup ajoutent foi. […]

II. — LEURS OPPOSITIONS MUTUELLES

36 Nous les opposons mutuellement d'abord, réciproquement ensuite.

37 Ainsi par exemple la coutume à la coutume : certains Éthiopiens tatouent leur marmaille, nous pas. Les Perses trouvent élégant le port d'un vêtement bariolé et tombant jusqu'aux pieds, mais cela nous choque. Les Indiens ont publiquement commerce avec leurs femmes, mais la plupart des autres peuples pensent que c'est honteux.

38 Nous opposons une loi à une loi. Chez les Romains celui qui renonce à l'héritage de son père n'est pas redevable des dettes de son père, mais chez les Rhodiens il en est toujours redevable. En Tauride la loi scythe voulait qu'on sacrifiât les étrangers à Artémis, mais chez nous il est défendu de tuer un homme dans un temple.

39 Nous opposons une morale à une morale, lorsque nous confrontons la morale de Diogène et celle d'Aristippe ou celle des Lacédémoniens à celle des Italiens.

40 Une croyance légendaire à une croyance légendaire, lorsque nous confrontons le mythe de Zeus, *« père des hommes et des dieux »*, au mythe d'Océan, disant :

> *Les dieux ont Océan pour père et Téthys pour mère.*

41 Nous opposons entre elles les convictions dogmatiques lorsque nous disons que pour les uns, il n'y a qu'un élément et pour les autres, une infinité ; que pour les uns, l'âme est mortelle et pour les autres, immortelle ; que pour les uns, les choses qui dépendent de nous sont réglées par la Providence divine, et pour les autres, il n'y a pas de Providence.

III. — LEURS OPPOSITIONS RÉCIPROQUES

42 Nous opposons la coutume aux autres styles de vie : à la loi par exemple quand nous disons que chez les Perses l'homosexualité est une coutume, alors que chez les Romains la loi l'interdit ; que chez nous l'adultère est défendu, alors que chez les Massagètes la coutume se montre à son égard indifférente, ainsi que le relate Eudoxe de Cnide dans le premier livre de son *Voyage autour du monde* ; que chez nous l'inceste est interdit, alors que chez les Perses la coutume veut souvent qu'on épouse sa mère ; et que chez les Égyptiens les frères épousent les sœurs, alors que chez nous la loi l'interdit. […]

43   On pourrait multiplier les exemples d'oppositions comparables mais ceux-là suffisent, pour abréger. Compte tenu de l'inconstance des actions, que vient de nous montrer [cette argumentation], il ne sera pas possible de dire ce qu'est par nature l'objet sensible et nous devrons nous borner à dire ce qu'est sa représentation, qui varie en fonction de telle morale, de telle loi, de telle coutume, etc. Donc il est nécessaire, vu [cette argumentation], de suspendre notre jugement sur la nature des objets extérieurs concernés par nos actions.

L'argumentation fondée sur les effets des positions, des distances et des lieux

a) Les distances

44   [Cette argumentation est fondée] sur les positions, les distances et les lieux : en fonction d'eux en effet les mêmes objets donnent des représentations différentes. Par exemple le même portique vu de l'une de ses extrémités paraît s'amenuiser à la vue, mais vu du milieu, totalement symétrique. De même, le même bateau apparaît de loin tout petit et immobile, de près grand et en mouvement ; la même tour qui de loin paraît ronde, de près apparaît carrée. Ces effets sont fonction des distances.

b) Les lieux

45   Voici les effets relatifs aux lieux. L'éclat d'une lampe se distingue mal au soleil, mais brille dans l'obscurité. La même rame plongée dans l'eau paraît brisée, mais droite hors de l'eau. […]

c) Les positions

46   Voici les effets relatifs aux positions. La même peinture paraît plate si on la renverse en arrière, mais ramenée sous un certain angle, elle semble présenter des effets de perspective. Les cous des pigeons changent de couleur en fonction de leurs changements d'inclinaison.

d) Comment choisir ?

47   Donc puisque toutes les représentations sensibles sont vues en un certain lieu, d'une certaine distance et en une certaine position, facteurs qui chacun introduisent une grande diversité dans les produits de l'imagination, comme nous l'avons rappelé ; [cette argumentation] nous forcera à suspendre en définitive notre jugement. Qui prétendrait accorder préférence à telles imaginations plutôt qu'à telles autres entreprendrait l'impossible. Car s'il se prononce sans preuve ni démonstration, il ne sera pas digne de foi. Mais si en revanche il prétend user d'une démonstration, de deux choses l'une : ou

bien il dira que sa démonstration est fausse et se réfutera lui-même ; ou bien, affirmant que sa démonstration est vraie, il se verra contraint de présenter la démonstration de la vérité de sa démonstration, puis comme celle-ci doit être vraie, la démonstration de celle-ci, jusqu'à l'infini. Or il est impossible de fonder une démonstration qui régresse à l'infini. Aussi ne pourra-t-on fonder sur une démonstration le choix de telle ou telle imagination. Si, de fait, il s'avère impossible de se prononcer, sans démonstration comme avec démonstration, sur les imaginations dont nous venons de parler, nous sommes conduits à la suspension. Puisque de toute évidence nous n'avons pas pouvoir de dire ce qu'est l'objet dont la représentation varie en fonction de la position, de la distance et de l'endroit, nous ne serons pas non plus capables, compte tenu des raisons alléguées ci-dessus, de dire ce qu'est sa nature effective.

[…]

L'argumentation fondée sur la relation

I. — L'ÊTRE ET L'APPARAÎTRE

48   [Cette argumentation] se fonde sur la relation : [elle] nous amène à conclure que, puisque tout est relatif, nous devons suspendre notre jugement sur ce que les choses sont dans l'absolu et selon leur nature propre. [...]

49   Que tout est relatif, nous l'avons inféré plus haut : par exemple selon le sujet qui juge, chaque représentation est relative à tel animal, à tel homme, à tel sens, et en même temps elle est relative à telle circonstance donnée et appréhendée dans le contexte des sensations qui lui font cortège, chaque représentation étant relative à tel mélange, à tel mode, à telle combinaison, à telle quantité et à telle position.

[…]

L'argumentation fondée sur la fréquence et la rareté des rencontres

50   Touchant [cette argumentation], [fondée] sur la fréquence et la rareté des rencontres, voici quelques explications. Le soleil est assurément bien plus formidable qu'une comète, mais comme nous voyons fréquemment le soleil et rarement la comète, la vue de celle-ci nous remplit de crainte au point qu'elle passe pour un présage divin, alors qu'il n'en est rien du soleil. Supposons cependant que le soleil ne nous apparaisse que rarement, qu'il ne se couche que rarement, et que tantôt il éclaire tous les objets ensemble,

et tantôt les obscurcisse soudain, alors ce spectacle nous frapperait de stupeur. Le tremblement de terre ne trouble pas de la même façon ceux qui en font pour la première fois l'expérience et ceux qui y sont habitués. Quelle stupeur frappe l'homme qui voit la mer pour la première fois ! La beauté du corps humain nous touche davantage à sa première et soudaine apparition que si nous avons pris l'habitude de le voir. Il nous semble que ce qui est rare est cher, mais ce n'est pas le cas des objets familiers et répandus. Si nous supposons que l'eau est rare combien plus précieuse elle nous paraîtra que tous les biens qui nous semblent précieux. Mais, si nous imaginons que l'or est simplement répandu partout sur la terre, comme les cailloux, nous semblera-t-il alors si précieux et si digne d'être mis sous clef ?

Donc, puisque c'est la fréquence ou la rareté de leurs rencontres qui confère aux objets leur caractère surprenant ou précieux, et tantôt les prive de ce caractère, nous en inférons que nous serons en mesure de dire comment nous est représenté chacun d'eux en fonction de la fréquence ou de la rareté de sa rencontre, mais que nous ne pourrons pas nous prononcer sur ce qu'est en lui-même chacun des objets extérieurs, de telle sorte que [cette argumentation] nous conduit à suspendre notre jugement à leur sujet.

E X E R C I C E S

1. Faites l'évaluation de l'argumentation qui se trouve au paragraphe 4.

2. Résumez en vos propres termes l'argumentation qui se trouve au paragraphe 10.

3. Peut-on conclure, à partir de l'argumentation contenue dans le paragraphe 14, que les chiens possèdent la raison ? Rédigez un court texte où vous expliquez à Sextus Empiricus votre analyse de son argumentation.

4. Êtes-vous convaincu par l'argumentation de l'auteur qui se trouve dans les paragraphes 15 et 16 ? Expliquez votre réponse.

5. Évaluez l'argumentation qui se trouve au paragraphe 19.

6. Évaluez l'argumentation qui se trouve au paragraphe 28.

7. Ce texte de Sextus Empiricus renferme bon nombre d'idées curieuses et de raisonnements étranges. Néanmoins, on peut tirer certaines leçons sur le plan de la pensée critique de la lecture de ce texte. Quelles seraient-elles ?

RENÉ DESCARTES

René Descartes (1596-1650) fut un philosophe et un scientifique de premier plan qui s'intéressa à des domaines très divers. Les passions, la conscience, l'existence de Dieu, la géométrie, l'optique, la formation de l'univers, la structure géologique de la terre, les météores, les arcs-en-ciel, la biologie et la méthode scientifique sont autant de sujets sur lesquels il s'est penché. Né le 31 mars 1596, à La Haye, en France, il voyagea en Hollande, au Danemark, en Allemagne et en Italie, puis demeura plus de vingt ans en Hollande. En 1634, il renonça à publier le *Traité du monde,* qu'il venait d'écrire : l'Église avait condamné Galilée l'année précédente pour avoir défendu des idées que Descartes soutenait également dans cet ouvrage. Ses publications ultérieures se firent donc sous le signe de la prudence. Malgré cela, il fut accusé d'athéisme à plusieurs reprises et eut des démêlés avec des autorités religieuses. La reine Christine de Suède, avec qui il correspondait, l'invita chez elle à la fin de 1649. Il y mourut d'une pneumonie le 11 février 1650.

Dans les extraits que nous avons retenus de ce texte classique qu'est le *Discours de la méthode,* publié en 1637, René Descartes raconte comment sa perplexité devant la diversité des opinions s'est transformée chez lui en un véritable problème existentiel. Il expose ensuite la manière par laquelle il entend échapper à l'incertitude. Puis, il explique quelle croyance lui servira d'assise pour l'édification de l'ensemble de ses croyances.

DISCOURS DE LA MÉTHODE[1]
par René Descartes

I — Introduction[2]

1   Le bon sens est la chose du monde la mieux partagée : car chacun pense en être si bien pourvu, que ceux même qui sont les plus difficiles à contenter en toute autre chose n'ont point coutume d'en désirer plus qu'ils en ont. En quoi il n'est pas vraisemblable que tous se trompent ; mais plutôt cela témoigne que la puissance de bien juger et distinguer le vrai d'avec le faux, qui est proprement ce qu'on nomme le bon sens ou la raison, est naturellement égale en tous les hommes ; et ainsi, que la diversité de nos opinions ne vient pas de ce que les uns sont plus raisonnables que les autres, mais seulement de ce que nous conduisons nos pensées par diverses voies, et ne considérons pas les mêmes choses. Car ce n'est pas assez d'avoir l'esprit bon, mais le principal est de l'appliquer bien. […]

[…]

2   […] je ne craindrai pas de dire que je pense avoir eu beaucoup d'heur[3] de m'être rencontré dès ma jeunesse en certains chemins, qui m'ont conduit à des considérations et des maximes, dont j'ai formé une méthode, par laquelle il me semble que j'ai moyen d'augmenter par degrés ma connaissance et de l'élever peu à peu au plus haut point auquel la médiocrité de mon esprit et la courte durée de ma vie lui pourront permettre d'atteindre. […]

3   Toutefois il se peut faire que je me trompe, et ce n'est peut-être qu'un peu de cuivre et de verre que je prends pour de l'or et des diamants. Je sais combien nous sommes sujets à nous méprendre en ce qui nous touche, et combien aussi les jugements de nos amis nous doivent être suspects, lorsqu'ils sont en notre faveur. Mais je serai bien aise de faire voir, en ce discours, quels sont les chemins que j'ai suivis, et d'y représenter ma vie comme en un tableau, afin que chacun en puisse juger, et qu'apprenant du bruit commun les opinions qu'on en aura, ce soit un nouveau moyen de m'instruire que j'ajouterai à ceux dont j'ai coutume de me servir.

---

1. Tiré de René Descartes, *Œuvres et lettres*, Paris, Gallimard, Bibliothèque de la Pléiade, 1953, p. 126-148.

2. Les sous-titres sont de P. Blackburn.

3. C'est-à-dire de chance.

4   Ainsi mon dessein n'est pas d'enseigner ici la méthode que chacun doit suivre pour bien conduire sa raison, mais seulement de faire voir en quelle sorte j'ai tâché de conduire la mienne. Ceux qui se mêlent de donner des préceptes[4] se doivent estimer plus habiles que ceux auxquels ils les donnent, et s'ils manquent à la moindre chose, ils en sont blâmables. Mais ne proposant cet écrit que comme une histoire, ou, si vous l'aimez mieux, que comme une fable, en laquelle, parmi quelques exemples qu'on peut imiter, on en trouvera peut-être aussi plusieurs autres qu'on aura raison de ne pas suivre, j'espère qu'il sera utile à quelques-uns, sans être nuisible à personne, et que tous me sauront gré de ma franchise.

II — La période des études et l'embarras de Descartes

5   J'ai été nourri aux lettres dès mon enfance, et pour ce qu'on me persuadait que, par leur moyen, on pouvait acquérir une connaissance claire et assurée de tout ce qui est utile à la vie, j'avais un extrême désir de les apprendre. Mais sitôt que j'ai eus achevé tout ce cours d'études au bout duquel on a coutume d'être reçu au rang des doctes, je changeai entièrement d'opinion. Car je me trouvais embarrassé de tant de doutes et d'erreurs, qu'il me semblait n'avoir fait autre profit, en tâchant de m'instruire, sinon que j'avais découvert de plus en plus mon ignorance. Et néanmoins j'étais en l'une des plus célèbres écoles de l'Europe[5], où je pensais qu'il devait y avoir de savants hommes, s'il y en avait en aucun endroit de la terre. J'y avais appris tout ce que les autres y apprenaient ; et même, ne m'étant pas contenté des sciences qu'on nous enseignait, j'avais parcouru tous les livres traitant de celles qu'on estime les plus curieuses et les plus rares, qui avaient pu tomber entre mes mains. Avec cela, je savais les jugements que les autres faisaient de moi ; et je ne voyais point qu'on m'estimât inférieur à mes condisciples, bien qu'il y en eût déjà entre eux quelques-uns qu'on destinait à remplir les places de nos maîtres. Et enfin notre siècle me semblait aussi fleurissant et aussi fertile en bons esprits qu'ait été aucun des précédents. Ce qui me faisait prendre la liberté de juger par moi de tous les autres, et de penser qu'il n'y avait aucune doctrine dans le monde qui fût telle qu'on m'avait auparavant fait espérer.

6   Je ne laissais pas toutefois d'estimer les exercices auxquels on s'occupe dans les écoles. Je savais que les langues qu'on y apprend sont nécessaires pour l'intelligence des livres anciens ; que la gentillesse des fables réveille l'esprit ; que les actions mémorables des histoires le relèvent, et qu'étant lues

---

4. C'est-à-dire des conseils.
5. Le collège de La Flèche.

avec discrétion, elles aident à former le jugement ; que la lecture de tous les bons livres est comme une conversation avec les plus honnêtes gens des siècles passés, qui en ont été les auteurs, et même une conversation étudiée en laquelle ils ne nous découvrent que les meilleures de leurs pensées ; que l'éloquence a des forces et des beautés incomparables ; que la poésie a des délicatesses et des douceurs très ravissantes ; que les mathématiques ont des inventions très subtiles, et qui peuvent beaucoup servir, tant à contenter les curieux, qu'à faciliter tous les arts et diminuer le travail des hommes ; que les écrits qui traitent des mœurs contiennent plusieurs enseignements, et plusieurs exhortations à la vertu qui sont fort utiles ; que la théologie enseigne à gagner le ciel ; que la philosophie donne moyen de parler vraisemblablement de toutes choses et se faire admirer des moins savants ; que la jurisprudence, la médecine et les autres sciences apportent des honneurs et des richesses à ceux qui les cultivent ; et enfin qu'il est bon de les avoir toutes examinées, même les plus superstitieuses et les plus fausses, afin de connaître leur juste valeur, et se garder d'en être trompé.

7   Mais je croyais avoir déjà donné assez de temps aux langues, et même aussi à la lecture des livres anciens, et à leurs histoires et à leurs fables. Car c'est quasi le même de converser avec ceux des autres siècles, que de voyager. Il est bon de savoir quelque chose des mœurs de divers peuples, afin de juger des nôtres plus sainement, et que nous ne pensions pas que tout ce qui est contre nos modes soit ridicule et contre raison, ainsi qu'ont coutume de faire ceux qui n'ont rien vu. Mais lorsqu'on emploie trop de temps à voyager, on devient enfin étranger en son pays ; et lorsqu'on est trop curieux des choses qui se pratiquaient aux siècles passés, on demeure ordinairement fort ignorant de celles qui se pratiquent en celui-ci. Outre que les fables font imaginer plusieurs événements comme possibles qui ne le sont point ; et que même les histoires les plus fidèles, si elles ne changent ni n'augmentent la valeur des choses, pour les rendre plus dignes d'être lues, au moins en omettent-elles presque toujours les plus basses et moins illustres circonstances ; d'où vient que le reste ne paraît pas tel qu'il est, et que ceux qui règlent leurs mœurs par les exemples qu'ils en tirent, sont sujets à tomber dans les extravagances des paladins de nos romans, et à concevoir des desseins qui passent leurs forces.

[…]

8   Je me plaisais surtout aux mathématiques, à cause de la certitude et de l'évidence de leurs raisons […]

[…]

III — La période des voyages

9   C'est pourquoi, sitôt que l'âge me permit de sortir de la sujétion de mes précepteurs, je quittai entièrement l'étude des lettres. Et me résolvant de ne chercher plus d'autre science que celle qui se pourrait trouver en moi-même, ou bien dans le grand livre du monde, j'employai le reste de ma jeunesse à voyager, à voir des cours et des armées, à fréquenter des gens de diverses humeurs et conditions, à recueillir diverses expériences, à m'éprouver moi-même dans les rencontres que la fortune me proposait, et partout à faire telle réflexion sur les choses qui se présentaient, que j'en pusse tirer quelque profit. […] Et j'avais toujours un extrême désir d'apprendre à distinguer le vrai d'avec le faux, pour voir clair en mes actions, et marcher avec assurance dans cette vie.

Descartes à la cour de Christine, reine de Suède (1632-1654). Tableau de Pierre Dumesnil.

10   Il est vrai que, pendant que je ne faisais que considérer les mœurs des autres hommes, je n'y trouvais guère de quoi m'assurer, et que j'y remarquais quasi autant de diversité que j'avais fait auparavant entre les opinions des philosophes. En sorte que le plus grand profit que j'en retirais était que, voyant plusieurs choses qui, bien qu'elles nous semblent fort extravagantes et ridicules, ne laissent pas d'être communément reçues et approuvées par d'autres grands peuples, j'apprenais à ne rien croire trop fermement de ce qui ne m'avait été persuadé que par l'exemple et par la coutume ; et ainsi je me délivrais peu à peu de beaucoup d'erreurs qui peuvent offusquer notre lumière naturelle et nous rendre moins capables d'entendre raison. Mais, après que j'eus employé quelques années à étudier ainsi dans le livre du monde, et à tâcher d'acquérir quelque expérience, je pris un jour la résolution d'étudier aussi en moi-même, et d'employer toutes les forces de mon esprit à choisir les chemins que je devais suivre. Ce qui me réussit beaucoup mieux, ce me semble, que si je ne me fusse jamais éloigné ni de mon pays ni de mes livres.

IV — Le projet de Descartes

11   J'étais alors[6] en Allemagne, où l'occasion des guerres qui n'y sont pas encore finies m'avait appelé ; et, comme je retournais du couronnement de l'empereur vers l'armée, le commencement de l'hiver m'arrêta en un quartier où, ne trouvant aucune conversation qui me divertît, et n'ayant d'ailleurs, par bonheur, aucun soins ni passions qui me troublassent, je demeurais tout le jour enfermé seul dans un poêle[7], où j'avais tout loisir de m'entretenir de mes pensées. Entre lesquelles l'une des premières fut que je m'avisai de considérer que souvent il n'y a pas tant de perfection dans les ouvrages composés de plusieurs pièces, et faits de la main de divers maîtres, qu'en ceux auxquels un seul a travaillé. Ainsi voit-on que les bâtiments qu'un seul architecte a entrepris et achevés ont coutume d'être plus beaux et mieux ordonnés que ceux que plusieurs ont tâché de raccommoder, en faisant servir de vieilles murailles qui avaient été bâties à d'autres fins. Ainsi ces anciennes cités qui, n'ayant été au commencement que des bourgades, sont devenues par succession de temps de grandes villes, sont ordinairement si mal compassées, au prix de ces places régulières qu'un ingénieur trace à sa fantaisie dans une plaine, qu'encore que, considérant leurs édifices chacun à part, on y trouve souvent autant ou plus d'art qu'en ceux des autres, toutefois, à voir comme ils sont arrangés, ici un grand, là un petit, et comme ils rendent les rues

---

6. Pendant l'hiver 1619-1620.

7. C'est-à-dire une chambre chauffée par un poêle de faïence.

courbées et inégales, on dirait que c'est plutôt la fortune[8] que la volonté de quelques hommes usant de raison qui les a ainsi disposés. [...] Et ainsi je pensai que les sciences des livres, au moins celles dont les raisons ne sont que probables, et qui n'ont aucunes démonstrations[9], s'étant composées et grossies peu à peu des opinions de plusieurs diverses personnes, ne sont point si approchantes de la vérité que les simples raisonnements que peut faire naturellement un homme de bon sens touchant les choses qui se présentent. Et ainsi encore je pensai que, pour ce que nous avons tous été enfants avant d'être hommes, et qu'il nous a fallu longtemps être gouvernés par nos appétits et nos précepteurs, qui étaient souvent contraires les uns aux autres, et qui, ni les uns ni les autres, ne nous conseillaient peut-être pas toujours le meilleur, il est presque impossible que nos jugements soient si purs ni si solides qu'ils auraient été si nous avions eu l'usage entier de notre raison dès le point de notre naissance, et que nous n'eussions jamais été conduits que par elle.

12   Il est vrai que nous ne voyons point qu'on jette par terre toutes les maisons d'une ville pour le seul dessein de les refaire d'autre façon, et d'en rendre les rues plus belles ; mais on voit bien que plusieurs font abattre les leurs pour les rebâtir, et que même quelquefois ils y sont contraints quand elles sont en danger de tomber d'elles-mêmes et que les fondements n'en sont pas bien fermes. À l'exemple de quoi je me persuadai qu'il n'y aurait véritablement point d'apparence qu'un particulier fît dessein de réformer un État, en y changeant tout dès les fondements, et en le renversant pour le redresser ; ni même aussi de réformer le corps des sciences, ou l'ordre établi dans les écoles pour les enseigner ; mais que, pour toutes les opinions que j'avais reçues jusques alors en ma créance, je ne pouvais mieux faire que d'entreprendre une bonne fois de les en ôter, afin d'y en remettre par après, ou d'autres meilleures, ou bien les mêmes, lorsque je les aurais ajustées au niveau de la raison. Et je crus fermement que, par ce moyen, je réussirais à conduire ma vie beaucoup mieux que si je ne bâtissais que sur de vieux fondements, et que je ne m'appuyasse que sur les principes que je m'étais laissé persuader en ma jeunesse, sans avoir jamais examiné s'ils étaient vrais. [...]

    [...]

---

8. C'est-à-dire le hasard.

9. Descartes considère les mathématiques comme différentes des autres sciences. Il y note une rigueur qui force le consensus. Cela le séduit et lui donne un sentiment de solidité qu'il ne trouve pas dans les autres sciences, où voisinent des opinions diverses et contradictoires. La science possédant des « démonstrations » à laquelle Descartes fait allusion ici, c'est avant tout les mathématiques.

13   Et pour moi, j'aurais été sans doute du nombre de [ceux qui se contentent de suivre l'opinion de ceux qui croient avoir raison], si je n'avais jamais eu qu'un seul maître ou que je n'eusse point su les différences qui ont été de tout temps entre les opinions des plus doctes. Mais, ayant appris, dès le collège, qu'on ne saurait rien imaginer de si étrange et si peu croyable, qu'il n'ait été dit par quelqu'un des philosophes[10]; et depuis, en voyageant, ayant reconnu que tous ceux qui ont des sentiments fort contraires aux nôtres ne sont pas pour cela barbares ni sauvages, mais que plusieurs usent, autant ou plus que nous de raison ; et ayant considéré combien un même homme, avec son même esprit, étant nourri dès son enfance entre des Français ou des Allemands, devient différent de ce qu'il serait s'il avait toujours vécu entre des Chinois ou des cannibales ; et comment, jusques aux modes de nos habits, la même chose qui nous a plu il y a dix ans, et qui nous plaira peut-être encore avant dix ans, nous semble maintenant extravagante et ridicule ; en sorte que c'est bien plus la coutume et l'exemple qui nous persuadent qu'aucune connaissance n'est certaine, et que néanmoins la pluralité des voix n'est pas une preuve qui vaille rien pour les vérités un peu malaisées à découvrir, à cause qu'il est bien plus vraisemblable qu'un homme seul les ait rencontrées que tout un peuple, je ne pouvais choisir personne dont les opinions me semblassent devoir être préférées à celles des autres, et je me trouvai comme contraint d'entreprendre moi-même de me conduire.

14   Mais, comme un homme qui marche seul et dans les ténèbres, je me résolus d'aller si lentement et d'user de tant de circonspection en toutes choses, que si je n'avançais que fort peu, je me garderais bien au moins de tomber. […]

15   […] je crus que j'aurais assez des quatre [principes] suivants, pourvu que je prisse une ferme et constante résolution de ne pas manquer pas une seule fois à les observer.

16   Le premier était de ne recevoir jamais aucune chose pour vraie que je ne la connusse évidemment être telle ; c'est-à-dire d'éviter soigneusement la précipitation et la prévention ; et de ne comprendre rien de plus en mes jugements que ce qui se présenterait si clairement et si distinctement à mon esprit que je n'eusse aucune occasion de le mettre en doute.

17   Le second, de diviser chacune des difficultés que j'examinerais en autant de parcelles qu'il se pourrait et qu'il serait requis pour les mieux résoudre.

18   Le troisième de conduire par ordre mes pensées, en commençant par les objets les plus simples et les plus aisés à connaître, pour monter

---

10. « Philosophes » est ici employé dans un sens large, qui inclut, comme c'était coutume à l'époque, la philosophie au sens strict mais aussi les sciences.

peu à peu, comme par degrés, jusques à la connaissance des plus composés […]

19   Et le dernier, de faire partout des dénombrements si entiers, et des revues si générales, que je fusse assuré de ne rien omettre.

20   Ces longues chaînes de raisons, toutes simples et faciles, dont les géomètres ont coutume de se servir pour parvenir à leurs plus difficiles démonstrations, m'avaient donné occasion de m'imaginer que toutes les choses qui peuvent tomber sous la connaissance des hommes s'entresuivent en même façon, et que, pourvu seulement qu'on s'abstienne d'en recevoir aucune pour vraie qui ne le soit, et qu'on garde toujours l'ordre qu'il faut pour les déduire les unes des autres, il n'y en peut avoir de si éloignées auxquelles enfin on ne parvienne, ni de si cachées qu'on ne découvre. Et je ne fus pas beaucoup en peine de chercher par lesquelles, il était besoin de commencer, car je savais déjà que c'était par les plus simples et les plus aisées à connaître […]

    […]

21   Après m'être ainsi assuré de [quelques] maximes[11], et de les avoir mises à part avec les vérités de la foi, qui ont toujours été les premières en ma créance, je jugeai que, pour tout le reste de mes opinions, je pouvais librement entreprendre de m'en défaire. Et d'autant que j'espérais en pouvoir mieux venir à bout en conversant avec les hommes, qu'en demeurant plus longtemps renfermé dans le poêle où j'avais eu toutes ces pensées, l'hiver n'était pas encore bien achevé que je me remis à voyager. Et en toutes les neuf années suivantes, je ne fis autre chose que rouler çà et là dans le monde, tâchant d'y être spectateur plutôt qu'acteur en toutes les comédies qui s'y jouent ; et, faisant particulièrement réflexion, en chaque matière, sur ce qui la pouvait rendre suspecte et nous donner occasion de nous méprendre, je déracinais cependant de mon esprit toutes les erreurs qui s'y étaient pu glisser auparavant. Non que j'imitasse pour cela les sceptiques, qui ne doutent que pour douter et affectent d'être toujours irrésolus, car, au contraire, tout mon dessein ne tendait qu'à m'assurer et à rejeter la terre mouvante et le sable pour trouver le roc ou l'argile. […]

    […]

---

11. Dans un passage que nous ne citons pas, Descartes mentionne qu'il a décidé de conserver trois croyances pour guider sa vie de tous les jours pendant la période où il abandonnerait toutes ses autres croyances. La première était d'obéir aux lois et aux coutumes de son pays. La seconde était d'être ferme et résolu dans ses actions et, lorsque les besoins pratiques l'exigeaient, de suivre les croyances les plus probables en l'absence de croyances certaines. La troisième était de toujours tenter de changer ses désirs plutôt que le monde, de s'accoutumer à croire que seules ses pensées étaient entièrement en son pouvoir et à limiter ses désirs de manière à être content de ce qu'il avait. Descartes avait aussi décidé que l'occupation qui lui convenait le mieux était d'employer toute sa vie à cultiver sa raison.

V — Il y a une croyance qui ne peut être déracinée

22 […] [Comme] je désirais vaquer seulement à la recherche de la vérité, je pensai qu'il fallait […] que je rejetasse comme absolument faux tout ce en quoi je pourrais imaginer le moindre doute, afin de voir s'il ne resterait point, après cela, quelque chose en ma créance qui fût entièrement indubitable. Ainsi, à cause que nos sens nous trompent quelquefois, je voulus supposer qu'il n'y avait aucune chose qui fût telle qu'ils nous la font imaginer. Et, parce qu'il y a des hommes qui se méprennent en raisonnant, même touchant les plus simples matières de géométrie, et y font des paralogismes[12], jugeant que j'étais sujet à faillir autant qu'aucun autre, je rejetai comme fausses toutes les raisons que j'avais prises auparavant pour démonstrations. Et enfin, considérant que toutes les même pensées que nous avons étant éveillés, nous peuvent aussi venir quand nous dormons, sans qu'il y en ait aucune pour lors qui soit vraie, je me résolus de feindre que toutes les choses qui m'étaient jamais entrées en l'esprit n'étaient non plus vraies que les illusions de mes songes. Mais, aussitôt après, je pris garde que, pendant que je voulais ainsi penser que tout était faux, il fallait nécessairement que moi, qui le pensais, fusse quelque chose. Et remarquant que que cette vérité : *Je pense, donc je suis,* était si ferme et si assurée que toutes les plus extravagantes suppositions des sceptiques n'étaient pas capables de l'ébranler, je jugeai que je pouvais la recevoir sans scrupule pour le premier principe de la philosophie que je cherchais.

23 Puis, examinant avec attention ce que j'étais, et voyant que je pouvais feindre que je n'avais aucun corps, et qu'il n'y avait aucun monde ni aucun lieu où je fusse ; mais que je ne pouvais pas feindre pour cela que je n'était point ; et qu'au contraire, de cela même que je pensais à douter de la vérité des autres choses, il suivait très évidemment et très certainement que j'étais ; au lieu que, si j'eusse seulement cessé de penser, encore que tout le reste de ce que j'avais imaginé eût été vrai, je n'avais aucune raison de croire que j'eusse été, je connus de là que j'étais une substance dont toute l'essence ou la nature n'est que de penser, et qui, pour être, n'a besoin d'aucun lieu, ni ne dépend d'aucune chose matérielle. En sorte que ce moi, c'est-à-dire l'âme, par laquelle je suis ce que je suis, est entièrement distincte du corps, et même qu'elle est plus aisée à connaître que lui, et qu'encore qu'il ne fût point, elle ne laisserait pas d'être tout ce qu'elle est.

24 Après cela, je considérai en général ce qui est requis à une proposition pour être vraie et certaine ; car puisque je venais d'en trouver une que je

---

12. C'est-à-dire des erreurs de raisonnement commises sans intention de tromper.

savais être telle, je pensai que je devais aussi savoir en quoi consiste cette certitude. Et ayant remarqué qu'il n'y a rien du tout en ceci : *je pense, donc je suis,* qui m'assure que je dis la vérité, sinon que je vois très clairement que, pour penser, il faut être, je jugeai que je pouvais prendre pour règle générale, que les choses que nous concevons fort clairement et fort distinctement sont toutes vraies, mais qu'il y a seulement quelque difficulté à bien remarquer quelles sont celles que nous concevons distinctement.

[…]

Descartes s'entretenant avec Christine, reine de Suède (1632-1654), peu de temps avant sa mort. (Détail du tableau de Pierre Dumesnil figurant à la p. 363.)

EXERCICES

1. Schématisez l'argumentation qui amène Descartes à affirmer que le bon sens, ou la raison, est «naturellement égale en tous les hommes» (paragraphe 1). Faites-en l'évaluation.

2. D'où vient, selon Descartes, la diversité de nos opinions, de nos croyances?

3. En quoi les voyages de Descartes lui ont-ils été utiles?

4. À la suite de ses voyages, Descartes décide de faire le «grand ménage» et de se débarrasser de toutes ses croyances, sauf celles mentionnées à la note 11, pour repartir à zéro. Pourquoi croit-il qu'il s'agit là d'une bonne façon de procéder?

5. Dans la section IV, Descartes fait des comparaisons entre l'architecture d'une ville et la constitution des croyances d'une personne. Trouvez ces comparaisons et montrez à quoi elles mènent. À votre avis, Descartes se sert-il de ces comparaisons comme prémisses pour ces conclusions ou simplement comme des illustrations pour mieux faire comprendre ce qu'il explique?

6. Dans le paragraphe 11, Descartes affirme que toutes les sciences, sauf les mathématiques, «s'étant composées et grossies peu à peu des opinions de plusieurs diverses personnes, ne sont point si approchantes de la vérité que les simples raisonnements que peut faire naturellement un homme de bon sens touchant les choses qui se présentent». Cette position s'accorde-t-elle ou s'oppose-t-elle à celle que nous défendons au chapitre 6? Justifiez votre réponse.

Cesare Bonesana (1738-1794), marquis de Beccaria, naquit et mourut à Milan. Il étudia à Parme et obtint à vingt ans son doctorat en droit à l'Université de Pavie. Vers 1761, il se joignit à l'«Académie des poings», un groupe de jeunes qui discutaient de réformes sociales. En 1764, il publia anonymement *Des délits et des peines*, un traité critique à l'égard de plusieurs des institutions juridiques de son époque dans lequel il dénonce certaines pratiques, notamment la torture et la peine de mort, et suggère des réformes de nature juridique. Cet ouvrage eut un énorme succès. Il fut traduit en français dès 1766 par l'Abbé Morellet, un des collaborateurs de l'*Encyclopédie* de Diderot et d'Alembert. En plus de contribuer à l'examen critique des institutions juridiques de son époque, Beccaria aurait directement influencé l'impératrice Marie-Thérèse, le grand-duc de Toscane Léopold II, et l'impératrice de Russie Catherine la Grande. L'Église, quant à elle, avait mis *Des délits et des peines* à l'Index des livres prohibés dès 1766.

Dans l'extrait que nous avons retenu de son livre, Beccaria fait la critique de l'usage de la torture, aussi appelée *question* à l'époque.

DE LA QUESTION OU TORTURE[1]
par Beccaria

1   C'est une barbarie consacrée par l'usage dans la plupart des gouvernements que de donner la torture à un coupable pendant que l'on poursuit son procès, soit pour tirer de lui l'aveu du crime ; soit pour éclaircir les contradictions où il est tombé ; soit pour découvrir ses complices, ou d'autres crimes dont il n'est pas accusé, mais dont il pourrait être coupable ; soit enfin parce que des sophistes incompréhensibles ont prétendu que la torture purgeait l'infamie.

2   Un homme ne peut être considéré comme coupable avant la sentence du juge ; et la société ne peut lui retirer la protection publique, qu'après qu'il est convaincu d'avoir violé les conditions auxquelles elle lui avait été accordée. […]

3   Voici une proposition bien simple : ou le délit est certain, ou il est incertain : s'il est certain, il ne doit être puni que de la peine fixée par la loi, et la torture est inutile, puisqu'on n'a plus besoin des aveux du coupable. Si le délit est incertain, n'est-il pas affreux de tourmenter un innocent ? Car, devant les lois, celui-là est innocent dont le délit n'est pas prouvé.

    […]

4   S'il est vrai que la plupart des hommes respectent les lois par crainte ou par vertu ; s'il est probable qu'un citoyen les aura plutôt suivies que violées, un juge, en ordonnant la torture, s'expose continuellement à tourmenter un innocent.

    […]

5   Cet infâme moyen de découvrir la vérité est un monument de la barbare législation de nos pères, qui honoraient du nom de *jugements de Dieu*, les épreuves du feu, celles de l'eau bouillante, et le sort incertain des combats[2]. Ils s'imaginaient, dans un orgueil stupide, que Dieu, sans cesse occupé des querelles humaines, interrompait à chaque instant le cours éternel de la nature, pour juger des procès absurdes ou frivoles.

---

1. Cesare Beccaria, *Des délits et des peines*, Paris, Flammarion, 1979, XII, p. 71-77.

2. Beccaria désigne ici l'ordalie, une pratique judiciaire ancienne qui consistait à faire subir une épreuve terrible à l'accusé. On pensait que Dieu interviendrait pour déterminer l'issue et, par là, témoignerait de l'innocence ou de la culpabilité de l'accusé. Ainsi, on pouvait brûler au fer rouge l'accusé, pour voir si ses blessures s'infecteraient, ou encore le forcer à combattre.

Édition italienne de 1774 du célèbre ouvrage de Beccaria. Le sous-titre indique qu'il s'agit d'une édition «revue, corrigée et disposée selon l'ordre de la traduction française approuvée par l'auteur, et augmentée d'un commentaire tiré de l'œuvre de M. de Voltaire».

6   La seule différence qu'il y ait entre la torture et les épreuves du feu, c'est que la torture ne prouve le crime que si l'accusé veut avouer, au lieu que les épreuves brûlantes laissaient une marque extérieure, que l'on regardait comme la preuve du crime.

7   Mais cette différence est plus apparente que réelle. L'accusé est aussi peu maître de ne pas avouer ce qu'on exige de lui, au milieu des tourments, qu'il l'était autrefois d'empêcher, sans fraude, les effets du feu et de l'eau bouillante.

8   Tous les actes de notre volonté sont proportionnés à la force des impressions sensibles qui les causent, et la sensibilité de tout homme est bornée[3]. [...]

        [...]

---

3. C'est-à-dire qu'elle a des limites.

9   Ainsi l'innocent s'écriera qu'il est coupable, pour faire cesser des tortures qu'il ne peut plus supporter ; et le même moyen employé pour distinguer l'innocent et le criminel fera évanouir toute différence entre eux.

10   La torture est souvent un sûr moyen de condamner l'innocent faible, et d'absoudre le scélérat robuste. […]

11   De deux hommes, également innocents ou également coupables, celui qui se trouvera le plus courageux et le plus robuste, sera absous ; mais le plus faible sera condamné en vertu de ce raisonnement : « Moi, juge, il faut que je trouve un coupable. Toi, qui es vigoureux, tu as su résister à la douleur, et pour cela je t'absous. Toi, qui es plus faible, tu as cédé à la force des tourments ; ainsi, je te condamne. Je sens bien qu'un aveu arraché par la violence de la torture n'a aucune valeur ; mais, si tu ne confirmes à présent ce que tu as confessé, je te ferai tourmenter de nouveau[4]. »

12   Le résultat de la question est donc une affaire de tempérament et de calcul, qui varie dans chaque homme, en proportion de sa force et de sa sensibilité ; de sorte que, pour prévoir le résultat de la torture, il ne faudrait que résoudre le problème suivant, plus digne d'un mathématicien que d'un juge : « La force des muscles et la sensibilité des fibres d'un accusé étant connues, trouver le degré de douleur qui l'obligera de s'avouer coupable d'un crime donné. »

    […]

13   Il résulte encore de l'usage des tortures une conséquence bien remarquable, c'est que l'innocent se trouve dans une position pire que celle du coupable. En effet, l'innocent que l'on applique à la question a tout contre lui ; car il est condamné, s'il avoue le crime qu'il n'a pas commis ; ou bien, il sera absous, mais après avoir souffert des tourments qu'il n'a point mérité de souffrir.

14   Le coupable, au contraire, a pour lui une combinaison favorable, puisqu'il est absous s'il supporte la torture avec fermeté, et qu'il évite les supplices dont il est menacé, en subissant une peine bien plus légère. Ainsi, l'innocent a tout à perdre, le coupable ne peut que gagner.

15   Ces vérités ont enfin été senties, quoique confusément, par les législateurs eux-mêmes ; mais ils n'ont pas, pour cela, supprimé la torture.

---

4. Après un aveu de culpabilité obtenu sous la torture, l'accusé devait « librement » réitérer ses aveux devant le juge, à l'intérieur d'un certain délai. Toutefois, s'il se rétractait, il subissait d'autres séances de torture… Voir plus loin, le paragraphe 15.

Seulement ils conviennent que les aveux de l'accusé, dans les tourments, sont nuls, s'il ne les confirme ensuite par serment. Mais, s'il refuse de les confirmer, il est torturé de nouveau.

16   Chez quelques nations, et selon certains jurisconsultes, ces odieuses violences ne sont permises que jusqu'à trois fois ; mais dans d'autres pays, et selon d'autres docteurs, le droit de torturer est entièrement abandonné à la discrétion du juge.

17   Il est inutile d'appuyer ces réflexions par les exemples sans nombre des innocents qui se se sont avoués coupables au milieu des tortures. Il n'y a point de peuple, point de siècle, qui ne puisse citer les siens.

     […]

18   Le second motif pour lequel on applique à la question un homme que l'on suppose coupable, est l'espérance d'éclaircir les contradictions où il est tombé dans les interrogatoires qu'on lui a fait subir. Mais la crainte du supplice, l'incertitude du jugement qui va être prononcé, la solennité des procédures, la majesté du juge, l'ignorance même, également commune à la plupart des accusés innocents ou coupables, sont autant de raisons pour faire tomber en contradiction, et l'innocence qui tremble, et le crime qui cherche à se cacher.

19   Pourrait-on croire que les contradictions, si ordinaires à l'homme, lors même qu'il a l'esprit tranquille, ne se multiplieront pas dans

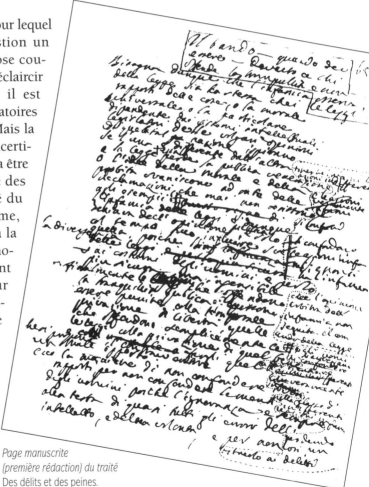

Page manuscrite (première rédaction) du traité Des délits et des peines.

ces moments de trouble, où la pensée de se tirer d'un danger imminent absorbe l'âme tout entière ?

20   En troisième lieu, donner la torture à un malheureux, pour découvrir s'il est coupable d'autres crimes que celui dont on l'accuse, c'est lui faire cet odieux raisonnement : « Tu es coupable d'un délit ; donc il est possible que tu en aies commis cent autres. Ce soupçon me pèse ; je veux m'en éclaircir ; je vais employer mon *épreuve de vérité*. Les lois te feront souffrir pour les crimes que tu as commis, pour ceux que tu as pu commettre, et pour ceux dont je veux te trouver coupable. »

21   On donne aussi la question à un accusé, pour découvrir ses complices. Mais, s'il est prouvé que la torture n'est rien moins qu'un sûr moyen de découvrir la vérité, comment fera-t-elle connaître les complices, puisque cette connaissance est une des vérités que l'on cherche ?

22   Il est certain que celui qui s'accuse lui-même, accusera les autres plus facilement encore.

        […]

EXERCICES

1. Quelle conclusion implicite peut-on tirer du paragraphe 3 ?

2. Schématisez l'argumentation qui se trouve au paragraphe 3.

3. Schématisez l'essentiel de l'argumentation que Beccaria développe dans les paragraphes 8 à 11.

4. Au paragraphe 12, est-ce que Beccaria a) reprend ce qu'il vient d'exposer, b) se contredit ou c) apporte un nouvel argument ? Justifiez votre réponse.

5. Résumez l'essentiel de l'ensemble de l'argumentation de Beccaria, puis faites-en l'évaluation critique.

Nicolas de Caritat (1743-1794), marquis de Condorcet, fut un philosophe, un mathématicien et un homme politique français. Il participa à la rédaction de l'*Encyclopédie* de Diderot et d'Alembert. Il s'intéressa particulièrement à l'étude du processus électoral et aux moyens de rendre les élections plus équitables et efficaces.

En 1789, il fut non seulement un témoin mais aussi un acteur de la Révolution française. Député à l'Assemblée législative et à la Convention, il s'opposa, en 1792, à la condamnation du roi Louis XVI à la peine de mort. En 1793, il rédigea et présenta un projet de constitution pour la France, la *Constitution des Girondins*, qui ne fut pas retenu. Après qu'il se soit indigné de la manière cavalière avec laquelle le projet rival avait été conçu et adopté, on émit un mandat d'arrêt contre lui. Il dut se réfugier dans la clandestinité. Il écrivit alors une lettre de protestation contre les «nouveaux dictateurs». On le condamna à être guillotiné en octobre 1793. Il fut retrouvé en mars 1794 et emprisonné. Le lendemain, on le trouvait mort dans sa cellule : certains historiens parlent d'épuisement, d'autres

de suicide. Quelques semaines plus tôt, dans son testament, il avait demandé que sa fille soit élevée dans l'amour de la liberté et de l'égalité, et qu'on éloigne d'elle tout sentiment de vengeance personnelle : «qu'on lui demande en mon nom, qu'on lui dise que je n'en ai jamais connu aucun».

En 1795, Sophie de Grouchy, sa femme, publia à titre posthume son *Esquisse d'un tableau historique des progrès de l'esprit humain* qui devint, en quelque sorte, le testament philosophique du Siècle des lumières. Le 2 avril 1795, à peine un an après la mort de Condorcet, la Convention vota l'achat et la distribution dans les écoles françaises de trois mille exemplaires de l'*Esquisse*, «un livre classique offert à vos écoles républicaines par un philosophe infortuné. Le perfectionnement de l'état social y est partout désigné comme le but le plus digne de l'esprit humain ; et vos élèves, en y étudiant l'histoire des sciences et des arts, y apprendront surtout à chérir la liberté, à détester et à vaincre toutes les tyrannies. »

Dans les textes que nous avons retenus, Condorcet s'attaque à deux injustices en réfutant patiemment les argumentations de ses adversaires. Dans le premier, il revendique le droit de vote pour les femmes. Si certaines des argumentations auxquelles il s'attaque vous semblaient ridicules, rappelez-vous qu'il s'agit là d'arguments que l'on entendait encore il y a une trentaine d'années, que la conquête du droit de vote par les femmes ne s'est finalement produite qu'au XXᵉ siècle et que les droits politiques des femmes constituent encore un enjeu important dans plusieurs pays. Il est à noter que, dans ce texte, Condorcet défendait le droit de vote non seulement pour toutes les femmes, mais également *pour tous les hommes,* ce qui n'allait pas de soi à cette époque : le suffrage universel pour les hommes ne sera en effet établi en France que beaucoup plus tard. Dans le deuxième texte, dont nous ne reprenons ici que quelques extraits, il s'attaque à l'esclavage avec le même souci de l'argumentation, démontant les arguments de ses défenseurs. Son analyse, minutieuse et posée, témoigne d'une conscience profonde de l'injustice ainsi que d'une volonté de mettre fin aux préjugés et de briser le joug sous lequel des classes entières d'êtres humains croupissent.

SUR L'ADMISSION DES FEMMES AU DROIT DE CITÉ[1]
par Condorcet

I

1 L'habitude peut familiariser les hommes avec la violation de leurs droits naturels, au point que, parmi ceux qui les ont perdus, personne ne songe à les réclamer, ne croie avoir éprouvé une injustice.

2 Il est même quelques-unes de ces violations qui ont échappé aux philosophes et aux législateurs, lorsqu'ils s'occupaient avec le plus de zèle d'établir les droits communs des individus de l'espèce humaine, et d'en faire le fondement unique des institutions politiques.

3 Par exemple, tous n'ont-ils pas violé le principe de l'égalité des droits, en privant tranquillement la moitié du genre humain de celui de concourir à la formation des lois, en excluant les femmes du droit de cité ? […]

4 Pour que cette exclusion ne fût pas un acte de tyrannie, il faudrait ou prouver que les droits naturels des femmes ne sont pas absolument les mêmes que ceux des hommes, ou montrer qu'elles ne sont pas capables de les exercer.

5 Or, les droits des hommes résultent uniquement de ce qu'ils sont des êtres sensibles, susceptibles d'acquérir des idées morales, et de raisonner sur ces idées. Ainsi les femmes ayant ces mêmes qualités, ont nécessairement des droits égaux. Ou aucun individu de l'espèce humaine n'a de véritables droits, ou tous ont les mêmes ; et celui qui vote contre le droit d'un autre, quels que soient sa religion, sa couleur ou son sexe, a dès lors abjuré les siens.

---

1. Tiré de Condorcet, « Sur l'admission des femmes au droit de cité » (1790), dans *Œuvres*, tome X, Stuttgart-Bad Cannstatt, Frommann, 1968, p. 121-130.
   Dans un autre texte, Condorcet définit ainsi le *droit de cité* : « On entend par droit de cité, le droit que donne la nature à tout homme qui habite un pays, de contribuer à la formation des règles auxquelles tous les habitants de ce pays doivent s'assujettir pour le maintien des droits de chacun, et de celles auxquelles sont soumises les actions qu'ils doivent exercer en commun, pour assurer l'exécution de ces premières règles, et maintenir la sûreté et la tranquillité générale. » (« Essai sur la constitution et la fonction des assemblées provinciales », 1788, *op. cit.*, tome VIII, p. 127.)

6   Il serait difficile de prouver que les femmes sont incapables d'exercer les droits de cité. Pourquoi des êtres exposés à des grossesses, et à des indispositions passagères, ne pourraient-ils exercer des droits dont on n'a jamais imaginé de priver les gens qui ont la goutte tous les hivers, et qui s'enrhument aisément ? En admettant dans les hommes une supériorité d'esprit qui ne soit pas la suite nécessaire de la différence d'éducation (ce qui n'est rien moins que prouvé, et ce qui devrait l'être, pour pouvoir, sans injustice, priver les femmes d'un droit naturel), cette supériorité ne peut consister qu'en deux points. On dit qu'aucune femme n'a fait de découverte importante dans les sciences, n'a donné de preuves de génie dans les arts, dans les lettres, etc. ; mais, sans doute, on ne prétendra point n'accorder le droit de cité qu'aux seuls hommes de génie. On ajoute qu'aucune femme n'a la même étendue de connaissances, la même force de raison que certains hommes ; mais qu'en résulte-t-il, qu'excepté une classe peu nombreuse d'hommes très-éclairés, l'égalité est entière entre les femmes et le reste des hommes ; que cette petite classe mise à part, l'infériorité et la supériorité se partagent également entre les deux sexes. Or, puisqu'il serait complétement absurde de borner à cette classe supérieure le droit de cité, et la capacité d'être chargé de fonctions publiques, pourquoi en exclurait-on les femmes, plutôt que ceux des hommes qui sont inférieurs à un grand nombre de femmes ?

7   Enfin, dira-t-on qu'il y ait dans l'esprit ou dans le cœur des femmes quelques qualités qui doivent les exclure de la jouissance de leurs droits naturels ? Interrogeons d'abord les faits. Élisabeth d'Angleterre, Marie-Thérèse, les deux Catherine de Russie, ont prouvé que ce n'était ni la force d'âme, ni le courage d'esprit qui manquait aux femmes.

8   Élisabeth avait toutes les petitesses des femmes ; ont-elles fait plus de tort à son règne que les petitesses des hommes à celui de son père ou de son successeur ? Les amants de quelques impératrices ont-ils exercé une influence plus dangereuse que celle des maîtresses de Louis XIV, de Louis XV, ou même de Henri IV ?

     […]

9   Les femmes sont supérieures aux hommes dans les vertus douces et domestiques ; elles savent, comme les hommes, aimer la liberté, quoiqu'elles n'en partagent point tous les avantages ; et, dans les républiques, on les a vues souvent se sacrifier pour elle : elles ont montré les vertus de citoyen toutes les fois que le hasard ou les troubles civils les ont amenées sur une scène dont l'orgueil et la tyrannie des hommes les ont écartées chez tous les peuples.

10 On a dit que les femmes, malgré beaucoup d'esprit, de sagacité, et la faculté de raisonner portée au même degré que chez de subtils dialecticiens, n'étaient jamais conduites par ce qu'on appelle la raison.

11 Cette observation est fausse : elles ne sont pas conduites, il est vrai, par la raison des hommes, mais elles le sont par la leur.

12 Leurs intérêts n'étant pas les mêmes, par la faute des lois, les mêmes choses n'ayant point pour elles la même importance que pour nous, elles peuvent, sans manquer à la raison, se déterminer par d'autres principes et tendre à un but différent. Il est aussi raisonnable à une femme de s'occuper des agréments de sa figure, qu'il l'était à Démosthène[2] de soigner sa voix et ses gestes.

13 On a dit que les femmes, quoique meilleures que les hommes, plus douces, plus sensibles, moins sujettes aux vices qui tiennent à l'égoïsme et à la dureté du cœur, n'avaient pas proprement le sentiment de la justice ; qu'elles obéissaient plutôt à leur sentiment qu'à leur conscience. Cette observation est plus vraie, mais elle ne prouve rien : ce n'est pas la nature, c'est l'éducation, c'est l'existence sociale qui cause cette différence. Ni l'une ni l'autre n'ont accoutumé les femmes à l'idée de ce qui est juste, mais à celle de ce qui est honnête. Éloignées des affaires, de tout ce qui se décide d'après la justice rigoureuse, d'après des lois positives, les choses dont elles s'occupent, sur lesquelles elles agissent, sont précisément celles qui se règlent par l'honnêteté naturelle et par le sentiment. Il est donc injuste d'alléguer, pour continuer de refuser aux femmes la jouissance de leurs droits naturels, des motifs qui n'ont une sorte de réalité que parce qu'elles ne jouissent pas de ces droits.

14 Si on admettait contre les femmes des raisons semblables, il faudrait aussi priver du droit de cité la partie du peuple qui, vouée à des travaux sans relâche, ne peut ni acquérir des lumières, ni exercer sa raison, et bientôt, de proche en proche, on ne permettrait d'être citoyens qu'aux hommes qui ont fait un cours de droit public. […]

15 On ne peut alléguer la dépendance où les femmes sont de leurs maris[3], puisqu'il serait possible de détruire en même temps cette tyrannie de la loi civile, et que jamais une injustice ne peut être un motif d'en commettre une autre.

---

2. Célèbre orateur grec (v. 384-322 av. J.-C.).
3. Sur le plan juridique, l'épouse était dépendante du mari.

II

16   Il ne reste donc que deux objections à discuter[4]. À la vérité, elles n'opposent à l'admission des femmes au droit de cité que des motifs d'utilité, motifs qui ne peuvent contre-balancer un véritable droit. […]

[…]

17   [L'admission des femmes au droit de cité] serait contraire à l'utilité générale, parce qu'[elle] écarterait les femmes des soins que la nature semble leur avoir réservés.

18   Cette objection ne me paraît pas bien fondée. Quelque constitution que l'on établisse, il est certain que, dans l'état actuel de la civilisation des nations européennes, il n'y aura jamais qu'un très-petit nombre de citoyens qui puissent s'occuper des affaires publiques. On n'arracherait pas les femmes à leur ménage plus que l'on n'arrache les laboureurs à leurs charrues, les artisans à leurs ateliers. Dans les classes plus riches, nous ne voyons nulle part les femmes se livrer aux soins domestiques d'une manière assez continue pour craindre de les en distraire, et une occupation sérieuse les en détournerait beaucoup moins que les goûts futiles auxquels l'oisiveté et la mauvaise éducation les condamnent.

19   La cause principale de cette crainte est l'idée que tout homme admis à jouir des droits de cité ne pense plus qu'à gouverner ; ce qui peut être vrai jusqu'à un certain point dans le moment où une constitution s'établit ; mais ce mouvement ne saurait être durable. Ainsi il ne faut pas croire que parce que les femmes pourraient être membres des assemblées nationales, elles abandonneraient sur-le-champ leurs enfants, leur ménage, leur aiguille. Elles n'en seraient que plus propres à élever leurs enfants, à former des hommes. Il est naturel que la femme allaite ses enfants, qu'elle soigne leurs premières années ; attachée à sa maison par ces soins, plus faible que l'homme, il est naturel encore qu'elle mène une vie plus retirée, plus domestique. Les femmes seraient donc dans la même classe que les hommes obligés par leur état à des soins de quelques heures. Ce peut être un motif de ne pas les préférer dans les élections, mais ce ne peut être le fondement d'une exclusion légale. […]

[…]

20   Je demande maintenant qu'on daigne réfuter ces raisons autrement que par des plaisanteries et des déclamations ; que surtout on me montre entre

---

4. La première étant de peu d'intérêt, nous ne reprenons ici que la deuxième objection mentionnée par Condorcet.

les hommes et les femmes une différence naturelle, qui puisse légitimement fonder l'exclusion du droit.

21   L'égalité des droits établie entre les hommes, dans notre nouvelle constitution, nous a valu d'éloquentes déclamations et d'intarissables plaisanteries ; mais, jusqu'ici, personne n'a pu encore y opposer une seule raison, et ce n'est sûrement ni faute de talent, ni faute de zèle. J'ose croire qu'il en sera de même de l'égalité des droits entre les deux sexes. [...]

      [...]

RÉFLEXIONS SUR L'ESCLAVAGE[5]
par Condorcet

I

1   On dit, pour excuser l'esclavage des Noirs achetés en Afrique, que ces malheureux sont ou des criminels condamnés au dernier supplice, ou des prisonniers de guerre, qui seraient mis à mort s'ils n'étaient pas achetés par des Européens.

---

5. Tiré de Condorcet, « Réflexions sur l'esclavage des nègres » (1781), *op. cit.*, tome VII, p. 69-140.

    Remarque : Condorcet utilise généralement le terme « nègre » plutôt que « Noir » dans le texte que nous citons. Nous avons pris la liberté de le remplacer par « Noir », ce qui exige bien entendu une justification :

    1. Condorcet utilise parfois les termes « nègres » et « Noirs » comme synonymes.

    2. Nous avons vu au chapitre 3 que certains termes avaient des connotations péjoratives. Dans l'annexe 2 nous expliquons aussi que les termes peuvent changer de sens avec le temps. Il en est de même des connotations péjoratives : elles peuvent apparaître ou disparaître avec le temps. À l'époque de Condorcet, même si les préjugés et les stéréotypes raciaux existaient, le terme « nègre » n'avait pas la connotation péjorative qu'il a souvent, quoique pas toujours, de nos jours. Il s'ensuit que l'auteur, s'il avait pu savoir à l'avance qu'une telle connotation s'accolerait à ce terme, ne l'aurait jamais utilisé, *parce que cette connotation va exactement dans le sens contraire de son propos*, qui consiste à s'attaquer aux préjugés et aux stéréotypes dont étaient victimes les Noirs et qui étaient une des sources de la pratique de l'esclavage à son époque.

    3. Il est permis de penser que Condorcet nous donnerait l'autorisation de faire cette modification qui ne trahit en rien le sens de ses propos, mais au contraire permet d'éviter une ambiguïté.

2   D'après ce raisonnement, quelques écrivains nous présentent la traite des Noirs comme étant presque un acte d'humanité. Mais nous observons,

1° Que ce fait n'est pas prouvé, et n'est pas même vraisemblable. Quoi ! avant que les Européens achetassent les Noirs, les Africains égorgeaient tous leurs prisonniers ! Ils tuaient non seulement les femmes mariées, comme c'était, dit-on, autrefois l'usage chez une horde de voleurs orientaux, mais même les filles non mariées ; ce qui n'a jamais été rapporté d'aucun peuple. [...] Pour croire des faits invraisemblables, il faut des témoignages imposants, et nous n'avons ici que ceux des gens employés au commerce des Noirs. [...]

2° En supposant qu'on sauve la vie du Noir qu'on achète, on ne commet pas moins un crime en l'achetant, si c'est pour le revendre ou le réduire en esclavage. C'est précisément l'action d'un homme qui, après avoir sauvé un malheureux poursuivi par des assassins, le volerait. Ou bien, si on suppose que les Européens ont déterminé les Africains à ne plus tuer leurs prisonniers, ce serait l'action d'un homme qui serait parvenu à dégoûter des brigands d'assassiner les passants, et les aurait engagés à se contenter de les voler avec lui. Dirait-on, dans l'une ou dans l'autre de ces suppositions, que cet homme n'est pas un voleur ? [...]

3° L'excuse alléguée est d'autant moins légitime, que c'est au contraire l'in-fâme commerce des brigands d'Europe qui fait naître entre les Africains des guerres presque continuelles, dont l'unique motif est le désir de faire des prisonniers pour les vendre. Souvent les Européens eux-mêmes fomentent ces guerres par leur argent ou par leurs intrigues ; en sorte qu'ils sont coupables non-seulement du crime de réduire des hommes en esclavage, mais encore de tous les meurtres commis en Afrique pour réparer ce crime. [...]

3   Quand bien même l'excuse que nous venons d'alléguer disculperait le premier acheteur, elle ne pourrait excuser ni le second acheteur, ni le colon qui garde le Noir ; car ils n'ont pas le motif présent d'enlever à la mort l'esclave qu'ils achètent : ils sont, par rapport au crime de réduire en esclavage, ce qu'est, par rapport à un vol, celui qui partage avec le voleur, ou plutôt celui qui charge un autre d'un vol, et qui en partage avec lui le produit. [...]

4   Enfin, cette excuse est absolument nulle pour les Noirs nés dans l'habi-tation. Le maître qui les élève pour les laisser dans l'esclavage est criminel, parce que le soin qu'il a pu prendre d'eux dans l'enfance ne peut lui donner sur eux aucune apparence de droit. En effet, pourquoi ont-ils eu besoin de

lui ? C'est parce qu'il a ravi à leurs parents, avec la liberté, la faculté de soigner leur enfant. Ce serait donc prétendre qu'un premier crime peut donner le droit d'en commettre un second. D'ailleurs, supposons même l'enfant Noir abandonné librement de ses parents ; le droit d'un homme sur un enfant abandonné, qu'il a élevé, peut-il être de le tenir dans la servitude ? […]

[…]

II

5   On prétend qu'il est impossible de cultiver les colonies sans Noirs esclaves. Nous admettrons ici cette allégation ; nous supposerons cette impossibilité absolue : il est clair qu'elle ne peut rendre l'esclavage légitime. En effet, si la nécessité absolue de conserver notre existence peut nous autoriser à blesser le droit d'un autre homme, la violence cesse d'être légitime à l'instant où cette nécessité absolue vient à cesser : or, il n'est pas question ici de ce genre de nécessité, mais seulement de la perte de la fortune des colons. Ainsi, demander si cet intérêt rend l'esclavage légitime, c'est demander s'il m'est permis de conserver ma fortune par un crime. Le besoin absolu que j'aurais des chevaux de mon voisin pour cultiver mon champ ne me donnerait pas le droit de les voler ; pourquoi donc aurais-je le droit de l'obliger lui-même, par la violence, à cultiver pour moi ? Cette prétendue nécessité ne change donc rien ici, et ne rend pas l'esclavage moins criminel de la part du maître.

[…]

III

6   […] Il n'est pas inutile, après avoir traité la question dans ces principes de justice, de la traiter sous un autre point de vue, et de montrer que l'esclavage des Noirs est aussi contraire à l'intérêt du commerce qu'à la justice. […]

7   […] Il n'est pas prouvé que les îles de l'Amérique ne puissent être cultivées par des Blancs. À la vérité, les excès de Noires et de liqueurs fortes peuvent rendre les Blancs incapables de tout travail. Leur avarice, qui les excite à se livrer avec excès à des travaux qu'on leur paye très-cher, peut aussi les faire périr ; mais si les îles, au lieu d'être partagées par grandes portions, étaient divisées en petites propriétés ; si seulement les terres qui ont échappé à l'avidité des premiers colons étaient divisées, par les

gouvernements ou par leurs cessionnaires, entre des familles de cultivateurs, il est au moins très vraisemblable qu'il se formerait bientôt dans ces pays une race d'hommes vraiment capables de travail. Ainsi, le raisonnement des politiques, qui croient les Noirs esclaves nécessaires, se réduit à dire : Les Blancs sont avares, ivrognes et crapuleux ; donc les Noirs doivent être esclaves.

8   Mais, supposons que les Noirs soient nécessaires, il ne s'ensuivrait pas qu'il fût nécessaire d'employer des Noirs esclaves : aussi on établit sur deux autres raisons cette prétendue nécessité. La première se tire de la paresse des Noirs, qui, ayant peu de besoins, et vivant de peu, ne travailleraient que pour gagner l'étroit nécessaire ; c'est-à-dire, en d'autres termes, que l'avarice des Blancs étant beaucoup plus grande que celle des Noirs, il faut rouer de coups ceux-ci pour satisfaire les vices des autres. Cette raison d'ailleurs est fausse. Les hommes, après avoir travaillé pour la subsistance, travaillent pour l'aisance lorsqu'ils peuvent y prétendre. Il n'y a de peuples vraiment paresseux dans les nations civilisés, que ceux qui sont gouvernés de manière qu'il n'y aurait rien à gagner pour eux en travaillant davantage. Ce n'est ni au climat, ni au terrain, ni à la constitution physique, ni à l'esprit national qu'il faut attribuer la paresse de certains peuples ; c'est aux mauvaises lois qui les gouvernent. […]

[…]

9   Si les Noirs étaient libres, ils deviendraient bientôt une nation florissante. Ils sont, dit-on paresseux, stupides et corrompus ; mais tel est le sort de tous les esclaves. « Quand Jupiter réduit un homme à la servitude, dit Homère, il lui ôte la moitié de sa cervelle. » Les Noirs sont naturellement un peuple doux, industrieux, sensible ; leurs passions sont vives. Si on raconte d'eux des crimes atroces, on peut en citer aussi des traits héroïques. Mais, qu'on interroge tous les tyrans ; ils apporteront toujours, pour excuses de leurs crimes, les vices de ceux qu'ils oppriment, quoique ces vices soient partout leur propre ouvrage.

10   Il suit de nos principes que cette justice inflexible à laquelle les rois et les nations sont assujettis comme les citoyens, exige la destruction de l'esclavage.

11   Nous avons montré que cette destruction ne nuirait ni au commerce, ni à la richesse de chaque nation, puisqu'il n'en résulterait aucune diminution dans la culture.

12   Nous avons montré que le maître n'avait aucun droit sur son esclave ; que l'action de le retenir en servitude n'est pas la jouissance d'une propriété, mais un crime ; qu'en affranchissant l'esclave, la loi n'attaque pas la propriété, mais cesse de tolérer une action qu'elle aurait dû punir par une peine capitale. Le souverain ne doit donc aucun dédommagement au maître des esclaves, de même qu'il n'en doit pas à un voleur qu'un jugement a privé de la possession d'une chose volée. […]

    […]

EXERCICES

Sur l'admission des femmes au droit de cité

1. Lequel des cinq premiers paragraphes constitue la clé de la structure de la partie I (paragraphes 1 à 15) de ce texte de Condorcet. Pourquoi ?

2. Au paragraphe 5, Condorcet affirme « Ou aucun individu de l'espèce humaine n'a de véritables droits, ou tous ont les mêmes ». Laquelle des phrases suivantes représente le mieux, dans son contexte, le sens de cette phrase de Condorcet ?

   a) Il faut être cohérent.

   b) On doit avoir l'esprit critique.

   c) Les femmes sont capables d'exercer leurs droits.

   d) Il n'est pas évident que les hommes et les femmes devraient avoir le droit de vote.

   e) Il ne faut pas avoir de préjugés.

3. Comment Condorcet montre-t-il que les droits naturels des femmes sont les mêmes que ceux des hommes ?

4. Au paragraphe 6, Condorcet présente l'argument fondé sur la supériorité d'esprit des hommes. En fait-il une critique sur le plan de l'acceptabilité des prémisses, sur le plan de la suffisance des liens ou sur les deux plans à la fois ? Justifiez votre réponse.

5. Comment Condorcet répond-il à l'objection voulant que le fait d'accorder aux femmes le droit de cité les écarterait des « soins que la nature semble leur avoir réservés » ?

6. Schématisez l'ensemble de l'argumentation de Condorcet en en reprenant chacun des points qui vous paraissent essentiels.

Réflexions sur l'esclavage

7. Dans le point 1 du paragraphe 2, Condorcet fait-il une critique de l'acceptabilité des prémisses ou de la suffisance des liens ? Justifiez votre réponse.

8. Dans le point 2 du paragraphe 2, Condorcet fait-il une critique de l'acceptabilité des prémisses ou de la suffisance des liens ? Justifiez votre réponse.

9. Dans le paragraphe 5, Condorcet s'attaque à une argumentation. Schématisez-la, puis, à partir du schéma que vous aurez fait, indiquez la nature de la critique de Condorcet : s'agit-il d'une critique de l'acceptabilité des prémisses ou de la suffisance des liens ?

10. Dans les paragraphes 7 et 8, Condorcet fait-il une critique sur le plan de l'acceptabilité des prémisses, sur le plan de la suffisance des liens ou sur les deux plans à la fois ? Justifiez votre réponse.

WILLIAM K. CLIFFORD

Le philosophe et mathématicien William Kingdon Clifford (1845-1879) est né à Exeter, en Angleterre. Il étudia à Londres, puis à Cambridge, et enseigna dans les universités de ces deux villes. Il mourut de tuberculose à Madère, à l'âge de 33 ans. Dans l'extrait que nous citons de son célèbre article sur l'éthique de la croyance, Clifford distingue les croyances vraies de ce que nous avons appelé les croyances rationnellement justifiées et présente une conception étonnante de l'interdépendance des croyances tant sur le plan individuel que social.

L'ÉTHIQUE DE LA CROYANCE[1]
(extraits)
par William K. Clifford

1   Un armateur était sur le point de faire prendre la mer à un bateau chargé d'émigrants. Il savait que ce navire était vieux et, surtout, qu'il avait de nombreux défauts de construction. Pour ne rien arranger, le bateau avait déjà affronté plusieurs mers houleuses et maintes tempêtes et avait souvent nécessité des réparations. Plusieurs personnes lui avaient fait remarquer qu'il était hors d'état de naviguer. Ces doutes l'inquiétèrent et le mirent mal à l'aise ; il pensa même à le faire réparer et radouber, même si cela devait lui coûter très cher. Mais avant que le navire ne prenne la mer, il réussit à chasser ces sombres pensées, se disant qu'après tout son bateau était toujours revenu à bon port après avoir effectué un grand nombre de traversées et essuyé un nombre incalculable de tempêtes, et qu'il était stupide de penser qu'il ne rentrerait pas au port une fois de plus. Il n'y avait qu'à s'en remettre à la Providence, qui ne pourrait manquer de protéger toutes ces familles malheureuses qui quittaient leur patrie à la recherche de jours meilleurs. Il s'efforça d'écarter de son esprit tout soupçon quant à l'honnêteté des constructeurs et des entrepreneurs, et parvint ainsi à se rassurer et à se convaincre sincèrement que son vaisseau était absolument sûr et en état de naviguer. Il assista donc à son départ le cœur léger, en formulant de pieux souhaits pour le succès des exilés dans le pays lointain qui allait devenir leur patrie — et il encaissa le paiement de la compagnie d'assurances quand son bateau périt en pleine mer sans laisser de traces.

2   Que dire de cet armateur ? Sûrement qu'il était réellement coupable de la mort de ces personnes. Même si nous admettons qu'il croyait sincèrement à la solidité de son bateau, il reste que la sincérité de sa conviction ne peut en aucune façon le disculper, parce qu'*il n'avait pas le droit de fonder cette croyance sur les informations qu'il possédait*. Il avait acquis cette conviction non pas sur la foi d'une investigation minutieuse, mais en étouffant ses doutes. Et même s'il avait fini par en être si sûr qu'il ne pouvait penser autrement, dans la mesure où il s'est consciemment et volontairement efforcé d'en venir à cet état d'esprit, il doit être tenu pour responsable de cet accident.

3   Modifions un peu le cas, et supposons que le navire était en état de naviguer après tout ; qu'il fit ce voyage, et plusieurs autres par la suite, sans

---

1. « The Ethics of Belief », *Contemporary Review,* janvier 1877, p. 289-309.

incident. Cela diminuera-t-il la culpabilité de son propriétaire ? Pas le moins du monde. Quand une action est engagée, elle est bonne ou mauvaise pour toujours ; le fait que le hasard en fasse varier les conséquences n'y change rien. L'homme n'aurait pas été innocent, c'est simplement qu'il ne se serait pas fait prendre. La question de savoir s'il a bien ou mal agi porte sur l'origine de sa croyance et non sur son objet ; non sur ce qu'elle était, mais sur la manière dont il l'avait acquise. Il ne s'agit pas de savoir si ce qu'il croyait était vrai ou faux, mais s'il avait le droit de le croire sur la base des informations qu'il possédait.

4   Il était une fois une île dont certains des habitants professaient une religion qui ne prêchait ni la doctrine du péché originel ni celle de la punition éternelle. Le bruit courut que les adeptes de cette religion s'étaient servis de moyens déloyaux pour enseigner leur doctrine aux enfants. Ils furent accusés de détourner les lois du pays pour soustraire les enfants aux soins de ceux qui en étaient les gardiens naturels et légaux ; et même de les enlever et de les tenir loin de leurs amis et de leurs familles. Un certain nombre d'hommes se regroupèrent au sein d'une association en vue d'alerter le public à ce sujet. Ils publièrent de graves accusations contre des citoyens dont la position et la réputation étaient prestigieuses, et firent tout en leur pouvoir pour nuire à ceux-ci dans l'exercice de leur profession. Ils firent tellement de tapage qu'une commission fut constituée pour examiner les faits. Cependant, après que la commission eut soigneusement mené une enquête et recueilli toutes les informations disponibles, il apparut que les accusés étaient innocents. Non seulement ils avaient été accusés sans motif suffisant, mais les preuves de leur innocence étaient si manifestes que les agitateurs auraient pu facilement s'en convaincre, s'ils avaient procédé à un examen impartial des faits. À la suite de ces révélations, non seulement les habitants de ce pays considérèrent les membres de l'association comme des personnes dont le jugement n'était pas fiable, mais ils cessèrent de les compter parmi les gens honorables. En effet, même si ces hommes avaient cru sincèrement et « en conscience » aux accusations qu'ils avaient proférées, *ils n'avaient pas le droit de fonder cette croyance sur les informations qu'ils possédaient.* Bien que sincères, leurs convictions n'avaient pas été acquises honnêtement, par un minutieux travail d'enquête, mais avaient été dictées par les préjugés et la passion.

5   Introduisons une variante dans cette histoire et supposons, toutes choses restant égales par ailleurs, qu'une investigation encore plus poussée ait pu prouver que les accusés étaient vraiment coupables ; cela changerait-il quoi que ce soit à la culpabilité des accusateurs ? Il est clair que non, car la question n'est pas de savoir si ce qu'ils croyaient était vrai ou faux, mais si cela était fondé sur des raisons valables. Ceux-ci pourraient dire : « Vous voyez

bien que nous avions raison après tout ; la prochaine fois, vous nous croirez peut-être. » Et il se pourrait qu'on les crût, mais ils ne deviendraient pas pour autant des gens honorables. Car même si ces hommes n'avaient jamais été pris en faute, ils ne seraient pas innocents pour autant. Chacun d'eux, s'il prenait la peine d'examiner sa conduite en son for intérieur, s'apercevrait qu'il a acquis et entretenu une croyance alors même qu'il ne pouvait la fonder sur les informations dont il disposait, et saurait ainsi qu'il a mal agi.

6   Cependant, on pourrait dire que, dans chacun de ces deux exemples, ce n'est pas la croyance qui est jugée mauvaise, mais l'action qui en découle. […]

    […]

7   [Mais] il n'est pas possible de séparer ainsi les croyances et les actions qu'elles inspirent, de sorte que l'on puisse condamner les unes sans condamner les autres. Aucun homme qui entretient — ou même qui souhaite entretenir — une ferme croyance sur une question donnée ne peut mener une enquête avec la même impartialité et la même minutie que s'il était réellement dans le doute et n'avait aucune idée préconçue ; si bien que l'existence même d'une croyance qui n'est pas fondée sur une enquête appropriée rend un homme inapte à accomplir ce devoir indispensable.

8   […] Si une croyance ne se traduit pas immédiatement dans des actions, elle est emmagasinée dans notre cerveau, d'où elle influence nos décisions futures. Elle s'ajoute à la masse de croyances qui forment le lien entre nos sensations et nos actions à chaque instant de notre vie et qui sont si bien organisées et imbriquées les unes dans les autres qu'aucune d'entre elles ne peut être considérée isolément, chaque nouvelle croyance venant modifier l'ensemble de la structure. Aucune croyance, quelque fragmentaire et futile qu'elle paraisse, n'est jamais vraiment insignifiante ; elle nous prépare à accueillir d'autres informations du même ordre, renforce celles, déjà emmagasinées en nous, qui lui ressemblent, et affaiblit les autres croyances. Ainsi, peu à peu, se crée subrepticement un enchaînement dans nos pensées les plus intimes, qui peut à tout moment déboucher au grand jour sous la forme d'une action et laisse une marque indélébile sur notre personnalité.

9   De plus, aucune croyance ne constitue une affaire privée qui ne concerne que nous-même. Nos vies sont influencées par la représentation générale des événements que la société a forgée à des fins sociales. Nos paroles, nos expressions, de même que nos formes, mécanismes et modes de pensée, constituent un bien public, façonné et perfectionné d'âge en âge, un héritage transmis de génération en génération comme un trésor précieux et un legs

sacré, que nous devons à notre tour léguer à nos descendants, non pas en le laissant inchangé, mais en l'enrichissant et en le purifiant, y imprimant clairement la marque de notre propre contribution. […] C'est un terrible privilège et une écrasante responsabilité que de pouvoir ainsi contribuer à créer le monde que nous léguerons à la postérité.

[…]

10   Or, ce devoir impérieux envers l'humanité ne concerne pas que les dirigeants, les chefs d'État, les philosophes ou les poètes. N'importe quel paysan qui prononce laborieusement quelques phrases au cabaret du village peut contribuer à éliminer ou à conserver les funestes superstitions qui pèsent sur ses semblables. L'épouse surmenée d'un artisan peut transmettre à ses enfants des croyances qui raffermiront la société ou qui la détruiront. Qu'on soit simple d'esprit ou de modeste condition, rien ne peut nous délivrer de cette obligation universelle de remettre en question toutes nos croyances.

[…]

EXERCICES

1. Au paragraphe 3, l'auteur affirme : « La question de savoir s'il a bien ou mal agi porte sur l'origine de sa croyance et non sur son objet ; non sur ce qu'elle était, mais sur la manière dont il l'avait acquise. » Qu'entend-il exactement par là ?

2. William Clifford pourrait-il être d'accord, à votre avis, avec les idées suivantes ? Justifiez votre réponse.

   a) Lorsque quelqu'un est sincère, on ne peut pas lui reprocher d'agir sur la base de ce en quoi il croit.

   b) Il vaut mieux conserver l'amitié des gens qui nous entourent plutôt que de tenter de les faire changer d'idée sur des questions auxquelles ils sont particulièrement sensibles.

   c) Les questions théoriques ne sont pas primordiales. L'important, c'est la pratique.

   d) Certains citoyens allemands ont manqué à leur devoir en ne s'opposant pas aux idées racistes que le régime nazi propageait dans les années 30.

3. Supposons qu'un individu, appelons-le Lucien, croise dans la rue un passant qui sourit, et qu'il en conclut que celui-ci vient de gagner à la loterie. Supposons aussi que le passant sourit effectivement parce qu'il vient de gagner à la loterie. Dans un tel cas, peut-on dire que la croyance de Lucien est rationnellement justifiée ? Peut-on dire qu'elle est vraie ? Est-ce que cela revient au même ?

4. D'après vous, lorsqu'un accusé est condamné à tort, la croyance du juge en sa culpabilité

   a) est toujours rationnellement justifiée.

   b) est parfois rationnellement justifiée.

   c) n'est jamais rationnellement justifiée.

   Justifiez votre réponse.

5. Nathalie a-t-elle raison ? Justifiez votre réponse.

   « — *Marie* : C'est intéressant ce que Clifford dit, mais il exagère.

   — *Nathalie* : Peut-être. En quoi exagère-t-il à ton avis ?

   — *Marie* : Lorsqu'il dit que toute personne a une responsabilité et que ce que l'on dit au cours de nos conversations quotidiennes peut être d'une grande importance.

   — *Nathalie* : Moi aussi j'ai eu l'impression qu'il exagérait. Mais même s'il exagère un peu, le point qu'il voulait mettre en évidence demeure valable.

   — *Marie* : Oui je suis d'accord avec ça.

   — *Nathalie* : Et peut-être n'exagère-t-il pas. Pense aux préjugés que nous débitons et aux niaiseries que nous laissons parfois dire aux gens pour ne pas les froisser. Contribuer à propager des sottises, cela peut avoir de l'importance. Rencontrer une personne raciste, c'est une chose, mais vivre dans une société où la majorité des gens le sont, ce serait intolérable. »

6. Composez un court texte dans lequel vous défendrez chacun des points importants de l'article de William Clifford au moyen d'exemples de votre cru.

JOHN DEWEY

l'éthique, l'esthétique et les réformes sociales, mais sa renommée auprès du grand public lui vint surtout de ses travaux en philosophie de l'éducation.

John Dewey (1859-1952) est né aux États-Unis, plus précisément à Burlington dans l'État du Vermont. Il enseigna notamment à l'Université du Michigan, à l'Université de Chicago, où il fut directeur du département de philosophie, de psychologie et d'éducation, ainsi qu'à l'Université Columbia. Il s'intéressa à divers domaines dont la psychologie, l'épistémologie,

Dans son article intitulé « La nature humaine peut-elle changer ? », écrit peu de temps après la Seconde Guerre mondiale, Dewey aborde la question suivante : Dans quelle mesure la nature humaine limite-t-elle les réformes que nous voudrions pouvoir apporter à nos sociétés ? Cet article est précédé de deux courtes citations du même auteur qui portent sur la pensée critique.

LA PENSÉE CRITIQUE
par John Dewey

Adopter une attitude critique, c'est considérer nos croyances comme des conclusions[1].

* * *

[L'ouverture d'esprit] peut être définie comme la liberté vis-à-vis des préjugés, de la partialité et d'autres habitudes du genre de celles qui rendent l'esprit étroit et peu disposé à prendre en considération de nouveaux problèmes et à envisager de nouvelles idées. Mais il s'agit de quelque chose de plus actif et de plus positif encore que ce que suggèrent ces mots. Il ne s'agit pas d'avoir l'esprit vide. Si c'est bien d'une ouverture à de nouveaux sujets, faits, idées et questions qu'il s'agit, ce n'est pas le genre d'ouverture que l'on pourrait signaler sur une pancarte où l'on inscrirait : « Entrez sans frapper ; la maison est vide. » Cette attitude doit se traduire par le désir actif d'écouter plus d'un son de cloche, de prendre en considération les faits, quelle que soit leur provenance, d'accorder toute son attention aux différentes possibilités, d'admettre que nos croyances, même celles qui nous sont les plus chères, peuvent être erronées. L'apathie mentale constitue l'un des facteurs les plus importants de fermeture d'esprit face aux nouvelles idées. La voie de la moindre résistance et du moindre effort est une ornière déjà creusée dans notre esprit. Entreprendre de bouleverser nos vieilles croyances exige un travail pénible. La vanité nous pousse à considérer comme un signe de faiblesse le fait d'admettre qu'une croyance à laquelle nous avons adhéré puisse être fausse. Nous finissons par nous identifier à une idée à un point tel qu'elle devient littéralement notre « chose » : nous nous engageons dans sa défense et fermons les yeux et les oreilles de l'esprit à toute autre chose. Nos craintes inconscientes nous amènent aussi à adopter des attitudes purement défensives formant une armure qui non seulement nous ferme à toute nouvelle idée, mais nous empêche même de faire de nouvelles observations. Ces forces ont pour effet cumulatif de barricader notre esprit et de nous couper de tous les nouveaux contacts intellectuels indispensables à l'apprentissage. Le meilleur moyen de les combattre est de cultiver cette curiosité active et cette recherche spontanée de la nouveauté qui constituent l'essence de l'ouverture d'esprit. Un esprit qui n'est ouvert qu'au sens où il accepte passivement les idées qui le traversent se révèlera incapable de résister aux facteurs qui contribuent à l'étroitesse d'esprit[2].

* * *

---

1. John Dewey, *Problems of Men,* New York, Philosophical Library, 1946, p. 211.
2. John Dewey, *How We Think,* Lexiton (Mass.), D. C. Heath and Company, 1960, p. 30-31.

LA NATURE HUMAINE PEUT-ELLE CHANGER?[3]

par John Dewey

1   J'en suis venu à la conclusion que ceux qui donnent différentes réponses à la question que je pose dans le titre de cet article parlent de choses différentes. Cette déclaration à elle seule permet cependant d'échapper trop facilement au problème pour être satisfaisante. Car il y a bien un problème et, pour autant qu'il s'agit d'une question pratique plutôt que théorique, je pense que la réponse appropriée à cette question consiste à dire que, *effectivement,* la nature humaine change.

2   Quand je parle du côté pratique de la question, cela signifie qu'il s'agit de savoir si les voies qui orientent les croyances et les actions humaines ont connu, et sont encore susceptibles de connaître, des changements importants, presque fondamentaux. Mais pour placer cette question dans sa juste perspective, on doit en premier lieu reconnaître qu'en un sens la nature humaine ne change pas. Je ne pense pas que l'on pourrait démontrer que les besoins innés de l'homme aient changé depuis que l'homme est devenu homme ni qu'il existe la moindre preuve qu'ils changeront aussi longtemps que l'homme sera sur terre.

3   Par « besoins », je veux parler de ces exigences inhérentes à l'homme du fait de sa constitution. Le besoin de manger, de boire ou de se déplacer est par exemple, à ce point ancré dans notre être qu'il ne nous est pas possible d'imaginer une situation dans laquelle il pourrait cesser d'exister. Mais il y en a d'autres qui, s'ils ne sont pas aussi directement physiques, n'en sont pas moins à mes yeux tout aussi enracinés dans la nature humaine. J'en donnerai comme exemple le besoin d'une certaine forme de compagnie ; le besoin de déployer son énergie, d'exercer ses pouvoirs sur le milieu environnant ; le besoin de collaborer avec ses semblables et de rivaliser avec eux, de s'entraider et de combattre ; le besoin d'une certaine forme d'expression et de satisfaction esthétique ; le besoin de mener et de suivre, etc.

4   Que mes exemples soient bien choisis ou non importe moins que la reconnaissance du fait que certaines tendances font à ce point partie intégrante de la nature humaine que celle-ci cesserait d'être la nature humaine si elles

---

3. John Dewey, « Does Human Nature Change ? », dans *Problems of Men, op. cit.*, p. 184-192.

changeaient. Ces tendances étaient habituellement désignées sous le nom d'instincts. Les psychologues sont maintenant bien plus circonspects dans l'usage de ce mot. Mais ce qui compte, ce n'est pas le terme qui nous sert à désigner ces tendances, mais bien le fait que la nature humaine possède sa propre constitution.

5   Là où nous risquons de faire fausse route, une fois que l'on a admis le fait qu'il existe quelque chose d'immuable dans la structure de la nature humaine, c'est dans les conclusions que nous en tirons. En effet, nous tenons pour acquis que la manifestation de ces besoins est elle aussi immuable. Nous supposons que les manifestations auxquelles nous sommes habitués sont aussi naturelles et immuables que les besoins dont elles émanent.

6   Le besoin de nourriture est tellement impérieux que nous taxons de démente toute personne qui persiste à refuser de s'alimenter. Mais nos préférences et nos habitudes alimentaires relèvent d'habitudes acquises qui ont été influencées par l'environnement physique et les coutumes sociales. Pour l'homme civilisé contemporain, manger de la chair humaine constitue un acte absolument contre nature. Pourtant, des peuples ont existé aux yeux desquels ce comportement semblait naturel parce qu'il était socialement accepté et même valorisé. Il existe des récits dignes de foi selon lesquels des personnes dans le besoin ont refusé des aliments bons et nourrissants parce qu'elles n'y étaient pas habituées; les aliments inconnus étaient si « contre nature » qu'elles préféraient se laisser mourir de faim plutôt que de les ingurgiter.

7   Lorsqu'il affirmait que l'esclavage existe par nature, Aristote parlait au nom de tout un ordre social aussi bien qu'en son propre nom. Il aurait considéré tout effort visant à abolir l'esclavage comme une tentative aussi vaine qu'utopique de modifier la nature humaine dans un domaine où elle était immuable. Selon lui, en effet, le désir d'être dominant n'était pas le seul à être enraciné dans la nature humaine. Certains individus étaient nés dotés d'une nature si servile que c'eût été faire violence à la nature humaine que de leur donner la liberté.

8   L'idée voulant que la nature humaine ne peut être modifiée gagne des adeptes lorsque des changements sociaux sont exigés pour réformer et améliorer les conditions de vie existantes. Elle se répand d'autant plus que les changements que l'on se propose d'apporter dans les institutions ou les conditions de vie diffèrent radicalement de ce qui existe. Si les conservateurs étaient plus avisés, ils devraient la plupart du temps fonder leurs objections, non sur l'immuabilité de la nature humaine, mais sur l'inertie de la coutume, sur la résistance au changement qu'entraîne l'habitude, une fois acquise. S'il est

difficile d'apprendre à un vieux chien de nouveaux tours, il est plus difficile encore d'essayer d'inculquer à la société des coutumes contraires à celles qui ont longtemps prévalu. Un conservatisme de ce type serait raisonnable et il obligerait ceux qui veulent du changement, non seulement à modérer leur ardeur, mais aussi à se demander comment introduire les modifications qu'ils souhaitent en entraînant le moins possible de bouleversements.

9   Pourtant, il existe peu de changements sociaux auxquels on peut s'opposer sous prétexte qu'ils sont contraires à la nature humaine elle-même. Une proposition qui viserait à ce qu'une société se passe de boire et de manger serait l'une des rares à se ranger dans cette catégorie. [...]

10   Prenons l'institution de la guerre, l'une des plus anciennes et des plus estimées socialement de toutes les institutions humaines. Aux efforts visant à l'obtention d'une paix durable, on oppose souvent l'argument voulant que l'homme soit par nature un animal guerrier et que cette composante de sa nature soit immuable. L'échec des mouvements pacifistes dans le passé peut venir étayer cette opinion. Mais la guerre est un fait social, au même titre que l'esclavage que les Anciens considéraient comme immuable.

11   J'ai déjà dit que, selon moi, la combativité fait partie intégrante de la nature humaine. Mais j'ai dit aussi que les manifestations des traits innés sont susceptibles de changer, car elles sont influencées par la coutume et les traditions. La guerre existe, non parce que l'homme a des instincts combatifs, mais parce que les forces et les conditions sociales ont poussé, voire forcé, ces « instincts » dans cette voie.

12   Il existe déjà un grand nombre de moyens permettant de canaliser le besoin de combattre et nous pouvons en découvrir et en explorer de nouveaux, tout aussi satisfaisants. Il y a la guerre contre la maladie, contre la pauvreté, contre l'insécurité, contre l'injustice, dans lesquelles des multitudes de personnes ont déjà trouvé un terrain propice à l'expression de leur combativité.

13   Les temps sont peut-être loin où les hommes cesseront de satisfaire leur besoin de combattre en se détruisant les uns les autres et où ils l'exprimeront de concert en unissant leurs efforts pour affronter des forces qui menacent chaque individu également. Mais les obstacles qui jalonnent cette voie résultent bien davantage de la persistance de certaines habitudes sociales acquises que de l'immuabilité du besoin de combattre.

14   La pugnacité[4] et la peur sont des traits innés de la nature. Mais il en va de même de la pitié et de la compassion. Nous envoyons infirmières et

---

4. C'est-à-dire le caractère batailleur.

médecins sur les champs de bataille et fournissons des équipements médicaux aussi « naturellement » que nous changeons de baïonnette et vidons le chargeur de nos mitrailleuses. Jadis, il existait une relation étroite entre la pugnacité et les combats puisque ces derniers se livraient en grande partie à coups de poing. De nos jours, la pugnacité ne joue plus qu'un rôle très restreint dans le déclenchement des guerres. Les citoyens d'un pays ne haïssent plus ceux d'une autre nation par instinct. Quand ils attaquent ou sont attaqués, ils ne se servent plus de leurs poings dans des combats au corps à corps, mais envoient des obus à grande distance sur des individus qu'ils n'ont jamais vus. Dans les guerres modernes, la colère et la haine surviennent après le début des hostilités ; ce sont les conséquences, et non les causes, de la guerre.

15   C'est une bien lourde tâche que de soutenir une guerre moderne ; toutes les réactions émotionnelles doivent être stimulées. C'est pourquoi on fait appel à la propagande et aux comptes rendus d'atrocités. Conjointement à ces mesures extrêmes, il faut, comme nous l'avons vu durant les deux guerres mondiales, mettre sur pied une organisation visant à soutenir le moral des troupes, et même des non-combattants. Or, le moral dépend largement du maintien des émotions à un certain niveau et, malheureusement, ce sont les sentiments de peur, de haine et de suspicion qui sont les plus faciles à entretenir.

16   Je n'ai pas l'intention de dogmatiser sur les causes des guerres modernes. Mais je ne pense pas que quiconque puisse contester le fait qu'elles sont d'origine sociale plutôt que psychologique, et ce même si la dimension psychologique est de la première importance lorsqu'il s'agit d'amener un peuple à vouloir, puis à poursuivre le combat. Je ne pense pas non plus que quiconque puisse nier que, parmi les causes sociales de la guerre, les conditions économiques soient importantes. Ce qu'il faut retenir toutefois, c'est que les causes sociologiques, quelles qu'elles soient, sont affaires de tradition, de coutumes et d'organisation institutionnelle, et qu'il s'agit là de facteurs qui se rangent parmi les manifestations de la nature humaine susceptibles de changer plutôt que parmi ses caractères immuables.

17   J'ai utilisé le cas de la guerre comme un exemple typique de ce qui, dans la nature humaine, peut changer et de ce qui ne peut pas changer, et ce en ayant à l'esprit l'idée de réforme sociale. [...] Ce qu'il faut retenir, c'est que les obstacles auxquels nous devons faire face sont le produit de forces sociales qui changent avec le temps, et non de caractères immuables de la nature humaine. Et l'on trouve également une illustration de ce fait dans l'incapacité des pacifistes de parvenir à leurs fins en ne faisant appel qu'à la

compassion et à la pitié. Car si, comme je l'ai dit, les sentiments de bienveillance font aussi partie intégrante de la nature humaine, la manière dont ils s'expriment dépend des conditions sociales.

18   En fait, il y a toujours une explosion de ces bons sentiments en temps de guerre. La sympathie comme le désir d'aider ceux qui sont dans le besoin gagnent en intensité durant les hostilités comme à l'occasion de tous les grands désastres qu'il nous est permis d'observer ou d'imaginer. Mais ces sentiments sont canalisés dans leur expression ; ils s'adressent exclusivement à ceux de notre camp. Ils surviennent simultanément à des manifestations de fureur et de peur à l'égard de l'ennemi, sinon chez la même personne, du moins dans la communauté en général. D'où l'échec total de l'appel des pacifistes aux composantes bienveillantes de la nature humaine originelle lorsqu'il ne s'accompagne pas d'un examen intelligent des forces sociales et économiques à l'œuvre.

19   William James illustre bien notre propos par le titre de l'un de ses essais, *The Moral Equivalents of War* « les équivalents moraux de la guerre ». Ce titre reflète exactement ce sur quoi je veux insister. Certains besoins fondamentaux, certaines émotions de base sont permanents. Mais ils sont susceptibles de s'exprimer d'une manière radicalement différente de la façon dont ils se manifestent ordinairement aujourd'hui.

20   Un problème plus brûlant encore apparaît lorsque sont proposés des changements fondamentaux dans les institutions et les relations économiques. Les propositions visant à de tels bouleversements sont de nos jours monnaie courante. Mais elles se heurtent au postulat voulant que ces changements sont impossibles car ils impliqueraient un impossible changement de la nature humaine. À cela, il est à craindre que les partisans du changement désiré ne se contentent de rétorquer que le système actuel est, en partie du moins, contraire à la nature humaine. Le débat s'engage alors dans la mauvaise voie.

21   En fait, de toutes les manifestations de la nature humaine, ce sont les institutions et les relations économiques qui sont les plus susceptibles de changer. L'histoire fournit la preuve vivante de l'étendue de ces changements. Aristote, par exemple, soutenait que le paiement d'intérêts était contre nature, et le Moyen Âge se fit l'écho de cette doctrine. On associait cette opération à de l'usure, et ce n'est qu'après une évolution des conditions économiques telle que le paiement d'intérêt devint chose courante et, en ce sens, « naturel », que l'usure prit sa signification actuelle.

22   Il y eut des temps et des lieux où l'on possédait la terre en commun et où toute idée de propriété privée aurait été considérée comme monstrueuse et contre nature. Il y eut d'autres temps et d'autres lieux où tous les biens se trouvaient aux mains d'un suzerain, et où la fortune de ses sujets, ou leur absence de fortune, dépendait de son bon plaisir. Tout le système du crédit, si fondamental dans les finances contemporaines et dans la vie industrielle, est une invention moderne. L'invention de la société par actions, à responsabilité limitée, a révolutionné la nature et l'idée de la propriété. Je pense que le besoin de posséder quelque chose est un trait inné de la nature humaine. Mais il faut une grande ignorance ou une imagination extravagante pour supposer que le système de propriété qui existe aux États-Unis en 1946, avec toutes ses relations complexes et ses réseaux de soutiens juridiques et politiques, constitue le produit nécessaire et immuable d'une tendance naturelle à l'appropriation et à la possession.

23   De toutes les institutions humaines, celle du droit est la plus conservatrice ; elle évolue néanmoins en vertu de l'effet cumulé des décisions législatives et judiciaires, parfois lentement, parfois rapidement. Les changements que les rapports humains subissent consécutivement aux transformations qui touchent les institutions industrielles et juridiques agissent en retour pour modifier la façon dont la nature humaine se manifeste et cela entraîne de nouveaux bouleversements dans les institutions ; ce mouvement se perpétue à l'infini.

24   C'est la raison pour laquelle j'avance que ceux qui soutiennent que les propositions de changement social sont irréalisables et utopiques à cause de la fixité de la nature humaine confondent la résistance au changement due aux habitudes acquises avec celle qui trouve sa source dans la nature humaine. […]

25   Le révolutionnaire radical, quant à lui, néglige la force des habitudes qui sont solidement enracinées. Il a raison, selon moi, de croire en l'infinie plasticité de la nature humaine. Mais il a tort lorsqu'il pense que les réseaux de désirs, de croyances et de buts [présents dans un groupe humain] ne possèdent pas une force comparable à celle des objets physiques lorsqu'ils sont en mouvement, et à l'inertie, à la résistance au mouvement de ces mêmes objets lorsqu'ils sont au repos. C'est l'habitude, et non pas la nature humaine originelle, qui fait que les choses gardent la plupart du temps à peu près le même mouvement que par le passé.

26   Si la nature humaine ne peut changer, alors il ne peut être question d'éducation, et tous nos efforts dans ce domaine sont voués à l'échec. Le sens

profond de l'éducation consiste en effet à modifier la nature première de l'homme en lui inculquant de nouvelles façons de penser, de sentir, de désirer et de croire qui sont étrangères à la nature humaine brute. Si cette dernière était immuable, nous serions en mesure de recevoir une formation, mais pas une éducation. La formation se distingue de l'éducation en ceci qu'elle se limite simplement à l'acquisition d'un certain savoir-faire. On peut développer considérablement des dons innés par la formation, sans pour autant cultiver ces attitudes et ces dispositions nouvelles qui sont le but de l'éducation. Mais le résultat est mécanique. Cela revient à supposer que, bien qu'un musicien puisse développer ses capacités techniques par la pratique, il est incapable de s'élever d'un certain niveau de jugement et de création artistiques à un autre.

27   La thèse de l'immuabilité de la nature humaine est donc la doctrine la plus déprimante et pessimiste qui soit. Développée logiquement, elle se réduirait à une doctrine de la prédestination dès la naissance, qui surpasserait la plus rigide des doctrines théologiques. Selon cette idée, en effet, les individus sont ce qu'ils sont à la naissance et il n'y a rien à faire à cela, si ce n'est de leur faire suivre le type d'entraînement qu'un acrobate peut donner au système musculaire dont la nature l'a doté. Si un individu naît avec des tendances criminelles, il deviendra criminel, et criminel il restera. S'il naît cupide, il vivra d'activités prédatrices aux dépens des autres ; et ainsi de suite. Il ne fait pour moi aucun doute que nous sommes différemment dotés par la nature. Ce que je conteste, c'est l'idée que ces différences condamnent l'individu à s'exprimer d'une manière déterminée. Évidemment, on ne peut faire d'une buse un épervier. Mais la forme particulière que prendra un don naturel, pour la musique par exemple, dépend des influences sociales auxquelles une personne sera soumise. Dans une tribu sauvage, Beethoven serait sans doute devenu un remarquable musicien, mais il n'aurait pas été le Beethoven des symphonies.

28   L'existence de presque tous les types imaginables d'institutions sociales, à travers les lieux et les époques, nous apporte la preuve de la plasticité de la nature humaine. Ce fait ne prouve cependant pas que tous ces systèmes sociaux sont d'égale valeur sur les plans matériel, moral et culturel. Il suffit d'un peu d'observation pour se convaincre du contraire. Mais en prouvant la variabilité de la nature humaine, l'existence de ces multiples institutions indique aussi l'attitude que l'on doit adopter face aux propositions de changements sociaux. La question est d'abord de savoir si, dans chaque cas particulier, ils sont souhaitables ou non. Et pour répondre à cette question, il faut essayer de découvrir quelles seraient leurs conséquences

s'ils venaient à être adoptés. Si l'on parvient à la conclusion qu'ils sont souhaitables, il faut alors se demander comment les introduire avec le moins possible de gaspillage, de destructions et de bouleversements inutiles.

29   Pour trouver la réponse à cette question, il nous faut tenir compte de la force des traditions et des coutumes existantes, ainsi que des types de comportement et des croyances qui existent déjà. Il nous faut déterminer quelles sont les forces qui sont déjà à l'œuvre et qui peuvent être renforcées de façon à aller dans le sens du changement désiré et comment les facteurs qui font obstacle au changement peuvent être graduellement affaiblis. De telles questions peuvent être considérées à la lumière des faits et de la raison.

30   L'affirmation selon laquelle la constitution immuable de la nature humaine interdit tel ou tel changement détourne l'esprit de la question de savoir, d'abord si ledit changement est souhaitable ou non, ensuite comment y parvenir. Elle livre la question à l'émotion aveugle et à la violence ouverte. En fin de compte, elle encourage ceux qui croient que l'on peut faire de grands changements brutalement, par un coup de force.

31   Lorsque le développement de nos sciences de la nature humaine et des relations humaines sera comparable à celui de nos sciences naturelles, leur souci majeur consistera à élucider de quelle façon la nature humaine peut être effectivement modifiée. Il ne s'agira pas de savoir si elle est capable de changement, mais plutôt de déterminer comment la changer dans des conditions données. Ce problème relève en fin de compte de l'éducation au sens le plus large du terme. En conséquence, tout ce qui peut étouffer ou nuire aux processus d'éducation qui pourraient amener un changement dans les dispositions humaines sans trop d'inconvénients contribue à accentuer les forces qui bloquent l'évolution sociale et encourage du même coup l'usage de la violence comme outil de changement social.

EXERCICES

1. Après avoir admis que l'on peut répondre négativement à la question qu'il pose dans le titre de son article, Dewey précise que l'on doit être prudent dans les conclusions que l'on tire de ce constat et annonce qu'il va s'attaquer à une erreur souvent commise par ceux qui argumentent à propos de cette question. Quelle est cette erreur ? Schématisez l'argumentation à laquelle va s'attaquer Dewey et indiquez la nature de la critique qu'il a annoncée : s'agit-il d'une critique de l'acceptabilité des prémisses ou de la suffisance des liens ? Justifiez votre réponse.

2. Dewey affirme que les humains éprouvent un « besoin de combattre ». Soutient-il, dans son article, cette idée à l'aide d'une argumentation ? Si oui, schématisez-la et faites-en l'évaluation. Si non, déterminez quel est l'effet de cette absence de justification sur l'ensemble de l'argumentation de Dewey.

3. Au paragraphe 7, Dewey commente la position du philosophe grec Aristote (v. 384-322 av. J.C.) concernant l'esclavage. Ces considérations jouent-elles un rôle dans l'argumentation de l'auteur ? Si oui, dites lequel. Si non, expliquez pourquoi.

4. Dewey affirme, au paragraphe 28 : « L'existence de presque tous les types imaginables d'institutions sociales, à travers les lieux et les époques, nous apporte la preuve de la plasticité de la nature humaine. » Schématisez cette argumentation et faites-en l'évaluation.

5. Relisez à quelques reprises l'article de Dewey et formulez-en précisément la conclusion centrale, celle que l'auteur voudrait que l'on retienne.

WALTER LIPPMANN

riaux, qui ont été publiés dans plus d'une centaine de journaux. Il fut également conseiller présidentiel.

Lippmann a écrit l'article que nous citons en 1939. Il s'agit d'un plaidoyer plutôt original en faveur de la liberté d'expression, dans lequel l'auteur rattache celle-ci à la démocratie et à la pensée critique.

Walter Lippmann (1889-1974) fut un essayiste américain et un intellectuel jouissant d'un grande réputation dans son pays. Il participa à la vie politique par ses édito-

DE LA NÉCESSITÉ DE L'OPPOSITION[1]

par Walter Lippmann

1 Poussés dans leurs retranchements, la plupart des hommes finiraient sans doute par admettre que la liberté politique — c'est-à-dire le droit de s'exprimer librement et de faire opposition — est un noble idéal plutôt qu'une nécessité pratique. Étant donné la façon dont on défend aujourd'hui la cause de la liberté, cette opinion est parfaitement compréhensible. L'argument généralement utilisé consiste en effet à faire ressortir que tout homme considère sa propre liberté comme une question de droit et la liberté qu'il concède à ses semblables comme une question de tolérance. Ainsi, la défense de la liberté d'opinion tend à reposer non sur les conséquences réelles, bénéfiques et indispensables de celle-ci mais sur un attachement quelque peu excentrique et vaguement bienveillant à une abstraction.

2 On peut bien dire avec Voltaire : « Je désapprouve totalement ce que vous dites mais je défendrai jusque dans la mort votre droit de le dire », le fait est que peu d'hommes sont prêts à mourir pour défendre les droits des autres hommes : s'ils sont véritablement en désaccord avec ce que disent les autres, ils feront plutôt leur possible pour s'en débarrasser d'une manière ou d'une autre.

3 Ainsi, si tout ce que nous pouvons dire en faveur de la liberté d'opinion est qu'un homme doit tolérer ses contradicteurs parce que chacun a le « droit » de dire ce qui lui plaît, force nous est de constater que la liberté d'opinion est un luxe réservé aux temps heureux où les hommes peuvent se permettre d'être tolérants parce qu'il ne se pose pas de problèmes fondamentaux ou cruciaux.

4 Pourtant, du point de vue historique, ce droit constitutionnel fondamental à la liberté de parole repose sur des assises bien plus solides, et l'expérience pratique nous enseigne qu'il existe des raisons beaucoup plus impérieuses de cultiver la liberté. Il me semble en effet que nous faisons preuve d'une complaisance naïve lorsque nous prétendons protéger le droit de nos adversaires à s'exprimer parce que nous sommes magnanimes, nobles et généreux. La véritable raison pour laquelle il faudrait inventer la liberté d'opinion si elle n'existait pas, la raison pour laquelle elle devra en fin de compte être

---

1. Walter Lippmann, « The Indispensable Opposition », *The Atlantic Monthly,* vol. 164, n° 2, août 1939, p. 186-190.

rétablie dans tous les pays civilisés où elle a été supprimée, c'est que nous devons protéger le droit de nos adversaires à s'exprimer parce qu'il nous est nécessaire d'entendre ce qu'ils ont à dire.

5   Nous nous trompons du tout au tout si nous nous imaginons tolérer la liberté de nos opposants politiques comme nous tolérons les hurlements d'un bébé dans une pièce attenante, ou comme nous endurons les rugissements de la radio du voisin, simplement parce que nous sommes trop pacifiques pour lancer une brique à travers la fenêtre. Si la liberté d'opinion ne tenait qu'à la clémence et à la timidité dont nous faisons preuve face à nos adversaires et à nos critiques en les laissant s'exprimer, il serait difficile de déterminer si nous sommes tolérants parce que nous sommes magnanimes ou parce que nous sommes paresseux, parce que nous sommes guidés par de fermes principes ou parce que nous manquons de convictions sérieuses, parce que nous témoignons de l'ouverture d'un esprit curieux ou de l'indifférence d'un esprit vide. Par conséquent, si nous voulons vraiment comprendre la raison pour laquelle la liberté est indispensable dans une société civilisée, il nous faut commencer par prendre conscience du fait que la liberté de discussion améliore nos propres opinions et que, par conséquent, les libertés des autres hommes sont pour nous-mêmes une nécessité vitale.

6   Ce n'est pas en citant Voltaire que nous touchons l'essence de ce problème, mais lorsque nous allons chez le médecin et le payons pour qu'il nous pose les questions les plus embarrassantes et nous prescrive le régime le plus sévère. Lorsque nous rémunérons le médecin afin qu'il s'exprime en toute liberté sur les causes de nos maux d'estomac et la façon de les guérir, nous ne nous considérons pas comme particulièrement tolérants, magnanimes ou dignes d'admiration. Nous avons suffisamment de bon sens pour savoir que, si nous menacions de faire jeter le médecin en prison parce que nous n'apprécions ni son diagnostic ni son ordonnance, il pourrait, certes, en éprouver quelque désagrément, mais notre estomac également. C'est la raison pour laquelle le plus féroce des dictateurs préférera être soigné par un médecin libre de penser et de dire la vérité que par son propre ministre de la Propagande. Car, du moment que les choses deviennent vraiment sérieuses, la question de la liberté des autres ne relève plus de leurs droits mais de nos propres besoins.

7   La prise de conscience de ce besoin est plus difficile pour certains hommes que pour d'autres. Les dirigeants totalitaires pensent n'avoir pas besoin de la liberté d'une opposition: ils exilent, emprisonnent ou assassinent leurs adversaires. Nous en sommes, pour notre part, arrivés à la conclusion, fondée

sur une expérience pratique qui remonte à la Grande Charte et même au-delà, que nous avons besoin d'une opposition et nous la payons à même le trésor public.

8   Dans la mesure où la défense habituelle de la liberté d'expression ignore cette expérience, elle devient abstraite et excentrique au lieu d'être concrète et humaine. On met généralement l'accent sur le droit de s'exprimer, comme si le seul fait que le médecin soit libre de sortir dans le parc et d'expliquer aux courants d'air les raisons de mes maux d'estomac avait de l'importance. Voilà à n'en pas douter une piètre caricature de ce grand droit civique pour lequel des hommes ont donné leur sang et leur vie. Ce qui importe avant tout, c'est que le docteur *me* dise ce qui me fait souffrir et que je l'écoute ; que si ce qu'il dit ne me satisfait pas, je sois libre de consulter un autre médecin ; que le premier doive alors écouter le second ; et qu'à force de parler et d'écouter, d'échanger des opinions, on finisse par découvrir la vérité.

9   Tel est le principe créateur de la liberté d'expression : il ne s'agit pas d'un système visant à tolérer l'erreur mais à découvrir la vérité. Il se peut qu'il ne produise pas la vérité, ou pas toute la vérité tout le temps, ni souvent, ni même jamais dans certains cas. Mais si la vérité peut être trouvée, il n'existe pas d'autre système susceptible de dégager aussi facilement et aussi régulièrement autant de vérité. Tant et aussi longtemps que nous n'aurons pas parfaitement compris ce principe, nous ne saurons ni pourquoi nous devons apprécier notre liberté, ni comment nous pouvons la protéger et la développer.

10   Appliquons ce principe au système de discours public régissant un État totalitaire. Nous pouvons, sans trop nous écarter de la vérité, nous représenter une situation dans laquelle un homme et les subordonnés qu'il s'est lui-même choisis s'adressent au peuple par l'intermédiaire d'un système de radiodiffusion. Les orateurs parlent. Le public écoute, mais ne peut ni n'ose répondre. C'est un système de communication à sens unique. L'opinion des dirigeants est diffusée largement dans les masses populaires, mais, du peuple, les dirigeants ne reçoivent en retour que des acclamations. Ils n'entendent jamais parler de choses qu'ils auraient oubliées, de vérités qu'ils auraient négligées, des sentiments de la population ou des suggestions que celle-ci pourrait leur faire.

11   Or, même un dictateur ne peut se fier à sa seule inspiration pour gouverner. En pratique, les dirigeants totalitaires reçoivent des rapports de leur police secrète et de ceux de leurs partisans qui appartiennent au peuple. Ces rapports, s'ils sont bien faits, permettent aux dirigeants de maintenir le contact avec l'opinion publique. Cela ne suffit pourtant pas pour comprendre

ce que ressentent les gens. Par ailleurs, les dirigeants doivent prendre des décisions dont les conséquences sont considérables, et leur système ne leur permet pas de tirer profit d'un échange d'opinions dans la nation. Si bien qu'ils doivent se fier à leur *propre* intuition, qui ne peut être continuellement inspirée, ou, s'il s'agit de despotes éclairés, encourager les techniciens et les conseillers en qui ils ont confiance à parler et à débattre librement en leur présence.

12   Sur les murs des maisons des paysans italiens, on peut lire, écrit en grosses lettres, que « Mussolini a toujours raison ». Mais si les ambassadeurs italiens, si l'état-major et le ministère des Finances prennent cette maxime au sérieux, alors tout ce qu'il reste à ajouter est « Que Dieu aide Mussolini, que Dieu garde l'Italie et le nouvel empereur d'Éthiopie[2]. »

13   Car il arrive un moment où, même dans un État totalitaire, la liberté de parole, qui seule permet la discussion d'opinions opposées, devient indispensable. Plus le temps passe toutefois, plus la chose devient difficile dans une dictature. Le débat critique disparaît à mesure que l'opposition interne est liquidée et que seuls demeurent des hommes qui partagent les mêmes pensées et les mêmes sentiments. C'est pourquoi aux succès que recueillent au départ des despotes comme Napoléon Ier et Napoléon III succèdent généralement d'irréparables erreurs. Parce qu'il n'écoute que les béni-oui-oui qui l'entourent — les autres étant en exil, dans des camps de concentration, ou tout simplement terrifiés — le despote se coupe de la vérité, dont aucun homme ne peut se passer.

14   Il suffit de regarder les dictatures pour se convaincre de tout cela. Mais lorsque nous tentons de nous représenter, par contraste, notre propre système, quelle est l'image qui nous vient à l'esprit ? C'est, sauf erreur de ma part, que chacun peut monter sur une caisse à savon et raconter ce qui lui plaît […]

15   Si tout ce que la démocratie pouvait opposer à la communication à sens unique de type totalitaire se limitait à une rangée de caisses à savon posées les unes à côté des autres, force me serait d'admettre qu'il s'agit d'une option impraticable, déraisonnable et peu attrayante. Mais il s'agit là d'une fausse alternative. Il est faux de dire que l'homme civilisé a connu la liberté du jour où chacun s'est vu libre de se jucher sur une caisse à savon, de louer une salle et d'y exposer ses opinions pour ceux qui veulent les entendre. Au contraire, la liberté d'expression n'atteint ses objectifs fondamentaux que lorsque différentes opinions sont exposées dans une même salle et pour un même public.

---

2. Rappelons que cet essai a été écrit en 1939.

16   Car, si le droit de parole peut signifier le début de la liberté, c'est la nécessité d'écouter qui donne à ce droit toute sa valeur. Même en Russie ou en Allemagne, rien n'empêche un homme d'aller se planter au milieu d'un champ et de dire tout ce qu'il pense[3]. Ce qui importe, ce n'est pas l'expression d'opinions mais la confrontation d'opinions au cours d'un débat. Personne ne tient vraiment à ce que n'importe quel imbécile ait le droit de dire ce qu'il lui plaît. Et il ne sert à rien que le plus sage des hommes s'en aille proclamer sa sagesse au milieu du Sahara. Tout cela est bien secondaire. L'important, du point de vue de la liberté, c'est plutôt que l'imbécile soit tenu d'écouter le sage et d'apprendre ; que le sage soit obligé de tenir compte de l'imbécile et de l'instruire ; que le sage puisse gagner en sagesse en écoutant l'opinion de ses pairs.

17   Voilà pourquoi l'homme civilisé doit chérir la liberté, parce que c'est un moyen de promouvoir la découverte de la vérité. Nous ne devons pas nous en tenir au droit de chacun de louer sa propre salle, de disposer de son propre système de radiodiffusion ou de distribuer ses propres tracts. Ce sont là des droits secondaires et, bien qu'il faille les préserver, il importe de ne pas perdre de vue leur caractère accessoire, négligeable, par rapport à l'essence de cette liberté qu'il nous faut chérir et cultiver.

18   Le meilleur moyen de comprendre ce que représente la liberté de parole est de garder à l'esprit l'image d'une institution comme le Congrès américain — une assemblée où sont représentées des opinions divergentes, où les idées ne sont pas seulement exposées mais débattues — ou le Parlement britannique — où les hommes qui sont autorisés à parler sont aussi tenus de répondre. Nous pouvons aussi nous représenter ce qu'est cette liberté en pensant à ce qui se passe dans une salle de tribunal lorsque les témoins déposent et subissent les interrogatoires des différentes parties et que, devant le même juge et le même jury, des avocats s'affrontent en défendant leurs causes respectives. Nous pouvons encore nous représenter cette liberté en pensant à une tribune où l'orateur se doit de répondre aux questions ; à une réunion de scientifiques où les données, les hypothèses et les conclusions sont soumises à l'examen d'hommes qui ont la compétence pour les juger ; à un quotidien sérieux qui, non content de publier l'opinion de ceux qui s'écartent de sa ligne de pensée, réexamine ses propres opinions à la lumière de ce qu'ils disent.

    […]

---

3. À l'époque où l'auteur a écrit cet essai, la Russie et l'Allemagne étaient sous des régimes totalitaires.

19   Il nous faut insister sur le fait que la liberté de discourir ne marque que le commencement de la liberté d'expression ; il ne s'agit pas de la fin ultime, mais d'un moyen de parvenir à cette fin. La fin consiste à trouver la vérité. La justification pratique de la liberté civile n'est pas que la liberté d'expression est l'un des droits de l'homme ; c'est que le droit de mettre en cause l'opinion de l'autre est pour l'homme une nécessité. L'expérience nous apprend en effet que ce n'est que lorsque la liberté d'opinion devient obligation de débattre que nous pouvons récolter ce que nos pères ont semé. Une fois cela compris, nous chérirons la liberté, non parce qu'elle nous permet d'exprimer nos opinions, mais parce qu'elle constitue la méthode la plus sûre pour les corriger.

[…]

EXERCICES

1. Faites le schéma en arbre de l'argumentation à laquelle Lippmann s'attaque.

2. Lippmann affirme qu'il est nécessaire que nous entendions ce que nos adversaires ont à dire. Que veut-il dire par là au juste ? A-t-il raison de faire une telle affirmation ?

3. L'auteur considère-t-il qu'il est possible qu'une personne soit en faveur de la liberté d'opinion tout en ayant une attitude dogmatique ?

4. Dans le paragraphe 5, l'auteur a recours a une image en évoquant les hurlements d'un bébé ; dans le paragraphe 6, il évoque une consultation médicale. Quel rôle jouent ces développements dans l'argumentation de l'auteur ?

5. À la lumière de votre lecture du texte de Lippmann, dites si l'auteur serait ou non d'accord avec les idées suivantes. Justifiez vos réponses.

    a) On peut rejeter une argumentation tout en étant d'accord avec sa conclusion.

    b) La liberté de s'exprimer publiquement n'est qu'un droit secondaire.

    c) La liberté d'expression n'est pas, d'abord et avant tout, une question de tolérance.

    d) Il est bon que les différents journaux publiés dans un pays défendent chacun une ligne idéologique bien précise.

    e) Au fond, le proverbe voulant que « deux têtes valent mieux qu'une » est trompeur.

QUESTIONS DE RÉVISION

- Les schémas en arbre

- L'évaluation de l'argumentation

- Les analyses complètes

- Questions diverses

Questions de révision

Les schémas en arbre

1. Faites le schéma en arbre de l'argumentation suivante.

   « Si le destin d'un homme est causé par l'étoile sous laquelle il est né, alors tous les hommes nés sous cette même étoile devraient avoir le même avenir. Mais des maîtres et des esclaves, des rois et des mendiants (qui ont des sorts très différents !) sont nés sous la même étoile et la même année. Donc l'astrologie, qui prétend que le destin d'un homme est déterminé par l'étoile sous laquelle il est né, est certainement fausse. »

   — Pline l'Ancien (23-79), *Histoire naturelle.*

2. Faites le schéma en arbre de l'argumentation suivante.

   « Le problème doit venir du remplacement du sucre par le miel. J'ai toujours réussi cette recette avec les ingrédients habituels. Cette fois-ci, j'ai remplacé le sucre par du miel. Je n'ai remplacé aucun autre ingrédient. »

3. Faites le schéma en arbre de l'argumentation suivante.

   « Il faut légaliser la marijuana. Le rapport Le Dain le conseillait déjà au début des années 70. Par ailleurs, la plupart des gens disent qu'elle n'est pas nocive, et on ne doit pas interdire les produits qui ne sont pas nocifs. Finalement, son illégalité nuit à la société en incitant à la criminalité. »

4. Dites quel type de jugement l'auteur tente de justifier dans l'argumentation qui suit et faites-en le schéma en arbre.

   « La meilleure tasse pour servir le café est la tasse de porcelaine. Une bonne tasse de café doit répondre à deux exigences : conserver la chaleur le plus longtemps possible et ne pas communiquer de goût désagréable au café. Le métal et le plastique communiquent un goût désagréable au café. Le tableau suivant indique la capacité à conserver la chaleur de différents types de tasse (le café a été versé à 70° dans les tasses)[1]. »

---

1. Michel Vanier, *Le livre de l'amateur de café,* Robert Laffont, Paris, 1983, p. 109-110.

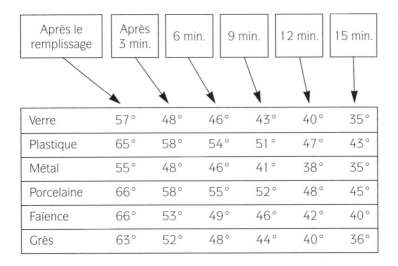

	Après le remplissage	Après 3 min.	6 min.	9 min.	12 min.	15 min.
Verre	57°	48°	46°	43°	40°	35°
Plastique	65°	58°	54°	51°	47°	43°
Métal	55°	48°	46°	41°	38°	35°
Porcelaine	66°	58°	55°	52°	48°	45°
Faïence	66°	53°	49°	46°	42°	40°
Grès	63°	52°	48°	44°	40°	36°

5. Faites le schéma en arbre de l'argumentation suivante.

« Je n'ai pas de bonnes raisons de croire que Dieu existe. Je ne suis donc pas croyant. Par ailleurs, les athées soutiennent qu'ils ont de bonnes raisons de croire que Dieu n'existe pas. Je ne trouve pas que ce sont de bonnes raisons. Je ne suis donc pas athée non plus. Je suis par conséquent agnostique, ce qui veut dire que je pense qu'on ne peut avoir de croyance rationnellement justifiée sur cette question[2]. »

6. Faites le schéma en arbre de l'argumentation suivante.

« On peut augmenter la tâche des professeurs de deux façons : en augmentant le nombre d'étudiants par groupe ou en augmentant le nombre de groupes attribués à chaque professeur. Au cégep, le nombre maximal d'étudiants par groupe dépasse 35, ce qui est déjà trop. Augmenter le nombre de groupes attribués à chaque professeur réduirait le temps que les professeurs consacrent à la préparation de leurs cours. Augmenter la tâche des professeurs nuirait donc à la qualité de l'enseignement. »

7. Faites le schéma en arbre de l'argumentation de Y (dans ses deuxième et troisième répliques).

« — X : L'esprit humain sera toujours supérieur aux ordinateurs parce qu'un ordinateur ne peut faire de l'art.

---

2. Il s'agit là de l'argumentation classique servant à défendre la position agnostique.

— *Y* : Mais il y a·des ordinateurs qui font de l'art !

— *X* : Mais ce n'est pas de l'art comme celui que peut produire un humain ; un ordinateur ne peut peindre un tableau qui soit vraiment beau.

— *Y* : Tu n'as pas raison. Dans un concours de peinture abstraite, les gens ont préféré le tableau d'un ordinateur à celui du peintre connu Mondrian. On ne peut donc pas dire qu'un ordinateur ne peut pas peindre un tableau qui soit beau.

— *X* : Tout de même, on ne peut comparer ces tableaux à ceux de Botticelli ou de Van Eyck ! Tant qu'un ordinateur ne sera pas capable de faire de telles œuvres, je ne croirai pas qu'un ordinateur puisse être créatif.

— *Y* : Ton critère est trop exigeant ! Il est injuste d'exiger des performances artistiques extraordinaires d'un ordinateur : la majorité des gens non plus ne peuvent peindre des tableaux comme ceux de Botticelli, écrire de la musique comme celle de Bach ou écrire des pièces comme celles de Shakespeare. »

8. Faites le schéma en arbre de l'argumentation suivante.

« L'avortement devrait être complètement légalisé. Une majorité impressionnante de Canadiens sont en faveur du libre choix. De toute façon, l'État ne devrait pas avoir le pouvoir de forcer une femme à devenir mère contre sa volonté. Finalement, le respect minimal de la personne humaine implique que tout enfant doit être désiré. »

9. Faites le schéma en arbre de l'argumentation de Patricia.

« — *Paul* : Lorsque vous « observez » votre conscience, vous ne prenez pas conscience des neurones qui fonctionnent. Par conséquent, la conscience et l'activité des neurones sont deux choses complètement différentes.

— *Patricia* : Je ne suis pas d'accord. Premièrement, la surface rouge d'une pomme n'a pas l'air d'un tas de molécules réfléchissant les photons selon une certaine longueur d'onde, pourtant c'est ce que c'est. Deuxièmement, un concerto ne semble pas être un paquet d'ondes sinusoïdales, et pourtant c'est ce que c'est. Puisque notre faculté d'observation ne nous renseigne pas toujours sur la nature profonde des choses, même si notre faculté d'observation nous indique que notre conscience n'est pas la même chose que des neurones qui fonctionnent, on ne peut pas en conclure que la conscience et l'activité des neurones sont deux choses complètement différentes. »

10. Faites le schéma de l'argumentation suivante.

« Les églises devraient payer des taxes. Premièrement, cela leur permettrait de contribuer au bien-être de la communauté. Deuxièmement, les contribuables n'ont pas à subventionner ceux qui vont dans les églises[3]. »

11. Faites le schéma en arbre de l'argumentation de X.

« — X : Les syndicats peuvent avoir un impact positif sur la petite entreprise.

— Y : C'est stupide ce que tu dis. Souvent, lorsqu'une petite entreprise se syndique, elle fait faillite.

— X : Tu oublies quelque chose. Les grosses entreprises ont, dans la plupart des secteurs, des avantages comparatifs par rapport aux petites entreprises. Les petites entreprises devraient donc être éliminées par les plus grosses. Cependant, la syndicalisation, qui se produit d'abord dans les plus grosses entreprises, fait augmenter les coûts de production de celles-ci, si bien qu'il est souvent moins coûteux pour une grosse entreprise de confier certaines de ses tâches à des sous-traitants plutôt que de les faire exécuter par ses travailleurs, lorsque ceux-ci sont syndiqués.

— Y : C'est vrai que je n'avais pas tenu compte de cet impact de l'activité syndicale. Il est vrai que l'activité syndicale, du moins dans les grosses entreprises, stimule la petite entreprise[4]. »

12. Faites le schéma en arbre de l'argumentation de X.

« — X : Vénus a une atmosphère.

— Y : Sur quoi te bases-tu pour affirmer cela ?

— X : Premièrement, le 26 juillet 1910, l'observation d'un transit de Vénus montra que la planète prenait au moins deux secondes avant de retrouver complètement sa luminosité. Ceci suggère l'existence d'une atmosphère ayant de 80 à 100 kilomètres[5]. Deuxièmement, en 1761, Lomonosov

---

3. Exemple tiré de Barrie A. Wilson, *The Anatomy of Argument*, Lanham, University Press of America, 1986, p. 31.

4. D'après Raymond Boudon, *La place du désordre*, Paris, P.U.F., 1984, p. 199.

5. T. W. Webb, *Celestial Objects for Common Telescopes*, vol. 1 : *The Solar System*, New York, 1962, p. 62.

observa que le croissant de Vénus s'étend sur une partie importante de la planète. Cela peut s'expliquer par la présence d'une atmosphère[6]. »

13. Faites le schéma en arbre de l'argumentation suivante et dites si elle respecte le critère de suffisance.

« Il faut interpréter avec prudence le fait que le taux de suicide de la femme apparaisse dans les statistiques comme plus faible que celui de l'homme. En effet, les modes de suicide se répartissent différemment selon les sexes : la femme a plus souvent recours au suicide par noyade. Or, il est plus facile de dissimuler un suicide par noyade qu'un suicide par arme à feu[7]. »

L'évaluation de l'argumentation

14. Faites l'évaluation de l'argumentation suivante.

« Une des critiques les plus répandues à propos des sondages d'opinion publique est que ceux-ci tendraient à favoriser un effet d'entraînement : prédire la victoire d'un candidat pousserait les gens à voter pour ce candidat, à se mettre du côté du gagnant. Ou encore, cela pourrait inciter certaines personnes à appuyer le candidat défavorisé. Clara Hatton, vice-présidente et directrice de *Canadian Gallup Poll ltd.,* n'est pas d'accord avec ces analyses car, dit-elle, si l'un ou l'autre de ces effets était important, nous serions dans l'erreur dans 100% des cas[8]. »

15. Faites l'évaluation de l'argumentation suivante.

« — *Alice* : En moyenne, les filles sont plus intelligentes que les garçons.

— *Antoine* : Pourquoi dis-tu ça ?

— *Alice* : À l'école, en moyenne, les filles ont de meilleures notes que les garçons. Les notes obtenues par quelqu'un sont un bon indicateur de son intelligence. »

---

6. William Hartmann, *Astronomy : the Cosmic Journey,* Belmont (California), Wadsworth, 1978, p. 128.

7. M. Halbwachs, *Les causes du suicide,* 1930. Cité dans Raymond Boudon, *Les méthodes en sociologie,* Paris, PUF, 1970, p. 38.

8. Bruce Lenett, *The London Free Press,* 6 novembre 1986, cité dans « Poll-ution : Coping with Surveys and Polls », de Ralph Johnson, reproduit dans Trudy Govier (dir.), *Selected Issues in Logic and Communication,* Belmont, Wadsworth, 1988, p. 163-177.

16. Faites l'évaluation de l'argumentation suivante.

« Les gens qui refusent de se scolariser lorsqu'ils sont jeunes et qui se retrouvent démunis plus tard ne peuvent pas légitimement se plaindre puisqu'ils sont responsables de ce qui leur arrive. Ils devraient critiquer les choix qu'ils ont eux-mêmes posés plutôt que de chialer contre ceux qui ont fait des choix plus judicieux que les leurs. »

17. Quel est le problème majeur de l'argumentation suivante ? Répondez sous la forme d'une lettre dénonçant la politique décrite.

« Les Juifs représentent 2 % de la population. Notre faculté de médecine a un quota qui permet d'admettre jusqu'à 5 % d'étudiants juifs. Puisque notre quota dépasse la proportion de Juifs dans l'ensemble de la population, nous n'exerçons pas de discrimination à l'endroit des Juifs[9]. »

18. Quel est le problème majeur de l'argumentation suivante ?

« La prostitution a toujours existé et elle existera toujours. Par conséquent, on peut en déduire que c'est une chose qui est nécessaire à la société. »

19. Quel est le problème majeur de l'argumentation suivante ?

« Einstein a dit que Dieu ne jouait pas aux dés. Si Dieu ne joue pas aux dés, c'est qu'il existe. Einstein est une autorité, donc Dieu existe. »

20. Quel est le problème majeur de l'argumentation suivante ?

« Mon bon ami dit qu'il n'y a pas d'âme, que ça n'existe pas. Ça n'a pas de bon sens ! Si c'était vrai mon ami n'aurait pas d'âme et serait donc mort. S'il était mort, il ne pourrait pas être en train de me parler ! Mais il me parle, par conséquent l'âme existe[10]. »

21. L'argumentation suivante respecte-t-elle le critère de suffisance des liens ?

« Le biochimiste américain Raymond Darsee a été condamné, l'an dernier, à ne plus pouvoir bénéficier des subventions de recherche du gouvernement américain parce qu'il s'était rendu coupable de fraude en fabriquant lui-même ses données. Il arrive que les scientifiques se rendent coupables de fraude[11]. »

---

9. Nicholas Capaldi, *The Art of Deception*, Buffalo, Prometheus, 1979, p. 194.

10. Paul Churchland, *Matter & Consciousness*, M.I.T. Press, Cambridge, 1984, p. 48.

11. William Broad et Nicholas Wade, *La souris truquée*, Paris, Seuil, 1987, chapitre 1.

22. L'argumentation suivante respecte-t-elle le critère de suffisance des liens ?

« Tous les X sont des Y puisque j'ai vu un X qui était un Y. »

23. L'argumentation suivante respecte-t-elle le critère de suffisance des liens ?

« Il y a des X qui ne sont pas des Y puisque j'ai vu un X qui n'était pas un Y. »

24. L'argumentation suivante respecte-t-elle le critère de suffisance des liens ?

« Ce matin, j'ai ouvert mon parapluie dans la maison, je suis passé sous une échelle pour me rendre à mon auto et j'ai écrasé un chat noir au coin de la rue. Il va m'arriver un malheur. »

25. Quel est le problème majeur de l'argumentation suivante ?

« Pendant l'épidémie de vols et les émeutes de l'été 1967 à Détroit, les objets le plus souvent volés étaient les téléviseurs couleur. Une façon de prévenir ces émeutes aurait donc été de distribuer gratuitement des téléviseurs couleur à ceux qui en voulaient. »

26. L'argumentation suivante respecte-t-elle les critères d'acceptabilité des prémisses et de suffisance des liens ?

« Nous n'utilisons que 10 % de notre cerveau. Par conséquent, nous avons un potentiel non utilisé. Ce potentiel nous permet de provoquer des phénomènes paranormaux. »

27. L'argumentation suivante respecte-t-elle le critère de suffisance des liens ?

« Dans certaines universités, on soumet aux étudiants des questionnaires afin d'évaluer la performance des professeurs. Il y a une forte corrélation entre la moyenne des notes des étudiants et l'évaluation de la performance des professeurs. On peut en conclure que les étudiants considèrent un professeur comme meilleur lorsqu'ils obtiennent avec lui de meilleures notes. »

28. L'argumentation suivante respecte-t-elle le critère de suffisance des liens ?

« Si votre théorie était vraie, elle donnerait à la femme presque tout l'honneur de la génération des enfants. Ce serait injuste. Votre théorie est donc fausse[12]. »

---

12. Argument datant de 1762 et qui se voulait une critique de la position dite « oviste », selon laquelle les embryons se forment à partir de l'ovule, sans grand apport des mâles. Il n'y a pas si longtemps que l'on sait comment a lieu la fécondation. On n'en connaissait pas encore les grandes lignes il y a 150 ans ! Voir Pierre Darmon, *Le mythe de la procréation à l'âge baroque*, Seuil, coll. Points, 1981.

29. L'argumentation suivante respecte-t-elle le critère de suffisance des liens ?

    « Les films avant-gardistes sont peu populaires. Puisqu'il est sûr que certains de ces films sont excellents, on peut en conclure que certains films peu populaires sont tout de même excellents. »

30. Un étudiant, obligé de suivre un cours de logique de l'argumentation, a fait le commentaire suivant à un autre étudiant. Son argumentation respecte-t-elle le critère de suffisance des liens ?

    « Je ne devrais pas avoir à suivre ce cours de logique. Je n'aurai jamais à faire des schémas en arbre en dehors de ce cours. C'est donc une perte de temps que d'avoir à apprendre comment les faire. J'aimerais mieux suivre un cours de comptabilité[13]. »

31. L'argumentation suivante respecte-t-elle le critère de suffisance des liens ?

    « Le nombre parfait est 12. Le nombre des planètes et de leurs satellites (avec la découverte de Titan) est maintenant de 12. Par conséquent, nous ne trouverons plus d'autres planètes ou d'autres satellites. »

    — Christiaan Huygens[14]

32. Quel est le problème majeur de l'argumentation suivante ?

    « Lundi, j'ai bu du rhum avec du cola. Mardi, j'ai bu du scotch avec du cola. Mercredi, j'ai bu de la vodka avec du *Seven up*. Jeudi, j'ai bu de la tequila avec du *Seven up*.

    Mardi, mercredi, jeudi et vendredi matin, je me suis levé avec un énorme mal de tête. Par conséquent, les boissons gazeuses me donnent mal à la tête[15]. »

---

13. Exemple tiré de Wayne Grennan, *Argument Evaluation*, Lanham, University Press of America, 1984, p. 325.

14. Cité dans Richard Berry, *A Short History of Astronomy*, New York, Dover, 1961, p. 200.

15. Exemple tiré de Wayne Grennan, *op. cit.*, p. 69.

Les analyses complètes

Les exercices qui suivent présentent des argumentations de divers types. Votre tâche consiste à faire l'analyse complète, c'est-à-dire la schématisation puis l'évaluation, de chacune d'elles.

33. « Les raisonnements profonds sont difficiles à comprendre. Ce raisonnement est un raisonnement qui est difficile à comprendre. Par conséquent, ce raisonnement est un raisonnement profond. »

34. « L'expression "parce que" peut avoir au moins deux rôles dans une phrase. Il arrive que le terme "parce que" relie, dans une phrase, une conclusion à une ou plusieurs prémisses. Dans la phrase "Tu devrais voter pour X parce que c'est le meilleur candidat", le terme "parce que" relie une prémisse à une conclusion. Il arrive aussi que le terme "parce que" exprime simplement une relation de causalité entre deux choses. Dans la phrase "Pierre n'est pas en classe parce qu'il est malade", le terme "parce que" exprime le lien de cause à effet qui existe entre la maladie de Pierre et le fait qu'il soit absent. »

35. « Nous pouvons tous un jour ou l'autre nous trouver dans une situation où la connaissance des premiers soins nous permettrait de sauver une vie. Si alors nous ne possédons pas cette connaissance, nous risquons de ne pas pouvoir sauver cette vie, car l'urgence de la situation ne nous laissera pas le temps de nous renseigner sur les mesures à prendre. Ce qu'il faut faire, c'est reconnaître que de telles situations peuvent survenir et se renseigner à l'avance afin d'être en mesure d'agir adéquatement lorsqu'un incident se produira. Ce serait la chose à faire, mais les gens ne le font pas spontanément, peut-être parce qu'ils pensent qu'ils n'auront jamais à faire face à de telles situations ou parce qu'ils reportent indéfiniment la tâche de se renseigner, qui pourtant ne leur demanderait que peu de temps. Mais, au fond, les gens savent très bien qu'ils devraient le faire. Cela n'est pas si difficile. Or, le secourisme est utile : il permet de sauver des vies et nous évite de regretter de n'avoir pas su quoi faire pour aider une personne en détresse. De plus, nous avons tous intérêt à ce que chacun s'y connaisse en cette matière, au cas où nous aurions nous-mêmes besoin de secours. C'est pourquoi je suggère que des cours de secourisme soient obligatoires à l'école. »

36. « Ou bien on admet les appels à l'autorité et alors on abandonne son autonomie intellectuelle, ou bien on les rejette. Il faut donc rejeter les appels à l'autorité. »

37. « Ou bien on admet que toutes les idées se valent (ce qui est une position relativiste), ou bien on considère que c'est sa propre idée qui est la bonne (ce qui est une position dogmatique). Or, il n'est pas correct d'être dogmatique. Par conséquent, on se doit d'être relativiste. »

38. « Il est possible pour un pays indépendant d'être sans armée. Le Costa Rica l'est depuis 1948[16]. »

39. « Il y a sept fenêtres dans la tête : deux yeux, deux oreilles, deux narines et une bouche. Par conséquent, dans les cieux, il y a deux étoiles favorables, deux défavorables, deux luminaires [le soleil et la lune] et Mercure, qui est indifférente. De cela et d'autres phénomènes similaires qu'il serait trop long d'énumérer, nous nous apercevons que le nombre des planètes est nécessairement sept. [...] D'ailleurs, les Juifs ainsi que d'autres nations anciennes, tout comme les Européens d'aujourd'hui, divisent leur semaine en sept jours et les ont nommés à la suite des sept planètes. Si nous augmentions le nombre de planètes, tout ce système s'écroulerait. [...] De plus, les satellites de Jupiter sont invisibles à l'œil nu et ne peuvent donc influencer la terre ; ils seraient donc inutiles et par conséquent n'existent pas[17]. »

40. « D'un point de vue moral, on peut évaluer une guerre de deux façons fondamentalement différentes et indépendantes. On peut se demander, d'un côté, si un pays est en guerre pour de bons motifs. D'autre part, on peut se demander si un pays en guerre emploie des moyens qui sont corrects. Ces deux questions sont indépendantes puisqu'on peut y répondre différemment : un pays peut employer de mauvais moyens mais mener une guerre qui est juste ; par ailleurs, un pays peut être juste sur le plan des moyens mais être en guerre pour de mauvaises raisons[18]. »

41. « Un accident nucléaire majeur a une chance sur dix millions de se produire. Puisque nous en avons déjà eu deux (à Three Miles Island et à Tchernobyl), nous n'en aurons pas pendant longtemps. »

---

16. Gwynne Dyer, *War,* New York, Crown, 1985, p. 158.

17. Francesco Sizzi, *Contre Galilée,* cité dans Gerald Holton, *Introduction to Concepts and Theories in Physical Science,* Addison Wesley, Reading (Mass.), 1952, p. 164-165.

18. Michael Walzer, *Just and Unjust Wars : A Moral Argument With Historical Illustrations,* New York, Basic, 1977, p. 21.

42. « Contrairement à ce que prétend Copernic, c'est le soleil qui tourne autour de la terre et pas l'inverse. Dans la Bible, ne dit-on pas que Josué a ordonné au soleil et non à la terre de s'arrêter[19]? »

43. « Le critère d'évaluation selon lequel on devrait considérer une personne comme étant « dans le besoin » lorsqu'elle gagne moins de la moitié du revenu moyen d'une société a des conséquences absurdes. En effet, ce critère implique que si tous les revenus étaient multipliés par dix ou par cent, le nombre de personnes dans le besoin resterait le même. Ce critère est donc à rejeter. »

44. « Il y a au moins deux manières d'être satisfait dans la vie. Une première façon est de chercher à obtenir ce que l'on veut, et de l'obtenir. Une deuxième façon est de chercher à réduire nos désirs à ce que l'on peut obtenir pour presque rien, et d'y parvenir. »

45. « Bien des gens pensent que le comportement du consommateur est déterminé par le matraquage publicitaire. C'est faux parce que les publicitaires eux-mêmes doivent effectuer des études de marché et parce qu'une proportion importante de produits lancés à grand renfort de publicité échouent piteusement. »

46. « La guerre est une bonne chose. D'abord, c'est une façon efficace de contrôler la surpopulation. Ensuite, elle permet d'expérimenter de nouvelles technologies. La guerre est économiquement bonne pour un pays. La guerre est moralement importante puisqu'elle soutient l'unité nationale et qu'elle permet à l'être humain d'aller jusqu'au bout dans le sacrifice pour autrui et l'entraide, dans des conditions extrêmement difficiles. »

47. « Pour que les richesses restent également partagées, il faut que la loi ne donne à chacun que le nécessaire physique. Si l'on a au-delà, les uns dépenseront, les autres acquerront, et l'inégalité s'établira[20]. »

48. « J'ai sûrement déjà vécu à l'époque de l'empereur Hadrien[21] car tout ce qui est romain m'attire avec une force inouïe. »

— Gœthe[22]

---

19. Luther, cité dans Gabriel Gohau, *Histoire de la géologie,* La Découverte, Paris, 1987, p. 42.

20. Montesquieu, *De l'esprit des lois,* livre VII, chap. 1.

21. Empereur romain ayant vécu de 76 à 138.

22. Gœthe (1749-1832), cité par Paul Edwards, dans « The Case Against Reincarnation », *Free Inquiry,* automne 1986, p. 33. Selon Paul Edwards, la seule raison donnée par Gœthe pour soutenir l'existence de la réincarnation est cet attrait personnel pour la civilisation romaine.

49. « Je crois personnellement qu'aussi longtemps que les êtres humains répandront le sang des animaux, il n'y aura pas de paix. Il n'y a qu'un petit pas entre la mise à mort des animaux et la création des chambres à gaz comme l'a fait Hitler ou des camps de concentration comme l'a fait Staline. Toutes ces actions ont été faites au nom de la "justice sociale". »

— I. B. Singer, prix Nobel de littérature (1978)[23]

50. « Il y a des gens qui ont des diplômes d'études collégiales et qui sont assistés sociaux. Les études collégiales ne servent donc à rien. »

51. « Au Canada, les tests pour déterminer si un médicament ou un additif alimentaire est sûr sont effectués par la firme qui fabrique le produit en question. Puisque ces firmes ont intérêt à ce que le produit passe avec succès ces tests, on peut douter de la fiabilité des résultats. »

52. « Les Juifs sont des êtres inférieurs. Einstein est un Juif. Les êtres inférieurs ne peuvent produire d'œuvres intellectuelles valables. Par conséquent, la physique d'Einstein n'est pas valable[24]. »

53. « Si 2 n'est pas un nombre premier, alors il y a un nombre entier plus petit que 2 et plus grand que 1 qui divise 2 de façon égale. Mais il n'y a pas de nombre entier plus petit que 2 et plus grand que 1. Par conséquent, 2 est un nombre premier. »

54. « Au Canada, nous ne sommes pas dans un système purement capitaliste. Un système économique purement capitaliste signifie que la compétition est pure et parfaite. Or, au Canada, la compétition n'est pas pure et parfaite. Au Canada, on trouve des syndicats et des cartels. Par ailleurs, le gouvernement subventionne certaines entreprises et réglemente plusieurs secteurs de l'industrie. En plus, certains tarifs douaniers protègent des secteurs de l'industrie contre la compétition étrangère. »

55. « L'esprit humain sera toujours supérieur aux ordinateurs puisque l'ordinateur ne fait qu'exécuter des programmes. »

---

23. Cité dans R.G. Frey, *Rights, Killings and Suffering,* Basil Blackwell, Oxford, 1983, p. 21.

24. Adaptation d'un texte du physicien allemand Philipp Lenard, cité dans Philip Frank, *Einstein, sa vie et son temps,* Paris, Albin Michel, 1950, p. 368-372. Si quelqu'un défendait la conclusion de cette argumentation en faisant un appel à l'autorité de Lenard, comment critiqueriez-vous cet appel à l'autorité ?

56. « L'esprit humain sera toujours supérieur aux ordinateurs parce que c'est l'être humain qui fabrique les ordinateurs. »

57. « Les pays en voie de développement qui se sont développés le plus rapidement ont été, en général, des pays qui ont reçu très peu d'aide internationale. Cela montre que l'aide massive n'est pas toujours nécessaire au développement de ces pays[25]. »

58. « Mon père et mon oncle fumaient deux paquets de cigarettes par jour et ils sont morts à 90 ans. Je ne cours pas de danger en fumant beaucoup. »

59. « Il ne faut pas obliger les gens à porter la ceinture de sécurité. Ma ceinture s'est bloquée une fois lors d'un accident et j'aurais pu en mourir. »

60. Faites l'analyse complète de l'argumentation de X.

« — X : Une automobile, ça fait perdre du temps.

— Y : Voyons donc, ça me prend dix minutes pour aller travailler alors qu'il t'en faut trente en autobus.

— X : Penses-y un peu ! D'après les données de l'Association des automobilistes, une automobile, et je ne te parle que des sous-compactes, coûte, si on inclut toutes les dépenses, 4 664 $ par an[26]. Cela équivaut à 90 $ par semaine. Ton salaire est de 10 $ l'heure. Cela signifie que tu travailles 9 heures, c'est-à-dire le quart de ta semaine de travail, pour payer ton auto. Il est vrai que ça te prend 20 minutes de moins par jour pour te rendre à ton travail, mais une fois que tu y es arrivé, tu travailles pendant plus d'une heure trente pour payer les dépenses d'automobile. »

61. « Selon une des lois fondamentales de la physique, "rien ne se perd, rien ne se crée". Or, si la réincarnation n'existait pas, des consciences disparaîtraient et d'autres apparaîtraient. Par conséquent, la réincarnation est bien réelle. »

62. « Les gens qui fument devraient être forcés à payer pour les soins de santé qu'ils obtiennent lorsqu'ils tombent malades à cause de leur mauvaise habitude, parce qu'ils n'ont pas le droit de s'attendre à ce que la société paie pour les conséquences de leur dépendance et parce qu'un effort de volonté leur permettrait de briser cette dépendance[27]. »

63. « Il y a des contradictions dans la Bible. Dans le premier chapitre de la *Genèse*, il est écrit que l'homme et la femme ont été créés en même temps. Dans le second chapitre, il est écrit que la femme a été créée après l'homme. »

---

25. R. M. Hare, *Moral Thinking*, Oxford, Clarendon Press, 1981, p. 202.

26. Chiffres de la CAA, *La Presse*, 16 mars 1987.

27. Exemple tiré de Barrie A. Wilson, *op. cit.*, p. 30.

64. « Un étudiant de collège dit : « Lorsque je suis très inquiet avant un examen, j'obtiens toujours de mauvaises notes. C'est donc parce que je m'inquiète que j'obtiens ces mauvaises notes[28]. »

65. « Certains disent que l'utilité d'un bien détermine son prix. C'est complètement faux. L'eau est extrêmement utile puisque sans elle nous mourons ; malgré cela elle ne coûte presque rien. Les diamants, eux, ne sont pas vraiment utiles ; par contre ils coûtent extrêmement cher. »

— Adam Smith

Questions diverses

66. La réplique de Nathalie constitue-t-elle une réfutation adéquate de l'argumentation de Marie ? Expliquez.

    « — *Marie* : C'est le hasard qui fait que certains héritent de beaucoup d'argent alors que d'autres naissent dans des familles dont les parents sont pauvres et alcooliques. Donc ce n'est pas injuste.

    — *Nathalie* : Ce serait la même chose que de dire qu'il serait correct que les femmes gagnent la moitié du salaire des hommes, puisque c'est le hasard qui fait qu'on est un homme ou une femme. »

67. Que pensez-vous de la réponse de Pierre Paquette dans l'échange suivant ?

    « — *Pierre Nadeau* : Vous avez débuté une grève à cause de la situation des prêts-bourses, mais vous êtes gâtés comparés aux étudiants des autres provinces !

    — *Pierre Paquette* : On ne doit pas dire que nous sommes plus gâtés, on doit plutôt dire qu'ailleurs, c'est plus dégueulasse. Un revenu moyen de 3 500 $ par an, ce n'est pas être gâté. On a vu ce qui s'est passé dans d'autres provinces et on ne veut pas que la même chose se passe ici[29]. »

68. Vous rencontrez un radical qui soutient qu'on doit interdire l'automobile parce qu'aucun avantage économique ne peut justifier l'adoption d'un moyen de transport qui est responsable de la mort de 1200 Québécois par année. Faites un petit dialogue argumentatif sur cette question.

69. Quel sophisme trouve-t-on dans l'argumentation suivante : un faux dilemme, une fausse analogie, un appel à la popularité ou une généralisation hâtive ?

    « Épouses, soyez soumises à vos maris comme au Seigneur, car le mari est le maître de l'épouse comme le Christ est le maître de l'Église. De la même façon que l'Église est soumise au Christ, les épouses doivent être soumises à leur mari sous tous les aspects[30]. »

---

28. Exemple tiré de Wayne Grennan, *op. cit.*, p 72.
29. Entrevue à l'émission *Le Point*, Radio-Canada, 1985.
30. Saint-Paul, *Éphésiens* : 5, 22.

70. Discutez en équipe de l'argumentation suivante.

« Un sondage Gallup de 1984 a révélé les faits suivants : 95 % des Américains croient en Dieu, 70 % croient qu'il y a une vie après la mort, 60 % croient que notre planète a déjà été visitée par des extraterrestres, 54 % croient aux anges, 40 % au diable, 51 % à la perception extra-sensorielle et 26 % à l'astrologie. Un grand nombre d'Américains acceptent donc des jugements qui ne sont pas appuyés sur des arguments scientifiques ou qui vont à l'encontre d'arguments scientifiques. Ces chiffres nous permettent de penser que, dans un jury composé de douze personnes représentatives de l'ensemble de la population américaine, sept d'entre elles croiraient aux soucoupes volantes, six ou sept aux anges et à la perception extra-sensorielle, cinq au diable et trois à l'astrologie. Il est probable que plusieurs membres de ce jury croiraient aussi que les femmes sont moins intelligentes que les hommes, que les Noirs sont génétiquement inférieurs aux Blancs, que les homosexuels sont des malades, etc. Puisque ces idées fausses peuvent influencer les membres d'un jury, on peut légitimement se demander si l'idée d'un procès avec jury est une si bonne idée ! »

Mais ce n'est pas tout. La plupart des membres de ce jury ne seraient probablement pas au courant de choses qu'il est important de savoir lorsque l'on a à évaluer des témoignages oculaires, à savoir que :

— les gens ont plus de difficulté à reconnaître des personnes de races différentes de la leur ;

— les gens rapportent avec moins de précision les événements violents que les événements qui ne le sont pas ;

— les gens qui sont confrontés à une arme comme un fusil ou un couteau ont tendance à porter leur attention sur cet objet et leur mémorisation des autres aspects d'un crime en est réduite ;

— les gens qui se rappellent des détails insignifiants (la marque des espadrilles de l'agresseur) auraient une moins bonne mémoire des aspects plus significatifs de l'événement.

Étant donné tous ces éléments, il faudrait remettre en question la compétence du citoyen moyen à exercer la tâche de juré. Il faudrait examiner sérieusement la possibilité de procéder autrement qu'en faisant appel au citoyen moyen et mal informé pour former les jurys[31]. »

---

31. Texte élaboré à partir d'éléments provenant de Stephen Norris et Ruth King, « Observation Ability : Determining and Extending its Presence » (*Informal Logic*, vol. 6, n° 3, décembre 1984, p. 4) ainsi que de Richard J. Burke, « A Rhetorical Conception of Rationality » (*id.*, p. 17).

71.

Un vendeur	*Nathalie*

C'est le meilleur grille-pain sur le marché. (1)

Pourquoi ?

C'est le plus rapide et le plus facile d'entretien. (2)

Oui mais il coûte 180 $! (3)

C'est quand même celui qui est de la meilleure qualité. (4)

Quel serait le meilleur sous l'angle du rapport qualité / prix ?

Ah... Le meilleur sous l'angle du rapport qualité / prix, c'est cet autre modèle. Il a presque les mêmes caractéristiques que le premier et il est beaucoup moins cher.

Le jugement (1) est un :
- ❏ jugement d'observateur.
- ❏ jugement d'évaluateur.
- ❏ jugement de prescripteur.

Le jugement (2) est un :
- ❏ jugement d'observateur.
- ❏ jugement d'évaluateur.
- ❏ jugement de prescripteur.

Le lien entre (2) et (4) est insuffisant. Pourquoi ? Quel critère important manque-t-il dans (2) ?

_____

Le jugement (3) est un :
- ❏ jugement d'observateur.
- ❏ jugement d'évaluateur.
- ❏ jugement de prescripteur.

Le jugement (4) est un :
- ❏ jugement d'observateur.
- ❏ jugement d'évaluateur.
- ❏ jugement de prescripteur.

On donne deux interprétations différentes à *meilleur* dans ce dialogue. Quelles sont-elles ?

_____

_____

72. On peut facilement déceler la présence d'un sophisme dans l'argumentation qui suit. Quel est-il ?

« Tout nombre complexe s'écrit sous la forme suivante : $a + ib$, où a est la partie réelle et ib la partie imaginaire (i au carré = -1). Par conséquent, on peut dire que : UNIVERS = Réalité + Imaginaire[32]. »

❐ Un sophisme de généralisation hâtive.

❐ Un sophisme par faux dilemme.

❐ Un sophisme par lien causal douteux.

❐ Un sophisme par fausse analogie.

73. Quelle est la prémisse implicite qui assure le passage de la prémisse à la conclusion dans l'argumentation suivante ?

« L'inflation a été de 12 % l'an dernier, par conséquent notre employeur devrait nous accorder une augmentation salariale d'au moins 12 % cette année. »

— Un négociateur syndical

74. Prenez le rôle de l'avocat de la défense. Comment feriez-vous pour montrer au jury que l'avocat de la Couronne n'a pas prouvé sa conclusion hors de tout doute ?

« Ou bien c'est le jardinier ou bien c'est le facteur qui a commis le meurtre. Puisque le jardinier était amoureux de la victime, ce n'est pas lui qui a commis le meurtre. Par conséquent, c'est le facteur qui a commis le meurtre. »

75. Construisez une argumentation qui défend votre position personnelle sur le problème soulevé dans l'échange suivant.

« — On doit prendre avec un grain de sel l'opinion des gens sur la peine de mort lorsqu'ils sont influencés par de récents meurtres crapuleux.

— Au contraire, on doit tenir compte de façon privilégiée de l'opinion des gens dans de telles circonstances parce que c'est alors qu'ils se mettent vraiment dans la peau d'autrui et que ces meurtres cessent d'être abstraits, d'être uniquement des statistiques. »

---

32. Argumentation attribuée à Jean Charon, physicien français, dans Michel De Pracontal, *Les dix leçons de l'imposture scientifique*, Paris, La Découverte, 1986, p. 212.

76. L'animateur de l'émission *Présent à l'écoute*, de Radio-Canada, fit la remarque suivante à un auditeur pour lui montrer que le raisonnement qu'il venait de faire ne valait pas grand-chose. Tentez d'identifier le sophisme qu'avait commis l'auditeur.

    « C'est comme si quelqu'un disait que, puisque la majorité des homicides sont commis à domicile, un moyen de les faire diminuer serait d'inciter les gens à sortir davantage. »

77. Discutez en équipe de la valeur de l'argumentation suivante.

    « D'après les recherches de sociologues français[33], le bien-être que nous retirons de notre revenu dépend de notre revenu relatif plutôt que de notre revenu absolu. Si nous abaissions la semaine de travail de 10 heures par semaine, pour tout le monde, notre revenu relatif ne changerait pas, et donc le bien-être que nous retirerions de notre revenu serait aussi élevé. Par ailleurs, nous aurions 10 heures de loisirs de plus par semaine, ce qui augmenterait encore notre bien-être. Cela serait donc très avantageux. En plus, ces mesures feraient diminuer le chômage puisqu'il faudrait trouver des gens pour travailler pendant ces dix heures. »

78. Comment vous y prendriez-vous pour critiquer la conclusion de l'agence gouvernementale américaine dont il est question dans le texte suivant ?

    « Il y a quelque temps, lorsqu'ils réalisèrent que les réserves de pétrole n'étaient pas illimitées, plusieurs pays du Tiers monde exportateurs de pétrole se réunirent et décidèrent d'augmenter le prix de leur pétrole de façon importante. Cela força les raffineries à augmenter le prix de l'essence. On exerça alors des pressions sur le gouvernement américain pour qu'il réduise la dépendance du marché américain à l'égard des sources extérieures de pétrole. Une façon simple de le faire consistait à réduire la consommation d'essence. Dans ce but, les limites de vitesse sur les routes furent abaissées à 55 milles à l'heure, puisqu'en principe cette mesure devait réduire la consommation d'essence de la plupart des automobiles de 10 % à 20 %. Au bout d'un an environ, une agence gouvernementale, examinant les données concernant la consommation d'essence, qui avait effectivement baissé, soutint que cette diminution était due à l'abaissement des limites de vitesse[34]. »

---

33. Les affirmations qui suivent ne sont valables que pour les pays riches et pour les gens qui ont des revenus significativement supérieurs au seuil de la pauvreté.

34. Wayne Grennan, *op. cit.*, p. 76.

79.

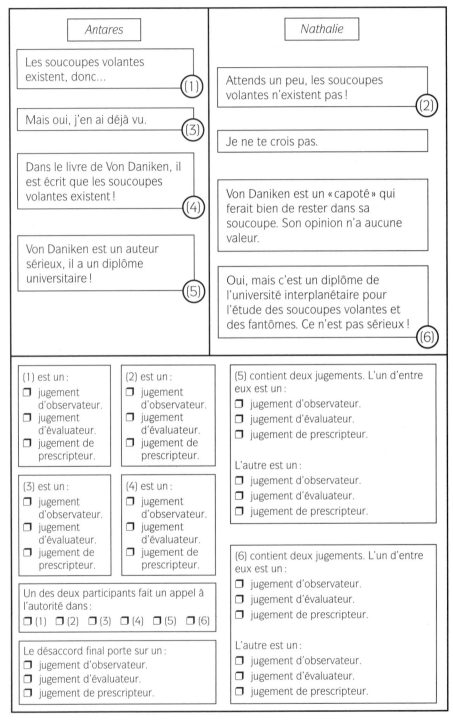

Antares

Les soucoupes volantes existent, donc... (1)

Mais oui, j'en ai déjà vu. (3)

Dans le livre de Von Daniken, il est écrit que les soucoupes volantes existent ! (4)

Von Daniken est un auteur sérieux, il a un diplôme universitaire ! (5)

Nathalie

Attends un peu, les soucoupes volantes n'existent pas ! (2)

Je ne te crois pas.

Von Daniken est un « capoté » qui ferait bien de rester dans sa soucoupe. Son opinion n'a aucune valeur.

Oui, mais c'est un diplôme de l'université interplanétaire pour l'étude des soucoupes volantes et des fantômes. Ce n'est pas sérieux ! (6)

(1) est un :
❑ jugement d'observateur.
❑ jugement d'évaluateur.
❑ jugement de prescripteur.

(2) est un :
❑ jugement d'observateur.
❑ jugement d'évaluateur.
❑ jugement de prescripteur.

(3) est un :
❑ jugement d'observateur.
❑ jugement d'évaluateur.
❑ jugement de prescripteur.

(4) est un :
❑ jugement d'observateur.
❑ jugement d'évaluateur.
❑ jugement de prescripteur.

Un des deux participants fait un appel à l'autorité dans :
❑ (1) ❑ (2) ❑ (3) ❑ (4) ❑ (5) ❑ (6)

Le désaccord final porte sur un :
❑ jugement d'observateur.
❑ jugement d'évaluateur.
❑ jugement de prescripteur.

(5) contient deux jugements. L'un d'entre eux est un :
❑ jugement d'observateur.
❑ jugement d'évaluateur.
❑ jugement de prescripteur.

L'autre est un :
❑ jugement d'observateur.
❑ jugement d'évaluateur.
❑ jugement de prescripteur.

(6) contient deux jugements. L'un d'entre eux est un :
❑ jugement d'observateur.
❑ jugement d'évaluateur.
❑ jugement de prescripteur.

L'autre est un :
❑ jugement d'observateur.
❑ jugement d'évaluateur.
❑ jugement de prescripteur.

80. La citation suivante est-elle de nature argumentative ?

    « On dit qu'une image vaut mille mots mais, même cela, il faut des mots pour le dire[35]. »

81. Que penser de ce dialogue ?

    « — *Marc* : Les sports compétitifs détruisent l'intelligence des hommes et leur esprit de coopération.

    — *Jacques* : Tu affirmes cela simplement parce que tu n'es pas toi-même un sportif.

    — *Marc* : Ce que tu viens de dire n'affaiblit en rien ma position mais prouve simplement que j'avais raison quand je disais que le sport détruisait l'intelligence des gens.

    — *Jacques* : Tu es bien représentatif des snobs de la culture qui passent leur temps à critiquer les sports.

    — *Marc* : Comme je te l'avais déjà dit, je n'ai rien contre les sports en tant que tels, mais seulement contre leurs effets nocifs[36]. »

82. Trouvez le plus possible d'erreurs dans *Le discours de la nouille,* composé par Sydney Smith en 1825. Il s'agit d'un texte humoristique qui présente le discours imaginaire d'un député à la Chambre des communes du Parlement britannique. Le député s'y attaque à un projet de loi, on ne sait lequel, qui a été proposé. L'amusant est que le texte de Smith est un fourre-tout qui reprend bon nombre des arguments qui pourraient être utilisés pour s'attaquer à une mesure, quelle qu'elle soit. Il s'agit donc d'un répertoire d'attaques, dont un bon nombre sont sophistiques.

Le discours de la nouille[37]

Qu'en penseraient nos ancêtres, monsieur le Président ? En quoi ce projet de loi est-il en conformité avec les institutions qu'ils nous ont léguées ? En quoi s'accorde-t-il avec ce que leur expérience nous a enseigné ? Allons-nous mettre la sagesse d'hier en compétition avec celle des siècles passés ? (*Bravo ! bravo !*) Les jeunes gens n'éprouvent-ils plus aucun respect pour les décisions de leurs aînés ? (*Cris retentissants : Bravo ! bravo !*) Si cette mesure était bonne, comment aurait-elle pu échapper à la vigilance de nos aïeux saxons, auxquels

---

35. Phrase prononcée par Jesse Jackson, candidat à l'investiture du Parti démocrate américain en 1988, au cours d'une entrevue télévisée.

36. Exemple tiré de Arne Naess, *Communication and Argument,* Oslo, Universitetsforlaget, 1966, p. 123.

37. Sydney Smith, *The Noodle's Oration,* Edimburgh Review, n° LXXXIV, août 1825, p. 367-389.

nous sommes redevables d'un si grand nombre de nos institutions politiques ? Les Danois l'auraient-ils ignorée ? Les Normands l'auraient-ils rejetée ? Une invention aussi remarquable aurait-elle été gardée en réserve pour notre époque moderne et dégénérée ?

D'ailleurs, monsieur le Président, même si ce projet de loi est acceptable, je demanderai à l'honorable député s'il juge vraiment le moment approprié pour le faire accepter — en fait, je doute qu'il eût été possible de trouver un moment plus mal choisi. S'il s'agissait d'un projet de loi ordinaire, je ne m'y opposerais pas avec tant de véhémence ; mais, monsieur le Président, il remet en question le bien-fondé d'une loi irrévocable — une loi adoptée à l'époque mémorable de la Révolution. Quel droit avons-nous, monsieur le Président, de détruire cette colonne maîtresse à laquelle les grands hommes de l'époque ont donné un caractère impérissable ? Toutes les autorités — Pitt, Fox, Cicéron, ainsi que le ministre et le sous-ministre de la Justice — ne sont-elles pas contre ce projet de loi ?

Cette proposition est nouvelle, monsieur le Président ; c'est la première fois qu'elle est entendue en Chambre. Je ne suis pas prêt, monsieur le Président — cette Chambre n'est pas prête — à l'accueillir favorablement. Ce projet de loi laisse supposer une méfiance à l'endroit des membres du gouvernement de Sa Majesté et leur désapprobation suffit à justifier notre opposition. Il n'y a lieu de prendre des précautions que lorsqu'on redoute un danger. Or, dans ce cas, l'excellente réputation des individus en question constitue une garantie suffisante contre tout sujet d'inquiétude.

Ne donnez donc pas votre sanction à ce projet de loi ; car, quelle que soit sa nature, si vous le faites, le même homme qui l'a proposé vous en soumettra d'autres auxquels il vous sera impossible de donner votre assentiment. Je me soucie très peu, monsieur le Président, du contenu apparent de ce projet ; mais que dissimule-t-il ? Quels sont les plans de l'honorable député pour l'avenir ? Si nous adoptons ce projet de loi, quelles nouvelles concessions exigera-t-il de nous ? Quelle nouvelle déchéance prépare-t-il pour son pays ?

Que de maux et de problèmes en perspective, monsieur le Président ! Observons ce qui se passe dans les autres pays et dans les autres sociétés, et voyons ensuite si les lois de notre pays ont besoin d'un remède, ou si elles méritent au contraire d'être louangées. L'honorable député (permettez-moi de le lui demander) a-t-il toujours été du présent avis ? Ne me souvient-il pas qu'il s'est fait, dans cette Chambre, l'avocat d'opinions diamétralement opposées ? Je ne lui reproche pas seulement ses positions actuelles, monsieur le Président, mais je déclare très franchement que je n'aime pas le parti qu'il représente. Même si ses propres motifs étaient aussi purs que possible, ils ne pourraient manquer d'être contaminés au contact de ses alliés politiques. Il se peut que ce projet de loi soit un bienfait pour la Constitution, mais je n'accepterai aucune faveur, au nom de la Constitution, venant de telles mains. (*Cris retentissants : Bravo ! bravo !*)

Je me considère, monsieur le Président, comme un membre droit et honnête du Parlement britannique, et je ne crains pas d'affirmer que je suis un ennemi de tout changement, et de toute innovation. Je suis satisfait des choses telles qu'elles sont ; et ce sera avec plaisir et avec fierté que je remettrai ce pays entre les mains de mes enfants, tel que je l'ai reçu de nos prédécesseurs.

L'honorable député prétend pouvoir justifier la sévérité avec laquelle il attaque le noble Lord qui préside la Cour de la Chancellerie. Mais je déclare que ces attaques sont remplies de malice à l'égard du gouvernement lui-même. Opposez-vous aux ministres, vous vous opposez au gouvernement ; jetez l'opprobre sur les ministres, vous la jetez sur le gouvernement ; déshonorez les ministres, vous déshonorez le gouvernement ; et il en résultera l'anarchie et la guerre civile.

D'ailleurs, monsieur, cette mesure n'est pas nécessaire. Personne ne se plaint de désordres du genre de ceux auxquels vous vous proposez de remédier par ce projet de loi. Or, l'affaire est de la plus haute importance ; elle exige que l'on fasse preuve de la plus grande prudence et de la plus totale circonspection. Ne brusquons pas les choses, monsieur le Président ; il est impossible d'en prévoir toutes les conséquences. Tout changement devrait être graduel ; l'exemple d'un pays voisin devrait éveiller nos craintes[38] !

L'honorable député m'a accusé de faire preuve d'étroitesse d'esprit, monsieur le Président. Je repousse ces accusations. Je déteste les innovations, certes, mais j'aime les améliorations. Je suis un ennemi de la corruption du gouvernement, mais j'approuve son influence. Je crains les réformes, mais seulement quand elles sont excessives. Je considère la liberté de la presse comme le grand bouclier qui protège la Constitution ; mais, en même temps, j'ai en horreur la presse licencieuse. Personne n'est plus conscient que moi des remarquables capacités de l'honorable auteur de cette motion, mais je m'empresse de lui dire que son projet est trop beau pour être réalisable. Il tient de l'utopie. Il a l'air valable en théorie, mais il ne marchera pas en pratique. Il sera impossible, je le répète, monsieur le Président, de le mettre en pratique ; et les défenseurs de ce projet de loi s'en rendront bientôt compte, s'il devait malheureusement être adopté par ce Parlement. (*Applaudissements.*)

La source de la corruption à laquelle l'honorable député fait allusion se trouve dans la tête des gens ; cette corruption est si flagrante et si répandue,

---

38. Allusion à la Révolution française.

monsieur le Président, qu'aucune réforme politique ne pourra l'éliminer efficacement. Au lieu de vouloir réformer les autres, au lieu de vouloir réformer l'État, la Constitution et tout ce qui est admirable, que chacun se réforme lui-même ! Que chacun fasse le ménage chez soi, il y trouvera amplement à faire, sans avoir à s'occuper du voisin et à essayer de changer ce qui n'est pas en son pouvoir. (*Bruyants applaudissements.*) Et maintenant, monsieur le Président, comme c'est souvent la coutume dans cette Chambre de terminer par une citation, et puisque le député qui m'a précédé a déjà fait usage de ma devise préférée, « Ardeur et constance », je terminerai sur ces paroles mémorables des membres de l'assemblée des barons[39] : « *Nolumus leges Angliae muturi.* » (« Nous n'avons pas l'intention de changer les lois de l'Angleterre. »)

---

39. L'assemblée de barons anglais qui fit adopter la *Magna Carta,* la grande charte des libertés, en 1215.

ANNEXES

I   La production d'un texte argumentatif

II   Définitions, mots, sens et interprétation

III   Discours philosophique, discours scientifique et discours religieux

IV   L'argumentation en science

ANNEXE I La production d'un texte argumentatif

Dans cet ouvrage, nous avons mis l'accent sur l'analyse des composantes et de la structure des argumentations (chapitres 2, 3 et 4) ainsi que sur les critères que doivent respecter les bonnes argumentations (chapitres 5, 6 et 7). Nous allons maintenant montrer, dans cette annexe, comment ces connaissances peuvent nous guider dans la production d'argumentations, plus particulièrement dans la production de textes argumentatifs[1]. Nous verrons d'abord comment *préciser* nos idées, puis ensuite comment les *communiquer.*

1. Préciser ses idées

> *[…] sans doute on regarde toujours de plus près à ce qu'on croit devoir être vu par plusieurs qu'à ce qu'on ne fait que pour soi-même, et souvent les choses qui m'ont semblé vraies lorsque j'ai commencé à les concevoir, m'ont paru fausses lorsque je les ai voulu mettre sur le papier […]*
> — René Descartes, *Discours de la méthode* (sixième partie).

On peut vouloir produire un texte argumentatif pour communiquer à autrui l'argumentation que l'on a en tête. On peut aussi vouloir produire un texte argumentatif dans un but plus exploratoire, pour tirer profit des effets que peut avoir le travail qui consiste à mettre ses idées sur papier. En effet, un tel travail exploratoire peut nous amener, notamment par l'effort de clarification qu'il exige, à jeter un regard plus critique sur nos positions et ainsi, éventuellement, à les étoffer ou même à les réviser, comme le suggère Descartes dans la citation précédente. Que ce soit pour l'une ou l'autre de ces deux raisons ou pour les deux à la fois, il peut être utile de faire, mentalement ou par écrit, le schéma en arbre des argumentations que nous avons à l'esprit. On doit ensuite soumettre ce schéma à un examen critique : Les prémisses tiennent-elles ? Les liens sont-ils suffisants ? Y a-t-il lieu de nuancer certaines prémisses ou la conclusion ? En procédant ainsi, notre esprit s'engage dans diverses voies qui nous amènent à préciser, à étoffer ou à nuancer l'ensemble de notre position.

En plus de se servir des schémas en arbre, il peut être utile d'identifier le type du jugement auquel correspond une conclusion. Cela peut nous aider en nous indiquant le type de justification auquel il peut être approprié d'avoir recours.

---

1. Pour alléger le texte, nous ne parlons dans cette annexe que de la production de *textes* argumentatifs, mais notre exposé s'applique généralement tout autant à l'argumentation *orale.*

La justification des jugements d'observateur

Pour justifier une conclusion qui consiste en un jugement d'observateur, on peut s'aider des quatre types de justification indiqués dans la section 3.4, en gardant à l'esprit qu'il s'agit là de types de justification fréquemment employés, mais qu'il en existe d'autres tout aussi valables. On se rappellera que ces quatre types de justification de jugements d'observateur étaient 1) l'observation personnelle, 2) le témoignage, 3) la meilleure théorie scientifique pertinente et 4) notre expérience du comportement humain. Nous pouvons mettre ces quatre types de justification sous la forme des quatre schémas généraux suivants, lesquels peuvent servir de canevas à compléter ou étoffer dans les cas où l'on veut produire un texte argumentatif visant à justifier un jugement d'observateur :

1)

| *J'ai observé personnellement que (…)* | + | J'ai fait cette observation dans un état où je fais habituellement des observations fiables. | + | Cette observation n'entre pas en conflit avec certaines de mes croyances en lesquelles j'ai de bonnes raisons d'avoir confiance. |

Ce jugement d'observateur est acceptable.

2)

| *Cette personne a été témoin de (…)* | + | Cette personne est fiable. | + | L'observation en question a été faite dans un état où la personne fait habituellement des observations fiables. | + | Cette personne n'a pas intérêt à mentir. | + | Ce témoignage n'entre pas en conflit avec certaines des nos croyances en lesquelles nous avons de bonnes raisons d'avoir confiance. |

Ce jugement d'observateur est acceptable.

3)

Ce jugement d'observateur repose sur *la meilleure théorie scientifique pertinente*[2].

Ce jugement d'observateur est acceptable.

4)

Ce jugement d'observateur découle de *notre expérience du comportement humain.*

Ce jugement d'observateur est acceptable.

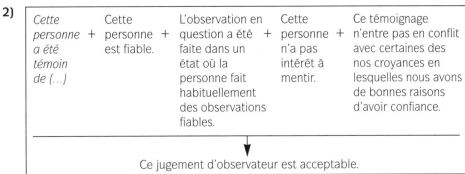
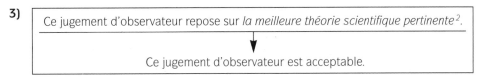

---

2. Dans notre ouvrage *Connaissance et argumentation* (E.R.P.I., 1992), nous traitons, notamment au chapitre 8, de la façon de déterminer quelle est la « meilleure théorie scientifique ».

Bien entendu, un même jugement d'observateur peut se justifier au moyen d'une combinaison de ces types de justification. Ainsi, on peut fort bien défendre un jugement d'observateur en disant qu'il découle à la fois de notre observation personnelle et du témoignage d'autrui. Ces quatre schémas généraux, répétons-le, n'épuisent pas l'ensemble de toutes les stratégies que nous pouvons utiliser pour justifier un jugement d'observateur ; ce sont simplement des guides qui peuvent nous indiquer des pistes.

Les deux courts textes qui suivent sont des exemples de justification de jugements d'observateur. Tentez de déterminer à quel type de justification ils font appel.

> « Mon patron cherche à me faire quitter mon emploi. En effet, depuis que j'ai porté plainte contre lui et que le tribunal m'a donné raison, il a transféré Nathalie dans mon bureau et il sait très bien que je ne me suis jamais entendue avec elle. De plus, il m'a donné un horaire de travail qu'il est pratiquement impossible de respecter lorsqu'on a des enfants, et il sait que j'ai deux enfants. Quant à la promotion que j'aurais dû avoir, il l'a accordée à une autre. Finalement, il répand toutes sortes de rumeurs à mon sujet afin que mes collègues me rendent la vie difficile. »

> « Le premier ministre va sûrement adopter cette stratégie. Elle comporte des avantages importants, car elle l'aidera à être réélu l'an prochain et elle aura à long terme un effet bénéfique sur le pays. De plus, elle ne comporte pas d'inconvénients. Le premier ministre ne peut pas ne pas être conscient de tout cela. Il va donc sûrement adopter cette stratégie. »

La justification des jugements d'évaluateur

Dans la section 3.4, nous n'avons relevé qu'un seul type de justification de jugements d'évaluateur. C'est, comme nous le soulignions, que l'examen des fondements de ce type de jugements nous aurait entraînés dans des développements qui auraient débordé le cadre d'un ouvrage d'introduction comme le nôtre. Cependant, le type de justification que nous avons mis en évidence est très souvent utilisé et peut donc fréquemment nous aider à produire des textes argumentatifs. Son schéma général peut se représenter comme suit :

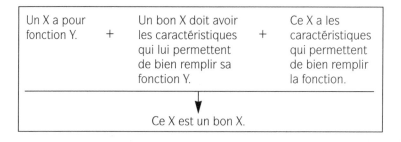

Bien entendu, on peut donner à ce schéma l'une des variantes suivantes :

— remplacer la 3ᵉ prémisse par « Ce X n'a pas les caractéristiques qui permettent de bien remplir la fonction Y » et la conclusion par « Ce X n'est pas un bon X » ;

— remplacer la 3ᵉ prémisse par « Ce X possède davantage les caractéristiques qui permettent de bien remplir la fonction Y que cela » et la conclusion par « Ce X est un meilleur X que cela. »

Le texte qui suit est un exemple d'application de ce schéma général de justification des jugements d'évaluateur :

> « La fonction d'un professeur, c'est de transmettre des connaissances et le goût du travail intellectuel, et d'évaluer de manière juste les étudiants. Pour remplir ces fonctions, il faut s'y connaître dans son domaine et en pédagogie, savoir stimuler les étudiants et bien les évaluer. Nicole répond à toutes ces conditions. Nicole est donc un bon professeur. »

Lorsque nous produisons un texte argumentatif dans lequel *nous justifions notre évaluation* de l'argumentation d'une autre personne, nous nous trouvons à justifier un jugement d'évaluateur qui peut revêtir l'une des formes suivantes : « L'argumentation est correcte », « L'argumentation est en partie correcte » ou « L'argumentation est incorrecte. »

Dans ce but, nous devons utiliser les deux critères d'évaluation des argumentations qui ont été présentés au chapitre 5 et mis en application au chapitre 7 ; ils se rattachent d'ailleurs très aisément au schéma général donné ci-haut. En effet, puisqu'une argumentation a pour fonction de bien justifier sa conclusion, une bonne argumentation devra posséder des caractéristiques qui lui permettent de bien justifier sa conclusion. Or, ces caractéristiques, nous l'avons vu au chapitre 5, sont l'acceptabilité des prémisses et la suffisance des liens entre les éléments de l'argumentation. Il s'ensuit qu'une argumentation donnée sera jugée correcte, partiellement correcte ou incorrecte sur la base de l'examen du respect de ces critères. Comme les argumentations peuvent être fautives parce qu'elles contiennent des prémisses inacceptables ou parce qu'elles contiennent des liens insuffisants, la critique d'un texte argumentatif correspondra à l'un des schémas suivants[3] :

---

3. Les critiques formulées dans les schémas C et D peuvent évidemment être combinées dans les cas où l'argumentation examinée présente des difficultés tant sur le plan de la suffisance que le l'acceptabilité.

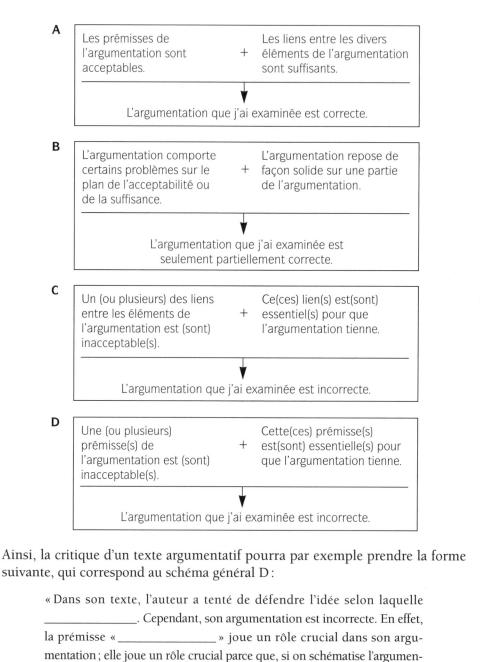

Ainsi, la critique d'un texte argumentatif pourra par exemple prendre la forme suivante, qui correspond au schéma général D :

« Dans son texte, l'auteur a tenté de défendre l'idée selon laquelle
_____. Cependant, son argumentation est incorrecte. En effet, la prémisse « _____ » joue un rôle crucial dans son argumentation ; elle joue un rôle crucial parce que, si on schématise l'argumentation, on s'aperçoit que _____. Or, cette prémisse est inacceptable parce que _____. »

La justification des jugements de prescripteur

La justification des jugements de prescripteur peut se faire, notamment, au moyen du schéma général suivant :

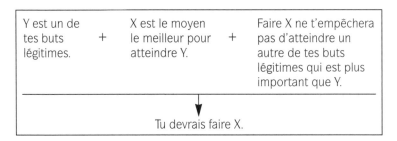

Il va de soi que ce schéma n'est qu'un squelette et qu'il faut l'étoffer en mentionnant tous les éléments, *y compris les éléments moraux,* qui permettent d'affirmer qu'un but est *légitime,* qu'un moyen est *le meilleur* ou qu'un but est *plus important* qu'un autre. On constate aisément que les trois prémisses de ce schéma sont nécessaires, car une personne ne serait pas raisonnable si elle croyait qu'elle doit accomplir une action qui ne lui permet pas d'atteindre un but légitime ; elle ne serait pas davantage raisonnable si elle croyait que cette action n'est pas le meilleur moyen d'atteindre ce but ou l'empêchera d'atteindre un autre de ses buts légitimes qu'elle considère comme plus important.

Le texte suivant est un exemple d'application de ce schéma général de justification des jugements d'évaluateur :

> « Tu as tout à fait raison de vouloir obtenir ton diplôme. Or l'obtention de ce diplôme requiert le cours de logique. Si tu suis ce cours cette année, tu développeras des habiletés intellectuelles qui pourront te servir dans tes autres cours. Par ailleurs, il n'y a pas d'inconvénient à ce que tu suives ce cours cette année. Tu devrais donc prendre le cours de logique cette année plutôt que l'an prochain. »

•••

Dans cette première partie, nous avons vu qu'il pouvait être utile, pour produire un texte argumentatif, de faire appel aux schémas en arbre et de déterminer le type de jugement auquel notre conclusion correspond afin de nous aider à préciser le type de justification que l'on pourrait utiliser. Nous allons maintenant passer à l'examen de quelques principes qui ont trait à la manière de bien communiquer ses idées.

2. Communiquer ses idées

> *[Ceux qui désirent persuader les autres] se doivent souvenir que quand il*
> *s'agit d'entrer dans l'esprit du monde, c'est peu de chose que d'avoir*
> *raison ; & que c'est un grand mal de n'avoir que raison ; & de n'avoir*
> *pas ce qui est nécessaire pour faire goûter la raison.*
> — Antoine Arnauld et Pierre Nicole, *La logique ou l'art de penser.*

Suivant le conseil donné par Antoine Arnauld et Pierre Nicole, logiciens du XVIIe siècle, nous allons voir dans cette section de quelle façon on peut s'y prendre, en produisant un texte argumentatif, pour mieux « faire goûter la raison » à notre lecteur éventuel.

Il vous est sans doute arrivé de temps à autre d'avoir à lire un texte obscur que vous avez eu du mal à interpréter même après plusieurs lectures. Souvent, le problème vient du vocabulaire : un mot inconnu bloque votre lecture et vous oblige à consulter un dictionnaire. Ou encore, un mot familier est utilisé dans un sens inhabituel, et cela vous entraîne sur une fausse piste. Il arrive aussi que les mots ne posent pas de problèmes particuliers, mais que le propos de l'auteur soit quand même difficile à saisir, soit que le texte semble être un fouillis parce qu'on n'arrive pas à voir dans quelle direction ni comment les idées se développent, soit qu'il semble comporter des « trous » parce qu'on n'arrive pas à comprendre pourquoi l'auteur saute d'un point à un autre ou introduit tel ou tel élément dans son texte. Il est possible, quand c'est le cas, que l'auteur ait conçu son texte pour un lecteur différent de vous, par exemple pour un spécialiste dans le domaine ou pour une personne possédant des connaissances différentes des vôtres. Mais il se peut aussi que le texte soit purement et simplement mal conçu. C'est en ayant à l'esprit ces difficultés que rencontrent les lecteurs que nous avons classé sous les deux rubriques suivantes nos recommandations portant sur la clarté des textes argumentatifs : a) aider le lecteur à bien interpréter notre propos ; b) prévoir les objections du lecteur.

Aider le lecteur à bien interpréter notre propos

— Pour éviter que la présence de mots inconnus du lecteur ne vienne nuire à sa compréhension, il faut imaginer notre lecteur, tenir compte de l'étendue de son vocabulaire et définir les mots qu'il pourrait avoir du mal à comprendre.

Par exemple, si l'on s'adresse à des lecteurs qui ne connaissent rien à la voile, il faut définir ce qu'est une écoute et un foc. Si l'on s'adresse à des marins, il est superflu de le faire. De la même manière, il est nécessaire de définir ce qu'est un sophisme lorsqu'on s'adresse à des débutants en philosophie, mais il n'est pas nécessaire de le faire lorsqu'on s'adresse à des diplômés en philosophie.

— Pour éviter que des expressions familières ou des mots courants utilisés dans un sens inhabituel n'entraînent le lecteur sur une fausse piste (parce qu'on leur donne un sens bien particulier ou parce qu'on ne leur prête pas les connotations évaluatives qu'ils ont habituellement), il faut imaginer notre lecteur, tenir compte de la façon dont il pourrait interpréter nos termes, prévoir les difficultés qu'il pourrait avoir et faire les précisions qui nous semblent nécessaires pour l'aider.

C'est ce que nous avons fait, par exemple, à la section 1.3 en insistant sur le fait qu'une *bonne argumentation* n'est pas simplement une argumentation qui va dans le sens de nos propres idées et dans notre note explicative (p. 383) concernant la modification terminologique que nous avons apportée au texte de Condorcet sur l'esclavage.

— Pour éviter que notre texte ne donne l'impression d'un fouillis, on peut suivre les conseils suivants :

  • Utiliser les paragraphes pour délimiter les différentes étapes de notre argumentation.

  • Utiliser autant que possible les introducteurs de prémisses et de conclusions (voir le chapitre 4, p. 119) et numéroter, si cela peut sembler utile, les prémisses. Il faut en quelque sorte que le schéma en arbre que nous avons à l'esprit lorsque nous écrivons transparaisse le plus possible dans notre texte.

  • Écrire des résumés qui font ressortir le fil de l'argumentation.

  • Indiquer dès le départ la conclusion que l'on vise à justifier[4].

  • N'exposer que les éléments pertinents, éviter les digressions, sauf si on est certain que celles-ci ne nuiront pas à la compréhension du texte.

— Pour éviter qu'il y ait dans notre argumentation des trous, des incohérences ou des sauts qui risqueraient d'en rendre l'interprétation trop incertaine, il faut imaginer notre lecteur, tenir compte de l'étendue de ses connaissances générales et rendre explicites les prémisses implicites de notre argumentation qu'il risquerait de ne pas percevoir. Des liens qui paraissent évidents à des

---

4. À moins que l'on ne veuille utiliser l'effet de surprise. Il arrive en effet qu'il puisse être utile de demander à notre interlocuteur d'accepter une à une toutes nos prémisses, puis, cela fait, de lui montrer qu'il se voit maintenant obligé d'accepter la conclusion qu'on en tire.

philosophes, des avocats ou des amateurs d'informatique ne seront peut-être pas aussi évidents pour des personnes qui ne connaissent pas ces domaines. Les prémisses implicites que nous utilisons peuvent poser des problèmes d'interprétation à nos lecteurs s'ils ne sont pas en mesure d'en saisir le rôle.

En respectant les conseils qui précèdent, vous augmenterez vos chances d'être bien compris. Vous en tirerez en outre un autre avantage : votre texte laissera moins de prise à ceux qui voudraient donner une interprétation tendancieuse de vos propos ou caricaturer votre position. Il se rencontre en effet parfois des lecteurs de mauvaise foi qui tâchent de tirer parti de toute ambiguïté ou imprécision.

Prévoir les objections du lecteur

Un texte clair et bien structuré permet au lecteur de bien comprendre ce que nous voulons communiquer. Néanmoins, un bon texte argumentatif, c'est plus que cela, dans la mesure où il est important de prévoir les voies que pourrait prendre l'esprit de notre lecteur. Il faut particulièrement tenir compte des objections que le lecteur pourrait formuler. En effet, « lorsque les personnes qui forment votre auditoire ont déjà à l'esprit des arguments, c'est à vos risques et périls que vous ignorez ceux-ci, car ils entrent en concurrence avec vos propres arguments, que vous vous en rendiez compte ou non [5] ». Il faut donc prévoir les objections du lecteur et les contrer à l'avance, fermer en quelque sorte les voies qui le conduiraient à d'autres conclusions que celle que l'on défend. Si vous avez des raisons de croire qu'une prémisse apparaissant tout à fait acceptable pourrait ne pas être admise par votre lecteur — soit parce qu'elle lui paraîtrait inacceptable, soit parce qu'il n'aurait aucune idée de sa valeur — il faut la justifier jusqu'à ce qu'elle devienne, à votre avis, acceptable à ses yeux. Il en est de même des liens entre les divers éléments de l'argumentation : si vous pensez que certains d'entre eux peuvent être contestés par votre lecteur, il faut les rendre explicites et les étayer [6]. Il importe de concevoir un texte argumentatif comme un dialogue avec notre lecteur éventuel.

---

5. Karlyn Kohrs Campbell, citée dans Anne Holmquest, « The Rhetorical Strategy of Boundary Work », *Argumentation*, vol. 4, n° 3, p. 237.

6. Il est à noter que, si nous fournissons une définition pour aider le lecteur, il est possible, comme nous le verrons à l'annexe II, que celui-ci la critique. Si nous pensons qu'il y a des risques que cela se produise, nous devons bien entendu prendre le temps de défendre cette définition.

1. Schématisez et évaluez l'argumentation suivante : « Plusieurs des recommandations faites dans ce chapitre exigent que l'auteur d'un texte argumentatif s'ajuste à son lecteur éventuel. On peut donc en conclure qu'un même texte argumentatif pourrait être bien conçu pour une catégorie de lecteurs et mal conçu pour une autre. »

2. Dans la section de cette annexe où nous avons traité des schémas généraux pouvant servir à justifier les jugements d'observateur, nous avons donné deux exemples de courts textes où sont défendus des jugements d'observateur. Auquel des schémas généraux correspondent chacun de ces textes ?

3. En quoi les prémisses implicites peuvent-elles poser un problème au lecteur d'un texte argumentatif ?

4. Produisez un texte argumentatif dans lequel vous défendez l'égalité des droits de chaque individu. Considérez que vos lecteurs seront des racistes.

5. Produisez un texte argumentatif dans lequel vous défendez le droit de vote des femmes. Faites comme si vous vous adressiez à des gens qui vivaient il y a quelques siècles et qui étaient contre ce droit. Vous pouvez vous inspirer du texte de Condorcet intitulé *Sur l'admission des femmes au droit de cité* (voir p. 379).

ANNEXE II Définitions, mots, sens et interprétation

Dans cette annexe, nous examinerons quelques questions particulièrement pertinentes en logique de l'argumentation concernant les définitions, le sens des mots et celui des énoncés. Plus précisément, nous traiterons d'abord de l'attitude qu'il convient d'adopter à l'égard des mots. Puis, nous ferons la distinction entre plusieurs types de définitions et nous verrons à quels types de jugements ils correspondent ; nous pourrons ainsi constater que les définitions ont des fonctions différentes, qu'il importe de distinguer si l'on veut aiguiser son esprit critique. Finalement, nous verrons, grâce à quelques exemples, comment nos connaissances générales et notre compréhension du sens d'une argumentation peuvent nous permettre d'interpréter un mot, c'est-à-dire de lui attribuer un sens particulier.

1. Doit-on se méfier des mots ?

Nous débuterons par l'examen d'une anecdote célèbre du philosophe William James et d'une réflexion du philosophe Bochenski sur certains des problèmes que peuvent entraîner les mots que nous utilisons en argumentant.

William James et l'écureuil

Il y a quelques années, j'étais allé avec plusieurs personnes camper dans les montagnes. De retour d'une excursion que j'avais faite seul, un jour, je tombai au milieu d'une discussion […]. Il s'agissait d'un écureuil, d'un agile écureuil que l'on supposait cramponné, d'un côté, au tronc d'un arbre, tandis qu'un homme se tenait de l'autre côté, en face, et cherchait à l'apercevoir. Pour y arriver, notre spectateur humain se déplace rapidement autour de l'arbre ; mais, quelle que soit sa vitesse, l'écureuil se déplace encore plus vite dans la direction opposée : toujours il maintient l'arbre entre l'homme et lui, si bien que l'homme ne réussit pas une seule fois à l'entrevoir.

De là ce problème […] : *L'homme tourne-t-il autour de l'écureuil, oui ou non ?* Il tourne autour de l'arbre, bien entendu, et l'écureuil est sur l'arbre. Mais tourne-t-il autour de l'écureuil lui-même ?

Dans les interminables loisirs de la solitude, la discussion avait fini par s'épuiser ; toutes les sources en étaient taries. Chacun avait pris parti et s'entêtait dans son opinion. Les forces se balançaient ; et les deux camps firent appel à mon intervention pour les départager. […]

« Qui de vous a raison ? leur dis-je. Cela ne dépend que de ce que vous entendez *pratiquement* par *tourner autour* de l'écureuil. S'il s'agit de passer, par rapport à lui, du nord à l'est, puis de l'est au sud, puis à l'ouest, pour vous diriger de nouveau vers le nord, toujours par rapport à lui, il est bien évident que votre homme tourne réellement autour de l'animal, car il occupe tour à tour ces quatre positions.

Voulez-vous dire, au contraire, que l'homme se trouve d'abord en face de lui, puis à sa droite, puis derrière, puis à sa gauche, pour finir par se retrouver en face ? Il est tout aussi évident que votre homme ne parvient pas du tout à tourner autour de l'écureuil. En effet, les mouvements du second de vos personnages compensent les mouvements du premier, de sorte que l'animal ne cesse à aucun moment d'avoir le ventre tourné vers l'homme et le dos tourné en sens contraire. » Aussitôt faite, cette distinction met fin au débat[1].

On attendait de James un « oui » ou un « non ». Au lieu de cela, il porta son attention sur la question elle-même et y trouva quelque chose d'équivoque qui, semblait-il, était responsable du désaccord. Une fois la distinction faite entre les deux sens de l'expression « tourner autour », le désaccord initial s'envola en fumée, puisque les adversaires étaient d'accord sur le fait que l'homme tournait autour de l'écureuil, dans un des sens de l'expression, mais qu'il ne tournait pas autour si on prenait l'expression dans l'autre sens, et que les deux points de vue, en soi, étaient acceptables. L'anecdote de James a une valeur exemplaire, car elle met en scène, dans un contexte simple et éclairant, un type de situation dans lequel on se retrouve assez fréquemment. On peut en tirer deux leçons générales. La première est qu'il peut être fructueux de bien examiner une question. Parfois, elle cache une ambiguïté qu'il serait utile de lever. La seconde est qu'il est parfois possible d'éviter de fausses querelles, en établissant une distinction entre deux sens d'un mot qui révèle le caractère purement verbal d'un désaccord là où on croyait être aux prises avec un désaccord portant sur le fond. Évidemment, il arrive aussi, dans d'autres cas, que le désaccord subsiste même après que l'on ait éclairci les différentes positions qui s'affrontent ; mais, même alors, l'éclaircissement aura été utile, parce qu'il aura permis *de faire avancer le débat* en permettant aux opposants de se faire une idée plus précise de la nature du désaccord.

Examinons maintenant le texte de Bochenski.

Bochenski et le conseil du diable

[…] les mots que nous employons sont d'assez étranges choses. Ils ont été créés par l'homme, mais ils exercent sur lui une influence considérable. Et il vaut souvent la peine de les considérer de plus près.

Le poète fait tenir au diable le langage suivant : « Tenez-vous aux mots ! Alors vous entrerez par la bonne porte dans le temple de la certitude. »

---

1. William James, *Le pragmatisme*, Paris, Flammarion, 1968, p. 47-48.

Or, quoique ce conseil vienne du diable, il paraît de prime abord tout à fait raisonnable. Nous commençons toujours par faire confiance aux mots, par croire que nous les comprenons bien et nous les utilisons sans hésiter. Souvent, il semble même indécent de poser des questions sur leur utilisation. Lorsqu'une dame me dit : « La cafetière est sur la table », il paraît effectivement inutile et impertinent de demander : « Chère Madame, qu'entendez-vous en fait par "cafetière", par "est sur", par "table"? » Non, c'est impensable ! Ces mots sont clairs.

Mais il n'en va pas de même pour *tous* nos mots. Chacun de nous utilise par exemple le mot « possible ». On ne saurait guère imaginer chose plus simple et plus claire. Et pourtant ! L'ancien maître de la pensée européenne, Aristote, a dit une fois à ce sujet :

« 1. Ce qui est nécessaire est aussi possible. Par exemple l'homme meurt nécessairement ; il est donc également possible (hélas) qu'il meure. Mais

2. Ce qui est possible peut aussi ne pas être. Par exemple, s'il est possible qu'il pleuve aujourd'hui, il est également possible qu'il ne pleuve pas.

3. Donc, il se peut que ce qui est nécessaire ne soit pas.

4. Mais encore : ce qui peut ne pas être n'est certainement pas nécessaire. Par exemple, comme il pourrait ne pas pleuvoir, (comme pleuvoir est possible), il s'ensuit qu'il ne pleut pas nécessairement (que pleuvoir n'est pas nécessaire).

5. Donc, ce qui est nécessaire n'est pas nécessaire.

Nous aboutissons à une contradiction, ou comme on dit : un contresens. Il y a là quelque chose qui ne joue pas. Mais quoi ? »

Certainement le petit mot *possible*, qui a non pas une mais deux significations. Selon une première acception, on dit possible ce qui est nécessaire — mais non encore réalisé (comme en 1). Dans une autre acception, on dit possible ce qui pourrait ne pas être, donc ce qui n'est pas nécessaire (comme en 2).

Lorsqu'on se heurte à de semblables difficultés, il ne peut plus être question d'une naïve confiance dans les mots, et il s'avère que le conseil du diable est précisément ce qu'entendait le poète : un conseil diabolique. Si l'on veut éviter la confusion et l'imprécision, et par là même de grands maux sociaux, il n'est plus possible d'employer sans autre [précaution] des mots de cette sorte. Il faut les analyser, en distinguer les différentes significations, en discerner les propriétés, etc.

Ces précautions sont rarement nécessaires lorsqu'il s'agit de substantifs simples comme « table », « pot », « vache »… Mais lorsqu'on a affaire à des situations plus complexes, et notamment à des entités sociales[2], ces confusions sont courantes et il faut se faire de l'analyse une règle[3].

---

2. Bochenski pense ici à des mots comme : capitalisme, démocratie, justice, etc.

3. J. M. Bochenski, *Qu'est-ce que l'autorité ? — Introduction à la logique de l'autorité,* Fribourg, Éditions Universitaires Fribourg Suisse, 1979, p. 25-27.

Bochenski soulève deux points importants. En premier lieu, il est tout à fait naturel de faire confiance aux mots dans certains contextes. En effet, lorsque le contexte est simple et clair, il n'est pas nécessaire de définir les mots et il serait même déplacé d'exiger de notre interlocuteur qu'il le fasse. C'est d'ailleurs la raison qui a amené certains philosophes à parler d'un « sophisme de la demande indue de définition » qui consisterait, dans un contexte où on a très bien compris ce que notre interlocuteur voulait dire, à exiger de lui la définition d'un mot en espérant le mettre dans l'embarras et détourner ainsi le fil de la conversation. À une telle demande, il est raisonnable de répliquer quelque chose du genre : « Écoute, je ne peux pas définir précisément, à l'improviste, le mot que tu me demandes de définir, mais je sais très bien que tu comprends ce que je veux dire. Le mot que tu me demandes de définir n'exige pas d'être défini pour qu'il nous serve adéquatement dans le contexte où nous sommes actuellement. Un peu de la même manière, je ne suis peut-être pas capable de définir ce qu'est un rhinocéros, mais je suis capable d'en reconnaître un quand j'en vois un, et je sais qu'il en est de même pour toi. »

Évidemment, lorsque quelqu'un nous demande de définir un mot, il est fort possible qu'il s'agisse d'une demande tout à fait légitime parce qu'une définition exhaustive et complète serait nécessaire étant donné le contexte, ou encore parce que cette personne, sans avoir besoin d'une définition exhaustive et complète, aurait besoin d'informations additionnelles qui l'aideraient à *désambiguïser* ou à *préciser* le sens de nos propos.

En second lieu, on voit que les mots peuvent aisément nous induire en erreur, notamment lorsqu'ils ont plusieurs sens et que nous ne les distinguons pas bien dans notre esprit, les utilisant à l'intérieur d'une même argumentation tantôt dans un sens, tantôt dans un autre, sans nous en apercevoir. Notons que ce genre de problème ne se pose généralement pas avec des mots comme « chaise » ou « ordinateur » dans leur usage quotidien, où le contexte permet de dissiper toute ambiguïté éventuelle, mais qu'il se produit fréquemment lorsqu'on a affaire à des mots tels que « justice », « liberté », « égalité », « discrimination », « violence », « pornographie » ou « œuvre d'art ». Les mots peuvent donc être piégés, et il faut parfois s'en méfier ; certains peuvent recouvrir des sens multiples, qu'il est utile de distinguer[4].

---

4. Nous avons développé cette question au chapitre 3, dans la section 3.7.

2. Les types de définitions et les jugements

Nous avons défini les jugements au chapitre 3. Nous avons également vu qu'il y en avait trois types. Or une définition n'est rien d'autre qu'un jugement. À quel type de jugement appartient-elle ? Cela dépend du genre de définition. Le mot « définition » est justement l'un de ces mots dont nous venons de parler : il recouvre des choses de nature différente qui gagnent à être distinguées. Certains auteurs distinguent une quinzaine de types de définitions. Pour notre propos, il suffira d'en distinguer trois types importants : la définition d'usage, la définition stipulative et la définition essentialiste. Examinons-les tour à tour.

La définition d'usage

Parfois, une définition peut se reformuler ainsi : « Le mot X, dans la langue L, est utilisé par l'ensemble des individus qui parlent cette langue (ou par un groupe plus restreint) pour signifier ceci. » Une telle définition indique l'usage d'un mot au sein d'un groupe. Comme la plupart des mots ont plusieurs sens, ce genre de définition est généralement formulé comme suit : « Le mot X, dans la langue L, est utilisé pour dire ceci ou ceci, ou encore cela. » *La définition d'usage est donc un jugement d'observateur, qui peut être vrai ou faux.* Si je dis qu'en français le mot « bateau » signifie une argumentation bien construite, j'aurai fait un jugement faux, qu'il est facile de réfuter en interrogeant les gens qui parlent le français.

> Lorsqu'une définition indique l'usage d'un mot, elle consiste en *un jugement d'observateur,* qui peut être vrai ou faux. On peut établir la vérité ou la fausseté d'un tel jugement d'observateur en interrogeant les gens qui parlent la langue en question[5].

Il y a deux façons de critiquer une définition d'usage : a) soit en montrant qu'elle est incomplète parce qu'elle omet d'indiquer certains des sens du mot défini ; b) soit en montrant qu'elle est inexacte parce que le mot défini n'a pas vraiment le sens que la définition lui prête. On trouve les définitions d'usage principalement dans les dictionnaires usuels de langue. Les dictionnaires encyclopédiques contiennent en outre des informations supplémentaires. Les définitions d'usage

---

5. Ou encore, s'il s'agit de l'usage dans un groupe plus restreint, en interrogeant les membres de ce groupe. Par exemple, on demandera à un pianiste et à un athlète ce qu'ils entendent respectivement par le terme « marteau ».

   Les termes techniques utilisés dans les différentes disciplines peuvent reprendre un seul des différents sens courants d'un terme en lui ajoutant parfois des précisions ou encore s'écarter considérablement de l'usage courant (pensons à ce que les physiciens ou les obstétriciens appellent le « travail »).

sont produites par des équipes de spécialistes, les lexicographes, qui répertorient les divers emplois d'un mot, les regroupent en classes et mentionnent des expressions qui sont synonymes de chacun de ces emplois. Il est à noter qu'avec le temps les définitions d'usage peuvent changer parce que les mots peuvent changer de sens ; on peut aisément le constater en examinant les définitions d'un dictionnaire du siècle dernier.

La définition stipulative

Parfois, une définition peut se reformuler ainsi : « Dans ce qui suit, je vais utiliser le mot X pour signifier Y », ou encore : « Dorénavant, je propose que l'on utilise ce mot dans tel sens. » De telles définitions, que l'on appelle *stipulatives,* peuvent avoir diverses fonctions.

Une définition stipulative peut notamment avoir pour but de *favoriser la compréhension de notre interlocuteur ou de notre lecteur,* en lui indiquant lequel des sens possibles d'un mot donné est celui que l'on utilise ; par là, elle permet d'éviter des confusions. Une définition de ce genre peut être utile ou superflue selon qu'il y a ou non un risque réel de malentendu ou d'incompréhension. La lecture d'un texte où il y aurait trop de mises au point terminologiques superflues serait bien pénible, comme le serait aussi celle d'un texte où il n'y en aurait pas suffisamment et où le lecteur nagerait constamment dans le vague et l'ambiguïté. On peut ajouter que la nécessité de ces mises au point dépend du lecteur ou de l'interlocuteur auquel on s'adresse : certaines mises au point terminologiques qui sont nécessaires lorsqu'on s'adresse à des néophytes dans un domaine sont superflues lorsqu'on s'adresse à des personnes qui connaissent bien ce domaine[6].

Une définition stipulative peut également avoir pour but d'*introduire un nouveau mot* ou de *donner un nouveau sens à un mot qui existe déjà.* On peut contester une telle définition, notamment pour les raisons suivantes : a) lorsqu'il n'est pas nécessaire d'introduire un nouveau mot parce qu'il en existe déjà un qui signifie la même chose et dont l'utilisation ne comporte pas d'inconvénients ; b) lorsque le nouveau sens dont on suggère l'adoption peut prêter à confusion. Cette confusion pourrait résulter de ce qu'un tel changement peut avoir des répercussions nombreuses, étant donné que nos concepts et nos croyances sont reliés les uns aux autres. Par exemple, si quelqu'un voulait donner au mot « atome »

---

6. Lorsqu'on doute de la nécessité d'une telle mise au point, il vaut mieux en général pécher par excès que par défaut. En effet, les textes qui sont trop obscurs parce qu'ils manquent de précisions terminologiques sont plus répandus que les textes qui sont trop lourds parce qu'ils en contiennent un trop grand nombre. C'est sans doute parce que nous avons davantage tendance, en suivant le fil de nos idées, à négliger notre interlocuteur ou notre lecteur qu'à en tenir pleinement compte.

le sens de « molécule » ou au mot « poisson » le sens de « reptile », il suggé-
rerait une transformation lexicale qui soit ne serait pas respectée, soit nécessiterait un effort d'adaptation intellectuelle considérable qui n'en vaudrait pas la
peine[7].

> Selon qu'elle a l'une ou l'autre des deux fonctions que nous venons de décrire,
> la *définition stipulative* se range soit dans les jugements d'observateur, soit
> dans les jugements de prescripteur.
>
> La définition stipulative qui a pour but d'aider l'interlocuteur ou le lecteur
> à saisir ce que l'on veut communiquer est avant tout un *jugement d'observa-
> teur*. Elle revient à dire : « Dans ce qui suit, je vais utiliser le mot X pour
> signifier Y. » Une telle définition peut être nécessaire ou superflue, selon qu'il
> y a ou non un risque d'incompréhension. Implicitement, elle véhicule un
> *jugement de prescripteur* du genre : « Dans ce qui suit, je vous recommande
> d'interpréter X par Y, afin de bien saisir ce que je désire communiquer. »
>
> La définition stipulative qui a pour but de proposer l'adoption d'un nouveau
> mot ou de donner un nouveau sens à un mot déjà existant est avant tout un
> *jugement de prescripteur* qui revient à dire : « Dorénavant, je recommande
> que l'on utilise ce mot dans tel sens. » Une telle recommandation n'est jus-
> tifiée que si elle est réellement utile, notamment parce qu'elle nous permet
> de clarifier nos idées, d'éviter des confusions, de mieux raisonner ou de
> mieux communiquer[8].

La définition essentialiste et l'explicitation

Parfois, une définition peut se reformuler ainsi : « Ce qui caractérise fondamentalement X, c'est telle caractéristique ou tel ensemble de caractéristiques. » Il s'agit
ici à nouveau d'un jugement d'observateur, qui peut être vrai ou faux selon que
X est ou n'est pas caractérisé fondamentalement par cette caractéristique ou cet

---

7. C'est en ayant à l'esprit ce problème que les logiciens Arnauld et Nicole écrivaient, au XVIIe
   siècle : « [...] les hommes ayant une fois attaché une idée à un mot, [ils] ne s'en défont pas facilement ; & ainsi leur ancienne idée revenant toujours, leur fait aisément oublier la nouvelle que
   vous voulez donner en définissant ce mot : de sorte qu'il seroit plus facile de les accoutumer à
   un mot qui ne signifieroit rien du tout, comme qui diroit, j'appelle bara une figure terminée par
   trois lignes, que de les accoutumer à dépouiller le mot de parallélogramme de l'idée d'une figure
   dont les côtés opposés sont parallèles, pour lui faire signifier une figure dont les côtés ne peuvent
   être parallèles. » (*La logique ou l'art de penser*, Paris, Flammarion, 1970, p. 127.).
8. Ainsi, les termes techniques ou les sens techniques des termes utilisés dans différentes disciplines sont souvent introduits de la manière suivante : « Le terme travail, dans la vie quotidienne,
   peut signifier bien des choses. En physique, nous l'utilisons en un sens bien précis pour signifier telle chose. »

ensemble de caractéristiques. Dans certains cas, celui de *chaise* par exemple, on pourra élaborer une telle définition, dite essentialiste, en réfléchissant à l'*extension* du concept de chaise, c'est-à-dire à l'ensemble des objets qui peuvent être qualifiés de chaise, et en formulant la ou les caractéristiques fondamentales communes à tous ces objets[9]. Cette définition doit être suffisamment large pour comprendre tous les objets auxquels s'applique le concept de chaise, mais en même temps assez précise pour éviter que d'autres objets, qui ne seraient pas des chaises, n'y soient compris. Il s'ensuit qu'une définition essentialiste sera critiquable si elle est trop large ou trop étroite[10]. Elle le sera également si les caractéristiques communes retenues ne sont pas vraiment fondamentales ou essentielles[11].

Il est à noter que les caractéristiques essentielles que l'on attribue à une réalité peuvent varier en fonction de nos connaissances, de nos intérêts ou du but que l'on poursuit. Ainsi, on attribuera au plomb des caractéristiques essentielles bien différentes selon que l'on est sculpteur, physicien ou toxicologue. Ces divers points de vue sur les caractéristiques essentielles du plomb peuvent tous être légitimes, même s'ils diffèrent beaucoup entre eux.

Une définition essentialiste peut également se modifier avec l'évolution de nos connaissances. C'est le cas lorsqu'on découvre de nouvelles caractéristiques qui nous paraissent mieux cerner ce qu'une chose a d'essentiel. Pensons au concept d'atome qui, à l'origine, désignait les constituants *indivisibles* de la matière mais qui, de nos jours, désigne tout autre chose, c'est-à-dire un système formé de plusieurs éléments (neutrons, protons, électrons, etc.)[12].

---

9. C'est-à-dire l'*intension du concept,* par opposition à son extension.

10. Exemple d'une définition de *chaise* trop large : « Chose sur laquelle on s'assoit. » En effet, il existe bien des choses sur lesquelles on s'assoit et qui ne sont pas des chaises : fauteuils, canapés, bancs, sièges d'automobile, gazon, etc. Exemple d'une définition de chaise trop étroite : « Objet fabriqué en bois sur lequel on s'assoit. » En effet, il existe des chaises fabriquées avec d'autres matériaux que le bois.

11. Si je définis l'être humain comme un animal capable de lire des bandes dessinées, je donne une caractéristique que l'on ne reconnaîtra pas comme fondamentale ou essentielle. Même si ce que j'affirme est vrai, on ne dira pas qu'il s'agit là d'une définition de la nature essentielle de l'être humain, mais simplement de la description d'une de ses caractéristiques.

12. Comme cet exemple le montre, l'étymologie d'un mot est loin d'être un indice infaillible de son sens. *Atome* vient, par l'intermédiaire du latin, du grec *a-tomos,* qui veut dire « indivisible ». Pourtant, il serait absurde de prétendre qu'il s'agit là, de nos jours, du vrai sens du mot *atome.* De la même manière, *hypocrite* vient du mot grec signifiant acteur, et *sinistre* vient du mot latin signifiant défavorable. Quant à *maréchal, tuer, rival* et *chrétien,* ils entretiennent des liens étymologiques avec « valet d'écurie », « protéger », « propriétaire riverain » et « crétin », mais ce n'est bien entendu plus ce que ces mots signifient de nos jours ! Pour une analyse critique du rôle argumentatif de l'étymologie, voir *La preuve par l'étymologie,* de Jean Paulhan (Paris, Minuit, 1953).

En philosophie, bien entendu, on ne cherche pas à définir des mots comme *chaise, plomb* ou *atome*. Les définitions qui nous intéressent sont plutôt celles de mots comme *justice, démocratie, violence, science, art* ou *pornographie*. Or, on le voit aisément, affirmer que la justice ou la démocratie, par exemple, correspond fondamentalement à telle chose ou telle autre, c'est défendre une conception particulière de la justice ou de la démocratie. De tels concepts tirent tout leur sens des associations qu'une personne établit à leur sujet à l'intérieur du réseau de ses croyances. Ainsi, la conception qu'une personne se fait de la démocratie se modifie souvent au cours de sa vie, tout comme d'ailleurs elle s'est modifiée au cours de l'histoire humaine. En bref, les définitions essentialistes font parfois appel à tout ce que l'on sait sur une chose et à ce que l'on considère comme fondamental à son sujet. *C'est pourquoi les querelles portant sur la nature fondamentale de ce genre de concepts, ou sur le sens des mots qui les symbolisent, sont les symptômes d'un désaccord plus profond, de nature théorique, que l'on risque de ne pouvoir résoudre que par une discussion théorique.* C'est un peu comme si, en tentant de circonscrire de tels concepts, en tentant de les retirer de notre esprit pour en examiner les contours, on arrachait du coup tout le réseau des jugements et des croyances qui s'y rattache chez une personne.

La *définition essentialiste* a pour but d'indiquer les caractéristiques essentielles d'un concept. Elle consiste en un *jugement d'observateur* qui peut être vrai ou faux. Dans bien des cas, les querelles à propos de définitions de ce genre sont le symptôme de désaccords théoriques importants et exigent un débat d'ensemble sur le plan théorique à l'occasion duquel s'affronteront diverses conceptions.

Une définition essentialiste vise en quelque sorte à *condenser* le plus possible la conception que nous nous faisons d'une chose. Son élaboration est souvent bien utile, notamment parce qu'elle nous oblige à rendre plus explicite notre conception d'une chose. Toutefois, elle ne nous dispense pas de fournir une *explicitation* plus complète de cette conception, et elle n'est qu'une composante de celle-ci. Une bonne explicitation peut comporter, outre la définition des caractéristiques essentielles de la réalité que l'on cherche à expliciter, ses caractéristiques secondaires les plus importantes, les exemples qui en sont le plus représentatifs ainsi que les concepts qui s'en rapprochent tout en s'en distinguant. Pour user d'une analogie, on pourrait dire qu'une définition essentialiste est la photographie d'un élément très important d'une conception, tandis qu'une explicitation constitue le court métrage de cette conception nous permettant de mieux la comprendre, notamment lorsqu'il s'agit de concepts comme *liberté, démocratie, violence* ou *pornographie*.

Il est à noter que, contrairement aux définitions d'usage, les définitions essentialistes ne se vérifient pas simplement en interrogeant les usagers d'une langue donnée. Leur vérification exige au contraire, comme nous l'avons souligné, le concours d'analyses rigoureuses et entraîne parfois des désaccords théoriques.

Notons également, pour terminer, qu'il arrive que l'on tente, sous le couvert d'une définition d'usage, de faire accepter une définition essentialiste traduisant une conception contestée d'une réalité. Par exemple, si quelqu'un, reprenant la définition de Mussolini, affirme : « Par définition, la démocratie est la forme de gouvernement qui donne ou qui tente de donner à la population l'illusion qu'elle a le pouvoir », il pourra peut-être donner l'impression qu'il s'agit là d'une simple définition d'usage portant sur le sens du mot « démocratie », et qu'il faut accepter comme point de départ de toute discussion. Or il s'agit évidemment, au contraire, d'une définition essentialiste qui résume une conception bien particulière, et contestable, de la démocratie.

L'étude des définitions et des concepts est complexe. Elle occupe d'amples champs de recherche en philosophie, en linguistique et en psychologie. Nous n'avons fait ici que présenter les éléments de cette question qui nous semblaient les plus importants pour la logique de l'argumentation[13]. Nous pouvons résumer comme suit l'ensemble de cette section.

1. On distingue au moins trois types de définitions : la définition d'usage, la définition stipulative et la définition essentialiste[14].

2. Ces définitions peuvent correspondre à des jugements de différents types : tantôt il s'agira de jugements d'observateur, tantôt de jugements de prescripteur.

3. Les définitions se *justifient* de différentes manières. Tantôt une simple vérification de l'usage d'un mot suffira à les justifier, tantôt il faudra procéder à l'exposé de toute une conception politique, comme dans le cas de concepts tels *justice* ou *démocratie*. Elles se *contestent* aussi de différentes façons. Il s'ensuit que, si les définitions servent souvent dans les argumentations, elles en sont aussi souvent l'enjeu, notamment lorsqu'elles témoignent d'un désaccord profond sur le plan théorique.

13. Le lecteur intéressé par ces questions pourra consulter, notamment : *La définition* (Paris, Centre d'études du lexique, Larousse, 1990) ; *Sémantique et cognition : catégories, prototypes, typicalité*, ouvrage publié sous la direction de Danièle Dubois (Paris, Éditions du CNRS, 1991) ; « Les notions et l'argumentation », de Chaïm Perelman et Lucie Olbrechts-Tyteca, *Archivio di Filosofia*, vol. *Semantica*, (Rome, 1955, p. 249-269), repris dans Chaïm Perelman, *Rhétoriques* (Bruxelles, Éditions de l'Université de Bruxelles, 1989, p. 122-150 ; ainsi que les pages 282-288 et 590-597 du *Traité de l'argumentation*, de Chaïm Perelman et Lucie Olbrechts-Tyteca (Bruxelles, Éditions de l'Université de Bruxelles, 1988).

14. Nous n'avons pas traité des relations qui existent entre ces trois types de définitions. Notamment, la frontière n'est pas toujours nette entre la définition d'usage et la définition essentialiste, cette dernière se rapprochant le plus souvent de la définition d'usage des experts dans le domaine dont relève le mot.

3. Le sens et l'interprétation

Le passage suivant d'un ouvrage du linguiste Michel Bréal nous permettra d'amorcer le thème de cette dernière section :

> *Clef,* qui est emprunté aux arts mécaniques, appartient aussi à la musique. *Racine,* qui nous vient de l'agriculture, relève également des mathématiques et de la linguistique. *Base,* qui appartient à l'architecture, a sa place dans la chimie et dans l'art militaire. [...]

> On demandera comment ces sens ne se contrarient point l'un l'autre : mais il faut prendre garde que les mots sont placés chaque fois dans un milieu qui en détermine d'avance la valeur. Quand nous voyons le médecin au lit d'un malade, ou quand nous entrons dans une pharmacie, le mot *ordonnance* prend pour nous une couleur qui fait que nous ne pensons en aucune façon au pouvoir législatif des rois de France. [...] On n'a même pas la peine de supprimer les autres sens du mot : ces sens n'existent pas pour nous, ils ne franchissent même pas le seuil de notre conscience. Il en est ainsi chez la plupart des hommes, et il en doit être ainsi, l'association des idées se faisant d'après le fond des choses, et non d'après le son.

> Ce que nous disons de celui qui parle n'est pas moins vrai de celui qui écoute. Il est dans la même situation : sa pensée suit, accompagne ou précède la pensée de son interlocuteur. Il parle intérieurement en même temps que nous : il n'est donc pas plus exposé que nous à se laisser troubler par des significations collatérales qui dorment au plus profond de son esprit[15].

Bréal affirme que « les mots sont placés chaque fois dans un milieu qui en détermine d'avance la valeur ». C'est cette idée que nous allons préciser et développer dans les pages qui suivent, en donnant des exemples de la manière dont le milieu ou le contexte nous amène à privilégier une interprétation plutôt qu'une autre[16].

La situation dans laquelle nous nous trouvons, nos connaissances générales ainsi que les mots et les énoncés qui entourent ceux que l'on cherche à interpréter sont autant d'indices qui nous permettent de choisir une interprétation des mots et des phrases que nous rencontrons. Le processus par lequel nous interprétons les

---

15. Michel Bréal, *Essai de sémantique, science des significations,* Paris, Hachette, 1924, p. 144-146.

16. Bréal est sans doute trop optimiste lorsqu'il affirme que celui qui interprète des propos n'est pas exposé à se « laisser troubler par des significations collatérales qui dorment au plus profond de son esprit », car il arrive fréquemment que l'on comprenne autre chose que ce que l'on voulait nous communiquer. Mais il est vrai que, dans un contexte donné, on attribue généralement aux mots la valeur précise appropriée. Rappelons, comme le soulignait Bochenski à la section précédente, qu'il est opportun de distinguer les mots comme « table », « pot » ou « vache », qui ne posent généralement pas de problèmes, de mots comme « liberté », « démocratie » ou « justice », qui sont plus susceptibles de provoquer des méprises ; Bréal admettrait sans doute le bien-fondé de cette distinction.

messages qui nous parviennent fait appel à nos connaissances et à notre capacité de raisonner à partir de celles-ci. Cela n'est pas toujours évident, et c'est pourquoi nous allons en donner plusieurs exemples dans ce qui suit.

Pensons à l'énoncé « les jumelles grossissent ». Comment interpréter cet énoncé ? Comment le traduiriez-vous en anglais ? Pensez-y un instant. Sans contexte, il est bien difficile d'y parvenir ! On pourrait, par exemple, le traduire par « the twins are growing ». Mais on pourrait aussi le traduire par « binoculars enlarge things » ou même, en faisant un effort d'imagination, par « the binoculars are getting bigger than they were ». Quelle est la bonne interprétation ? On ne peut le dire hors contexte. Si nous nous trouvons dans une pouponnière abritant des enfants prématurés, la première risque d'être la bonne. Si, par contre, nous sommes dans une classe où un professeur décrit le matériel qu'utilisent les ornithologues, la deuxième risque d'être la bonne. Enfin, si nous sommes en train de lire un récit de science-fiction dans lequel un inventeur teste une machine qui grossit les objets, la troisième interprétation risque d'être la bonne. Dans l'une de ces situations, nous aurions sans doute choisi sans hésiter l'une des interprétations, sans même nous rendre compte de son ambiguïté potentielle. On le voit, le contexte d'un énoncé nous amène à privilégier certaines interprétations plutôt que d'autres.

Considérons un autre exemple. Réfléchissez un instant à ce qui vous viendrait à l'esprit si vous entendiez quelqu'un dire « Lucien a été un collaborateur ». Pas d'ambiguïté potentielle ici, vous diriez-vous sans doute. Ce n'est pas si sûr. Supposez maintenant que la personne ayant dit que Lucien a été un collaborateur poursuive ainsi : « C'est pour cette raison qu'il a dû se réfugier en Argentine. » Cette argumentation pourrait se schématiser ainsi :

> Lucien a été un collaborateur.
>
> ↓
>
> Lucien a dû se réfugier en Argentine.

Ce deuxième énoncé vous a sans doute surpris. Peut-être vous a-t-il amené à réviser votre première interprétation de l'énoncé « Lucien a été un collaborateur ». Si c'est le cas, vous avez alors constaté que le premier énoncé était potentiellement ambigu. Mais peut-être ne comprenez-vous toujours pas de quoi il est question. Pourtant, une interprétation très plausible de cette argumentation vient tout naturellement à l'esprit de quiconque connaît le moindrement la Deuxième Guerre mondiale[17].

---

17. Si vous ne connaissez pas cette interprétation, consultez un dictionnaire au mot « collaborateur ».

La compréhension du sens d'une argumentation est donc souvent un élément important qui permet de déterminer l'interprétation qu'il faut donner à un mot ou à un énoncé. Si la conclusion à laquelle menait l'énoncé « Lucien a été un collaborateur » avait été différente, on aurait privilégié une autre interprétation, comme on peut le constater en comparant *a* et *b* :

a) *Lucien a été un collaborateur.* *C'est pour cette raison qu'il a dû se réfugier en Argentine.*	*b)* *Lucien a été un collaborateur.* *Il faudrait donc le remercier dans la préface du rapport.*

Les exemples suivants illustrent un cas comparable :

a) *J'ai lu un article sur le gazon.* *Je sais maintenant plein de choses sur le sujet.*	*b)* *J'ai lu un article sur le gazon.* *Je le saurais s'il avait plu.*

Ainsi, notre interprétation de textes argumentatifs est déterminée par divers facteurs, notamment la situation dans laquelle nous nous trouvons, notre compréhension du contexte de l'énoncé et nos connaissances générales. Il est à noter que cela vaut également pour l'interprétation de textes *narratifs*, comme le démontre l'exemple suivant, qui fait appel surtout à nos connaissances générales. Avant de lire le commentaire qui suit le texte en italique, faites l'effort, pendant au moins une minute, d'imaginer le plus précisément possible la scène décrite ; relisez plusieurs fois, s'il le faut, le texte en italique et prenez conscience de la manière dont votre esprit parvient ou échoue à interpréter ce texte de façon satisfaisante.

> « *Pierre grandissait. D'abord, il sut lire, puis écrire. Il disait de bons mots qu'on citait aux vendredis de sa mère. Le soir, il était debout devant le portillon vert du jardin qui précédait la maison et il courait vers Antoine, silencieux sur ses chaussons.* » (Paul Nizan, *Antoine Bloyé*, chapitre XV.)
>
> [La] lecture [de ce passage] active divers scénarios[18]. Pour comprendre « les vendredis de sa mère », il faut reconstituer l'ensemble d'un rite

---

18. Comme vous l'aurez deviné si vous n'êtes pas parvenu à l'interpréter de façon satisfaisante, le mot *scénario* n'a pas dans cette phrase son sens habituel. Il a plutôt un sens technique qui a cours dans une branche de la psychologie, la psychologie cognitive, pour désigner des séquences typiques d'événements courants, comme l'action de se rendre au restaurant ou à l'école. Lorsqu'il écrit que la lecture de ce passage active divers scénarios, l'auteur veut dire que cette lecture nous amène à imaginer un contexte plausible, puis un autre, pour comprendre le sens du passage.

mondain d'avant la guerre de 1914. Quant à la station debout le soir, près du portillon, sa compréhension mobilise un autre scénario, celui du père de la petite bourgeoisie qui à heure fixe rentre chez lui après son travail. C'est d'ailleurs la restitution de ce scénario qui contribue à déterminer si le groupe adjectival « silencieux sur ses chaussons » se rapporte à « Antoine » ou à « il » ; comme le père est censé venir de son travail, il n'a certainement pas des chaussons aux pieds[19].

Comme nous l'avons montré brièvement, nos connaissances générales, notre connaissance de la situation ainsi que l'environnement textuel (mots et phrases) sont mis à profit lorsque nous interprétons des mots ou des énoncés. Évidemment, ce processus peut échouer, et on peut fort bien comprendre autre chose ou ne rien comprendre du tout à ce qu'une personne a voulu communiquer. L'interprétation des communications orales ou écrites exige que l'on mobilise passablement de connaissances et que l'on fasse les inférences appropriées. Il n'est donc pas surprenant qu'il arrive que différentes personnes interprètent différemment les mêmes propos ou les mêmes écrits.

Il n'est pas étonnant non plus que des lectures répétées d'un texte difficile nous en rendent le sens plus clair : en repérant la conclusion, en comprenant mieux où l'auteur veut en venir et comment il tente d'y parvenir, nous sommes à même de mieux préciser le sens de certains mots-clés ; en retour, les liens entre les diverses prémisses et la conclusion peuvent s'éclairer une fois précisé le sens des mots.

E X E R C I C E S

1. Expliquez de quelle façon nos connaissances générales jouent un rôle dans les deux interprétations que nous faisons du même mot dans les exemples suivants.

    a) La mairesse a accompagné le maire à l'inauguration de l'hôpital.

    b) La mairesse a refusé de voter pour le projet.

---

19. Dominique Maingueneau, *Pragmatique pour le discours littéraire*, Paris, Bordas, 1990, p. 40.

    À la lumière de cet exemple et de ceux qui précèdent, on comprend mieux la nature de certaines des difficultés que rencontrent les spécialistes en intelligence artificielle, lorsqu'ils travaillent à la conception de logiciels destinés à « comprendre » des textes ou à les traduire. Pour améliorer la performance de ces logiciels, il faut faire en sorte qu'ils tiennent compte du contexte — ce qui n'est pas chose aisée. En effet, pour reprendre l'exemple précédent, comment faire pour qu'un logiciel puisse déterminer que c'est Pierre qui porte les chaussons et non Antoine ? Comment faire pour qu'il attribue à « chausson » le sens de « chaussure d'intérieur » et non celui de « pâtisserie » ?

2. Expliquez de quelle façon le rôle argumentatif des énoncés détermine les deux interprétations que nous faisons du même mot dans ces exemples.

   a) Je l'ai acheté. Je n'ai donc plus rien à craindre de la décision du jury.

   b) Je l'ai acheté. Je n'aurai donc plus besoin de toujours lui emprunter son ordinateur.

3. À quoi renvoie le pronom *il* dans les deux phrases suivantes, qui sont identiques sur le plan syntaxique ? Comment avez-vous procédé pour élaborer ces interprétations ?

   a) Pierre ne peut plus supporter son chien, il l'a encore mordu.

   b) Pierre ne peut plus supporter son chien, il l'a encore battu.

4. Expliquez de quelle façon le rôle argumentatif des énoncés détermine les deux interprétations que nous faisons du même mot dans ces exemples.

   a) La place est libre. Tu devrais t'y garer tout de suite !

   b) La place est libre. Tu devrais envoyer ton *curriculum vitae*.

5. Examinez bien les variantes *a, b* et *c*. À qui renvoie le pronom *il* dans ces trois phrases ? À qui renvoie le pronom *le* dans *c* ? Comment interprétez-vous vos résultats à la lumière des éléments qui ont été exposés dans cette annexe ?

   a) Le professeur envoya l'élève chez le directeur parce qu'il voulait lancer des boulettes de papier.

   b) Le professeur envoya l'élève chez le directeur parce qu'il voulait avoir la paix.

   c) Le professeur envoya l'élève chez le directeur parce qu'il voulait le voir[20].

6. Si quelqu'un vous dit : « Pierre Blackburn est une fourmi », comment allez-vous interpréter cet énoncé ?

   Comment en êtes-vous arrivé à cette interprétation ?

7. Quelles conclusions générales peut-on tirer du dialogue suivant ?

   — *Marie* : La bibliothèque de l'université est plus grosse que la bibliothèque municipale.

   — *Nathalie* : Mais non, au contraire !

---

20. Exemple de J. Pitrat, cité dans Georges Vignaux, *Les sciences cognitives — Une introduction*, Paris, La découverte, 1992, p. 61.

— *Marie* : Il y a plus de livres dans la bibliothèque de l'université que dans la bibliothèque municipale.

— *Nathalie* : Oui, évidemment, mais moi je suis étudiante en architecture et quand je parle de la grosseur d'une bibliothèque, je parle de la bâtisse, pas des livres. Je pensais que tu voulais dire que les dimensions de la bibliothèque de l'université étaient plus grandes que celles de la bibliothèque municipale.

— *Marie* : Lorsqu'on parle des bibliothèques, on parle tout naturellement des livres, et c'est ce à quoi on devrait s'en tenir lorsqu'on utilise le mot « bibliothèque ».

— *Nathalie* : Pas vraiment, je conviens que l'on emploie souvent ce mot dans le sens que tu lui donnes, mais tu devrais admettre qu'on l'emploie aussi bien souvent dans le sens que je lui ai donné.

— *Marie* : Je te le concède. Le mot « bibliothèque » a donc deux sens...

— *Nathalie* : Au moins deux...

— *Marie* : Bon, d'accord, au moins deux, peut-être en trouverait-on d'autres si on s'en donnait la peine. Le premier, bibliothèque$_1$, fait référence aux livres, et le second, bibliothèque$_2$, fait référence à la bâtisse où on trouve ces livres.

— *Nathalie* : Ce que tu disais tout à l'heure, c'est que la bibliothèque$_1$ de l'université est plus grosse que la bibliothèque$_1$ municipale. Je suis d'accord avec ça.

— *Marie* : Et toi, tu affirmais que la bibliothèque$_2$ municipale est plus grosse que la bibliothèque$_2$ de l'université. Je suis d'accord avec ça.

— *Nathalie* : Bon, tout est pour le mieux dans le meilleur des mondes possibles !

— *Marie* : Il ne faut quand même pas exagérer : nous nous sommes aperçu tout de suite de notre malentendu, mais il s'agissait d'un mot simple et banal. Il n'est pas du tout évident que la chose se serait déroulée aussi bien si nous avions discuté d'une question plus compliquée. Par exemple, si notre désaccord avait porté sur des mots comme « démocratie » ou « justice », je ne crois pas qu'une simple distinction, comme celle que nous avons faite, nous aurait tirées d'embarras.

— *Nathalie* : C'est vrai, et c'est pour cela que nous devons nous efforcer d'éviter les désaccords causés par l'emploi de mêmes mots dans des sens différents.

— *Marie* : Ou éviter les accords seulement apparents, c'est-à-dire qui résultent eux aussi de l'emploi de mêmes mots dans des sens différents.

— *Nathalie* : Hein ! Que dis-tu là ? Comment cela peut-il se produire ? À quoi penses-tu ?

— *Marie* : Tu te souviens de notre discussion de la semaine dernière dans laquelle je t'ai montré la fausseté de ton point de vue sur la démocratie ?

— *Nathalie* : Non, je ne m'en souviens pas, je me souviens seulement d'une discussion où tu as *prétendu* me montrer la fausseté de mon point de vue sur la démocratie. Il y a une nuance…

— *Marie* : Bon, d'accord. Eh bien, nous nous étions mises d'accord, au départ, sur le jugement voulant que la démocratie soit une bonne chose.

— *Nathalie* : Oui c'est vrai.

— *Marie* : On était donc apparemment d'accord mais, comme on s'en est aperçu assez rapidement, cet accord n'était pas réel, puisqu'on ne voulait pas dire la même chose par « démocratie » : j'interprétais ce terme dans un sens et toi, dans un autre.

— *Nathalie* : Oui, je vois. Tu as raison : employer les mêmes mots dans des sens différents peut donc être la cause de désaccords et d'accords qui ne sont seulement qu'apparents. D'ailleurs, cela me fait penser à ce qui m'est arrivé la semaine dernière. Je devais faire un travail sur la justice avec Marc. En discutant, nous nous étions mis d'accord sur l'idée que les situations justes sont celles où l'on a ce qu'on mérite. On s'était donné rendez-vous le lendemain pour discuter des versions préliminaires du travail que nous avions convenu de faire chacun de notre côté. On a eu toute une surprise ! Il disait, par exemple, qu'un étudiant qui a fourni plus d'effort qu'un autre méritait de meilleures notes. Moi je disais que l'effort n'a rien à voir là-dedans, et qu'on mérite davantage si on maîtrise mieux le contenu du cours. En fait, nous n'étions jamais d'accord sur ce qui fait qu'une personne mérite plus qu'une autre !

— *Marie* : Vous n'étiez donc pas d'accord sur ce qu'est la justice.

— *Nathalie* : C'est ça qui est curieux : en un sens nous étions d'accord, puisque nous disions que les situations justes sont celles où l'on a ce qu'on mérite, mais en un autre sens nous ne l'étions pas, puisque nous entendions des choses bien différentes par « ce qu'on mérite ». Superficiellement, nous étions d'accord, mais cette expression faisait résonner des choses bien différentes en chacun de nous. Notre désaccord sur « ce qu'on mérite » entraînait un désaccord sur ce qui était juste. Nous n'étions d'accord qu'en partie.

ANNEXE III Discours philosophique, discours scientifique et discours religieux

Le discours scientifique est, comme le discours philosophique, un discours de nature argumentative. Les scientifiques cherchent à établir des faits, débattent des mérites de différentes théories qui tentent de rendre compte de ces faits, contestent les interprétations que l'on fait de certains faits ; bref, ils cherchent à décrire et à expliquer le monde naturel et humain dans lequel nous baignons tout en étant à l'affût de nouvelles observations ou de nouvelles théories qui pourraient bouleverser les idées admises.

Ce qui distingue le discours scientifique du discours philosophique c'est, d'une part, que les *questions* qu'ils soulèvent ne sont pas les mêmes, quoiqu'il arrive bien entendu qu'elles se recoupent. Ainsi, chercher à comprendre le fonctionnement du langage des abeilles ou chercher à déchiffrer l'écriture maya sont des questionnements de nature scientifique. Chercher à comprendre comment se justifient nos jugements moraux ou chercher à comprendre ce qui fait qu'une théorie scientifique est supérieure à une autre sont par contre des questionnements de nature philosophique. D'autre part, le discours philosophique se distingue du discours scientifique en ce que *les expériences qu'on y pratique ne sont pas de même nature ou n'y occupent pas la même place*[1].

Cette dernière affirmation ne signifie pas, comme on l'entend dire parfois, que les expériences n'existent pas en philosophie ou encore qu'on ne peut pas tester, mettre à l'épreuve, les théories ou les analyses philosophiques, et que la philosophie se trouve être un domaine où toutes les réponses se valent et où la réflexion ne peut faire avancer les choses. On peut fort bien, par exemple, tester la valeur d'une analyse éthique en examinant ses conséquences sur des questions différentes de celles qui nous ont poussé à la formuler. Ainsi, si nous discutons du caractère injuste de la pauvreté avec quelqu'un et qu'il défend sa position grâce à certains principes généraux, on peut fort bien, par exemple, lui faire remarquer que l'application de ces principes l'entraînerait à soutenir des positions inacceptables sur d'autres questions éthiques. On peut également tester une hypothèse établissant les critères permettant d'affirmer qu'une théorie scientifique est supérieure à une autre en examinant l'histoire des sciences. Ainsi, si quelqu'un suggérait, par exemple, qu'une théorie scientifique doit être abandonnée *aussitôt* qu'elle fait face à un phénomène qui semble la réfuter, on pourrait lui faire remarquer que

---

1. L'annexe IV porte sur le discours scientifique, plus précisément sur l'argumentation en science.

l'application d'un tel principe aurait entraîné le rejet de la théorie de Newton, du XVIIe au XIXe siècle, parce que celle-ci se montrait incapable de rendre compte de certains phénomènes physiques (orbite précise de la lune, de la planète Uranus, de la planète Mercure, etc.). Il y a de fortes chances que la mise en évidence de cette conséquence amènerait cette personne à nuancer sa position. Pour emprunter un exemple à un autre domaine, une théorie répandue autrefois voulait qu'une œuvre d'art soit belle dans la mesure où elle imite la nature[2]. Cette théorie se voit évidemment malmenée lorsqu'on tente de l'appliquer à la musique (en effet, qu'imiterait au juste la musique, qu'imiterait au juste une fugue de Bach ?) et elle l'est encore davantage par le développement de l'art abstrait. Ce que ces trois exemples montrent, c'est qu'on peut tester, mettre à l'épreuve, des théories philosophiques. Cela ne veut pas dire, bien entendu, qu'on peut toujours le faire ou qu'il est toujours facile de le faire : en philosophie, comme en science d'ailleurs, certaines questions semblent particulièrement difficiles.

Passons maintenant à l'examen de la distinction entre le discours religieux et les autres types de discours. Celle-ci n'est pas facile à faire. D'abord, la religion est difficile à caractériser en elle-même. Ensuite, le discours religieux repose en un sens sur toute une conception de la religion. Justifier une conception du discours religieux exigerait donc de justifier une conception particulière de la religion, ce qui nécessiterait de longs développements que nous ne pouvons pas faire ici. Nous nous limiterons donc à la présentation de certaines des caractérisations les plus répandues du discours religieux.

Le discours religieux considéré comme tenant pour acquis ou justifiant l'existence d'une divinité

Considérons d'abord la façon de caractériser le discours religieux qui est sans doute la plus répandue. Elle consiste à affirmer que le discours religieux tient pour acquis l'existence d'une ou plusieurs divinités ou encore vise à justifier la croyance à l'existence d'une ou plusieurs divinités. Cette perspective, qui met l'accent sur l'objet du discours religieux, a l'avantage d'être simple et attrayante. Toutefois, il importe d'en voir les conséquences. Ainsi, le discours tenu par un biologiste ou un physicien qui part de l'examen de la nature et qui en conclut qu'une divinité existe serait tenu pour un discours religieux plutôt que

---

2. Pensons à un tableau qui serait beau dans la mesure où il représenterait le mieux possible une scène champêtre, ou à un drame qui serait beau dans la mesure où il représenterait le mieux possible la variété et la complexité des sentiments humains.

scientifique[3]. De la même manière, le discours d'un philosophe qui, à la suite de l'examen de questions logiques ou physiques du genre « Est-ce que tout a une cause ? », concluerait qu'une divinité existe serait tenu pour un discours religieux plutôt que philosophique. Or cette façon de concevoir les choses pourra plaire à certains et déplaire à d'autres, ces derniers préférant que l'on considère les premiers de ces discours comme des discours de type scientifique et les seconds comme des discours de type philosophique. Quoi qu'il en soit, il importe de reconnaître qu'il s'agit là d'une façon de distinguer le discours religieux des autres discours.

Le discours religieux considéré comme une réponse à des « pourquoi ? »

Une autre idée répandue veut que le discours religieux cherche à répondre à des « pourquoi ? » tandis que le discours scientifique cherche à répondre à des « comment ? ». Cette façon de voir la spécificité du discours religieux soulève, de l'avis de plusieurs auteurs, des problèmes assez importants. En premier lieu, si on prend les termes « pourquoi » et « comment » à la lettre, elle se concilie mal avec le fait que les sciences traitent aussi de questions qui comportent des « pourquoi ». Par exemple : « Pourquoi Napoléon a-t-il fait telle campagne militaire ? » (histoire), « Pourquoi la plupart des galaxies sont-elles en forme de spirale ? » (physique), « Pourquoi y a-t-il de l'inflation cette année ? » (économique), « Pourquoi la Deuxième Guerre mondiale a-t-elle eu lieu ? » (histoire), « Pourquoi certaines variétés de papillons des régions industrialisées en Angleterre ont-elles changé de couleur depuis une centaine d'années ? » (biologie) ou « Pourquoi les femmes victimes de violence conjugale attendent-elles souvent longtemps avant de quitter leur conjoint ? » (psychologie et sociologie). De plus, les religions répondent à des questions qui comportent des « comment ». Par exemple : « Comment l'univers a-t-il été créé ? », « Comment les humains ont-ils été créés ? », « Comment faire pour être un bon chrétien, un bon musulman, un bon juif, un bon mormon, etc. ? » Bref, si on la prend littéralement, l'idée que la science ne s'intéresse qu'aux « comment ? » et la religion aux « pourquoi ? » ne soutient pas longtemps l'examen

---

3. Les scientifiques des siècles passés croyaient généralement à l'existence d'une divinité (pensons à Tycho Brahe, Copernic, Kepler, Newton, Bonnet, Spallanzani, Ray, Wilkins, Priestley, Grew, Faraday, Mendel, etc.). Lorsqu'ils le faisaient à la suite d'un examen de la nature et qu'ils concluaient que l'existence d'une divinité était la meilleure hypothèse pour expliquer certains phénomènes naturels — ce qui était souvent leur manière de raisonner — on peut penser qu'eux-mêmes auraient considéré qu'ils demeuraient, d'une certaine manière, dans le domaine de la science.

critique. Mais peut-être a-t-elle une certaine valeur en un autre sens, celui voulant que la science ne nous renseigne que sur la manière dont les choses sont faites tandis que la religion nous explique la raison de notre présence dans le monde, le sens de la vie.

Prise en ce sens, cette opposition tient-elle? Il semble que non, et ce pour au moins deux raisons. Premièrement, la biologie, l'anthropologie et l'histoire nous renseignent sur la raison de notre présence dans le monde. Peut-être offrent-elles des réponses qui ne sont pas satisfaisantes pour tous les gens, mais elles en offrent néanmoins. Il est vrai, par ailleurs, que les chercheurs ne répondent pas à toutes les questions que l'on peut se poser sur l'origine de l'univers, de la vie et de l'être humain. En effet, les connaissances scientifiques, malgré le développement considérable qu'elles ont connu, peuvent nous apparaître embryonnaires en face de ces grandes questions. Mais il ne faut pas en conclure que la recherche scientifique ne nous dit rien sur notre origine et notre place dans l'univers. On peut donc formuler une première critique en disant qu'il est faux d'affirmer que les sciences ne nous renseignent pas sur la raison de notre présence dans le monde.

Deuxièmement, il faut se demander s'il est vrai que la religion nous explique vraiment la raison de notre présence dans le monde, qu'elle donne vraiment un sens à notre vie. Comme le disait déjà il y a longtemps le philosophe d'Holbach (1723-1789), on peut douter de la valeur explicative des raisons que la religion donne de notre présence au monde. En quoi, par exemple, le fait de croire que nous sommes ici pour expier les mauvaises actions que nous avons commises dans une vie antérieure ou encore celui de croire que nous avons été créés et sommes ici par la « fantaisie » d'un être incompréhensible qui voulait nous mettre à l'épreuve avant de nous envoyer dans un « paradis » donnerait-il un sens réel à notre vie? Bref, l'idée que la religion nous explique vraiment les raisons de notre existence ou le sens de notre vie est, elle aussi, discutable[4] et ne devrait pas être acceptée sans avoir été étayée. Mais peut-être cette position signifie-t-elle encore autre chose? Car il est vrai que l'engagement religieux puisse être une source de motivation, colorer toute la vie d'une personne et, en ce sens, lui fournir une raison de vivre. Toutefois, si l'on affirme que c'est dans ce sens-là que la religion peut fournir un sens à la vie, il faudra admettre que l'engagement social, politique, la recherche de l'excellence dans les arts, dans les sciences ou dans les sports peuvent tout autant apporter ce sens à la vie des êtres humains.

Finalement, la philosophie s'intéresse elle aussi aux questions qui portent sur le sens de la vie. Lorsque des philosophes s'interrogent sur ces questions dans des textes qui ne font aucunement appel à l'existence de divinités, peut-on affirmer

---

4. Certains philosophes soutiennent que non seulement la religion ne nous explique pas le sens de notre vie, mais qu'elle lui enlève tout sens.

qu'ils se situent dans le cadre d'un discours de type religieux ? Plusieurs hésiteront à aller jusque-là, préférant ne considérer comme religieux que les discours où il est question de divinités[5].

Le discours religieux considéré comme la manifestation d'une attitude dogmatique

Les philosophes opposent parfois leur discours au discours religieux de la manière suivante : « Il arrive que des gens croient en l'existence d'une divinité tout en demeurant ouverts, non dogmatiques et en cherchant de bonnes raisons d'y croire. Dans de tels cas, leur discours est avant tout de type philosophique. Par contre, s'ils tiennent pour acquis leur croyance à l'existence d'une divinité sans examen critique et de manière dogmatique, ils se situent dans le cadre d'un discours religieux. » Ici, le discours religieux est associé purement et simplement à l'attitude dogmatique. On reconnaît d'ailleurs cette idée dans des expressions du langage de tous les jours telles « Le sport, c'est une religion pour elle » ou « Les automobiles, c'est une religion pour lui. » Ces expressions suggèrent non seulement qu'une activité ou un objet occupe une grande place dans la vie d'une personne, mais aussi que l'attitude de celle-ci à son égard est quelque peu malsaine, un peu du genre de celle que l'on associe à un croyant dogmatique.

On ne doit pas combiner cette façon de voir les choses avec la première — du moins pas avant d'avoir justifié cet amalgame. En effet, si l'on ajoute l'idée que le discours de type religieux manifeste une attitude dogmatique à l'idée que le discours religieux traite de l'existence de divinités, on se trouve à considérer par le fait même qu'il est impossible de défendre l'existence d'une divinité de manière critique et avec des arguments rationnels. Peut-être est-ce le cas, mais il s'agit d'une idée qui devrait être étayée et justifiée ; elle ne peut pas simplement reposer sur une confusion entre la troisième et la première façon de concevoir le discours religieux.

---

5. Pour certains auteurs, ce qu'on appelle spontanément le discours religieux chevauche le discours scientifique ou philosophique. Ils considèrent que les religions, le plus souvent, font des affirmations sur la nature de certaines choses, par exemple sur certains événements historiques, et que, ce faisant, elles empiètent sur certaines sciences. Les religions font également habituellement des affirmations telles « Il ne faut pas tuer », « Le lien du mariage est indissoluble » ou « Il ne faut pas utiliser de contraceptifs. » Ce faisant, elles empiètent sur les théories éthiques qui relèvent de la philosophie et qui ne font pas appel à l'idée d'une divinité. Cette position enlève presque toute spécificité au discours religieux car elle implique que les religions décrivent le monde et prescrivent des comportements moraux ; lorsqu'elles décrivent le monde, elles empiètent sur la science et lorsqu'elles prescrivent des comportements moraux, elles empiètent sur la philosophie éthique.

Le discours religieux considéré comme un discours non cognitif

Une autre façon de caractériser le discours religieux consiste à dire qu'il ne faut pas prendre au sens littéral les affirmations qui s'y trouvent : celles-ci, *au fond, ne prétendent pas décrire la réalité*. Ainsi, dans cette perspective, dire que l'on croit en une divinité ne voudrait pas dire que l'on croit vraiment qu'un être surnaturel a créé l'univers, mais plutôt que l'on s'engage personnellement à vivre comme si un tel être existait ; semblablement, dire que l'on croit en telle religion signifierait simplement que cette religion propose un idéal de vie qui nous séduit et dont les histoires édifiantes sont pour cette raison tenues pour très importantes, même si au fond on ne croit pas qu'elles réflètent une quelconque vérité historique.

Cette façon de concevoir la religion est elle aussi attrayante par certains aspects, car il est vrai qu'il s'agit là d'un des sens que donnent à leurs croyances les gens qui se disent religieux[6]. Toutefois, bien des croyants rejettent cette perspective et considèrent que les affirmations religieuses telles « C'est une divinité qui a créé l'univers » doivent être prises au sens littéral.

En terminant, rappelons qu'il faut être conscient que le discours religieux peut être caractérisé de différentes manières et que certaines façons de concevoir la religion transparaissent dans ces caractérisations. Elles ne sont pas innocentes de toute dimension théorique.

---

6. Cette façon de concevoir le discours religieux, qui a été popularisée au XXe siècle par les tenants du positivisme logique, lesquels avaient plutôt tendance à rejeter la croyance aux divinités, est également partagée par des croyants, notamment par les empiristes chrétiens comme R. Braithwaite ou R. Hare. Elle correspond à la manière dont bien des croyants se représentent spontanément leur religion.

ANNEXE IV **L'argumentation en science**

Dans ce livre, il nous est arrivé d'utiliser, dans des exemples ou des exercices, des argumentations de type scientifique. Nous avons aussi examiné des jugements d'observateur («La terre est sphérique») ou d'évaluateur («La théorie d'Einstein est meilleure que celle de Newton») qui exigeraient, si nous voulions en vérifier l'acceptabilité, des connaissances d'ordre scientifique[1].

La science est un type d'activité où l'argumentation occupe une place primordiale. Malheureusement, elle est rarement présentée de cette façon. Dans les cours de science, on indique rarement aux étudiants les argumentations qui ont mené tel chercheur à telle conclusion, on explique rarement comment tel autre chercheur a critiqué une argumentation, etc. Or, c'est comme cela que la science se construit, par la critique constante des argumentations des chercheurs. Les chercheurs les plus connus comme les moins connus se sont efforcés de montrer que des croyances qui paraissaient rationnellement justifiées ne l'étaient pas et ont suggéré que d'autres croyances l'étaient. Galilée, par exemple, critiqua plusieurs des raisonnements d'Aristote et de Ptolémée. Newton s'en prit lui aussi aux thèses d'Aristote. Darwin, en biologie cette fois, bouleversa la conception des êtres vivants qui prévalait à son époque en faisant, comme il le dit lui-même, un long raisonnement sur lequel il travailla pendant plus de 22 ans et qu'il publia, dans un texte de 350 pages, sous le titre *L'origine des espèces*. Pasteur, toujours en biologie, renversa lui aussi des raisonnements qui avaient pourtant été acceptés pendant deux mille ans! Quant à Einstein, il critiqua à son tour les raisonnements de Newton... Donc, en science, on argumente, c'est-à-dire que l'on construit des argumentations et que l'on cherche à en voir les forces et les faiblesses de façon à être en mesure de les améliorer.

Dans la présente annexe, nous nous pencherons spécifiquement sur le rôle de l'argumentation en science ainsi que sur la place qu'elle occupe[2].

---

1. À moins que nous ayons recours à un appel à l'autorité.
2. Ce thème est traité plus en détail dans notre ouvrage d'introduction à l'épistémologie, *Connaissance et argumentation* (Montréal, ERPI, 1992).

L'argumentation utilisée en science a-t-elle quelque chose de spécifique ?

L'argumentation utilisée en science n'est pas différente de celle que nous avons étudiée tout au long de ce livre. En économique, par exemple, on tente d'établir les relations existant entre des phénomènes comme l'inflation, le chômage, la proportion moyenne de leur revenu que les gens consacrent à l'épargne, les taux d'intérêt, etc. On tente donc d'établir la solidité de certains jugements d'observateur qui décrivent le fonctionnement du système économique. Pour établir la solidité de ces relations, on doit faire appel à d'autres jugements d'observateur, comme les données statistiques qui décrivent la variation du chômage. On vérifie la fiabilité de ces jugements d'observateur en examinant la méthode qui a été utilisée pour les obtenir. On peut aussi faire appel à des théories, mais pas n'importe lesquelles. Il faut utiliser les *meilleures* disponibles. On doit donc faire une *évaluation*[3] des théories disponibles, c'est-à-dire les comparer, et, à l'aide de critères, déterminer quelles sont les meilleures.

Quels critères utilise-t-on pour évaluer une théorie scientifique ?

Les critères les plus importants pour juger de la valeur d'une théorie scientifique sont les suivants.

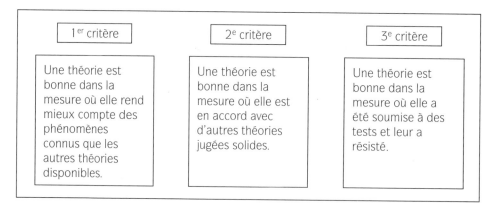

1ᵉʳ critère	2ᵉ critère	3ᵉ critère
Une théorie est bonne dans la mesure où elle rend mieux compte des phénomènes connus que les autres théories disponibles.	Une théorie est bonne dans la mesure où elle est en accord avec d'autres théories jugées solides.	Une théorie est bonne dans la mesure où elle a été soumise à des tests et leur a résisté.

Comment la science évolue-t-elle ?

Les trois critères précédents nous permettent de comprendre comment la science évolue. Car la science évolue ! Au fil des années, les théories que nous considérons les meilleures se voient mises de côté et remplacées par d'autres. Comment cela

---

3. On a donc recours, en science, à des jugements d'évaluateur.

se fait-il ? Comment en vient-on à dire qu'une nouvelle théorie est meilleure que celle qui a été jusque-là communément admise ?

Le *premier critère* implique que le développement d'une nouvelle théorie qui explique davantage de phénomènes qu'une autre poussera les chercheurs à abandonner l'ancienne théorie pour adopter la nouvelle.

Le *deuxième critère* nous indique un autre processus grâce auquel une théorie peut en remplacer une autre. Si la théorie X est favorisée par rapport à ses rivales en vertu du deuxième critère (disons qu'elle repose sur la théorie Y qui, elle, est considérée comme bonne) et que la théorie Y est abandonnée, elle risque d'entraîner X avec elle. C'est ainsi que des changements dans une théorie peuvent nous amener à modifier notre évaluation d'autres théories.

Finalement, le *troisième critère* nous permet aussi d'expliquer comment on en vient à considérer qu'une nouvelle théorie est meilleure que celle qui a été admise jusque-là. Une théorie bien établie, qui se voit mise à l'épreuve, par exemple parce qu'on en fait découler de nouvelles prédictions[4], se verra remise en question si le test échoue. Une nouvelle théorie qui passerait l'épreuve pourrait bien alors la remplacer[5].

Évidemment, ces trois critères peuvent jouer en même temps. Si une théorie est supérieure à une autre selon les trois critères, elle sera préférée. Mais tout n'est pas toujours si simple ! Il arrive qu'une théorie soit supérieure à une autre selon l'un des critères, mais que l'autre lui soit supérieure selon l'un des autres critères, ou les deux. Dans de tels cas, il arrivera souvent que les chercheurs soient divisés : certains considéreront que la première théorie est la meilleure, d'autres que c'est la deuxième. Les chercheurs tenteront alors de trouver de nouveaux jugements d'observateur qui permettent de déterminer laquelle des théories est la meilleure. Ils tenteront aussi de modifier la théorie qui les intéresse de façon :

---

4. Nous entendons *prédiction* au sens suivant : le fait de dire que quelque chose devrait être observé *avant* de l'observer. Ainsi, si l'archéologue Schliemann dit : « D'après mes analyses, on devrait trouver les restes de la ville de Troie si on fouille dans cette région », il fait une prédiction. Il arrive que le terme prédiction soit aussi employé pour annoncer qu'un phénomène devrait être observé *avant qu'il ne se produise*. Un exemple serait de prédire la température, au centre-ville de Montréal, le 28 août de l'an 2000. Ce dernier genre de prédiction n'est pas nécessaire en science. Mais le premier l'est, parce qu'on doit pouvoir tirer des conséquences observables d'une théorie, de telle façon qu'elle nous fasse découvrir de nouvelles choses. Cette confusion entre les deux sens du terme prédiction est à la source de certaines critiques erronées adressées aux sciences humaines et à certaines sciences physiques ou biologiques.

5. On trouve un examen détaillé de ces trois critères au chapitre 8 de notre ouvrage, *Connaissance et argumentation* (*op. cit.*).

— à ce qu'elle explique davantage de phénomènes, et qu'elle réponde mieux, de ce fait, au premier critère ;

— à ce qu'elle soit davantage en accord avec d'autres bonnes théories, et qu'elle réponde mieux, de ce fait, au second critère ;

— à ce qu'elle permette de faire de meilleures prédictions, et qu'elle réponde mieux, de ce fait, au troisième critère.

La raison principale pour laquelle certaines théories scientifiques sont remplacées par d'autres est donc que de nouvelles théories peuvent s'avérer *meilleures* que les anciennes au sens où elles résistent mieux aux tests, où elles s'accordent mieux avec d'autres théories jugées solides et où elles rendent mieux compte des phénomènes connus. Une théorie scientifique qui est acceptée, à une époque donnée, est tout simplement une théorie qui a été jugée la *meilleure disponible*, à cette époque. Des modifications dans des théories connexes, de nouveaux faits ou le fait que notre imagination nous livre une nouvelle façon de voir les choses[6], insoupçonnée jusqu'alors, peuvent fort bien modifier cette évaluation.

En science comme ailleurs, on utilise l'appel à l'autorité : un économiste qui est un spécialiste de l'analyse des quotas de lait n'est pas un expert en statistique. À l'occasion, il fera donc appel à l'autorité de ses collègues spécialisés en statistique afin de juger de la valeur de données obtenues à l'aide de méthodes statistiques très sophistiquées. De la même manière, un expert en physique théorique devra faire appel à l'autorité d'ingénieurs et tiendra pour acquis ce qu'ils lui diront concernant le fonctionnement des appareils sophistiqués qu'il utilise dans ses recherches.

Un scientifique tente donc d'établir la solidité de jugements d'évaluateur et de jugements d'observateur, 1) en examinant l'acceptabilité d'autres jugements d'observateur[7] et d'autres jugements d'évaluateur, 2) en examinant la suffisance des liens entre les prémisses et les conclusions des argumentations qu'il rencontre et 3) en faisant des appels à l'autorité qui doivent respecter les conditions énumérées au chapitre 6.

---

6. Dans les sciences de la terre, l'un des changements majeurs survenus au cours du XXe siècle fut l'acceptation de l'idée selon laquelle les continents bougeaient, « dérivaient ». Le « père » de la théorie de la dérive des continents, Alfred Wegener, imagina, en 1915, qu'un tel mouvement était possible ; puis, à l'aide d'arguments, il tenta de montrer qu'il était responsable de la position actuelle des continents. Par la suite, plusieurs chercheurs développèrent des argumentations qui étaient bien supérieures à celles de Wegener et qui amenèrent l'ensemble des géologues à admettre, dans les années 60, que les continents se déplacent.

7. Pensez par exemple au travail d'un historien qui doit évaluer la crédibilité de témoignages.

Ne peut-on pas dire que ce qui caractérise la science, c'est le fait qu'on y effectue des expériences?

D'abord, qu'entend-on par *expérience*?

Faire une expérience c'est faire en sorte d'obtenir des informations pouvant servir à vérifier ou à réfuter une idée.

L'expérimentation, loin d'être propre à la science, est une activité que nous pratiquons à tous les jours. En voici un exemple.

Nathalie achète un magnétoscope, l'installe et s'aperçoit qu'il ne fonctionne pas. Elle désire savoir pourquoi.

Nathalie part de l'idée que la source de la défectuosité est soit la cassette, soit le magnétoscope. Elle fait une première hypothèse : c'est la cassette qui est la cause de la défectuosité[8]. Elle met maintenant à l'épreuve cette hypothèse. Comme elle s'était procuré quatre cassettes vierges, elle essaie une autre cassette, puis une autre, puis une autre. Elle constate qu'elles ne fonctionnent pas non plus. Elle considère que son hypothèse est réfutée : la défectuosité ne vient pas de la cassette. Comme elle tenait pour acquis que le problème venait soit de la cassette, soit du magnétoscope, elle en conclut que c'est le magnétoscope qui est défectueux.

Nathalie désire maintenant déterminer si la défectuosité se situe dans le système de lecture, dans le système d'enregistrement ou bien dans une composante commune aux deux. Elle fait maintenant l'hypothèse que c'est le système de lecture qui fait défaut. Elle emprunte donc à son voisin une cassette préenregistrée. Elle constate qu'elle fonctionne bien. Son hypothèse est donc réfutée : le système de lecture n'est pas responsable du problème. Elle peut donc conclure finalement que le système d'enregistrement est défectueux.

L'expérience de Nathalie met en jeu deux argumentations :

(1) Si la cassette est responsable de la défectuosité, une autre cassette devrait fonctionner normalement.

(2) Les autres cassettes ne fonctionnent pas non plus.

(3) Le problème est causé par la cassette ou par le magnétoscope.

---

8. Remarquez que Nathalie choisit comme première hypothèse celle qui, si elle se vérifiait, lui causerait le moins de problèmes. Les scientifiques font la même chose. Par exemple, lorsqu'une théorie jusque-là solide semble être réfutée par les résultats d'une expérience, leur première réaction n'est pas d'abandonner la théorie, mais de vérifier si l'expérience a été bien faite. Comme l'avait écrit un physicien sur une pancarte dans un laboratoire : « Avant de jeter à la poubelle la mécanique quantique, vérifiez bien les fusibles. »

(4) La cassette n'est pas à l'origine de la défectuosité.

(C) Le magnétoscope est à l'origine de la défectuosité.

(5) Si c'est le système de lecture qui est défectueux, des cassettes préenregistrées ne joueront pas bien.

(6) Les cassettes préenregistrées jouent bien.

(7) C'est le système de lecture, d'enregistrement ou les deux qui sont fautifs.

(8) Le système de lecture n'est pas défectueux.

(C) Quelque chose est défectueux dans le système d'enregistrement.

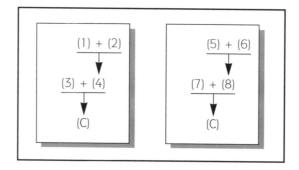

Dans cet exemple, Nathalie a fait en sorte *d'obtenir des informations pouvant servir à vérifier ou à réfuter ses hypothèses.* Elle a ainsi fait deux *expériences.*

Examinons maintenant un exemple d'expérience typiquement scientifique. L'Italien Francesco Redi fit, en 1668, des expériences qui marquèrent la biologie. À cette époque, les gens croyaient que certains êtres vivants, comme les crabes ou les souris, pouvaient naître sans parents, à partir de matière en décomposition. Autrement dit, de la matière vivante pouvait naître de matière non vivante. Selon eux, les animaux supérieurs comme les singes ou les humains ne pouvaient naître de cette façon, mais plusieurs espèces le pouvaient. Cette idée, qui était répandue depuis fort longtemps, a été soutenue, au cours des siècles, par des penseurs comme Démocrite, Thalès, Anaximandre, Xénophane, Anaxagore, Aristote, Lucrèce, Pline, Plutarque, Ovide, Virgile, Galien, Paracelse, Van Helmont, F. Bacon, Descartes, Newton et Lamarck. Pour eux, il était évident que le vivant pouvait provenir du non-vivant: tous les gens, disaient-ils, ont déjà vu des larves se former dans de la viande laissée au soleil. Le jugement d'observateur qui revenait constamment chez les partisans de la génération spontanée[9] se formule comme suit:

(1) Des larves apparaissent dans de la viande laissée au soleil.

---

9. L'expression « génération spontanée » exprime l'idée que le vivant peut naître du non-vivant.

Ils en tiraient la conclusion suivante :

(C) Le vivant peut naître du non-vivant.

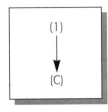

Francesco Redi examina cette argumentation et la trouva incorrecte. Il savait que des larves apparaissaient effectivement dans de la viande laissée au soleil. La prémisse de l'argumentation était donc acceptable. Toutefois, pour que l'argumentation respecte le critère de suffisance, il fallait ajouter la prémisse implicite suivante :

<2> Les larves proviennent vraiment de la viande en décomposition[10].

Mais Redi douta de la prémisse <2>. Il imagina alors une expérience lui permettant de la tester. Celle-ci est d'une simplicité déroutante, *mais elle marque un moment important dans l'histoire de la biologie*. Il prit un bocal, mit un morceau de viande à l'intérieur et posa sur l'ouverture un morceau coton. Voilà tout.

Le résultat de l'expérience fut le suivant : les larves ne se formèrent pas. Redi s'aperçut aussi que des mouches venaient déposer des œufs à la surface du morceau de tissu. Quand on mettait celui-ci directement en contact avec la viande, les larves se formaient. La prémisse <2> était donc fausse ! Redi venait d'assener un solide coup à la doctrine de la génération spontanée. Certains chercheurs commencèrent alors à démarquer de façon très nette le vivant du non-vivant en soutenant que le non-vivant ne pouvait donner naissance au vivant.

Reprenons l'argumentation de Redi :

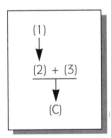

(1) Si je place un morceau de coton qui ne fait qu'empêcher le contact de la viande avec un corps étranger, les larves ne se forment pas.

(2) La prémisse <2> de l'argumentation des partisans de la génération spontanée est fausse et donc inacceptable.

---

10. Il y a évidemment d'autres prémisses implicites comme « Des larves, c'est vivant » ou « Un morceau de viande, ce n'est pas vivant ». Comme l'acceptabilité de ces prémisses ne fait pas problème, nous n'en traitons pas.

(3) La prémisse <2> est nécessaire pour que leur argumentation tienne.

(C) Leur conclusion ne tient plus, sur cette base tout au moins.

L'expérience de Redi consistait à vérifier la valeur de la prémisse (1). Comme elle s'est révélée vraie, et donc acceptable, il en arriva à la conclusion que l'argumentation initiale des partisans de la génération spontanée ne tenait plus[11].

Comparez l'expérience de Nathalie et celle de Francesco Redi. L'expérience de Redi ne diffère en rien, *fondamentalement*, de celle de Nathalie.

Quelques exemples d'argumentations utilisées en science

Dans cette section, nous allons donner quelques exemples d'argumentations utilisées en science[12]. Vous pourrez constater que celles-ci font appel à des habiletés intellectuelles qui sont également nécessaires dans la vie de tous les jours pour raisonner de façon critique. Un chercheur en science est simplement une personne dont l'activité à plein temps consiste :

— à travailler sur des questions relevant d'un domaine bien précis ;

— à étudier la valeur d'argumentations qui touchent à ce domaine ;

— à chercher des moyens de vérifier l'acceptabilité de certains jugements d'observateur et de certains jugements d'évaluateur.

Exemple 1 : *Émile Durkheim*

Il y a une centaine d'années, des sociologues européens s'aperçurent qu'il existait une corrélation entre la température et le nombre de suicides. Certains[13] en conclurent, trop rapidement, qu'il y avait un lien de cause à effet entre les deux phénomènes. Ils expliquaient ce lien ainsi : la chaleur provoque un état d'excitation physique qui augmente la propension au suicide. Bien que cette conclusion ne soit pas absurde, il reste qu'elle n'est pas facile à démontrer. Le grand sociologue Émile Durkheim la contesta dans son ouvrage classique intitulé *Le Suicide,* paru en 1897. Il argumenta de la façon suivante pour défendre son explication de la corrélation entre la température et le nombre de suicides[14].

(1) Les jours les plus chauds sont aussi les jours les plus longs.

(2) Lorsque les jours sont plus longs, la vie sociale est plus intense.

(3) La fin de semaine, la vie sociale est plus intense.

---

11. Évidemment, Redi n'avait pas démontré que la génération spontanée était impossible, il avait seulement montré que l'exemple le plus souvent invoqué pour défendre la génération spontanée n'était pas valable. Si Redi a fait vaciller la doctrine de la génération spontanée, c'est Pasteur, il y a seulement un peu plus de cent ans, qui lui a donné le coup mortel.

12. On trouvera des dizaines d'autres exemples, tirés de diverses disciplines, dans notre ouvrage *Connaissance et argumentation.*

13. Notamment les criminologues italiens Ferri et Morselli.

14. Adapté à partir de Raymond Boudon, *Les méthodes en sociologie,* Paris, PUF, 1973, p. 59-63.

(4) Si notre hypothèse voulant que l'intensité de la vie sociale soit la cause de l'augmentation du taux de suicide est vraie, on devrait observer plus de suicides la fin de semaine.

(5) Il y a plus de suicides la fin de semaine.

(6) La longueur du jour affecte moins la vie sociale en milieu urbain.

(7) Si notre hypothèse est vraie, la variation du taux de suicide devrait être moins forte en milieu urbain.

(8) Le taux de suicide varie deux fois moins, selon les saisons, en milieu urbain.

(9) Pour la femme, la vie sociale est plus intense le dimanche[15].

(10) Si notre hypothèse est vraie, il devrait y avoir une hausse des suicides chez les femmes le dimanche.

(11) On observe une hausse des suicides chez les femmes le dimanche.

(12) L'hypothèse voulant que l'intensité de la vie sociale soit la cause de l'augmentation du taux de suicide nous permet de rendre compte de phénomènes déjà connus (la corrélation entre la température et le nombre de suicides).

(13) L'hypothèse voulant que l'intensité de la vie sociale soit la cause de l'augmentation du taux de suicide nous a permis de faire plusieurs prédictions risquées qui se sont avérées justes.

(C) L'hypothèse voulant que l'intensité de la vie sociale soit la cause de l'augmentation du taux de suicide devrait être adoptée[16].

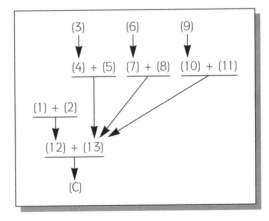

---

15. À cette époque, c'était sans doute vrai. Durkheim écrit : « [...] C'est aussi en ce jour [le dimanche] qu'elle sort le plus de cet intérieur où elle est comme retirée le reste de la semaine et qu'elle vient un peu se mêler à la vie commune. » (Émile Durkheim, *Le Suicide,* Paris, PUF, 1930, p. 102.)

16. Tel qu'il est présenté ici, le lien entre les prémisses (12) et (13) et la conclusion est insuffisant. En effet, il faut que l'hypothèse suggérée par Durkheim s'avère supérieure aux autres pour qu'elle mérite d'être adoptée. Durkheim en avait tenu compte et avait montré les failles de la première hypothèse (selon laquelle la chaleur était une cause directe du suicide). Nous n'avons pas voulu alourdir la présentation de cet exemple. Voir : Émile Durkheim, *Le Suicide, op. cit.* et Raymond Boudon, *Les méthodes en sociologie, op. cit.*

Exemple 2 : *William Harvey*

William Harvey a soutenu dès 1628 que le sang circulait. Voici l'argumentation cruciale qui l'a amené à défendre cette position[17].

(1) Le sang va toujours dans la même direction (en sortant ou en entrant du cœur).

(2) Le cœur contient environ 2 onces de sang.

(3) Le pouls bat 72 fois dans une minute.

(4) Il y a 60 minutes dans une heure.

(5) 72 multiplié par 2 et par 60 est égal à 8640.

(6) Le cœur envoie dans l'aorte 8640 onces de sang chaque heure.

(7) Il y a 16 onces dans une livre.

(8) Le cœur envoie dans l'aorte 540 livres de sang chaque heure.

(9) Le sang ne peut provenir que de la transformation des aliments.

(10) 540 livres par heure est une quantité si considérable qu'on ne peut pas admettre qu'il s'agisse de sang neuf constamment fourni par la transformation des aliments.

(C) Le sang circule.

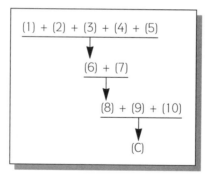

Exemple 3 : *Le principe de Williams*

Une des raisons pour lesquelles les sciences humaines sont plus difficiles que les autres sciences, c'est que *certains des phénomènes qui en sont l'objet sont influencés par l'idée que les gens s'en font.* C'est ce que l'argumentation suivante tente de montrer, à partir de l'examen de certains phénomènes économiques. Nous constaterons qu'aussi surprenant que cela puisse paraître, certains phénomènes économiques sont provoqués par le simple fait que les gens pensent qu'ils vont se produire.

---

17. Nous reprenons ici, en la modernisant quelque peu, l'argumentation des chapitres 7, 8 et 9 de William Harvey, *De motu cordis* [De la circulation du sang], Paris, Christian Bourgois, 1990.

(1) Si les gens pensent qu'il va se produire une hausse du prix d'un produit, ils vont désirer préserver leur pouvoir d'achat.

(2) Si les gens pensent qu'il va se produire une hausse du prix d'un produit, ils vont tenter de spéculer.

(3) Si les gens pensent qu'il va se produire une hausse du prix d'un produit, ils vont stocker ce produit.

(4) Si les gens stockent un produit en plus d'en consommer comme d'habitude, la demande de ce produit augmentera.

(5) Si les gens pensent qu'il va se produire une hausse du prix d'un produit, la demande de ce produit augmentera.

(6) Si la demande d'un produit augmente, son prix augmente.

(7) Le prix d'un produit est déterminé par l'offre et la demande.

(8) Si les gens pensent qu'il va se produire une hausse du prix d'un produit, le prix de ce produit augmentera.

(9) Si les gens pensent qu'une banque fera faillite, ils vont retirer leur argent de cette banque.

(10) Si suffisamment de gens retirent leur argent d'une banque, celle-ci fera faillite.

(11) Si suffisamment de gens pensent qu'une banque va faire faillite, elle va faire faillite.

(C) Certains phénomènes économiques sont influencés par l'idée que les gens s'en font ou même causés par le simple fait que les gens pensent qu'ils vont se produire.

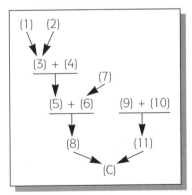

Il est à noter que l'on peut tirer de la prémisse (8) une autre conclusion intéressante : de bonnes prévisions de phénomènes comme l'inflation doivent tenir compte du niveau d'inflation *anticipé* par les individus[18].

---

18. Les modèles économiques qui servent à la prévision contiennent de telles variables, dites « variables psychologiques ».

Glossaire

Acceptabilité: Ce terme s'applique aux prémisses d'une argumentation. Une *prémisse acceptable* est une prémisse qui résiste à l'examen critique et qui peut donc être tenue pour acquise dans une argumentation ou dans une discussion argumentative. Pour qu'une argumentation soit correcte, il faut, notamment, que ses prémisses soient acceptables. (Voir la section 5.2.)

Analyse complète: On appelle ainsi l'analyse d'une argumentation comprenant une première partie où on schématise l'argumentation et une deuxième où on l'évalue.

Appel à l'autorité: On fait un appel à l'autorité lorsque la raison que l'on a de croire à quelque chose consiste dans le fait qu'une autre personne, considérée comme une autorité, y croit. L'appel à l'autorité est donc une manière indirecte d'obtenir une croyance rationnellement justifiée. Pour qu'un appel à l'autorité soit justifié, il doit respecter certaines conditions. Premièrement, la prétendue autorité doit vraiment en être une, elle doit vraiment être dans une position qui lui permet de porter des jugements plus éclairés que ne le sont les nôtres. Deuxièmement, l'autorité à laquelle on fait appel doit être une autorité dans le domaine en cause. Troisièmement, l'autorité doit être effectivement d'accord avec les propos qu'on lui prête. Quatrièmement, il doit y avoir un consensus des autorités au sujet de la question débattue. (Voir le chapitre 6.)

Appel à la popularité (sophisme de l'): Ce sophisme consiste à justifier l'idée que quelque chose est vrai ou correct sur le simple fait qu'un grand nombre de personnes l'affirment, sans que l'on ait de bonnes raisons de penser que les personnes invoquées ne peuvent pas se tromper. (Voir la section 7.9.)

Argumentation: Une argumentation consiste en un ensemble de jugements, parmi lesquels certains constituent des raisons d'accepter un jugement particulier, celui-ci étant la conclusion de l'argumentation. Les jugements qui constituent des raisons d'accepter la conclusion sont appelés les prémisses de l'argumentation. (Voir la section 2.1 et le début du chapitre 4.)

Argumentation à enchaînement: Argumentation qui comporte des conclusions intermédiaires. Le passage des prémisses à la conclusion se fait par étapes. (Voir la section 4.5.)

Argumentation simple: Argumentation dont les prémisses (ou la prémisse) mènent, *sans intermédiaires,* à la conclusion.

Attaque contre la personne (sophisme de l'): Ce sophisme consiste à attaquer une personne plutôt que son argumentation et à prétendre, en le faisant, discréditer son point de vue. Dans un contexte où l'on tente d'établir la crédibilité d'un témoin, l'attaque contre la personne peut être légitime. Cela peut notamment se produire dans le cadre d'un procès. Sauf dans ce genre de situation, l'attaque contre la personne est un sophisme. (Voir la section 7.5.)

Branches d'une argumentation : Dans un schéma en arbre, les branches d'une argumentation sont les différentes sections de l'argumentation qui mènent directement à la conclusion.

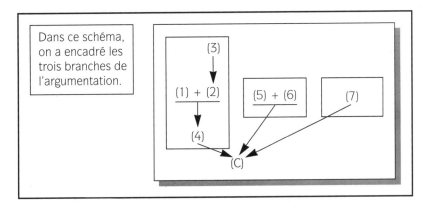

Caricature[1] (sophisme de la) : Ce sophisme consiste à modifier la position de notre interlocuteur pour la rendre plus facile à attaquer et à laisser entendre que nos critiques discréditent sa position. (Voir la section 7.2.)

Charitable (interprétation charitable) : On interprète de façon *charitable* les divers éléments d'une argumentation lorsqu'on en adopte l'interprétation qui contribue le mieux à rendre correcte l'argumentation dans son ensemble. Au contraire, on interprète de façon *pernicieuse* les divers éléments d'une argumentation lorsqu'on en adopte l'interprétation le plus susceptible de rendre incorrecte l'argumentation dans son ensemble. Finalement, on interprète de façon *juste* les divers éléments d'une argumentation lorsqu'on en adopte l'interprétation la plus fidèle à la pensée de l'auteur de l'argumentation. On comprendra que nous avons souvent tendance à interpréter de manière charitable les argumentations qui vont dans le sens de nos propres idées et de manière pernicieuse celles qui vont à l'encontre de nos propres idées. (Voir la rubrique *Matière à réflexion* du chapitre 4.)

Complot (sophisme du) : Ce sophisme consiste à imputer une action, un événement ou un phénomène à une personne ou un groupe de personnes, simplement parce que cette personne ou ce groupe profite de l'action, de l'événement ou du phénomène en question. (Voir la section 7.11.)

---

1. En anglais on utilise l'expression *straw man* pour désigner ce sophisme.

Conclusion intermédiaire : Un jugement est considéré comme une conclusion intermédiaire lorsque, dans une argumentation, il sert à justifier un autre jugement et qu'il est lui-même justifié.

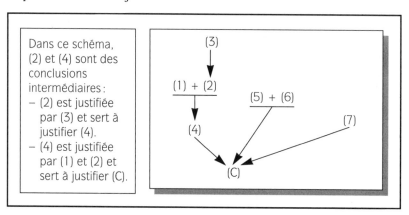

Dans ce schéma, (2) et (4) sont des conclusions intermédiaires :
– (2) est justifiée par (3) et sert à justifier (4).
– (4) est justifiée par (1) et (2) et sert à justifier (C).

Corrélation : On dit qu'il y a une corrélation entre deux phénomènes lorsqu'ils varient en même temps (ou qu'ils tendent à varier en même temps), soit parce qu'on observe que l'un des phénomènes n'est jamais accompagné (ou tend à ne pas être accompagné) de l'autre, soit encore parce qu'on observe que l'un des phénomènes est toujours accompagné (ou tend à être accompagné) de l'autre phénomène. (Voir la section 7.6.)

Corrélation accidentelle : Corrélation qui ne reflète pas un réel lien de cause à effet. Lorsqu'on observe une corrélation entre deux phénomènes, on ne doit pas conclure automatiquement qu'ils sont unis par un lien de cause à effet, parce qu'il se peut que la corrélation ne soit qu'accidentelle. (Voir la section 7.6.)

Critère d'acceptabilité des prémisses : voir *Acceptabilité*.

Critère de suffisance des liens : voir *Suffisance*.

Croyance : Dans cet ouvrage, nous employons le mot croyance au sens d'une idée que l'on défend, que l'on est prêt à défendre ou que l'on désire évaluer. Nous ne restreignons donc pas le sens de ce terme, comme on le fait parfois, à celui de « croyance religieuse ». Exemples de croyances : « La terre est sphérique », « J'ai 20 ans », « La démocratie est une bonne chose ».

Double faute (sophisme de la) : Ce sophisme consiste à tenter de justifier un comportement en soulignant que d'autres font la même chose, voire pire encore. (Voir la section 7.7.)

Fausse analogie (sophisme de la) : Ce sophisme consiste à tenter de justifier une conclusion en établissant une analogie entre deux phénomènes qui ne s'avèrent pas *suffisamment* semblables pour justifier ce procédé. (Voir la section 7.10.)

Faux dilemme (sophisme du) : Ce sophisme consiste à prétendre qu'on se trouve face à deux [2] possibilités dont l'une est indésirable, et qu'il faut par conséquent choisir l'autre. *Cependant, il existe d'autres possibilités.* (Voir la section 7.3.)

« Geler » une prémisse : Ne pas tenir compte, momentanément, de l'acceptabilité d'une prémisse et examiner la suffisance du lien entre cette prémisse et la conclusion.

Généralisation hâtive (sophisme de la) : Ce sophisme consiste à passer d'un juge-ment portant sur un ou quelques cas particuliers à un jugement général sans avoir examiné tous les cas ou sans qu'il soit justifié de tenir pour acquis que l'échan-tillon de cas examiné est représentatif. (Voir la section 7.1.)

Incohérence entre les gestes et les paroles (sophisme de l') : Ce sophisme consiste à discréditer une position en alléguant seulement que la personne qui la soutient agit de façon incompatible avec elle. (Voir la section 7.8.)

Intersubjectivité (la valeur de l') : La valeur de l'intersubjectivité consiste dans l'idée qu'en mettant en commun nos intelligences, par l'entremise d'échanges argu-mentatifs, nous réduisons le risque de commettre des erreurs (quoique, bien sûr, cela ne soit pas une garantie de vérité). C'est cette idée qu'exprime le proverbe « Deux têtes valent mieux qu'une. » On réduit encore davantage le risque d'erreur lorsqu'on met en commun les intelligences de personnes provenant de milieux dif-férents, parce qu'ainsi on peut repérer certains préjugés liés à notre culture, à notre religion (si nous en avons une) ou à notre position sociale. (Voir la section 5.5.)

Jugement de prescripteur : Jugement par lequel on conseille ou déconseille quelque chose ou encore par lequel on recommande de faire ou de ne pas faire quelque chose. (Voir les sections 3.3 et 3.6.)
Exemple : « On doit se méfier des sophismes. »

Jugement d'évaluateur : Une évaluation est une appréciation subjective. Deux personnes qui ont exactement les mêmes informations sur un objet, une personne ou un phénomène peuvent soutenir des jugements d'évaluateur complètement opposés. On emploie aussi l'expression « jugement de valeur » pour parler des jugements d'évaluateur (Voir les sections 3.3 et 3.5.)
Exemple : « Ça, c'est une bonne voiture. »

Jugement d'observateur : Lorsqu'on porte un jugement d'observateur, on est prêt à engager un débat sur le plan des faits. On se situe comme observateur lorsque

---

2. Deux ou plusieurs possibilités. Dans ce dernier cas, on ne peut parler de dilemme proprement dit, mais le sophisme a le même caractère et l'argumentation est fautive pour les mêmes raisons.

l'on traite purement d'une relation entre des choses ou des événements. On emploie aussi l'expression « jugement de fait » pour parler des jugements d'observateur[3]. (Voir les sections 3.3 et 3.4.)

Exemple : « Les femmes n'ont pas eu un accès égal au marché du travail dans le passé ».

Lien causal douteux (sophisme du) : Ce sophisme consiste en une argumentation contenant, de manière explicite ou implicite, une prémisse qui exprime un lien de cause à effet douteux. La prémisse en question n'est alors pas acceptable. (Voir la section 7.6.)

Pente fatale (sophisme de la) : Ce sophisme consiste à affirmer, pour discréditer une action ou une mesure, que celle-ci doit entraîner une situation catastrophique en raison d'un enchaînement de causes et d'effets qui se révèle, après examen, impossible, douteux ou aisément évitable. Par contre, lorsque cet enchaînement constitue une possibilité sérieuse, il ne s'agit pas d'un sophisme de la pente fatale. (Voir la section 7.4.)

Prémisses : Les prémisses d'une argumentation sont des jugements qui constituent des raisons d'accepter la conclusion.

Prémisse implicite : Prémisse utilisée dans une argumentation, mais *qui n'est pas formulée*. On représente une prémisse implicite de la façon suivante : <2>. (Voir la section 5.3.)

Prémisses indépendantes : Les prémisses d'une argumentation sont indépendantes lorsque chacune d'elles, prise isolément, constitue un élément de preuve dans l'esprit de l'auteur de l'argumentation. Dans ce cas, si une prémisse s'avère inacceptable, l'autre, seule, peut encore constituer un élément de preuve. Les prémisses indépendantes sont représentées par une flèche simple pointée vers la conclusion. (Voir la section 4.3.)

Prémisses liées : Les prémisses d'une argumentation sont liées lorsque la conclusion repose sur l'ensemble des prémisses, qui forment un tout, un seul élément de preuve, dans l'esprit de l'auteur de l'argumentation. Il suffit qu'une de ces prémisses soit inacceptable pour que cet élément de preuve s'effondre et ne supporte plus la conclusion. Les prémisses liées sont réunies par le signe « + » ; elles sont soulignées, et une flèche conduit à la conclusion. (Voir la section 4.4.)

---

3. L'expression « jugement de fait » s'utilise mal lorsque l'on veut désigner des jugements d'observateur que nous tenons pour faux. En effet, dire que « Le Québec fait partie de la France » est un *jugement de fait faux* est un peu maladroit. C'est une des raisons pour lesquelles plusieurs préfèrent utiliser l'expression « jugements d'observateur ». On dira alors simplement que « Le Québec fait partie de la France » est un jugement d'observateur faux.

Présupposé : Au sens général, croyance qu'une personne tient pour acquise sans en avoir vraiment conscience. (Voir la section 1.1.)

En linguistique, on utilise le terme présupposé pour désigner un jugement qui découle implicitement et automatiquement d'un énoncé, *peu importe le contexte*. Il se distingue en cela du sous-entendu, qui dépend du contexte. (Voir la section 3.2.)

Exemple : Le jugement « Vous avez déjà battu vos enfants » est un présupposé linguistique de « Avez-vous cessé de battre vos enfants ? ».

Radicaliser une position : Lui prêter un sens excessif qui a peu de valeur. (Voir la section 7.2.)

Sophisme : Un sophisme est un type d'argumentation incorrecte qui est si fréquent ou qui induit si facilement en erreur qu'on lui a donné un nom particulier. Comme pour toutes les argumentations incorrectes, les erreurs qui sont à la source des sophismes se ramènent à deux genres : l'inacceptabilité des prémisses ou l'insuffisance des liens entre les éléments d'une argumentation. (Voir le chapitre 7.)

Sous-entendu : En linguistique, on utilise ce terme pour désigner un jugement qui découle implicitement d'un énoncé *dans un contexte particulier*. Le sous-entendu se distingue en cela du présupposé linguistique, qui ne dépend pas du contexte. (Voir la section 3.2.)

Exemple : Dans certains contextes, le jugement « Tu devrais te dépêcher » serait un sous-entendu linguistique de « Il est huit heures ».

Suffisance : Ce terme s'applique aux liens entre les éléments d'une argumentation. Ce lien est dit suffisant lorsque les prémisses entraînent la conclusion. Pour qu'une argumentation soit correcte, il faut, notamment, que les liens entre les prémisses et la conclusion soient suffisants. (Voir la section 5.1.)

Sources des photographies

Couverture

Gravure de William Hogarth, *Satire on False Perspective* (1754). Photographe : R. Renaud.

Illustrations philosophiques

P. 283 : Artephot/Nimatallah (musée du Louvre, Paris) ; *p. 284*: Artephot/Trela (coll. Mansell, Londres) ; *p. 287* : Art Resource, NY/Archivi Alinari (musée du Vatican) ; *p. 292*: Art Resource, NY/Giraudon (gravure de Nicot) ; *p. 302*: Publiphoto/Edimedia (Metropolitan Museum of Art, New York ; *p. 305*: Werner Forman/Art Resource, NY (Kotuku-in, Japon) ; *p. 325*: Erich Lessing/Art Resource, NY (musée du Louvre, Paris) ; *p. 331*: Bibliothèque nationale, Paris ; *p. 335*: Bibliothèque nationale, Paris ; *p. 344*: Sextus Empiricus, *Opera,* Ex Recensione Immanuelis Bekkeri, Berolini, 1842 ; *p. 359*: Lauros-Giraudon/Art Resource, NY (portrait de Frans Hals, musée du Louvre, Paris) ; *p. 363 et 369*: Giraudon/Art Resource, NY (château de Versailles, France) ; *p. 371*: Collezione del conte Lanza di Mazzarino (Brusuglio [Milano]) ; *p. 373*: Cesare Beccaria, *Dei delitti e delle pene,* Londra [?], Presso la Società dei Filosofi, 1774 (ouvrage photographié avec l'aimable concours du Department of Rare Books and Special Collections, Mc Gill University Libraries) ; *p. 375*: Biblioteca Ambrosiana, Milano (Becc. B. 202, p. 65) ; *p. 377*: Artephot/Nimatallah (château de Versailles, France) ; *p. 389*: National Portrait Gallery, London ; *p. 395*: National Portrait Gallery, Smithsonian Institution/Art Resource, NY (portrait à l'aquarelle et au crayon de Joseph Margulies, d'après une photographie de Joseph Breitenbach) ; *p. 407*: Newsweek/Vytas Varaitis.

Index

A

Acceptabilité, 174
    et prémisse implicite, 176
Analogie, sophisme de la fausse, 262, 266
Apparence, 332
Appel à l'autorité, 213, 220, 476
    croyances et, 214
    définition, 217
    jugement rationnellement justifié par, 221
Appel à la popularité, sophisme de l', 259, 261
Arbre, schéma(s) en, 118, 122, 133, 140, 141
Argumentation(s)
    à enchaînement, 131
        évaluation d'une, 181
    composantes des, 66
    compréhension du sens d'une, 20, 140
    croyances rationnellement justifiées et, 277
    en sciences, 473-483
    évaluation d'une, 19, 140, 168, 174
    fonctions des, 24
    menant à une conclusion vraie ou non, 275, 276
    nature des, 24
    organisation de l', 117
    philosophie et logique de l', 2
    prémisses d'une, 118
        limite de la critique des, 184
    production d'un texte et, 440
ARISTOTE, 49, 284
    Les réfutations sophistiques, 8
Attaque contre la personne, sophisme de l', 244, 248
Attitude rationnelle, 62

Autorité, appel à l', 213, 217, 220
    croyances et, 214

B

BECCARIA, 371-376
    critique et dénonciations des croyances, 32
But(s)
    de l'activité philosophique (William James), 7
    détermination de nos, 4
    intermédiaires, 103,
    organisation hiérarchique de nos, 103,
    sur le plan collectif, 5
    sur le plan individuel, 5
    ultime, 103

C

Caricature, sophisme de la, 235, 237
Clarification
    des jugements, 83
    des positions, 83
CLIFFORD, William K., 389-394
    distinction entre diverses croyances, 28, 63
COMENIUS, 161, 223
Communication de ses idées, 446
Compétence d'un expert, 217
Complot, sophisme du, 267, 271
Conclusion(s)
    introducteurs de, 119
    vraie ou non, 275, 276
CONDORCET, 377-388
    préjugés et stéréotypes, 32
CONFUCIUS, 191
Connotations évaluatives
    différentes d'un même terme, 109
    jugements implicites et termes à, 106

Corrélation, 250
Critique(s)
    de la personne, 48
    des idées, 48
Croyance(s)
    attitudes face aux, 279
    éthique de la, 389
    examen critique et fixation des, 2
    rationnellement justifiées, 25
        argumentation et, 277
        type indirect de, 30
    religieuses, 467-472
Cynisme, 285, 286

D

DARWIN, Charles, 263
Déduction, 196
Définition(s), 454
    d'usage, 454
    essentialiste et explication, 456
    stipulative, 455
DESCARTES, René
    Discours de la méthode, 186, 359-370
DEWEY, John, 395-405
    critique et dénonciations des
    croyances, 32
DIOGÈNE le Cynique, 286
Discours
    philosophique, 467
    religieux, 467-472
    scientifique, 467
DUCROT, Oswald, logique et
    conversation, 72

E

Émotions, raison et, 14
Empiristes chrétiens, 472
Enchaînement, argumentation à, 131
ÉPICTÈTE, 8, 331-339
ÉPICURE, critique et dénonciations des
    croyances, 32, 325-330
Épicurisme, 285
Épistémologie, 5-6

Erreurs, comprendre les sources d', 336
Esprit critique, 21
Esthétique, 5-6
Éthique, 5-6
    de la croyance, 389
Évaluateur, jugement d', 78, 97
Évaluation des théories disponibles, 474
Expériences imaginaires, 7
Expert, 217, 223

F

Faute(s)
    caractère propre à la, 338
    ne pas s'irriter des, 335
    sophisme de la double, 254, 256

G

Généralisation hâtive, sophisme de la,
    232, 234
Gestes et paroles, sophisme de
    l'incohérence entre les, 257, 258

H

Hellénocentrisme, 284
HITCHCOCK, David, 21

I

Idées
    communication de ses, 446
    interprétation des, 7
    observation des, 7
Incohérence entre les gestes et les paroles,
    sophisme de l', 257, 258
Induction, 196
    en mathématiques, 198
Intersubjectivité, 187

J

JAMES, William, 7
Jugement(s), 66
    cachés dans une question, 69

clarification des, 83
classification des
    méthode de, 81
d'évaluateur, 78, 97, 442
d'observateur, 78, 92, 441
de faits, 77
de prescripteur, 79, 102, 445
    caractère hiérarchiques des, 104
de valeur, 77
explicites, 69
implicites, 69, 73
    et termes à connotations
      évaluatives, 106
types de, 77, 454
véhiculé de manière automatique, 71,
    72
Justification rationnelle
d'un jugement par appel à l'autorité,
    221
des croyances, 25, 26, 30, 42

L

Légende d'un schéma en arbre, 122
Lien causal douteux, sophisme du, 249,
    251, 253
LIPPMANN, Walter, 407-413
Logique
conversation et, 72
sentiments et, 14, 48
Logique de l'argumentation
définition, 8
philosophie et, 2

M

Malentendus et sous-entendus, 69-77
MENG-TSEU, 119
Mode
automatique, 9
réflexif, 9
MO-TSEU, 8, 311-322

O

Observateur, jugement d', 77, 92

Opinions
droit à des, 43, 46
valeur des, 62, 275
ORESME, Nicolas, 160

P

Paroles, sophisme de l'incohérence entre
    les gestes et les, 257, 258
Passages argumentatifs, 48
Pensée critique, 17, 396
Pente fatale, sophisme de la, 241, 243
Personne, sophisme de l'attaque contre la,
    244, 248
Philosophie
branches diverses de la, 5
expérimentation et, 7
logique de l'argumentation et, 2
méthode philosophique vraie, 334
objectifs de la, 2-8
point de départ de la, 333
politique, 5-6
source de la, 8
Plan logique, construction, 140
PLATON, 8, 164, 283, 288
PLINE L'ANCIEN, Histoire naturelle de,
    121
Popularité, sophisme de l'appel à la, 259,
    261
Préjugé(s) et raison, 17
Prémisse(s), 24, 104
acceptable, 189, 273, 274
d'une argumentation,
    limite de la critique des, 184
de l'argumentation, 118
implicite,
    et l'acceptabilité, 176
indépendantes, 123, 125
introducteurs de, 119
liées, 123, 126
vraie, 275, 276
Prescripteur, jugement de, 79, 102
ultime, 103

Présupposés
    linguistiques, 69, 72
    mise en lumière des, 3

R

Raison
    émotions et, 14
    préjugés et, 17
Réflexion sur l'esclavage, 383
Religion, 467-472

S

Scepticisme, 285, 343
Schéma(s) en arbre, 118, 122, 133, 140, 141
    avantage des, 140
    définition, 122
    légende de, 122
    méthode, 133
    rédaction des, 141
Sciences, argumentation en, 473-483
Sens et interprétation dans l'argumentation, 460
SEXTUS EMPIRICUS, 185, 341-357
SIDDHĀRTA GAUTAMA (Bouddha), 8
SOCRATE, 289, 290
Sophisme(s), 231-272
    de l'appel à la popularité, 259, 261
    de l'attaque contre la personne, 244, 248
    de l'incohérence entre les gestes et les paroles, 257, 258
    de la caricature, 235, 2375
    de la double faute, 254, 256
    de la fausse analogie, 262, 266
    de la généralisation hâtive, 232, 234
    de la pente fatale, 241, 243
    du complot, 267, 271
    du faux dilemme, 215, 238, 240
    du lien causal douteux, 249, 251, 253
Sous-entendus, 73, 74,
    malentendus et, 69-77
STEBBING, Susan
    l'examen de nos croyances, 14, 48
    logique et sentiments, 14
Stoïcisme, 285
Suffisance, critère d'évaluation d'une argumentation, 168
Syllogismes
    catégoriques, 194
    hypothétiques, 195

T

Texte(s) argumentatif(s), 48
    production d'un, 440
Théories
    évaluation des, 474
    scientifiques, 474

V

Voie du milieu, 187